Katja Girschik

Als die Kassen lesen lernten

Schriftenreihe zur
Zeitschrift für Unternehmensgeschichte
Band 22

In Verbindung mit Hartmut Berghoff, Lothar Gall,
Carl-Ludwig Holtfrerich, Klaus Tenfelde, Thomas Welskopp

Herausgegeben im Auftrag
der Gesellschaft für Unternehmensgeschichte
von Christian Kleinschmidt, Werner Plumpe und Raymond Stokes

Katja Girschik

Als die Kassen lesen lernten

Eine Technik- und Unternehmensgeschichte
des Schweizer Einzelhandels, 1950 bis 1975

Verlag C.H.Beck

Die vorliegende Arbeit wurde auf Antrag von
Prof. Dr. David Gugerli, ETH Zürich und
Prof. Dr. Thomas Welskopp, Universität Bielefeld von der
ETH Zürich 2009 als Dissertation angenommen;
die Gesellschaft für Unternehmensgeschichte hat sie
mit dem Preis für Unternehmensgeschichte 2009 ausgezeichnet.

Bibliografische Information der Deutschen Bibliothek

Die Deutsche Bibliothek verzeichnet diese Publikation
in der Deutschen Nationalbibliografie;
detaillierte bibliografische Daten sind im Internet über
‹http://dnb.ddb.de› abrufbar.

Umschlagentwurf: Uwe Göbel, München
© Verlag C.H.Beck oHG, München 2010
Satz: a.visus, München
Druck und Bindung: Druckhaus Thomas Müntzer, Bad Langensalza
Gedruckt auf säurefreiem, alterungsbeständigem Papier
(hergestellt aus chlorfrei gebleichtem Zellstoff)

ISBN 978 3 406 60828 5

Printed in Germany

www.beck.de

Inhaltsverzeichnis

I. Einleitung

«Verlieren 15.000 ihren Job an der Kasse?» fragt eine schweizerische Boulevard-zeitung am 25. Mai 2005 in dicken Lettern auf der Frontseite.[1] Wie soll das ge-hen? Das Erstaunen gilt weniger dem Umstand, dass eine so große Anzahl an Arbeitsplätzen verloren gehen soll, als der Vorstellung, dass gerade die Kassiere-rinnen, diese Wächterinnen zwischen legaler und illegaler Aneignung einer Ware, abgeschafft werden sollen.[2] Der kurze Artikel zur dicken Schlagzeile gibt einen Hinweis: Dank einer neuen rechnergestützten Kassentechnik sollen nicht mehr die Kassiererin, sondern die Kunden selbst die Registrierung der Waren vornehmen. Einmal mehr soll also menschliche Arbeitskraft durch den Einsatz von Technik, in diesem Fall in Form von Computertechnik, ersetzt werden.

Zwei Jahre nach dieser Ankündigung ist es so weit: Das Schweizer Einzelhan-delsunternehmen Coop führt ein solch neuartiges Kassensystem ein: «Kunden scannen selber» lautet am 16. August 2007 die eher unspektakuläre Schlagzeile in einer Zürcher Tageszeitung.[3] Der bebilderte Artikel verrät, wie diese neue Tätigkeit der Kunden aussieht: Das Bild unter der Schlagzeile zeigt eine Hand, die zwei Joghurts vor ein kleines Gerät mit einem Bildschirm hält. Im darunter-stehenden Text ist zu lesen, dass die Kunden in einer ausgewählten Coop-Filiale fortan ihre Einkäufe selbst registrieren können. *Selfscanning* nennt sich dieses neuartige rechnergestützte Kassensystem. Das abgebildete Gerät ist ein mobiles Lesegerät, dessen eingebauter Scanner den Produktpreis automatisch abliest. Be-vor nun die Kunden ihre Einkäufe in den Einkaufswagen legen, erfassen sie per Scanner deren Preis. Auf dem Bildschirm erscheinen die erfassten Artikel sowie die Summe des bisherigen Einkaufs. An der weiterhin bestehenden Kasse über-geben die Kunden der Kassiererin das Lesegerät. Die Kassiererin erfasst den Be-trag und kassiert das Geld ein.

So futuristisch die Bezeichnung *selfscanning* für diese neue Art des Kassierens anmutet, so wenig neu ist der Versuch, Kunden ihre Einkäufe selbst registrieren zu lassen. Schon vor gut 40 Jahren hat ein anderes Schweizer Einzelhandelsun-ternehmen, die Migros, versucht, «die Kunden aktiv in die Abwicklung des Kas-siervorgangs einzuschalten», wie in einem damaligen Zeitschriftenartikel zu lesen

---

1 *Verlieren 15.000 ihren Job an der Kasse?*
2 Es entspricht der sozialen Realität von heute und auch der meines Untersuchungszeitraums, dass die Berufe der Kassiererin wie auch der Verkäuferin hauptsächlich von Frauen ausgeübt

werden. Aus diesem Grund gebrauche ich aus-schließlich die weibliche Form. Zur Berufsaus-bildung der Verkäuferin siehe: Koellreuter, «*Ist Verkaufen eigentlich ein Beruf?*»
3 *Kunden scannen selber.*

ist.[4] Heute wie damals besteht die Hauptmotivation darin, die Kasse als Engpass in den Selbstbedienungsläden zu beseitigen: Durch die Mitarbeit der Kunden soll der Ablauf an der Kasse beschleunigt und so die Warteschlangen vor den Kassen verkürzt werden.

In einem einzigartigen, weithin beachteten Experiment führte die Migros am 20. Oktober 1965 in ihrem Stadtzürcher Migros-Markt in Wollishofen sogenannte «Selbsttipp-Kassen» ein. Die Kunden mussten damals noch mehr arbeiten als heute: Es gab keine elektronischen Scannerkassen, welche die Preise automatisch ablesen konnten. Die «Selbsttipp-Kassen» waren gewöhnliche mechanische Registrierkassen. Auf ihnen registrierten die Kunden ihre Einkäufe. Danach drückten sie die Summentaste, worauf die Kasse einen Kassenbon auswarf. Wie auch beim heutigen scannenden Kassensystem war es die Kassiererin, die an der «Totalkasse» den auf dem Kassenbon aufgedruckten Gesamtbetrag des Einkaufs auf ihrer Kasse registrierte und das Geld einkassierte.[5]

Entscheidend für solche durch Kunden bedienten Kassensysteme ist die Preisauszeichnung. Schon 1965 wurde festgestellt: «Die Selbstregistrierung [kann] nur bei einer vollständigen und gut lesbaren Preisauszeichnung eines jeden einzelnen Artikels funktionieren».[6] Während die Kunden 1965 den auf das Produkt aufgedruckten Preis ablasen und von Hand eintippten, sehen sich die selbsttippenden Kunden von heute mit etwas konfrontiert, das sie zuvor kaum bewusst wahrgenommen haben: dem Strichcode. Der Strichcode ist ein aus vertikalen Strichen bestehendes, maschinenlesbares Symbol, das sich auf allen Produkten findet. Der Strichcode hat die Kasse lesen gelehrt: Ein in die Kasse eingebauter Laser überstreicht die schwarzen Striche, die das Hell-Dunkel-Muster unterschiedlich reflektieren. Diese Lichtwerte werden in ein elektrisches Signal umgewandelt, das schließlich vom Computer in der Kasse als binärer Code verstanden wird. Aufgrund dieses Codes stellt der Computer eindeutig fest, um welchen Artikel mit welchem Preis es sich handelt.

Die Gefahr, sich zu vertippen, scheint durch dieses elektronische Ablesen gebannt, was dem heutigen *selfscanning*-Versuch eine höhere Erfolgswahrscheinlichkeit verleiht. Denn der «Selbsttipp»-Versuch der Migros musste 1969 abgebrochen werden: Zu viele Kunden hatten die Preise nicht korrekt abgelesen und registriert. Die Inventurdifferenzen in der betreffenden Filiale wurden für die Migros untragbar. Gegen den Hang der Kunden zur «totalen Selbstbedienung» werden jedoch auch bei den heutigen Kassensystemen nur stichprobenartige Kontrollen helfen. Wer ist dafür besser geeignet als die Kassiererin? Es scheint

4 *Neues Kassier-System im Migros-Markt Wollis-* *hofen*, S. 5.
5 Archiv MGB, Rechenschaftsbericht MGB 1965, S. 30.

6 *Neues Kassier-System im Migros-Markt Wollis-* *hofen*, S. 7.

also, dass auch die rechnergestützte Kassentechnik die Kassiererin nicht so rasch und restlos wird ersetzen können. So bleibt wohl die reißerische Ankündigung der Boulevardzeitung nichts weiter als eine Schlagzeile.

Fragestellung

Im Zentrum dieser Studie steht die Kasse. Hier wird Ware gegen Geld getauscht; Angebot und Nachfrage treffen unmittelbar aufeinander. Wie die einleitenden Beispiele gezeigt haben, war die Kasse in den vergangenen 40 Jahren Gegenstand von Rationalisierungsbemühungen sowohl in organisatorischer (wie bei der «Selbsttipp»-Kasse) als auch technischer Hinsicht (wie bei der Scanner-Kasse). Dies kommt nicht von ungefähr, stellt doch die heutige Konsumgesellschaft an die Kasse als Scharnier zwischen Massenproduktion und Massenkonsum besondere Anforderungen: Rasch, effizient, möglichst reibungslos soll die Transaktion von Waren und Geld im Massenformat erfolgen.

Die angeführten Beispiele weisen – über eine zunehmende Technisierung der Kasse hinaus – auf einen soziotechnischen Wandel hin, der verborgen vor den Augen der Kundschaft hinter den Verkaufsregalen der Supermärkte stattgefunden hat und die heutige Konsumgesellschaft erst möglich macht: Der Austausch von Waren gegen Geld an der Kasse ist nämlich ein höchst voraussetzungsreicher Akt. Uns erscheint er selbstverständlich und alltäglich.[7] Doch beim genauen Hinsehen wird deutlich, wie viele soziotechnische Systeme involviert sind und auf sorgfältig koordinierte Weise zusammenwirken müssen, um den Kaufakt an der Kasse möglich zu machen: Die Waren müssen erst in die Verkaufsläden der Einzelhändler gelangen, bevor sie verkauft werden können. Wo früher Bestellblock und Bleistift sowie die jahrelange Erfahrung der Filialleiter dafür sorgten, dass die Waren rechtzeitig in ausreichender Menge in die Verkaufsläden gelangten, sind es heute an die Erfordernisse der elektronischen Datenverarbeitung angepasste Betriebsabläufe und rechnergestützte Verfahren, welche die Warenströme regulieren. Dies ist nur ein Beispiel, das zeigt, wie komplex und vielfältig die Abstimmung unzähliger menschlicher Handlungen und technischer Verfahren ist, bevor ein Einzelhandelsunternehmen die Waren an der Kasse zu Geld machen kann. Aus technikhistorischer Perspektive stellt sich dabei die Frage: Wie können solche komplexen Koordinationsleistungen konzipiert, implementiert und in eine stabile Praxis überführt werden?

Um den mit diesen Koordinationsleistungen einhergehenden soziotechnischen Wandel in seiner historischen Dimension zu beschreiben, verbindet die Studie

---

7 Zum Begriff des Alltags in der Technikgeschichte siehe: Orland, *Wie kann man den* *Alltagsbegriff für die Technikgeschichte nutzbar machen?*

eine technik- mit einer unternehmenshistorischen Perspektive. Denn Unternehmen sind maßgeblich an der Ausbildung der spezifischen Bedingungen von Technik und Gesellschaft beteiligt. Gleichzeitig hat wohl kaum eine Technik die Tätigkeiten und Ausgestaltungen von Unternehmen in den letzten 50 Jahren so grundlegend beeinflusst wie die Computertechnik. Mit dieser Feststellung soll nicht einem oftmals diffus postulierten computertechnischen Umbruch das Wort geredet werden, sondern vielmehr auf eine Leerstelle sowohl der unternehmens- als auch der technikhistorischen Forschung hingewiesen werden: Wie werden Technologien, in diesem Fall die rechnergestützte Technik, in soziale Kontexte und unternehmerische Logiken eingepasst? Mich interessiert nicht primär die Genese und Konstruktion der Computertechnik. Ich verstehe Technik als ein Mittel zur Veränderung kommunikativer Gegebenheiten und Wahrscheinlichkeiten und nicht als den bestimmenden Faktor des zu analysierenden Wandels.[8] Ich versuche, unternehmerisches Handeln in Zusammenhang zu bringen mit den spezifischen historischen Offerten einer Technik. Ziel dieser Studie ist es, aufzudecken, welche Rolle die technischen Offerten der Computertechnik seit den 1950er Jahren bis Mitte der 1970er Jahre im Zuge dieses soziotechnischen Wandels gespielt haben. Aus unternehmenshistorischer Perspektive stellt sich die Frage nach den Grundlagen und Bedingungen dieses Wandels: Wie gestaltet sich der Zusammenhang zwischen den technischen Offerten und den im Unternehmen wahrgenommenen Entscheidungsalternativen? Die Geschichte unternehmerischen Handelns schreibt sich ein in die Entwicklung einer zunehmend technisierten Massenkonsumgesellschaft, wie sie sich seit dem Ende des Zweiten Weltkrieges auch in der Schweiz ausbildete. Die vorliegende Studie versteht sich somit als eine Technikgeschichte der Massenkonsumgesellschaft.

Als Gegenstand zur Beantwortung dieser Fragen dient mir das heute größte Schweizer Einzelhandelsunternehmen Migros. Die selbstreferentielle Organisationsform dieses Unternehmens, auf die ich noch zu sprechen komme, macht die Migros zu einem eigenen Kosmos, in dem sich einerseits die Geschichte der modernen Schweiz spiegelt und sich andererseits gewisse Entwicklungen wie unter Laborbedingungen beobachten lassen.[9] Das Unternehmen wurde 1925 von Gottlieb Duttweiler gegründet. Die ersten Jahre verfügte die Migros, die mit dem expliziten Anspruch angetreten ist, die Lebensmittelpreise in der Schweiz durch eine rationelle Organisation der Distribution zu senken, über keine Ladenräume. Lastwagen mit einigen wenigen Waren rollten als fahrende Läden durch die Quartiere der Stadt Zürich und bald fast der ganzen Schweiz. Die auf

8 Siehe dazu auch: Gugerli, *Die Entwicklung der digitalen Telefonie, 1960–1985*.
9 Zum Begriff des Migros-Kosmos siehe auch: Girschik, Ritschl und Welskopp, *Der Migros-Kosmos*. So kann die Migros beispielsweise auf ein enormes Eigenkapital zurückgreifen und ist nicht auf Bankkredite angewiesen, zumal sie mit der 1957 gegründeten Migros-Bank über eine eigene Bank verfügt.

diese Weise gering gehaltenen Fixkosten waren ein Pfeiler der Discount-Ge-
schäftsidee der Migros: generische Produkte zu Großhandelspreisen zu beziehen
und in raschem Umschlag zu tiefstmöglichen Kosten bei einer bescheidenen Gewinnmarge konkurrenzlos billig abzusetzen. Diese Tiefpreispolitik fand rasch
Zuspruch einer stetig wachsenden Kundschaft, und bald eröffnete die Migros
auch stationäre Verkaufsläden in großen Teilen der Schweiz. Auf fortwährendes
Wachstum war das Unternehmen aufgrund der betriebswirtschaftlichen Geschäftsidee «geringe Margen bei großem Umsatz» existenziell angewiesen. Als
sich viele Produzenten wegen dieser Tiefpreispolitik weigerten, die Migros zu
beliefern, kaufte das Unternehmen ab 1928 verschiedene Produktionsbetriebe
auf und gründete eigene Produktionsunternehmen. Heute ist die Migros ein
vertikal integriertes Unternehmen mit über 90 Produktions- und Dienstleis-
tungsbetrieben verschiedener Branchen, das über 80.000 Mitarbeitende beschäftigt und einen Konzernumsatz von über 20 Mrd. Franken erzielt.[10]
    Der dem Grundsatz «großer Umsatz – niedrige Gewinnmarge» innewoh-
nende Rationalisierungsdruck machte die Migros seit ihrer Gründung zu einer
innovativen Kraft im Schweizer Einzelhandel: So verkaufte das Unternehmen
als eines der ersten vorverpackte Waren zu runden Preisen. Auch in der Selbst-
darstellung betonte das Unternehmen seine Pionierhaftigkeit. Dennoch war das
Unternehmen nicht von vornherein an den Offerten der Computertechnik interessiert und bereit, millionenteure Rechenmaschinen mit zunächst geringer
effektiver Arbeitsleistung anzuschaffen. Wie gelingt es den elektronischen Rechenmaschinen dennoch, die Verantwortlichen von ihrer Anschaffung zu überzeugen? An welche Diskussionen und Problemlagen vermögen die Computer
anzuschließen? Welche Argumentationslinien erweisen sich im spezifischen
unternehmerischen Kontext als tragfähig, welche verlieren zu einem bestimmten
Zeitpunkt ihre Überzeugungskraft?
    Immer wieder gehen Akteure Allianzen mit den Rechenmaschinen ein, nicht
primär um des Computers und ihres Versprechens auf Rationalisierungsgewinne
willen, sondern um eigene Interessen durchzusetzen. Die Möglichkeitsräume
dieser Technik müssen immer wieder von Neuem in konkrete Anliegen spezifi-
scher Akteure übersetzt werden.[11] Welche divergierenden Interessen werden in
den Computern homogenisiert? Welche Übersetzungen und Verschiebungen
prägen die verschiedenen Allianzen? Die unterschiedlichen Erwartungen und
Interessen der verschiedenen Akteure lassen sich gerade an gescheiterten, abge-
brochenen Vorhaben exemplarisch darstellen. Durch diese Prämisse der Un-
wahrscheinlichkeit kommen die Materialitäten der zahlreichen Übersetzungs-
prozesse in den Blick, die schließlich den breiten Einsatz von Computertechnik

10 Migros Geschäftsbericht 2009, http://m09.   11 Siehe dazu: Latour, *Science in Action*.
   migros.ch, letzter Zugriff: 13. Mai 2010.

und die lesende Kasse zur heutigen Selbstverständlichkeit machen. Nicht alle Interessenlagen und Visionen können sich durchsetzen und sind erfolgreich. Wichtig ist zu verstehen, welche unintendierten Handlungsfolgen mit den erprobten oder eingeführten Technologien verbunden sein können. Es zeigt sich, dass die Einführung der Computertechnik im Einzelhandel keine geradlinige Erfolgsgeschichte ist, die sich in selbstverständlicher Weise in die Rationalisierungsbestrebungen eines Unternehmens einschreibt. Die Digitalisierung des Einzelhandels ist vielmehr als kontingente Entwicklung zu beschreiben, bestimmt von divergierenden Akteursinteressen, Aushandlungsprozessen sowie Rückschlägen und Umwegen.

Forschungsstand

Der Forschungsstand zur Frage des unternehmerischen Umgangs mit technischen Offerten aus geschichtswissenschaftlicher Perspektive ist überschaubar. Es ist bezeichnend, dass nicht ein ausgebildeter Technik- oder Unternehmenshistoriker, sondern ein *senior consultant* des amerikanischen Computerherstellers IBM die einschlägige Publiktionsliste anführt.[12] James W. Cortada hat zahlreiche Studien über die Anwendung von rechnergestützter Datenverarbeitung in Unternehmen – unter anderem auch im Bereich des Einzelhandels – publiziert.[13] Sein ausschließlich auf die USA beschränktes Forschungsinteresse ist eher auf eine deskriptive Darstellung einer als vorbestimmt angenommenen Entwicklung als auf eine analytische Untersuchung der Bedingungen und Hintergründe eines kontingenten soziotechnischen Wandels ausgerichtet.[14] Für einen ersten Überblick sind seine Artikel und Bücher jedoch grundlegend, gerade auch für die Entwicklung der Registrierkasse.[15]

12 Fairerweise soll hier festgehalten sein, dass der Doyen der *Business History*, der kürzlich verstorbene Alfred D. Chandler, zur Geschichte der Computer publizierte, sich jedoch mehr für die Entwicklung dieser Industrie und nicht für die Bedingungen und Konsequenzen deren Anwendung im unternehmerischen Kontext interessierte. Chandler, *Inventing the Electronic Century: The Epic Story of the Consumer Electronics and Computer Industries*.

13 Siehe unter anderem: Cortada, *The Digital Hand. How Computers Changed the Work of American Financial, Telecommunications, Media, and Entertainment Industries*; Cortada, *The Digital Hand. How Computers changed the Work of American Manufacturing, Transportation, and Re-* *tail Industries*; Chandler und Cortada, *A Nation Transformed by Information*; Cortada, James W., *Information Technology as Business History*.

14 Für einen kritischen Blick auf James W. Coradas Publikationen siehe: Zetti, *Handlungsreisen*.

15 Cortada, *Cash Register and the National Cash Register Company*. Für die Geschichte der Registrierkasse siehe zudem die Jubiläumsschriften des langjährigen Branchenprimus National Cash Register (NCR): NCR, *NCR, 1884–1922*; NCR, *NCR, 1923–1951*; NCR, *NCR, 1952–1984*. Für einen europäischen Registrierkassenhersteller siehe die Festschrift zum 125-Jahre Jubiläum des deutschen Herstellers Anker: Historisches Museum Bielefeld, *Aus Bielefeld in die Welt*.

Die Entwicklung des Strichcodes hat ein beteiligter Zeitzeuge in einem detaillierten Buch aufgearbeitet.[16] Die herkömmliche Literatur zur Geschichte der Computertechnik ist meist in positivistischer Weise der Entwicklung einer Hard- oder Software, eines einschlägigen Unternehmens oder einer überragenden Erfinderfigur gewidmet.[17]

Ich folge keiner dieser meist deterministischen Erzählweisen, sondern orientiere mich an den innovativen Studien von John Agar, Tom Haigh und JoAnne Yates.[18] Sie zeigen auf, dass Computer nur scheinbar allein zu Rationalisierungszwecken eingesetzt werden.[19] Vielmehr geht es darum, anders gelagerte Interessen zu artikulieren und im Erfolgsfall durchzusetzen. Diese Studien halten fest, dass die Einführung von Computern nie ohne Veränderungen der sozialen und organisatorischen Struktur eines Unternehmens vonstatten gingen.[20] Ein Unternehmen ist dabei ein Schauplatz sozialer Interaktion. Unterschiedliche Interessenlagen führen zu Diskussionen und Konflikten, die in langwierigen Aushandlungsprozessen in homogene Ziele überführt werden müssen.[21] Zu Fragen unternehmerischer Entscheidungsproduktion bietet die theoriegeleitete Unternehmensgeschichte vielfältige Antworten. Mich haben vor allem die Arbeiten von Thomas Welskopp und Margrit Müller inspiriert.[22] Aus technikhistorischer Perspektive haben mir David Gugerlis Geschichte der Elektrifizierung und Monika Dommanns Studie zur Verbreitung der Röntgentechnik in der Schweiz in methodischer Hinsicht wichtige Anregungen gegeben.[23]

16 Brown, *Revolution at the Checkout Counter.* Siehe auch: Morton, *Packaging History.*

17 Exemplarisch sollen hier genannt sein: Für die Entwicklung von Hard- und Software: Campbell-Kelly und Aspray, *Computer*; Ferry, *A Computer called LEO*; Campbell-Kelly, *From Airline Reservations to Sonic the Hedgehog*, Ceruzzi, *A History of Modern Computing.* Für Firmengeschichten: Leimbach, *Vom Programmierbüro zum globalen Softwareproduzenten*; Hertzfeld und Capps, *Revolution in the Valley*; Kretzinger, *Commodore – Aufstieg und Fall eines Computerriesen*; Pugh, *Building IBM.* Für Erfinderfiguren: Gartz, *Die Apple-Story*; Symonds und Ellison, *Softwar.*

18 Yates, *Structuring the Information Age*; Agar, *The Government Machine*; Haigh, *Inventing Information Systems.*

19 Grundlegend zum Rationalisierungsmythos der Computer ist: Faust und Bahnmüller, *Der Computer als rationalisierter Mythos.* Es ist nach wie vor umstritten, ob und inwiefern die Computertechnik zur Produktivitätssteigerung in Volkswirtschaften, vor allem in den USA beigetragen haben. Für einen Überblick zur umfangreichen Literatur zu diesem sogenannten Produktivitätsparadoxon siehe: Cortada, *The Digital Hand. How Computers changed the Work of American Manufacturing, Transportation, and Retail Industries*, S. 35ff.

20 Siehe dazu auch: Gugerli, *Die Welt als Datenbank*; Winter und Taylor, *The Role of Information Technology in the Transformation of Work*; Williams, *Retooling*; De Wit, *The Shaping of Automation*; Attewell, *Technology Diffusion and Organizational Learing*; McKenney, Copeland und Mason, *Waves of Change.*

21 Siehe dazu den Überblicksartikel von Welskopp, *Der Betrieb als soziales Handlungsfeld.*

22 Welskopp, *Unternehmenskulturen im internationalen Vergleich*; Müller, *Die Krise als Steuerungsversagen.* Siehe dazu auch: Berghoff und Vogel, *Wirtschaftsgeschichte als Kulturgeschichte* sowie aus industriesoziologischer Perspektive Minssen, *Der soziale Prozess betrieblichen Wandels.*

23 Gugerli, *Redeströme* und Dommann, *Durchsicht, Einsicht, Vorsicht.*

Abgesehen von der schon erwähnten Studie von James W. Cortada über den Einsatz rechnergestützter Technik im amerikanischen Einzelhandel befasst sich die historische Forschung nicht aus technikhistorischer Perspekte mit dem Einzelhandel.[24] Die meisten Studien zum Einzelhandel konzentrieren sich – im für mich relevanten Untersuchungszeitraum vom Ende des Zweiten Weltkrieges bis Mitte der 1970er Jahre – auf die gesellschaftlichen Konsequenzen der Selbstbedienung. Dabei bleiben deren betriebliche Bedingungen und Konsequenzen ausgeklammert. So auch in der Dissertation von Sibylle Brändli, die sich mit der Einführung der Selbstbedienung bei der Migros beschäftigt.[25] Die Historiografie zur Geschichte der Migros und ihrem Gründer Gottlieb Duttweiler ist umfangreich.[26] Als besonders hilfreich hat sich ein schmales Bändchen mit dem Namen «Chronik der Migros» erwiesen: Es war mir ein praktisches Nachschlagewerk für Daten und Namen.[27] Auch die schon ältere Festschrift von Alfred A. Häsler über das «Abenteuer Migros» ist als Übersichtswerk instruktiv.[28] Als eine der wenigen Studien, die sich mit einem wissenschaftlichen Anspruch verschiedenen Aspekten der Geschichte der Migros nähert, ist der Sammelband «Migros Kosmos» zu nennen.[29]

Quellen

Computerhistorischen Studien dienen meist Geschäftsberichte sowie andere publizierte Schriften als Quellen. Diese sogenannte «graue Literatur» ist in ihrer Bedeutung als Quelle nicht zu unterschätzen. Sie erlaubt jedoch nicht, die historische Genese eines unternehmerischen Umgangs mit Angeboten technischer Entwicklungen und den damit einhergehenden soziotechnischen Wandel nachzuzeichnen. So wird beispielsweise in den Geschäftsberichten die Anschaffung von elektronischen Rechenmaschinen unhinterfragt als Zeichen der Modernität des Unternehmens und dessen steten Rationalisierungsbemühungen dargestellt. Um die Erwartungshorizonte und Erfahrungsräume der Akteure mitdenken zu können, muss man einen Schritt weiter gehen und fragen: Was sind die Interessen und Anliegen der Akteure? Welche Ängste und Hoffnungen treiben sie um?

24 Als Ausnahme ist der Aufsatz von Ditt, *Rationalisierung im Einzelhandel* zu nennen, der auch kurz auf die Technisierung des Einzelhandels eingeht.

25 Brändli, *Der Supermarkt im Kopf*.

26 Munz, *Das Phänomen Migros*. Explizit mit der Person von Gottlieb Duttweiler befassen sich: Lüönd, *Gottlieb Duttweiler*; Heister, *Gottlieb Duttweiler als Handels- und Genossenschaftspionier*; Widmer, *Gottlieb Duttweiler*; Jenni, *Gottlieb Duttweiler und die schweizerische Wirtschaft*. Riess, *Gottlieb Duttweiler*.

27 Migros-Genossenschafts-Bund, *Chronik der Migros*.

28 Häsler, *Das Abenteuer Migros*.

29 Girschik, Ritschl und Welskopp, *Der Migros-Kosmos*.

Wie verbinden sich diese mit der rechnergestützten Technik? Um diese Fragen zu beantworten, muss man Protokolle von Sitzungen lesen, verschiedene Versionen von Berichten vergleichen, die Karrieren von Visionen beobachten sowie die beruflichen Wege von Akteuren durch Unternehmen verfolgen. Kurz: Ein Gang ins Unternehmensarchiv ist unerlässlich. Die bisher unbearbeiteten und weitgehend ungeordneten Archivbestände der Migros haben mir Einblick in den Umgang des Unternehmens mit den Angeboten der rechnergestützten Technik gewährt.[30]

Um die genutzten Bestände und deren Provenienz näher zu beschreiben sowie deren Relevanz für diese Studie zu erklären, muss ich zuerst die Organisationsstruktur des Unternehmens Migros näher erläutern:[31] In einem öffentlichkeitswirksamen und auch in unternehmenshistorischer Perspektive spektakulären Akt wandelt der Firmengründer Gottlieb Duttweiler 1941 die Migros von einer Aktiengesellschaft in eine Genossenschaft um. Die neun und später 13 regionalen Tochter-Aktiengesellschaften wurden in Genossenschaften umgewandelt, die für den Verkauf in einer Region verantwortlich sind.[32] Aus der damaligen Unternehmenszentrale in Zürich ging der Migros-Genossenschafts-Bund (MGB) hervor. Obwohl der MGB formal als Dachgenossenschaft der regionalen Genossenschaften konstituiert wurde, war der MGB faktisch weiterhin die bestimmende Organisation innerhalb der Migros. So agierte die Geschäftsführung des MGB, die fünf- bis siebenköpfige Verwaltungsdelegation, als Konzernleitung, die den formal bestehenden Handlungsspielraum der regionalen Genossenschaften stets zu überwachen und einzuschränken bestrebt war. Diese Organisationsstruktur, die der MGB-Führung einen großen diskretionären Handlungsspielraum einräumte, unterschied sich grundlegend von der zersplitterten Struktur herkömmlicher Handelsgenossenschaften.[33]

30 Aufgrund der Quellenlage war es leider nicht möglich vergleichend zu arbeiten. Coop Schweiz verfügt über ein modernes und umfangreiches Unternehmensarchiv; zur Fragestellung dieser Studie sind jedoch leider keine Quellen überliefert. Dies ist bedauerlich, insbesondere als sich der Schweizer Einzelhandelsmarkt durch eine ausgeprägte duopolistische Struktur auszeichnet, die für die Unternehmen Konsequenzen in Bezug auf die Kostenlage und den Druck zur betrieblichen Rationalisierung hat.

31 Zur Organisationsstruktur der Migros und deren ideologische Begründungen siehe: Welskopp, *Die Schweizer Migros*; Welskopp, *Ein «unmöglicher Konzern»?*.

32 Über die Gründe für diesen Akt ist viel spekuliert worden: Welskopp, *Die Schweizer Migros*, S. 130ff.

33 Für einen systematischen Vergleich der beiden Genossenschaften Migros und Coop, die den Schweizer Einzelhandelsmarkt bis heute dominieren, siehe: Winkler, *Coop und Migros*. Coop geht aus dem Verein Schweizerischer Konsumgenossenschaften (VSK) hervor und kämpft bis in die 1990er Jahre mit den regional zersplitterten, ineffizienten Strukturen der über 400 Konsumvereine. Kellerhals, *Coop in der Schweiz*.

Es sind vor allem die Sitzungsprotokolle der fünf- bis siebenköpfigen MGB-Geschäftsführung, Verwaltungsdelegation genannt, die im Hinblick auf meine Fragestellung ergiebig sind. Auch Aufzeichnungen zu den Sitzungen der Geschäftsleiter der Genossenschaften, die der Koordination zwischen MGB und den Genossenschaften dienen, sind für diese Studie relevant. Hier zeigen sich die verschiedenen Vorstellungen des MGB als übergreifendes Organ und den mit weitreichender Autonomie ausgestatteten Genossenschaften. Für die Perspektive einer Genossenschaft habe ich auf Akten aus dem Archiv der Migros Genossenschaft Zürich (GMZ), der lange Zeit größten der Genossenschaften, zurückgreifen können. Als wertvolle Ergänzung zu diesen Archiven ist das Privatarchiv eines damaligen Kadermitarbeiters der Migros zu nennen. Nur dank des großen persönlichen Einsatzes des ehemaligen Forschungsleiters habe ich Einblick in die Protokolle des Verwaltungsrates der Zellweger AG Uster erhalten, was mir erlaubt, in dieser Studie die unterschiedlichen Wahrnehmungen und Hoffnungen in Bezug auf die betriebliche Umsetzung einer technischen Vision herauszuarbeiten.

Neben diesen archivalischen Quellen haben sich auch verschiedene Branchenzeitschriften als aufschlussreich erwiesen. In diesen Publikationen werden die neuesten technischen Entwicklungen sowie deren mögliche Anwendungsgebiete diskutiert, Meinungen über gesellschaftliche Entwicklungen ausgetauscht und Berichte von Studienreisen publiziert. Insbesondere die Zeitschrift *Selbstbedienung & Supermarkt*, die seit 1962 als Publikation des angesehenen deutschen Instituts für Selbstbedienung in Köln (heute EHI Retail Institute) erscheint, sowie das englischsprachige *Journal of Retailing* zeichnen diese zeitgenössischen Diskussionen facettenreich nach. Die Erwartungen und Standpunkte der Computerhersteller in der Diskussion um den Einsatz rechnergestützter Technik im Einzelhandel zeigen amerikanische Fachzeitschriften wie *Communications of the ACM* oder *Datamation*.

Aufbau der Studie

Die Studie ist in drei Teile gegliedert. Der *erste* Teil handelt von der Warendistribution unter Bedingungen der Massenproduktion. Ausgangspunkt ist die Einführung der Selbstbedienung in der Schweiz 1948 durch die Migros. Die Kunden selbst wurden dabei zu Distributoren. Sie bewegten sich frei in den Läden und übernahmen eine Aufgabe, die zuvor die Verkäuferinnen ausführten: Sie trugen die Waren zusammen und brachten sie zur Kasse, wo sie die Einkäufe bezahlten. Diese Ausdifferenzierung von Tätigkeiten erscheint zunächst als effiziente Organisationsform zur Koordination von Angebot und Nachfrage, von Waren und Kunden. Einige wenige Jahre gelang es der Migros, Angebot und

Nachfrage mittels Selbstbedienung in Einklang zu bringen und vom wirtschaftlichen Aufschwung in der Schweiz zu profitieren: Die stetig wachsende Nachfrage spiegelte sich in den exponentiell wachsenden Umsatzzahlen. Die Leistungsfähigkeit der selbstbedienten Verkaufsläden erlaubte eine immer weitere Ausdifferenzierung des Sortiments. Dies wirkte sich in zunehmenden Regalmetern und größeren Ladenflächen aus.

Die radikale Veränderung der Verkaufsorganisation zeigte neben dem unternehmerischen Wachstum auch unerwartete Folgen für die Migros. Der Erfolg der Selbstbedienung bedrohte den Kern des Geschäftsmodells: die rationelle Distribution. Das scheinbar grenzenlose Wachstum an Artikeln und an Kunden drohte Ende der 1950er Jahren zum Problem zu werden. Ich zeige dies *erstens* am Beispiel der Ausdehnung des Sortiments. Die Selbstbedienung ermöglichte der Migros, eine größere Anzahl von Artikeln in ihren Läden anzubieten. In der Folge nahmen in den beiden Nachkriegsjahrzehnten nicht nur die Anzahl der Artikel, sondern auch die Regalmeter, Verkaufsflächen sowie die Anzahl der Läden und Mitarbeitenden stark zu. Die Verwaltung und Kontrolle dieses größer und heterogener werdenden Sortiments stellte die Migros vor neue Herausforderungen. *Zweitens* wird die Selbstbedienung dort zum Problem, wo sie aufhört: an der Kasse. So frei sich die Kunden in den Selbstbedienungsläden bewegen können, alle müssen sie die Kasse passieren. Folglich stauen sich die Kunden an der Kasse. Die Kasse wird zum Flaschenhals für die stetig wachsende Kundenzahl. Ende der 1950er stellte sich für die Migros also erneut die Frage: Wie kann sie eine für sich wirksame Verknüpfung zwischen den massenhaft auftretenden Waren und einer wachsenden Kundschaft herstellen? Wie kann der Kundenstau an der Kasse behoben werden? Wie kann die wachsende Menge an Waren effizient verwaltet werden?

Der *zweite* Teil stellt dar, wie die Migros auf die veränderten Anforderungen reagierte und versuchte, die innerbetriebliche Organisation neu zu gestalten. Dabei stellte sich die Computertechnik als attraktive Offerte heraus. Es waren die für den Verkauf zuständigen regionalen Genossenschaften, die zu Beginn der 1950er Jahre als Erste in der Migros Rechenmaschinen zur Beschleunigung von betrieblichen Abläufen einsetzten. Im Vordergrund stand dabei die effiziente, rationelle Verarbeitung der massenweise anfallenden Bestellungen. Der Einsatz dieser Rechnermaschinen folgte den Prinzipien der Rationalisierung durch den Einsatz von Technik: Bisher manuell ausgeführte Arbeitsabläufe wurden mehr oder weniger unverändert auf die Rechenmaschinen übertragen und somit beschleunigt. Diese ersten Rechner dienten so der Kompatibilisierung der rückwärtigen Abteilungen mit dem beschleunigten Warenumschlag an der Verkaufsfront. Die Attraktivität der elektronischen Rechenmaschinen bestand jedoch nicht allein in der Beschleunigung von betrieblichen Abläufen. In der ersten Hälfte der 1960er Jahre wurden die Computer infolge ihrer steigenden Leistungsfähigkeit zunehmend als Instrumente zur Entscheidungsfindung der Unternehmensführung propagiert. Diese Umdeutungen fanden zunächst in den USA statt und wurden von den Managern des MGB aufmerksam verfolgt. In der Folge war der MGB bemüht, sich den Computer als zukunftsträchtige Technik anzueignen und machte den Genossenschaften die alleinige Verfügung darüber streitig. Mit dieser Umdeutung der rechnergestützten Technik ging ab Mitte der 1960er Jahre der Aufstieg eines neuen Typus von Migros-Managern und einer neuen Vorstellung von wissenschaftlicher Betriebsführung einher. Unter den Schlagworten von Modernisierung und Rationalisierung stellte sich die Computertechnik in enger Verbindung mit zeitgenössischen Managementlehren als Mittel zum betrieblichen Umbau in der Migros unter der Leitung des MGB heraus. Die zeitgenössischen Vorstellungen eines adäquaten Einsatzes der Computertechnik konkretisieren sich in der Vision eines rechnergestützten Warenwirtschaftssystems. Dieses soll einerseits helfen, das unternehmerische Wachstum zu bewältigen und andererseits auf Ebene der Unternehmensführung betriebliche Übersichtlichkeit und Steuerungsvermögen wiederherzustellen.

Der *dritte* Teil zeichnet die betriebliche Umsetzung dieser Vision eines rechnergestützten Warenwirtschaftssystems nach. Das formulierte Ziel dieser rechnergestützten Warenwirtschaft war ein automatischer, nachfragegesteuerter Warennachschub. Grundlage dafür sollten Verkaufsdaten sein: Diese Verkaufsdaten sollten an den Kassen in den Verkaufsfilialen generiert werden und für genauere Bestellungen sorgen, die ihrerseits geringere Lagerbestände und tiefere Betriebskosten ermöglichen. *Automatic point of sale system (APOSS)* nannten der MGB und die Firma Zellweger Uster AG dieses Projekt, im Rahmen dessen eine elektronische Kasse entwickelt wurde, die Verkaufsdaten aufzeichnet. Diese APOSS-Kasse las einerseits automatisch Artikelpreise ab und erinnerte sich andererseits an die solchermaßen registrierten Artikel: So zeichnete sie das unmittelbare Verkaufsgeschehen in den Filialen gleichsam seismografisch auf. In Form von Verkaufsdaten übermittelte so die elektronische Kasse die Geschehnisse an der Verkaufsfront in die rückwärtigen Abteilungen, Bestellbüros, Lagerräume und Produktionshallen des Unternehmens: Sie wurde dabei zum Scharnier zwischen Waren- und Informationsfluss. Ziel dieser imaginierten nachfragegesteuerten Warenwirtschaft war eine möglichst enge und reibungslose Koppelung zwischen Verkauf, Nachschub und Produktion. Dieses Projekt einer lesenden Kasse war zwar technisch erfolgreich, scheiterte jedoch an mangelnden inner- und außerbetrieblichen Kompatibilitäten: Die notwendigen soziotechnischen Anschlüsse fehlten.

II. Umsatz

Die Studie setzt weit entfernt von Computertechnik ein: Sie beginnt in den 1920er Jahren und schlägt einen weiten Bogen in die Nachkriegszeit. Nach einem kurzen Einblick in die Geschichte des Schweizer Einzelhandelsunternehmens Migros zeige ich im ersten Teil der Studie, wie die Jahrzehnte des wirtschaftlichen Aufschwungs nach dem Zweiten Weltkrieg für die Migros geprägt sind von unternehmerischem Wachstum. Die Einführung der Selbstbedienung als organisatorische Maßnahme der Rationalisierung löste vorerst das Problem einer effizienten Warenverteilung im Laden und trug maßgeblich zum Wachstum des Umsatzes bei. Gleichzeitig schaffte der Erfolg der Selbstbedienung für das Unternehmen neue Problemlagen. Ich zeige dies *erstens* am Beispiel der Ausdehnung des Sortiments. Die Selbstbedienung ermöglichte der Migros, eine größere Anzahl von Artikeln in ihren Läden anzubieten. In der Folge nahmen in den beiden Nachkriegsjahrzehnten nicht nur die Anzahl der Artikel, sondern auch die Regalmeter, Verkaufsflächen sowie die Anzahl der Läden und Mitarbeitenden stark zu. Die Verwaltung und Kontrolle des größer und heterogener werdenden Sortiments stellte die Migros vor neue Herausforderungen. Die negativen Konsequenzen der Selbstbedienung demonstriere ich *zweitens* an den Kassen: Hier bildeten sich Warteschlangen, die weder durch die technische Aufrüstung der Kassen noch durch organisatorische Maßnahmen beseitigt werden konnten.

Betriebliche Rationalisierung und Selbstbedienung

Seit Ende des 19. Jahrunderts wird der Einzelhandel im Vergleich zum produzierenden Gewerbe immer wieder als rückständig bezeichnet.[1] Der oft wiederholte Vorwurf an den Einzelhandel lautete: Während im Bereich der Produktion Rationalisierungsbemühungen durch den Einsatz von Technik (Maschinen) sowie durch organisatorische Neugestaltung betrieblicher Abläufe (Arbeitsteilung, Fließbandarbeit) zu einer enormen Steigerung der Produktivität und somit im Zuge der fortschreitenden Industrialisierung zur Ausbildung der Massenproduk-

---

1 Siehe unter anderem: Godel, *Rationalisierung im Einzelhandel*, S. 78; Stehlin, *Der Wandel des Verkaufssystems im Detailhandel*, S. 18.

tion geführt habe, zeichne sich der Einzelhandel durch eine geradezu technika-
verse Haltung aus und verharre in verkrusteten, ineffizienten Strukturen.[2] Schon
ein kurzer Blick in ein Einzelhandelsgeschäft der vorletzten Jahrhundertwende
zeigt, dass diese Behauptung nicht haltbar ist: Neben Waagen zum Abwiegen
von Waren, verschiedenen Vitrinen und Schaukästen zur Präsentation und Auf-
bewahrung der Waren, ersten einfachen Kühlschränken oder elektrischen Kaf-
feemühlen standen ab den 1880er Jahren wahre Wunderwerke der Technik auf
den Ladentheken der Einzelhandelsgeschäfte:[3] Mechanische und schon bald auch
elektromechanische Registrierkassen, die der fehlerlosen Addition von Beträgen
sowie dem Schutz des Geschäftsinhabers vor Diebstahl durch die Angestellten
dienten.[4]

Kaum ein Einzelhandelsunternehmen aber setzte so explizit auf den Einsatz
neuester Technik wie die am 15. August 1925 von Gottlieb Duttweiler und weiteren Kaufleuten gegründete Migros A.G.[5] Die fünf Verkaufswagen, die zehn
Tage später die Geschäftstätigkeit aufnahmen, waren vom Typ Ford Model T,
was dem höchsten Stand der damaligen Automobiltechnik entsprach.[6] Diese zu
Verkaufswagen umgebauten Lastwagen zeugten geradezu exemplarisch von den
Bestrebungen dieses Einzelhandelsunternehmens nach betrieblicher Rationalisierung. Sie symbolisierten den expliziten Einzug der Rationalisierungsprinzi-
pien von Fredrick W. Taylor und Henry Ford in den schweizerischen Einzelhandel.[7] Diese materialisierten sich nicht nur in den Verkaufswagen, sondern
schlugen sich auch in der Organisation des Verkaufs nieder: Die Fahrer dieser
Verkaufswagen waren zugleich für den Verkauf, das Einkassieren sowie das Bela-

2 Spiekermann, *Basis der Konsumgesellschaft* wi-
   derspricht dieser oft auch in der Forschung vertretenen These und verweist auf die innerbetriebliche Rationalisierung des Einzelhandels
   (vor allem des Einkaufs) während der 1880er
   Jahre, ohne die die Ausbildung einer massen-
   produzierenden Industrie gar nicht möglich
   gewesen wäre. Auch Chandler, *The Visible
   Hand* macht in seinem Grundlagenwerk über
   die amerikanische Wirtschaft deutlich, dass
   ohne effiziente Absatzstrukturen keine Massenproduktion möglich und sinnvoll ist. Zur
   Widerlegung des Klischees des technikfeindlichen Einzelhandels siehe zudem: Cortada, *The
   Digital Hand. How Computers changed the Work of
   American Manufacturing, Transportation, and Retail Industries*, S. 284ff.; Zellekens, *Die Rolle der
   Technik im Handel*.
3 Aufschluss über die Einrichtung von Einzel-
   handelsgeschäften zwischen 1850 und 1914
   gibt die Dissertation von Keller, *Von Speziererinnen, Wegglibuben und Metzgern*.
4 Zur Geschichte der Registrierkasse und des

jahrzehntelangen Weltmarktführers, dem amerikanischen Unternehmen National Cash Register Company (NCR), siehe: Cortada, *Cash
Register and the National Cash Register Company*.
5 Die Migros ist bis zur Umwandlung in eine
   Genossenschaft 1941 eine Aktiengesellschaft.
   Zu den Anfängen der Migros siehe unter anderem: Welskopp, *Ein «unmöglicher Konzern»?*;
   Baumberger, *«Das Geschäft kommt zu den Kunden»*; Migros-Genossenschafts-Bund, *Chronik
   der Migros*; Heister, *Gottlieb Duttweiler als Han-
   dels- und Genossenschaftspionier*; Häsler, *Das
   Abenteuer Migros*; Munz, *Das Phänomen Migros*.
6 Welskopp, *Ein «unmöglicher Konzern»?*, S. 13.
7 Welskopp, *Ein «unmöglicher Konzern»?*, S. 13;
   Termeer, *Migros – Rationelle Warenvermittlung in
   der Schweiz*; Duttweiler, *1925–1941: 15 Jahre
   Brückenbau der Migros von Produzent zu Konsument*, S. 4. Die Idee des fahrenden Ladens
   stammt nicht von Gottlieb Duttweiler, sondern
   aus den USA, wie in einem Rechenschaftsbericht des MGB zu lesen ist: «Die Verkaufswagen stellten an sich keine neue Erfindung dar;

den des Fahrzeugs zuständig. Dies erlaubte eine «Dauerbeschäftigung des Verkaufspersonals», was den Bedarf an Personal und die entsprechenden Kosten gering hielt.[8] Auch der Umgang mit den Waren war durchrationalisiert: Die Verpackungen der Produkte waren standardisiert, so dass die Verkaufswagen mit wenigen Handgriffen von der Rückseite her nachbeladen werden konnten. Dank diesem ausgeklügelten Nachfüllsystem wurden jeweils die am längsten im Regal stehenden Produkte zuerst verkauft. Das Sortiment war auf «wenige gute Standard-Qualitäten» beschränkt. Verkauft wurden zunächst bereits abgepackte Kolonialwaren wie Reis, Zucker, Teigwaren, Kokosfett, Kaffee und Seife. Diese unverderblichen Produkte des täglichen Bedarfs wurden ausschließlich «zu runden Preisen und nicht in runden Gewichten» gegen Barbezahlung verkauft.[9] Dies war ein bewusster Bruch mit der damals üblichen Praxis des Anschreibens sowie den weit verbreiteten Rückvergütungsmarken, der eine Beschleunigung des Kassiervorgangs bewirkte und dem Unternehmen die stete Verfügbarkeit von Bargeld sicherte.[10] Aufgrund der niedrigen Betriebskosten vermochte das Unternehmen seine Margen von den damals üblichen 20 bis 25 Prozent auf deren 8 Prozent senken. Dies erlaubte dem Unternehmen, die Preise der anderen Lebensmittelunternehmen deutlich zu unterbieten – das erklärte Ziel von Gottlieb Duttweiler.[11]

Die Geschäftsidee der Migros war eine Discounter-Strategie: Waren des täglichen Bedarfs wurden in großen Mengen zu Großhandelspreisen eingekauft und rasch zu geringstmöglichen Betriebskosten bei einer bescheidenen Gewinnmarge konkurrenzlos billig verkauft. Dies geschah mit der Absicht, möglichst große Umsätze zu erzielen, die ihrerseits substanzielle absolute Renditen abwerfen.[12] Der Grundsatz «große Umsätze bei niedrigen Margen» hatte zur Folge, dass die Migros existenziell auf fortwährendes Wachstum zur Sicherstellung des

---

speziell in den Vereinigten Staaten waren sie schon seit längerer Zeit eingebürgert und dienten der Versorgung dünnbesiedelter Gebiete mit Bedarfsartikeln. Das Neue am Migros-Betriebssystem bestand darin, dass ihre Wagen nach einem bestimmten Fahrplan und zu besonders günstigen Preisen Kolonialwaren vermittelten.» Archiv MGB, Rechenschaftsbericht MGB 1954, S.16. Zum möglichen Vorbild der Great Atlantic & Pacific Tea Company siehe Börner, *Die Great Atlantic & Pacific Tea Company.*

8 SWA, VoH III 15, «Der Selbstbedienungsladen im Vormarsch?» Referat von Dr. Hans Munz, Nationalrat, in der Gesellschaft für Marktforschung in Zürich am 25. November 1948, S. 4.

9 Termeer, *Migros – Rationelle Warenvermittlung in der Schweiz*, S. 34.

10 Eine Darstellung der Verkaufspraktiken um die vorletzte Jahrhundertwende findet sich bei Witzig, *Einkaufen in der Stadt Zürich um die Jahrhundertwende.*

11 Der Preisrückgang von 20% auf bestimmte Lebensmittel in der Stadt Zürich Ende der 1920er Jahre zeigt eindrücklich, dass die Migros A.G. ihr Ziel, die Preise im Lebensmitteleinzelhandel zu senken, erreicht: Die Konkurrenzunternehmen sind gezwungen, ihre Preise denjenigen der Migros A.G. anzupassen. Jenni, *Gottlieb Duttweiler und die schweizerische Wirtschaft,* S. 86f. und S. 105f. Zur Analyse des zürcherischen Lebensmittelhandels von Gottlieb Duttweiler siehe Baumberger, *«Das Geschäft kommt zu den Kunden»,* S. 43ff.

12 Welskopp, *Die Schweizer Migros*; Termeer, *Migros – Rationelle Warenvermittlung in der Schweiz.*

Umsatzes sowie betriebliche Rationalisierung zur Kostensenkung angewiesen war. So dauerte es nicht lange, bis die Migros A.G. erste stationäre Verkaufsläden eröffnete, um ihr Warenangebot vergrößern zu können und damit ihren potenziellen Kundenkreis zu erweitern: 1926, ein Jahr nach der Unternehmensgründung, öffnete der erste Migros-Laden ebenfalls in Zürich seine Türen. Diese rasch zahlreicher werdenden Verkaufsläden folgten ebenfalls den Grundsätzen der geringstmöglichen Betriebskosten: Die Ladeneinrichtung war schlicht und das Sortiment, wenn auch im Vergleich zu den Verkaufswagen um einige Artikel erweitert, vergleichbar klein, aber deutlich günstiger als bei der Konkurrenz.[13] Diese Preisunterschiede ließen die Kundschaft und den Umsatz rasch anwachsen.

Wachstum und Widerstand

Diese Expansion war für das Unternehmen existenziell, denn die Migros A.G. konnte aufgrund ihres Geschäftsmodells der tiefen Margen ökonomisch nur überleben, wenn sie stetig einen hohen Umsatz zu generieren vermochte. Der aggressive Wachstumskurs sowie das preisbrecherische Vorgehen der Migros A.G. weckten jedoch heftigen Widerstand beim mittelständischen Handel und den Nahrungsmittelproduzenten.[14] In den Auseinandersetzungen mit der Konkurrenz und deren Versuchen, die Migros A.G. als unerwünschte Konkurrentin zu behindern, setzte diese *erstens* auf eine offensive Wachstumsstrategie. Sie erweiterte ihr Verkaufssortiment stetig um Artikel, die von der Konkurrenz teuer bzw. teurer verkauft wurden, und expandierte in Regionen, in denen der Einzelhandel noch weniger rationalisiert war als in städtischen Gebieten und folglich der Preisunterschied zwischen der Migros und den anderen Einzelhändlern noch gravierender ausfiel.[15] Die Migros A.G. dehnte ihre Geschäftstätigkeit durch die Schaffung von regionalen Tochterunternehmen nach dem Kanton Zürich in weitere Schweizer Kantone aus.[16]

13 Die Hausierergesetzgebung, der die Migros A.G. unterstand, verbot den Verkauf von gewissen Lebensmitteln durch Verkaufswagen. Die Eröffnung von stationären Verkaufsläden erlaubte der Migros A.G. eine Ausdehnung des Sortiments. Die Einrichtung des ersten Verkaufsladens bestand aus Holzkisten und kostete 200 Franken. Archiv MGB, Rechenschaftsbericht MGB 1954, S. 16.

14 Heftiger Widerstand schlug der Migros A.G. auch in Berlin entgegen, wo das Unternehmen durch die Übernahme eines in wirtschaftliche Schwierigkeiten geratenen Betriebes versuchte, mit ihren Verkaufswagen Fuß zu fassen. Nach der Machtergreifung der Nationalsozialisten zog sich die Migros A.G. infolge der nun verschärften Mittelstandspolitik aus Berlin zurück. Flury, *Die Migros-Verteilungsgesellschaft m.b.H. Berlin 1932/33*; Jenni, *Gottlieb Duttweiler und die schweizerische Wirtschaft*, S. 126ff.

15 Das Sortiment verdreifachte sich allein während des ersten Jahres. Jenni, *Gottlieb Duttweiler und die schweizerische Wirtschaft*, S. 88.

16 Einen guten Überblick über die Expansion der Migros A.G. bieten: Migros-Genossenschafts-Bund, *Chronik der Migros* und Häsler, *Das Abenteuer Migros*.

Diese aggressive Wachstumsstrategie und das nüchterne Preiskalkül kommunizierte und legitimierte die Migros A.G. *zweitens* in Form einer umfassenden gemeinwohlorientierten Ideologie. Diese lässt sich unter dem Motto «Markt und M(ehr)» zusammenfassen, wie Thomas Welskopp treffend schreibt.[17] Der charismatische Unternehmensgründer Gottlieb Duttweiler stilisierte die Migros A.G. zur Brücke zwischen Produzenten und Konsumenten und stellte den Kampf des Unternehmens gegen die überhöhten Preise der übrigen Einzelhändler in den Dienst der gesamten Schweizer Bevölkerung. Diese Rede vom «Dienst am Kunden» sowie der «Solidarität zwischen Unternehmen und Konsument» erlaubte der Migros A.G. eine «flexible Verkoppelung von Traditionsbewusstsein und Modernität, von Harmoniestreben und Aggressivität, von Gemeinwohlrhetorik und kommerzieller Geschäftstüchtigkeit».[18] Diese Geschäftsphilosophie bettete das kommerzielle Kalkül in sozialethische, gesellschaftsgestaltende und politische Elemente ein und propagierte die Migros als «Dritte Kraft» zwischen Staat und Unternehmertum.[19] Diese scheinbar geschlossene Migros-Ideologie verdankte ihren Erfolg tatsächlich ihrer inhaltlichen Unbestimmtheit, die eine stete flexible Anpassung an den jeweiligen Zeitgeist möglich macht.[20]

Trotz oder gerade wegen des Erfolgs der Migros A.G. war der Widerstand gegen das Unternehmen anhaltend heftig: Unverhohlene Drohungen seitens der Einzelhändler ließen immer mehr schweizerische Fabrikanten Abstand nehmen von Lieferungen an die Migros A.G. Mittels Lieferboykotten versuchten verschiedene Gewerbeverbände, das als Bedrohung empfundene Unternehmen in seiner Expansionsbewegung aufzuhalten.[21] Die Migros A.G. war gezwungen, Waren im Ausland einzukaufen, wodurch sich diese aufgrund von Frachten und Zöllen verteuern.[22] Eine Möglichkeit zur Sicherung der Belieferung war die Strategie der vertikalen Integration.[23] Als 1927 eine vor dem Konkurs stehende Fabrik in Meilen zum Verkauf stand, ergriff die Migros A.G. die Gelegenheit.[24]

17 Welskopp, *Die Schweizer Migros*; Welskopp, *Ein «unmöglicher Konzern»?*; Brändli, *Der Supermarkt im Kopf.*

18 Welskopp, *Ein «unmöglicher Konzern»?*, S. 13.

19 Die Migros-Ideologie zielte jedoch nicht auf eine utopische Systemalternative ab; die von ihr gezeichnete Sozialutopie bejahte den Markt und verfügte über keine antikapitalistische Intention – was sicherlich zu ihrer breiten Akzeptanz beigetragen hat. Welskopp, *Ein «unmöglicher Konzern»?*, S. 13f.; Welskopp, *Die Schweizer Migros*, S. 127ff.

20 Zur Anpassung der Migros-Ideologie an die Erfordernisse einer Konsumkultur schweizerischer Prägung siehe Brändli, *Der Supermarkt im Kopf.*

21 Schon drei Tage nach dem ersten Ausfahren der Verkaufswagen verfügt der Schweizerische Teigwarenfabrikanten Verband an seine Mitglieder eine Lieferungssperre gegenüber der Migros A.G. Jenni, *Gottlieb Duttweiler und die schweizerische Wirtschaft*, S. 70.

22 Auch von sogenannten Strohmännern für den Einkauf von bestimmten Waren ist bei Jenni, *Gottlieb Duttweiler und die schweizerische Wirtschaft* S. 74 und S. 424 die Rede.

23 Penrose, *The Theory of the Growth of the Firm*, S. 146ff.

24 Häsler, *Das Abenteuer Migros*, S. 50 und Wysling, *60 Jahre Produktion AG Meilen 1928–1988*, S. 8 sprechen davon, dass Duttweiler den Gläubigerposten von Fr. 400.000 für Fr. 50.000 erstanden habe. Siehe dazu auch MGB-Archiv, G 314, Produktion AG, Meilen,

Die in Produktion AG Meilen umbenannte Fabrik war der erste Schritt der Migros in Richtung Eigenproduktion.[25] Im Laufe der Jahrzehnte kamen durch Übernahmen oder Neugründungen zahlreiche weitere Produktionsunternehmen aus verschiedensten Warenbereichen hinzu. Auch Dienstleistungsbetriebe wie die Genossenschaft Sabina, die Verpackungen herstellte (heute Limmatdruck AG), zählten bald zu den Unternehmen der Migros.[26]

Die mittelständischen Einzelhändler und Gewerbetreibenden wurden in den 1930er Jahren von der Weltwirtschaftskrise und der auch in der Schweiz schwindenden Kaufkraft empfindlich getroffen. Dies ließ den Widerstand gegen preisunterbietende Konkurrenten wie die Migros A.G. immer erbitterter werden. Der Höhepunkt war mit dem «Dringlichen Bundesbeschluss über das Verbot der Eröffnung und Erweiterung von Warenhäusern, Kaufhäusern, Einheitspreisgeschäften und Filialgeschäften» vom 14. Oktober 1933 erreicht.[27] Dieser Beschluss, der auch «Filialverbot» oder «Warenhausbeschluss» genannt wird, sollte zunächst für zwei Jahre durch ein flächendeckendes Verbot neuer Filialen den mittelständischen Handel vor Konkurrenz- und Preisdruck schützen.[28] Die Vergrößerung des Sortiments sowie der Ladenfläche von schon bestehenden Filialen unterstanden ebenfalls diesem Bundesbeschluss.[29] Die Migros A.G. wehrte sich gegen das «Filialverbot» und dessen mehrmalige Verlängerung, das nach ihrer Auffassung einen groben Eingriff in die Handels- und Gewerbefreiheit darstellte. Das politische Engagement von Gottlieb Duttweiler stand in engem Zusammenhang mit der Bekämpfung des «Filialverbots»: 1936 gründete er mit Gleichgesinnten den Landesring der Unabhängigen (LdU).[30] So außergewöhnlich die Grün-

Eingabe von Dr. iur. Casimir Wüest an das Obergericht des Kantons Zürich, 23.7.28 betreffend Rekurs gegen den Nachlassvertrag der Alkoholfreien Weine und Konservenfabriken A.G. Meilen, 23. Juli 1928.

25 Zur Geschichte der Produktion AG Meilen siehe Girschik, *Eiskalter Erfolg*.

26 Einen guten Überblick über die Strategie der vertikalen Integration und Diversifikation der Migros bietet Baumann, *Wachstum und Diversifikation in der Migros*.

27 Der Dringliche Bundesbeschluss ist dem Referendum und somit einer möglichen Volksabstimmung entzogen. Jenni, *Gottlieb Duttweiler und die schweizerische Wirtschaft*, S. 246f. Dieser Beschluss ist in seiner Stoßrichtung den jeweiligen Bestimmungen zum Schutz des mittelständischen Gewerbes in Deutschland und Österreich in dieser Zeit nah verwandt. Flury, *Die Migros-Verteilungsgesellschaft m.b.H. Berlin 1932/33*; Spiekermann, *Rationalisierung, Leistungssteigerung und «Gesundung»*.

28 Der Beschluss trat rückwirkend auf den 5. September 1933 in Kraft. Diese Rückwirkungsklausel stellte ein Novum in der schweizerischen Gesetzgebung dar. Damit sollte verhindert werden, dass die vom Beschluss betroffenen Unternehmen bis zum Inkrafttreten des Beschlusses Mietverträge für Läden und Filialen abschließen. Ursprünglich war dieser Bundesbeschluss vor allem gegen die Warenhäuser und Einheitspreisgeschäfte gerichtet. Erst im Zuge der politischen Debatte wurde der Wirkungskreis auf den Einzelhandel ausgeweitet, womit die Konsumgenossenschaften des VSK auch betroffen waren. Bei der ersten Verlängerung des Beschlusses 1935 wurden sie jedoch ausdrücklich von diesem ausgenommen. Jenni, *Gottlieb Duttweiler und die schweizerische Wirtschaft*.

29 Heister, *Gottlieb Duttweiler als Handels- und Genossenschaftspionier* S. 123.

30 Bei ihrer ersten Teilnahme an nationalen Wahlen gewann der LdU auf Anhieb fünf

dung einer politischen Partei durch einen Unternehmer in einem demokrati-
schen Land wie der Schweiz auch ist; so groß die Erfolge dieser Partei bei Wahlen und Abstimmungen auch waren, die Bemühungen der Migros A.G. um
eine rasche Aufhebung des «Filialverbots» waren lange Zeit vergeblich: Erst am
1. Januar 1946 wurde das «Filialverbot» aufgehoben.[31]

Während des «Filialverbots» konzentrierte sich die Migros A.G. auf den Ausbau der Eigenproduktion und ihrer publizistischen Organe mit der Gründung
der Tageszeitung «Die Tat» sowie die Diversifikation ihrer Geschäftstätigkeit wie
die Gründung des Reiseunternehmens Hotelplan oder die Übernahme der
Monte-Generoso-Bahn.[32] Von großer Tragweite war die 1941 vorgenommene
Rechtsumwandlung der Migros von einer Aktiengesellschaft in eine Genossenschaft. In einem öffentlichkeitswirksamen und auch in unternehmenshistorischer
Perspektive spektakulären Akt vermachte Gottlieb Duttweiler die Migros in
Form von Anteilsscheinen eingetragenen Kunden. Fortan gehörte das Unternehmen rund 75.500 eingetragenen Mitgliedern; oder wie es Gottlieb Duttweiler einprägsamer formulierte: Die Migros gehörte nun ihren Kunden. Dieser Akt
zementiere die seit jeher von der Migros praktizierte Gemeinwohlorientierung,
wurde Gottlieb Duttweiler nicht müde zu betonen.

Über die Gründe Duttweilers für diese Handlungsweise ist viel spekuliert
worden.[33] Sicher ist, dass dies ein wohlüberlegtes Vorgehen Duttweilers war,
wie Thomas Welskopp überzeugend argumentiert:[34] Dadurch, dass Gottlieb
Duttweiler die Migros «verschenkte» – wie er es nannte –, sicherte er zugleich
den Fortbestand des Unternehmens über seine persönliche Lebenszeit hinaus.
Insofern ist diese Rechtsumwandlung auch als «eine Art vorgezogene Nach-
folgeregelung» zu interpretieren.[35] Die Kapitalinteressen wurden in so kleine
Nominalgrößen zerschlagen, dass sie in Bezug auf die Beeinflussung der Unternehmenspolitik organisations- und handlungsunfähig werden. Der aus der ehemaligen Unternehmenszentrale hervorgegangene Migros-Genossenschafts-Bund

Sitze und wurde im Kanton Zürich zur stärks-
ten Partei. Wie viele seiner langjährigen Mitarbeiter hatte auch Gottlieb Duttweiler verschiedene politische Ämter inne; so amtierte
er von 1936–1940, 1943–1949 und 1961–1962
als Nationalrat und 1949–1961 als Ständerat.
Siehe dazu Heister, *Gottlieb Duttweiler als Han-
dels- und Genossenschaftspionier*, S.162ff., Jenni,
*Gottlieb Duttweiler und die schweizerische
Wirtschaft*. Zur Geschichte des LdU siehe auch:
Ramseier, *Die Entstehung und die Entwicklung
des Landesringes der Unabhängigen bis 1943*;
Meynaud und Korff, *Die Migros und die Politik
der Landesring der Unabhängigen*. 1999 löste sich
der LdU auf.

31 Siehe dazu ausführlich: Jenni, *Gottlieb Duttweiler und die schweizerische Wirtschaft*, S.254ff.
32 Migros-Genossenschafts-Bund, *Chronik der
Migros*, S.14ff.
33 Siehe dazu unter anderem: Welskopp, *Die
Schweizer Migros*, S.130ff.
34 Siehe für den folgenden Abschnitt: Welskopp,
Die Schweizer Migros; Welskopp, *Ein «unmöglicher Konzern»?*.
35 Welskopp, *Ein «unmöglicher Konzern»?*, S.22ff.
Zu Gottlieb Duttweilers Suche nach einem
Nachfolger siehe Lüönd, *Gottlieb Duttweiler*,
S.81ff.

(MGB) verfügte somit über einen großen Handlungsspielraum, der nicht durch
Aktionäre oder Aufsichtsräte beschnitten wird. Obwohl der MGB formal die
Dachgenossenschaft der aus den regionalen Tochtergesellschaften hervorgegan-
genen Genossenschaften darstellte, war die Struktur darauf ausgelegt, dass der
MGB in Wirklichkeit weiterhin die bestimmende Einheit innerhalb der Migros
war. Als Geschäftsführung des MGB und somit als faktische Konzernleitung der
Migros agierte die fünf- bis siebenköpfige Verwaltungsdelegation, deren Vorsit-
zender und Mitglied Gottlieb Duttweiler 21 Jahre lang bis zu seinem Tod 1962
blieb. Jedem Delegationsmitglied war ein bestimmtes Departement und Ressort
zugeteilt.

Während der MGB für die Geschäftspolitik des gesamten Migros-Konzerns
sowie die Produktions- und Dienstleistungsbetriebe verantwortlich war, waren
die dreizehn Genossenschaften für den Verkauf und teilweise für den Einkauf in
ihrer jeweiligen Region zuständig. In den Statuten wird den Genossenschaften
ein gewisser autonomer Handlungsspielraum zugesichert, den der MGB jedoch
stets überwachte. Diese Organisationsstruktur der Migros, die der MGB-Führung einen großen diskretionären Handlungsspielraum einräumte, unterschied
sich grundlegend von den zersplitterten Strukturen und langwierigen Entschei-
dungswegen herkömmlicher Genossenschaften.[36]

Als zweiten Schritt um die Ausrichtung der Migros an seiner Gesinnung sicherzustellen, veröffentlichte Gottlieb Duttweiler zusammen mit seiner Frau
Adele im Dezember 1950 im Migros-eigenen Publikationsorgan *Der Brückenbauer* fünfzehn Thesen, die in seinen eigenen Worten sein «geistiges Vermächt-
nis» darstellten.[37] Diese Thesen können weder abgeändert noch ergänzt werden;
sie sind allein der Interpretation zugänglich. Doch auch dies nur beschränkt:
Gleichzeitig mit der Publikation der Thesen gründeten Gottlieb und Adele
Duttweiler die G. und A. Duttweiler Stiftung, deren Stiftungsurkunde im Wesentlichen mit den Thesen übereinstimmte.[38] Diese Stiftung sollte als − vornehmlich moralische − Kontrollinstanz über die Berücksichtigung der in den
Thesen dargelegten Grundsätze im Tagesgeschäft des Unternehmens wachen
und Duttweilers größte Angst, dass «aus der Migros [...] mit der Zeit ein rein auf
das Geschäftliche ausgerichtetes Unternehmen entsteht», entgegenwirken.[39] Bei
der Revision der Statuten 1957 wurde dieses Gedankengut der Migros gleichsam

---

36 Für einen systematischen Vergleich der beiden
Genossenschaften Migros und Coop, die den
Schweizer Einzelhandelsmarkt bis heute do-
minieren, siehe Winkler, *Coop und Migros*.
Coop ging aus dem Verein Schweizerischer
Konsumgenossenschaften (VSK) hervor und
ist bis in die 1990er Jahre mit der Konsolidie-
rung der regional zersplitterten, ineffizienten

Strukturen der über 400 Konsumvereine beschäftigt. Kellerhals, *Coop in der Schweiz*.
37 Häsler, *Das Abenteuer Migros*, S. 200ff.; Munz,
Das Phänomen Migros, S. 176ff.
38 Munz, *Das Phänomen Migros*, S. 177f.
39 Archiv MGB, Rechenschaftsbericht MGB 1957,
S. 24.

eingeschrieben. Am deutlichsten wird dies bei der vertraglichen Verpflichtung des MGB und der Genossenschaften, dauernd ein respektive ein halbes Prozent des Umsatzes für «nichtgeschäftliche Zwecke» aufzubringen: das sogenannte «Kulturprozent».[40]

Der erste Selbstbedienungsladen der Schweiz

Man kann die Schaffung einer schlagkräftigen Organisationsstruktur durchaus als wichtige Maßnahme zur innerbetrieblichen Rationalisierung bezeichnen. Die entscheidende organisatorische Rationalisierung, die sich für die Migros in den Nachkriegsjahrzehnten als Wachstumsmultiplikator erwies, fand nach Ende des Zweiten Weltkrieges an der Seidengasse in Zürich statt: Am 15. März 1948 öffnete dort der erste Selbstbedienungsladen der Schweiz seine Türen.[41] An diesem Tag verschwand die Ladentheke aus dem Verkaufsladen; nicht mehr Verkäuferinnen trugen die Waren den Kundenwünschen entsprechend zusammen, sondern die Kunden selbst.[42]

Vor der Eröffnung des zur Selbstbedienung umgebauten Ladenlokals an der Seidengasse war sich die Migros keineswegs sicher, ob diese Rationalisierung der Verkaufsorganisation von den Kunden positiv aufgenommen werden wird. Schon im Frühling 1945 hatte die persönliche Beraterin von Gottlieb Duttweiler, Dr. Elsa F. Gasser, dem sonst so experimentierfreudigen Patron vorgeschlagen, einen Selbstbedienungsladen zu eröffnen. Doch Gottlieb Duttweiler stand dieser Idee zunächst ablehnend gegenüber.[43] Er befürchtete einen Anstieg der Betriebskosten aufgrund der teureren Ladeneinrichtungen. Schließlich gelang es Elsa Gasser, ihre Idee durchzusetzen, denn nach der Aufhebung des «Filialverbots» und dem Ende des Zweiten Weltkrieges war der Ansturm auf die Läden der Migros mit ihren preiswerten Artikeln groß – fast zu groß:[44] Zwar eröffnete die Migros sofort nach Aufhebung des «Filialverbots» über ein Dutzend neuer Ver-

---

40　Munz, *Das Phänomen Migros*, S. 210. Das Kulturprozent der Migros ist heute eine der größten Kulturförderungsinstitutionen in der Schweiz. Zur Kulturförderung der Migros zwischen 1941 und 2001 siehe Gericke, «*Den Menschen auch lebendig erhalten*»; zur Tätigkeit des Kulturprozents im Bereich der Bildenden Künste siehe Hunziker Keller, *Mäzenin, Stifterin oder Sponsorin?*.

41　*Ein Selbstbedienungsladen.*

42　Der Begriff «Kunde» bezieht sich sowohl auf das weibliche wie das männliche Geschlecht.

43　Elsa F. Gasser war promovierte Ökonomin und arbeitete seit 1926 als persönliche Beraterin von Gottlieb Duttweiler bei der Migros.

Vor ihrer Tätigkeit bei der Migros arbeitete sie als Wirtschaftsjournalistin bei der «Neuen Zürcher Zeitung». Bis zu ihrem Tod 1967 blieb sie der Migros eng verbunden. Elsa Gasser verfasste zahlreiche Beiträge und Broschüren über verschiedene Themen des Einzelhandels. Zu ihren Überlegungen betreffend der Einführung der Selbstbedienung in der Schweiz siehe: Gasser, *Are Swiss Supers the most beautiful in the World?*. Zur Person von Elsa Gasser siehe auch: URL: http://www.hls-dhs-dss.ch/textes/d/D47143.php, letzter Zugriff: 29. August 2007.

44　Brändli, *Der Supermarkt im Kopf*, S. 59 sowie Munz, *Das Phänomen Migros* S. 256f.

kaufsläden. Diese als «Entlastungsläden» bezeichneten Filialen vermochten jedoch der Nachfrage nicht gerecht zu werden. Im Rechenschaftsbericht des MGB von 1945 war zu lesen: «Wie sehr die neuen Verkaufsstellen einem ganz außerordentlichen drängenden Konsumentenbedürfnis entsprachen, zeigte sich jeweils in den sofort erzielten Umsätzen. [...] Schon die ersten Tage [brachten] regelrechte Rekordumsätze.»[45] Die gesteigerte Nachfrage spiegelte sich im beachtlichen Anstieg des Umsatzes von 85 Mio. Franken im Jahr 1945 auf 120 Mio. Franken 1946.[46]

So erfreulich dieses Umsatzwachstum war, im betrieblichen Alltag zeichnete sich zunehmend eine Überlastung ab: «Die Verkaufskapazität der Migros-Läden samt den hinter ihnen stehenden Lager- und Abpack-Organisationen ist [...] fast überall voll ausgenützt. Eine größere Nachfrage ist beim gegenwärtigen Bestand an Verkaufslokalen nicht ohne Entstehung unerträglicher Wartezeiten und unliebsamer Störungen im Warenzufluss zu befriedigen. [H]eute [kann] leider bei weitem nicht alle Kaufbereitschaft gegenüber der Migros realisiert werden», wurde im Rechenschaftsbericht des MGB von 1947 beklagt.[47] Konkret hieß das: Die bisher leistungsfähige Betriebsorganisation der Migros konnte der gesteigerten Nachfrage nicht mehr gerecht werden; dem Unternehmen entging Umsatz, da die Verkaufsstellen keinen «flotten Verkaufsservice» mehr zu gewährleisten im Stande waren.[48] Vor diesem Hintergrund wird deutlich, warum sich Gottlieb Duttweiler im Frühling 1948 von Elsa Gasser überzeugen ließ, eine bestehende Filiale zu einem Selbstbedienungsladen umzubauen: Die Selbstbedienung war ein Versuch, die Kapazität der Warendistribution in den Verkaufsläden zu erhöhen und zu rationalisieren und so der massiv gesteigerten Nachfrage anzupassen. Der Umstand, dass die Presse erst zwei Wochen nach der Neueröffnung der Filiale an der Seidengasse informiert und zu einer Besichtigung eingeladen wurde, zeigt jedoch, dass durchaus Skepsis bestand, ob die Selbstbedienung in der Schweiz funktionieren würde.[49]

Alle Befürchtungen erwiesen sich als gänzlich unbegründet: Der Zuspruch der Kunden war enorm, was sich in einer 30-prozentigen Umsatzsteigerung schon in den ersten Wochen niederschlug.[50] Auch nachdem die erste Neugierde der Kundschaft über die neuartige Verkaufsform befriedigt war, erfuhr der Laden nicht nur eine nahezu vollständige Kapazitätsausnutzung, sondern teilweise sogar eine Überlastung: «Fast jeden Samstag muss [...] der Laden an der Seidengasse zeitweise wegen unerträglicher Stauung geschlossen werden», ist im

45 Archiv MGB, Rechenschaftsbericht MGB 1945, S. 4ff.

46 Migros-Genossenschafts-Bund, *Chronik der Migros*, S. 27f.

47 Archiv MGB, Rechenschaftsbericht MGB 1947, S. 6.

48 Archiv MGB, Rechenschaftsbericht MGB 1945, S. 6.

49 Brändli, *Der Supermarkt im Kopf*, S. 49.

50 *Selbstbedienung. Die Filiale mit dem größten Umsatz macht damit einen Versuch.*

Migros-eigenen Publikationsorgan zu lesen.[51] Auch die Sitzungsprotokolle der Geschäftsleitungen des MGB sowie der Migros Genossenschaft Zürich (GMZ), die als zuständige Regionalgenossenschaft diesen ersten Selbstbedienungsladen betrieb, belegten «einen geradezu stürmischen Zuspruch seitens der Konsumentenschaft».[52] Bereits ein Jahr nach der Eröffnung des Selbstbedienungsladens an der Seidengasse wurde über eine Erweiterung der Filiale diskutiert.[53]

Der Erfolg der «amerikanischen Verkaufsform» in der Schweiz

Der Erfolg dieses ersten Selbstbedienungsladens ließ das Potenzial dieser neuen Verkaufsform erahnen. Die Migros handelte rasch und schon 1949 betrieb sie in vier Schweizer Städten acht Selbstbedienungsläden.[54] Sie baute einerseits bestehende bediente Filialen zu Selbstbedienungsläden um, andererseits kaufte sie nach Aufhebung des «Filialverbots» neue Ladenlokale auf, um dort Selbstbedienungsläden einzurichten.[55]

Die Selbstbedienung erwies sich als rationelle Vermittlungsform von massenproduzierten Waren und brachte die infolge des wirtschaftlichen Aufschwungs nach dem Zweiten Weltkrieg zunehmende Masse an Waren und Kunden effizient zusammen. Sie machte die Läden der Migros zu regelrechten Verkaufsmaschinen. Die Umsatzsteigerung aufgrund der neuen Verkaufsform war enorm: Beinahe ausnahmslos folgte auf die Umwandlung der Läden in Selbstbedienungsläden eine «ungewöhnliche Umsatzzunahme und später eine Stabilisierung auf hohem Niveau».[56] Im Rechenschaftsbericht der GMZ von 1948 war die Rede von Umsatzsteigerungen gegenüber der gleichen Geschäftsperiode des Vorjahres zwischen 51 und 62 Prozent bei den Selbstbedienungsläden, während die übrigen Läden «lediglich» einen Umsatzanstieg von 24 Prozent verzeichneten.[57]

51 *Die Migros-Kunden sagen ja zur Selbstbedienung.* SWA, VoH III 15, «Der Selbstbedienungsladen im Vormarsch?» Referat von Dr. Hans Munz, Nationalrat, in der Gesellschaft für Marktforschung in Zürich am 25. November 1948, S. 19.

52 SWA, VoH III 15, «Der Selbstbedienungsladen im Vormarsch?» Referat von Dr. Hans Munz, Nationalrat, in der Gesellschaft für Marktforschung in Zürich am 25. November 1948, S. 18.

53 Archiv MGB, Verwaltung GMZ, 31. März 1949. Zur Zunahme des Umsatzes in der Filiale Seidengasse siehe Baumann, *Die Selbstbedienung. Entwicklung und heutiger Stand in den Migros-Genossenschaften,* S. 11.

54 Zur Expansion der Selbstbedienung siehe unter anderem: Archiv MGB, G 642, Die Selbst-

bedienung im Schweizer Lebensmittelhandel, Stand Jahresbeginn 1963. In: Schweizerische Handelszeitung, 4. April 1963 sowie Brändli, *Der Supermarkt im Kopf,* S. 49ff.

55 Sowohl Brändli, *Der Supermarkt im Kopf* als auch Welskopp, *Ein «unmöglicher Konzern»?* argumentieren, dass für die Migros das vermeintlich nachteilige «Filialverbot» für die Einführung der Selbstbedienung vorteilhaft ist: Sie musste nicht (wie beispielsweise der VSK) die bestehenden kleinräumigen Läden umrüsten, sondern konnte vornehmlich neue großzügige Ladenlokale beziehen.

56 Archiv MGB, Rechenschaftsbericht GMZ 1949, S. 3.

57 Archiv MGB, Rechenschaftsbericht GMZ 1948, S. 4.

Selbstbewusst hielt die GMZ in ihrem Rechenschaftsbericht fest: «Verglichen mit dem eher langsamen Fortschreiten des Selbstbedienungsgedankens im übrigen Europa, hat der Schweizer und insbesondere der Migros-Konsument reiche Gelegenheit, das neue System zu erproben.»[58] Tatsächlich löste die Selbstbedienung in hohem Tempo die bedienten Verkaufsläden der Migros ab:[59] 1953, nur fünf Jahre nach der Eröffnung des ersten Selbstbedienungsladens, verfügte die GMZ als damals größte Genossenschaft über keinen einzigen reinen Bedienungsladen mehr. 1956 waren von den 331 Migros-Filialen nur noch 93 bedient. Entsprechend rasch trugen die Selbstbedienungsläden einen großen Teil zum Verkaufsumsatz der Migros bei: 1955 erwirtschafteten die 223 Selbstbedienungsläden der Migros schon 83 Prozent des Umsatzes aller Migros-Läden. 1958 erzielte die Migros 93 Prozent ihres Umsatzes in Selbstbedienungsläden; 315 von 354 Läden wurden in Selbstbedienung geführt. 1963, fünfzehn Jahre nach der Eröffnung des ersten Selbstbedienungsladens, erwirtschaftete die Migros 96,6 Prozent ihres Umsatzes in den Selbstbedienungsläden.

Nicht nur in der Schweiz, in ganz Europa war die Migros in den 1940er und 1950er Jahren Vorreiterin in Sachen Selbstbedienung; sie gehörte zu den ersten Einzelhandelsunternehmen in Europa, die mit dieser Verkaufsform experimentierten und sie auf breiter Front einsetzten.[60] In Deutschland setzte sich die Selbstbedienung erst ab Mitte der 1950er Jahre als Verkaufsform durch, während sich die Ausbreitung in Italien noch langsamer gestaltete.[61]

---

58 Archiv MGB, Rechenschaftsbericht GMZ 1949, S. 3.

59 Zum Folgenden siehe: Archiv MGB, Rechenschaftsbericht GMZ 1953, S. 4. Eine Zeit lang betrieb die Migros sogenannte Kombiläden, die sowohl in Selbstbedienung wie in Bedienung verkaufen. Archiv MGB, Sitzung der Geschäftsleiter, 4. Oktober 1954, Beilage: Beilage betreffend standardisierte einfache Selbstbedienung, 21. August 1954; Sitzung der Geschäftsleiter, 29. Oktober 1956; Rechenschaftsbericht MGB 1958, S. 20f.; *Die Selbstbedienung im Schweizer Lebensmittelhandel*; Baumann, *Die Selbstbedienung. Entwicklung und heutiger Stand in den Migros-Genossenschaften*; Migros-Genossenschafts-Bund, *Chronik der Migros* S. 37.

60 Der erste Versuch zur Einführung der Selbstbedienung in der Schweiz geht auf ein Reformhaus im Jahr 1931 zurück. Die Nouveaux Grands Magasins S. A. in Genf versuchten im Herbst 1946, eine ihrer Lebensmittelabteilungen in Selbstbedienung zu betreiben. Ein nachhaltiger Erfolg war beiden Versuchen nicht beschieden. Baumann, *Die Selbstbedienung. Entwicklung und heutiger Stand in den Migros-Genos-*

senschaften, S. 10. Zur Entwicklung der Selbstbedienung in der Schweiz siehe: Brändli, *Der Supermarkt im Kopf*, S. 49ff.; Tanner, *Drehkreuz zur Einsamkeit*; Gysin und Poppenwimmer, *Die Geburt der Selbstbedienung in der Schweiz*; Sweda Registrierkassen AG, *Die Selbstbedienung im schweizerischen Lebensmittelhandel 1958–1967*.

61 Zur Entwicklung der Selbstbedienung in Deutschland siehe: Ditt, *Rationalisierung im Einzelhandel*; Welskopp, *Startrampe für die Gesellschaft des Massenkonsums*; Spiekermann, *Rationalisierung als Daueraufgabe*; Wildt, *Am Beginn der «Konsumgesellschaft»*. Die Geschichte der Selbstbedienung in Italien ist dadurch geprägt, dass amerikanische Institutionen sie als Strategie gegen die drohende Gefahr des Kommunismus einsetzten, siehe dazu: De Grazia, *Irresistible Empire*, S. 376ff.; Scarpellini, *Shopping American-Style*. Einen Überblick über die Selbstbedienung in Großbritannien und Frankreich vermitteln Shaw, Curth und Alexander, *Selling Self-service and the Supermarket*; Lescent-Giles, *Change in French and British Food Retailing since the 1950s*; Oddy, *From Corner Shop to Supermarket*.

Legitimation der Selbstbedienung

Wie schon die Verkaufswagen, war auch die Selbstbedienung keine eigenständige Erfindung der Migros. Das Konzept der Selbstbedienung kam aus den USA und wurde dort um das Jahr 1920 erstmals erprobt. Die Ausbreitung dieser Verkaufsform gestaltete sich jedoch bis zum Zweiten Weltkrieg eher schleppend.[62] Erst in der zweiten Hälfte des 20. Jahrhunderts setzte sich die Selbstbedienung in den USA auf breiter Front durch und wurde als «amerikanische Verkaufsform» weltweit bekannt.[63] Aufgrund ihrer schon lange bestehenden engen Beziehungen zum amerikanischen Einzelhandel wusste die Migros um den Erfolg der Selbstbedienung als effiziente Organisationsform zur Koordination von Waren und Kunden im Massenformat. Immer wieder unternahmen Migros-Manager damals übliche Studienreisen in die USA, um sich über die Entwicklungen im dortigen Einzelhandel zu informieren.[64] Die Besuche über den Atlantik waren dabei durchaus gegenseitig, denn die Migros fand ihrerseits in den USA als erfolgreiches Unternehmen Beachtung und Anerkennung.[65] Am deutlichsten zeigte sich diese Wertschätzung in der Aufnahme von Gottlieb Duttweiler in die renommierte *Hall of Fame for Distribution* anlässlich der *Boston Conference on Distribution* 1953.[66]

---

62 Für eine zeitgenössische Schilderung der Schwierigkeiten der Selbstbedienung siehe: Eklöh, *Der Siegeszug der Selbstbedienung*, S. 9f. Für einen Überblick über die Ausbreitung der Selbstbedienung in den USA siehe: Stehlin, *Der Wandel des Verkaufssystems im Detailhandel*, S. 27ff. Eine sozialhistorisch orientierte Analyse der Ausbreitung der Selbstbedienung und der Supermärkte in den USA bietet Deutsch, *Making Change at the Grocery Store*.

63 Baumann, *Die Selbstbedienung. Entwicklung und heutiger Stand in den Migros-Genossenschaften*, S. 11. Die USA betrieben die aktive Verbreitung der Selbstbedienung im Sinne von Wirtschaftshilfe mit durchaus (konsum-)politischen Absichten. Siehe dazu: De Grazia, *Irresistible Empire*; Scarpellini, *Shopping American-Style*.

64 1952 besuchten zwei wichtige Mitarbeiter der Migros die USA. An der folgenden Sitzung der Geschäftsleiter der Genossenschaften berichteten sie von den dortigen *supermarkets* und *chain-stores* und zeigten sogenannte «Lichtbilder» der neuesten Supermärkte. Archiv MGB, Sitzung der Geschäftsleiter, 22. August 1952. Zu den USA-Reisen der Migros-Manager siehe Börner, *Die Great Atlantic & Pacific Tea Company*; Brändli, «*Wives in the Avacados, Babies in the Tomatos*». Auch andere Einzelhandelsunternehmen aus dem deutschen Sprachraum führten Studienreisen in die USA durch: Blattner, *Studienreise nach den Vereinigten Staaten*; Berichte der Studienreisen im Rahmen der Auslandhilfe der USA, *Der Lebensmittelhandel in den USA*. Auch Herbert Eklöh, der den ersten Selbstbedienungsladen außerhalb der USA eröffnete und die Selbstbedienung in Deutschland einführte, bemerkte in einem seiner Aufsätze, dass er eben seine «23. US-Reise» absolviert hatte. Eklöh, *Der Siegeszug der Selbstbedienung*, S. 9. Zum Austausch zwischen dem deutschen und amerikanischen Einzelhandel siehe Schröter, *The Americanisation of Distribution and Its Limits*. Zur Zirkulation von Wissen der Detailhändler siehe Kacker, *International Flow of Retailing Know-How*.

65 Die Migros wurde im Rahmen von Studienreisen ebenfalls besucht; sie galt als vorbildlich organisierter Betrieb. Die Besucher kamen vor allem aus den USA, Frankreich und Deutschland. Munz, *Das Phänomen Migros*, S. 150; Termeer, *Migros – Rationelle Warenvermittlung in der Schweiz*.

66 Gottlieb Duttweiler wurde in Boston geehrt für die «Schaffung einer einzigartigen Verteilungsform» sowie die damit verbundene Senkung der Kosten von Lebensmitteln. Ebenfalls

Die Einführung der «amerikanischen Verkaufsform» begründete die Migros mit zwei Argumentationslinien: *Erstens* führte sie das Argument der angeblichen Rückständigkeit des Einzelhandels gegenüber der industriellen Produktion an. Hans Munz, Mitglied der geschäftsführenden Verwaltung des MGB, griff diese oft wiederholte Behauptung in einem Vortrag über die Selbstbedienung vor der Gesellschaft für Markforschung im November 1948 auf und formulierte pointiert: «[…] der Detailhandel [ist] in der alten Zeit steckengeblieben und seine verkalkten Kanäle [vermögen] den überbordenden Ertrag der modernen Produktion nicht zu bewältigen.»[67] Während die Produktion «immer neue Ergiebigkeits-Triumphe erlebt», sei es dem Einzelhandel «augenscheinlich nicht gelungen, die Verteilung, d. h. die Übertragung der Konsumgüter vom Produzenten an die Verbraucher in ähnlich wirksamer Weise zu organisieren», wiederholte Hans Munz die bekannten Klagen. Er zeichnete ein drastisches Bild, um die vermeintliche Rückständigkeit des Einzelhandels gegenüber der produzierenden Industrie darzustellen und somit die Einführung der Selbstbedienung durch die Migros zu rechtfertigen: Der typische europäische «Spezereiladen» unterscheide sich nicht grundlegend vom «Kramladen des Mittelalters». Im Vergleich zu den «Umwälzungen der industriellen Revolution der letzten 200 Jahre sei der Kleinhandel […] fast unberührt geblieben.» Hans Munz führte seinen Zuhörern deutlich vor Augen: Die angeblich seit Jahrhunderten unveränderte Betriebsform der bedienten Verkaufsläden entsprach nicht mehr den zeitgenössischen Anforderungen der Massenproduktion. Der Einzelhandel müsse sich an die durchrationalisierte Massenproduktion anpassen, um seiner Rolle als effiziente Schnittstelle zwischen Produktion und Konsum gerecht zu werden: «Massenproduktion verlangt Massenverteilung. Der Weg führt vom herkömmlichen Laden zur durchorganisierten Vermittlungsfabrik», war in einem Migros-internen Bericht zu lesen.[68] Welches Unternehmen für die Schaffung dieser «durchorganisierten Vermittlungsfabrik» prädestiniert war, daran ließ Hans Munz keinen Zweifel: die Migros.

Hier schließt sich die *zweite* Argumententationslinie an: Im gleichen Vortrag reihte Hans Munz die Selbstbedienung als logische Konsequenz der bisherigen Rationalisierungsbemühungen in die Geschichte der Migros ein. Auf diese

---

1953 wurde Duttweiler an der Düsseldorfer Rationalisierungsausstellung geehrt; er erhielt die goldene Medaille für «herausragende Rationalisierungsleistungen». 1960 verlieh ihm die *Michigan State University* den *International Marketing Award*. Munz, *Das Phänomen Migros*, S. 185f. In der Schweiz blieb ihm solch explizite Anerkennung zeitlebens versagt.

67 Die geschäftsführende Verwaltung entsprach ab 1957 der späteren Verwaltungsdelegation und war wie diese für die Geschäftsführung

des gesamten Migros-Unternehmens verantwortlich. SWA, VoH III 15, «Der Selbstbedienungsladen im Vormarsch?» Referat von Dr. Hans Munz, Nationalrat, in der Gesellschaft für Marktforschung in Zürich am 25. November 1948. Die Migros war der Gesellschaft für Marktforschung 1943 beigetreten. Brändli, *Der Supermarkt im Kopf*, S. 50ff. und S. 100ff.

68 Archiv MGB, G 28, Reisebericht: Modern Merchandising Methods, USA-Reise 1961, S. 16.

Weise nahm er der «amerikanischen Verkaufsform» den potenziellen Schrecken des Neuen: «Dem Experiment der Migros-Gesellschaften der Jahre 1948 mit den Selbstbedienungsläden sind seit 1925 – dem Gründungsjahr – eine ganze Reihe anderer organisatorischer Vorkehrungen zur Verbilligung der Lebensmittelverteilung vorausgegangen.»[69] So sei denn den Kundinnen und Kunden der Migros «das wichtigste Element des Selbstbedienungssystems, die vorverpackte Ware unter Angabe des Nettogewichts, den Kunden der Migros ja schon seit ihrer Gründung vertraut». Wie geschickt die Migros das amerikanische Konzept der *mass consumption* auf helvetische Verhältnisse und Maßstäbe übertrug und so zu einer wichtigen Promotorin der sich ausbildenden schweizerischen Konsumgesellschaft wurde, zeigt Sybille Brändli in ihrer Dissertation eindrücklich.[70] Dank dieser zwei Argumentationslinien gelang es der Migros, sich als Bewahrerin der Schweizer Werte darzustellen und gleichzeitig einen wichtigen Teil des Alltags, das Einkaufen, radikal zu ihren Gunsten zu verändern – und dies stets unter dem gemeinwohlorientierten Ziel einer notwendigen Rationalisierung des Einzelhandels.[71] Der kokette Rekurs auf die Rede von der Rückständigkeit des Einzelhandels und die Argumentation der logischen Konsequenz der Migros-Geschichte zeigen, wie geschickt die Migros den Kundinnen und Kunden in der Schweiz die radikale Veränderung der Verkaufsform plausibel machte.

Selbstbedienung als Rationalisierung der Distribution

Die Selbstbedienung fand in der Schweiz nicht nur begeisterten Zuspruch bei den Kunden, sondern zeigte auch den erhofften rationalisierenden Effekt auf die Warenverteilung in den Verkaufsläden. Wie in der industriellen Produktion schon seit Ende des 19. Jahrhunderts praktiziert, lag auch im Einzelhandel der Schlüssel zur rationellen Gestaltung von betrieblichen Abläufen in der Arbeitsteilung: «Arbeitszerlegung als produktivere Form der Arbeitsorganisation [ist] Kern der Rationalisierungsmaßnahme Selbstbedienung.»[72]

Im Handbuch über die Arbeitsorganisation eines Selbstbedienungsladens wurde der Effekt der Arbeitsteilung im Einzelhandel folgendermaßen beschrieben: «Die bisherige Abwicklung der Arbeitsvorgänge im Einzelhandelsgeschäft war insbesondere auf der Verkaufsseite ein in sich geschloßener Arbeitsvorgang, der vom ersten bis zum letzten Teil durch *eine* Verkaufskraft vorgenommen wurde. Die Feststellung des Kundenwunsches, das Heranschaffen der gewünschten Ware, die entsprechende Portionierung oder Abmessung, das Ausrechnen des

69 SWA, VoH III 15, «Der Selbstbedienungsladen im Vormarsch?» Referat von Dr. Hans Munz, Nationalrat, in der Gesellschaft für Marktforschung in Zürich am 25. November 1948, S. 4.
70 Brändli, *Der Supermarkt im Kopf*.

71 Siehe dazu grundlegend und ausführlich: Brändli, *Der Supermarkt im Kopf* sowie Welskopp, *Ein «unmöglicher Konzern»?*.
72 Siehe dazu unter anderem: Godel, *Rationalisierung im Einzelhandel*, S. 87ff.

Verkaufspreises, das Ausstellen der Rechnung oder Quittung sowie das Verpacken wurden im wesentlichen von der selben Arbeitskraft erledigt, besonders im Lebensmitteleinzelhandel. [...] Die Selbstbedienung als neue Verkaufsform hat hier einen grundlegenden Wandel eingeleitet. Selbstbedienung erfordert eine Zergliederung des Verkaufsvorgangs in verschiedene Teilaufgaben.»[73]

Ein *erster* rationalisierender Effekt der Selbstbedienung bestand also in der «Aufgliederung des Verkaufsvorgangs in verschiedene Teilbereiche», die es gestattete, «die einzelnen Funktionen nicht nur zeitlich, sondern auch räumlich getrennt voneinander durchzuführen.»[75] Diese Tätigkeiten wurden nun einzeln optimiert.[75] Durch die Verlagerung von Funktionen wie Abwiegen, Verpacken und Beschriften in die den Verkaufsläden vorgelagerten Räumen oder teilweise gar Unternehmen konnte die Arbeit des Verkaufspersonals effizienter geplant und organisiert werden, als dies beim Bedienungsverkauf möglich war: «Die Loslösung eines wesentlichen Teils der Arbeiten im Lebensmittelgeschäft von der Gegenwart des Kunden erlaubt es erstmalig, den Arbeitseinsatz nicht aus dem Augenblick heraus zu bestimmen, sondern eine exakte Arbeitsplanung vorzunehmen», stellte der Leiter des Selbstbedienungsinstituts fest.[76] Der Einzelhandel konnte seine Arbeitsplanung also ein Stück weit vom Einkaufsverhalten der Kunden unabhängig machen.

Erst wenn die Waren abgewogen, verpackt und beschriftet in den Regalen lagen, trat der Kunde in Aktion und übernahm Tätigkeiten, die zuvor das Verkaufspersonal ausgeführt hatte: «Der Kunde [...] stellt seinen Einkauf zusammen und transportiert die gekaufte Ware zur Kasse.»[77] Ein *zweiter* rationalisierender Effekt der Selbstbedienung bestand darin, dass die Kunden gleichsam in die Verkaufsfunktion des Einzelhandels integriert wurden.[78] Pointiert formuliert: Sie wurden zu den besten Angestellten des Einzelhandels – wohlgemerkt ohne dafür direkt monetär entschädigt zu werden.[79]

73 Henksmeier und Hoffmann, *Arbeitsorganisation im SB-Laden*, S. 21f. Hervorhebung durch die Autorin.

74 Henksmeier und Hoffmann, *Arbeitsorganisation im SB-Laden*, S. 22f., siehe auch die Abbildung der Aufgabengliederung in einem Selbstbedienungsladen am gleichen Ort auf S. 24a.

75 In der Zerlegung und anschließenden Optimierung der einzelnen Arbeitsschritte bestand das Vorgehen, mit dem Fredrick W. Taylor und Henry Ford seit den 1920er Jahren in der industriellen Produktion das Zeitalter der Massenproduktion eingeleitet hatten. Zur praktischen Umsetzung dieser Grundsätze in der industriellen Produktion in den 1930er Jahren siehe Wupper-Tewes, *Rationalisierung als Normalisierung*.

76 Henksmeier und Hoffmann, *Arbeitsorganisation im SB-Laden*, S. 107.

77 Henksmeier und Hoffmann, *Arbeitsorganisation im SB-Laden*, S. 22.

78 Stehlin, *Der Wandel des Verkaufssystems im Detailhandel*, S. 21ff.

79 Unter den Bedingungen der Selbstbedienung veränderte sich auch das Anforderungsprofil der Verkäuferin: «Aus der Verkäuferin ist eine Betreuerin der Warenauslagen und vor allem ein Kundenberaterin geworden», schreibt Baumann, Werner, *Die Selbstbedienung. Entwicklung und heutiger Stand in den Migros-Genossenschaften*, S. 41. Die Migros sah diese Entwicklung als Aufwertung des Berufs der Verkäuferin und bot interne Fortbildungskurse für die Tätigkeit im Selbstbedienungsla-

Die Selbstbedienung als organisatorische Rationalisierungsmaßnahme bewirkte im Einzelhandelsunternehmen eine indirekte Kostensenkung: Mit gleichbleibenden Betriebskosten konnten sehr viel höhere Umsätze erzielt werden als in den Bedienungsläden, woraus eine beträchtliche Steigerung des effektiven Ertrages pro Laden resultierte.[80] Diese Ertragssteigerung lag *erstens* darin begründet, dass sich die Arbeitsproduktivität um 20 bis 50 Prozent pro Verkäuferin erhöhte, da nun die Regelung der individuellen Arbeitszeit unabhängig von der Ladenöffnungszeit erfolgen konnte.[81] Das bedeutete, dass die relativen Lohnkosten sanken, da ein höherer Umsatz mit dem gleichen Personalbestand erzielt werden konnte.[82] Dies hielt auch der Rechenschaftsbericht der GMZ fest: «Der Selbstbedienungsladen spart kein Personal ein, vermag aber Umsätze zu bewältigen, die die Leistungsfähigkeit des herkömmlichen Ladens, selbst mit dem leistungsfähigen Migros-System, einfach übersteigen.»[83] Der rationalisierende Effekt der Selbstbedienung bestand also nicht darin, dass weniger Personal in den Läden beschäftigt wurde, wie Gegner der Selbstbedienung befürchteten, sondern in der Leistungssteigerung der Verkaufsläden.[84]

Zweitens wurden in einem Selbstbedienungsladen pro Quadratmeter Ladenfläche mehr Waren als in einem bedienten Verkaufsladen umgesetzt.[85] Die Umsatzzunahmen in den Selbstbedienungsläden der Migros waren wie schon erwähnt frappant: Die zu Selbstbedienungsläden umgebauten Filialen erfuhren eine durchschnittliche Umsatzsteigerung von circa 20 Prozent.[86] Sogar Laden-

den an. Zum Wandel des Berufsbildes der Verkäuferin siehe auch: Soz Arch, VHTL 04A-088, AIDA Verkaufspersonal Arbeitszeit In: Handel Verkauf, Beilage zum VTHL Nr. 26, 26. Juni1959, sowie Koellreuter, «*Ist Verkaufen eigentlich ein Beruf?*».

80 Diese höheren Erträge wogen die teuren Einrichtungskosten für Selbstbedienungsläden bei weitem auf. 30.000 bis 35.000 Franken kostete die Umstellung einer zuvor bedienten Filiale auf Selbstbedienung im «günstigsten Fall». Die Migros war bemüht, diese Kosten durch standardisierte Ladeneinrichtungen möglichst tief zu halten. Siehe dazu: Archiv MGB, Rechenschaftsbericht GMZ 1954, S. 54; Rechenschaftsbericht GMZ 1955, S 5; Sitzung der Geschäftsleiter, 19. Juli 1954. Baumann, *Die Selbstbedienung. Entwicklung und heutiger Stand in den Migros-Genossenschaften.*

81 Soz Arch, VHTL 04A-088, AIDA Verkaufspersonal Arbeitszeit In: Handel Verkauf, Beilage zum VHTL Nr. 26, 26. Juni 1959. Siehe dazu auch: Baumann, *Die Selbstbedienung. Entwicklung und heutiger Stand in den Migros-Genossenschaften,* S. 41, S. 54f., S. 69.

82 Baumann, *Die Selbstbedienung. Entwicklung und*

heutiger Stand in den Migros-Genossenschaften, S. 59.

83 Archiv MGB, Rechenschaftsbericht GMZ 1948, S. 4.

84 Archiv MGB, Rechenschaftsbericht GMZ 1949, S. 5.

85 Baumann, *Die Selbstbedienung. Entwicklung und heutiger Stand in den Migros-Genossenschaften,* S. 58ff.; Sweda Registrierkassen AG, *Die Selbstbedienung im schweizerischen Lebensmittelhandel 1958–1967.*

86 Aufgrund des offen präsentierten Sortiments nahmen unter anderem die Impulskäufe zu, was in der zeitgenössischen Literatur oft als Erklärung für die gestiegenen Durchschnittseinkäufe angeführt wurde: «Diese gesteigerten Durchschnittseinkäufe in S-Läden sind [...] vor allem auf die Tatsache zurückzuführen, dass das Sortiment in seiner ganzen Breite dem Kunden zum Greifen nahe dargeboten wird. Daraus entstehen dann die vielen Impulskäufe, die gelegentlich, nach Statistiken amerikanischer Supermärkte, bis über die Hälfte des gesamten Einkaufs ausmachen sollen.» So konnte durch die Einführung der Selbstbedienung zu den gleichen Kosten sehr viel höhere Umsätze

lokale, «die schon längst an der Grenze ihrer Leistungsfähigkeit schienen, bringen es [...] zu neuen Höchst-Umsätzen», war im Rechenschaftsbericht der GMZ zu lesen.[87] Die Verkaufsleistung von 3,95 Mio. Franken, die eine Filiale in der Stadt Zürich erreichte, stellte «im Verhältnis zum verfügbaren Verkaufsraum nicht nur einen europäischen, sondern einen Weltrekord» dar, wie die GMZ im Rechenschaftsbericht von 1949 hervorhebt.[88] Auch was den durchschnittlichen Umsatz pro Verkäuferin betraf, scheute man den weltweiten Vergleich nicht: Die «Verkaufsleistung» von 70 Franken pro Stunde wurde als «wahre Glanzleistung» bezeichnet – und man wies stolz darauf hin, «auf wie beschränktem Verkaufsraum und mit welch verhältnismäßig bescheidenem Artikelassortiment bei geringen Preisen des einzelnen Artikels dieses Resultat erzielt wurde; sogar ausgezeichnet geführte Geschäfte in Europa, ja selbst in Amerika, dürften sich mit wesentlich bescheideneren Verkaufserfolgen begnügen.»[89] Schon vor der Einführung der Selbstbedienung waren die Umsätze der Migros-Läden beachtlich. Die Selbstbedienung jedoch machte sie endgültig zu «Vermittlungsfabriken», die maßgeblich für das Wachstum des Unternehmens in den Nachkriegsjahrzehnten verantwortlich waren.[90]

Wie kam es, dass die Migros in den Nachkriegsjahren im Vergleich zur Konkurrenz so stark von der Einführung der Selbstbedienung profitieren konnte? Das Unternehmen konnte einerseits dank seiner im Vergleich zu den historischen Konsumgenossenschaften straffen Organisationsstruktur und der soliden finanziellen Verfassung des Unternehmens rascher als der konkurrenzierende Verein Schweizerischer Konsumgenossenschaften (VSK) auf die leistungsfähige Verkaufsform der Selbstbedienung umstellen und profitierte so in stärkerem Ausmaße vom Wirtschaftsaufschwung der Nachkriegszeit.[91] Andererseits war

erzielt werden, die den Gewinn pro Laden vergrößerten. Baumann, *Die Selbstbedienung. Entwicklung und heutiger Stand in den Migros-Genossenschaften*, S. 69.

87   Archiv MGB, Rechenschaftsbericht GMZ 1949, S. 3.

88   Archiv MGB, Rechenschaftsbericht GMZ 1949, S. 4. Diese Angabe bezieht sich sehr wahrscheinlich auf ein Jahr.

89   Archiv MGB, Rechenschaftsbericht GMZ 1949, S. 5. Die Migros hielt immer wieder fest, dass die Kunden in der Schweiz ein anderes Einkaufsverhalten zeigten als aus den USA bekannt ist. Tendenziell kauften Kunden in der Schweiz mehrmals pro Woche für einen geringen Betrag ein, während in den USA einmal wöchentlich oder gar mehrwöchentlich für einen entsprechend größeren Betrag eingekauft würde. Dieser Unterschied wurde darauf zurückgeführt, dass in den USA mehr Kunden mit dem Auto zum Einkaufen fuhren.

In der Schweiz fand der Einkauf tendenziell eher in der Nachbarschaft statt, da die Massenmotorisierung erst später einsetzte. Einkaufszentren auf der grünen Wiese mit einem entsprechenden Parkplatzangebot entstanden in der Schweiz erst in den 1970er Jahren. Siehe dazu exemplarisch: Archiv MGB, Rechenschaftsbericht MGB 1956, S. 9ff; Termeer, *Migros – Rationelle Warenvermittlung in der Schweiz*, S. 63; Stehlin, *Der Wandel des Verkaufssystems im Detailhandel*, S. 112ff. Zum Selbstverständnis des amerikanischen Einkaufsverhaltens siehe: Farrell, *One Nation under Goods*.

90   Archiv MGB, G 28, Reisebericht: Modern Merchandising Methods, USA-Reise 1961, S. 16.

91   Zwar eröffnete der VSK ein halbes Jahr nach der Migros ebenfalls in Zürich seinen ersten Selbstbedienungsladen. Doch der VSK bekundete unter anderem wegen seiner föderalistischen Organisationsstruktur Mühe, dem

die Expansion der Migros in der zweiten Hälfte des 20. Jahrhunderts nur möglich aufgrund des nach Ende des Zweiten Weltkriegs rasch einsetzenden wirtschaftlichen Aufschwungs, der ab den 1950er Jahren auch in der Schweiz in eine beinahe 25 Jahre dauernde Periode der Prosperität mündete. Während dieses «Traums immerwährender Prosperität» betrug die durchschnittliche Wachstumsrate des realen Pro-Kopf-Einkommens in der Schweiz circa drei Prozent pro Jahr.[92] Die Reallöhne, die für die Beurteilung des erreichbaren materiellen Lebensstandards relevant sind, stiegen zwischen 1950 und 1960 um durchschnittlich 20 Prozent. In den 1960er Jahren verdoppelten sie sich und sogar in den krisenhaften 1970er Jahren betrug ihr Wachstum immer noch 23 Prozent.[93] Diese Reallohnsteigerungen trugen maßgeblich zur stetig steigenden Nachfrage nach einer immer größeren Vielfalt an Produkten bei.

Diesem Wirtschaftswachstum entsprechend wuchs die Migros nach dem Ende des Zweiten Weltkrieges rasant. Das Unternehmen vergrößerte den Verkaufsapparat: Nach Ende des Zweiten Weltkrieges und der Aufhebung des «Filialverbots» eröffnete das Unternehmen in schon bestehenden Verkaufsregionen neue Läden und erschloss sich durch die Gründung von weiteren Genossenschaften neue Verkaufsgebiete.[94] Die Bedeutung der Migros für die Ausbildung der schweizerischen Konsumgesellschaft lässt sich geradezu exemplarisch am Bild des Selbstbedienungsladens festmachen: Er ist auch in der Schweiz das Symbol für den Anstieg des materiellen Wohlstandes, der in der Nachkriegszeit potenziell für alle erreichbar wird. Hans Munz spricht in seiner Hagiografie über das «Phänomen Migros» von einem «geradezu ungeheuerlichen Wachstum» in den Nachkriegsjahrzehnten.[95] 1945 erzielten die Migros-Genossenschaften einen Gesamtumsatz von 85 Mio. Franken, zehn Jahre später war dieser auf 426 Mio. Franken gestiegen. Die schärfsten Konkurrenten der Migros, die Verbandsvereine des VSK, erreichten 1955 einen Umsatz von 933 Mio. Franken. Ein Jahrzehnt später hatte die Migros den VSK umsatzmäßig überflügelt und überschritt 1961 erstmals die 1-Milliarden-Grenze.[96]

aggressiven Wachstumskurs der Migros erfolgreich zu begegnen. Zudem fehlte es an Ka-pital, um kostspielige Ladenumbauten vorzunehmen. Kellerhals, *Coop in der Schweiz*; Baumann, *Die Selbstbedienung. Entwicklung und heutiger Stand in den Migros-Genossenschaften*, S. 11. Zum Argument der Organisationsstruktur siehe Welskopp, *Ein «unmöglicher Konzern»?*.

92 Lutz, *Der kurze Traum immerwährender Prosperität*; Kleinewefers, Pfister und Gruber, *Die schweizerische Volkswirtschaft*, S. 29.

93 Tanner, *Die Schweiz in den 1950er Jahren*, S. 28; Tanner, *Lebensstandard, Konsumkultur und American Way of Life seit 1945*.

94 Migros-Genossenschafts-Bund, *Chronik der Migros*; Häsler, *Das Abenteuer Migros*.

95 Munz, *Das Phänomen Migros*, S. 149.

96 Migros-Genossenschafts-Bund, *Chronik der Migros*, S. 27ff; Winkler, *Coop und Migros*, S. 170.

Problemlagen der Selbstbedienung

Die bisher dargestellten Entwicklungen machen deutlich, dass die Einführung der Selbstbedienung der Migros eine vielversprechende Wachstumsperspektive eröffnete. Die Selbstbedienung brachte jedoch nicht nur quantitatives Wachstum in Form steigenden Umsatzes, sondern auch qualitative Veränderungen. Auf diesen liegt der Fokus dieses Kapitels: *Erstens* verlangte die Selbstbedienung nach vielfältigen Anpassungen im Unternehmen. Auch wenn das Konzept der Selbstbedienung sich als anschlussfähig an die bisherige Unternehmenskultur und -organisation der Migros erwies, bedingte es doch grundlegende Änderungen der internen Betriebsstruktur und der Organisation der Warenwirtschaft und stellte diese vor Herausforderungen.[97] *Zweitens* veränderte sich die Tätigkeit des Einkaufens für die Kunden grundlegend, was wiederum Auswirkungen auf das Unternehmen hatte. Auf diesen zweiten Punkt werde ich am Ende dieses Kapitels zu sprechen kommen. Zunächst stehen die vielfältigen Konsequenzen der Selbstbedienung für das Unternehmen im Zentrum der Aufmerksamkeit. Dazu werfen wir einen Blick hinter die Regale der Verkaufsläden.

Hinter den Verkaufsregalen:
Verwaltung von Masse und Diversität

Die Selbstbedienung brachte nicht nur quantitatives Wachstum in Form steigenden Umsatzes, sondern wie oben erwähnt auch qualitative Veränderungen. Für diese Studie relevant sind vor allem die Konsequenzen der Selbstbedienung im Bereich des Sortiments. Die Anpassungen der Nachschuborganisation an den beschleunigten Warenumschlag kommen dagegen hier nur am Rande zur Sprache.[98]

Schon bald nach der Eröffnung der ersten Selbstbedienungsläden wurde klar, dass diese Läden «andere Verkaufsaussichten» hatten als die herkömmlichen, bedienten Läden, vor allem was den Umfang des Sortiments betraf.[99] Ein Ver-

97 Ich bin da entschieden anderer Meinung als Brändli, *Der Supermarkt im Kopf*, S. 55, die aufgrund der Selbstbedienung «keine Notwendigkeit, die interne Betriebsstruktur zu verändern und den Warenkreislauf anders zu organisieren» sieht. Zum Konzept der Unternehmenskultur siehe unter anderem: Welskopp, *Unternehmenskulturen im internationalen Vergleich*.

98 Zu den Anpassungen der Logistik siehe: Girschik, *«Produkte umschlagen, nicht lagern!»*; Dommann, *Die Quadratur des Materialflusses*; Bau-

mann, *Die Selbstbedienung. Entwicklung und heutiger Stand in den Migros-Genossenschaften*, S. 32ff.; Böckli, *Neue Aspekte der Selbstbedienung*, S. 33ff. Die Rechenschaftsberichte der GMZ geben einen guten Eindruck von den logistischen Problemstellungen, die der aufgrund der Selbstbedienung erhöhte Warenumschlag für das Unternehmen bedeutet.

99 Archiv MGB, Sitzung der Geschäftsleitung MGB, 2. und 10. Februar 1950.

kaufspotenzial von 100 bis 200 zusätzlichen Artikeln wurde den Selbstbedienungsläden aufgrund ihres erhöhten Umsatzes attestiert.[100] Während in den traditionellen Läden die Kunden aktiv die Waren nachfragen mussten, galt im Selbstbedienungsladen: «Jeder Artikel preist sich selbst an.»[101] Auch die Waren, nicht nur die Kunden wurden also durch die Selbstbedienung aktiv.[102] Eine Studie der Verkaufsabteilung des MGB beschrieb die Wirkung dieser für die Kunden sichtbaren Waren eindrücklich: «Artikel in S-Läden [Selbstbedienungsläden, KG], wo sie wirklich zur Schau gestellt werden, [erzielen] sofort große Mehrumsätze», während die gleichen Artikel in den Bedienungsläden kaum Absatz finden, «da sie eben der Kundschaft nicht sichtbar sind».[103] Allein die Sichtbarkeit der Artikel und der freie Zugang führten in den Selbstbedienungsläden zu einer Steigerung des Umsatzes.

Diese Beobachtung hatte weitreichende Konsequenzen für die Migros, die bisher das Sortiment wegen der Betriebskosten bewusst kleingehalten hatte: In ihrem Gründungsjahr 1925 verkaufte die Migros weniger als neun Produkte; 1950 waren es bereits 550.[104] Diese Angaben sind ein erster Hinweis darauf, dass die Migros mit der Einführung der Selbstbedienung ihr bisher verhältnismäßig beschränktes Sortiment stark ausdehnte. Dank dieser neuen Verkaufsform wurde dies möglich, ohne dass dadurch «die bei den Bedienungsläden unvermeidbaren Kostensteigerungen eintreten» oder die Arbeitsbelastung für das Verkaufspersonal steigen würde.[105]

Wachsendes Sortiment …

Welche Artikel wurden nach der Einführung der Selbstbedienung ins Verkaufssortiment der Migros aufgenommen? Es waren in erster Linie sogenannte *non food* Artikel, die zeitgenössisch auch «Gebrauchsartikel» oder «Nicht-Lebensmit-

100 Archiv MGB, Sitzung der Geschäftsleiter, 1./2. Dezember 1950, Beilage: Exposé betr. Sortiments-Ausdehnung bzw. Reduktion in Läden und Verkaufswagen, 29. November 1950, S. 1.

101 Archiv MGB, Sitzung der Geschäftsleitung MGB, 2. und 10. Februar 1950.

102 Im Zusammenhang mit dem Argument der Sichtbarkeit spielt die Verpackung eine wichtige Rolle, siehe dazu: Strässler, *Konsumentenbedürfnisse und Verpackungsgestaltung*; Wild, *Eigenmarken*; Nast, *Die stumme Verkäufer*; Teuteberg, *Die Rationalisierung der Warenpackung durch das Eindringen der Kunststoffe und ihre Folgen*.

103 Archiv MGB, Sitzung der Geschäftsleiter, 1./2. Dezember 1950, Beilagen: Exposé betr.

Sortiments-Ausdehnung bzw. Reduktion in Läden und Verkaufswagen, 29. November 1950, S. 3; Festellungen über Platz- und Assortimentsfragen in den Selbstbedienungsläden, 14. September 1950, S. 3ff; Sitzung der Geschäftsleitung MGB, 2. und 10. Februar 1950.

104 Termeer, *Migros – Rationelle Warenvermittlung in der Schweiz*, S. 44.

105 SWA, VoH III 15, «Der Selbstbedienungsladen im Vormarsch?» Referat von Dr. Hans Munz, Nationalrat, in der Gesellschaft für Marktforschung in Zürich am 25. November 1948, S. 19–20. Termeer, *Migros – Rationelle Warenvermittlung in der Schweiz*, S. 53. Siehe dazu auch: Bürgi, *Wege zum optimalen Sortiment*, S. 23.

tel» genannt werden. Ein Zitat aus dem Rechenschaftsbericht des MGB von 1949 gibt einen Einblick in das Spektrum der Artikel, die unter dieser Bezeichnung subsumiert wurde: «[I]m Laufe der Zeit [sind] eine Reihe neuer Artikel in die Selbstbedienungsläden gekommen [...]: Wir erwähnen Kölnischwasser, Fußcreme, Gesichtstücher, Küchenpapierrollen samt zugehörigen Haltern, Stahlwatte, Stahlspäne, Stahlwolle, Kochtopfreiniger und manches andere.»[106]

Für die Migros bestand die betriebswirtschaftliche Attraktivität von *non food* Artikeln darin, dass diese Artikel eine höhere Marge erzielen, da sie einfach in der Handhabung (Lagerung, Transport und Präsentation) und zudem unverderblich sind.[107] Das Unternehmen erhoffte sich von der Ausdehnung der Sortimentsbreite in erster Linie weitere Umsatzsteigerungen. Denn der Anstieg der Reallöhne und die sich verändernden Lebensgewohnheiten trugen dazu bei, dass die Konsumenten nicht länger nur Artikel des täglichen Gebrauchs wie Grundnahrungsmittel nachfragten, sondern auch sogenannte «Luxusartikel» wie beispielsweise zunehmend langlebige Konsumgüter.[108] Die Migros war bemüht, die Kaufkraft der Kunden auch in diesen Bereichen abzuschöpfen.[109] Durch die Ausdehnung der Sortimentsbreite bemühte sich das Unternehmen, vom Bedürfnis einer breiter werdenden Bevölkerungsschicht zu profitieren, die ihren sozioökonomischen Aufstieg mittels Konsum zum Ausdruck zu bringen bestrebt war.[110]

Gegenüber der Kundschaft erklärte die Migros die Ausdehnung des Sortiments auf Artikel des nicht täglichen Gebrauchs einmal mehr mit gemeinwohlorientierten Argumenten. So schrieb Gottlieb Duttweiler in einem Exposé über die Sortimentsgestaltung im Januar 1951: «Die nicht notwendigen Artikel werden in der Regel nur geführt, wo Übertreibungen in den Margen festgestellt und wo ein besonders großer Dienst an den Konsumenten geleistet werden kann.»[111]

106 Archiv MGB, Rechenschaftsbericht MGB 1949, S. 17; Sitzung der Geschäftsleitung MGB, 27. September 1948.

107 Siehe dazu beispielsweise: WWZ, H III 17, Forschungsstelle für den Handel an der Handels-Hochschule St. Gallen: Der Supermarkt. Eine neuzeitliche Distributionsform im Lebensmittelhandel, 1963, S. 74ff; Tietz, *Der Handelsbetrieb*, S. 304ff.

108 Bei den veränderten Lebensgewohnheiten ist sicherlich der Umstand hervorzuheben, dass nach dem Krieg zunehmend die Nahrungsmittelindustrie die Versorgung der Haushalte übernahm; der Anteil der Selbstversorger ging massiv zurück. Tanner, *Fabrikmahlzeit*; Bürgi, *Das Waren-Sortiment im Detailhandel*, S. 45. Zur Technisierung des Haushalts siehe Orland, *Haushalt, Konsum und Alltagsleben in der Technikgeschichte*; Orland und Verbrauch-

erinstitut, *Haushaltsträume*, Hessler, «*Mrs. Modern Woman*».

109 Girschik, *Eiskalter Erfolg* zeigt am Beispiel von Eiscreme und Tiefkühlschränken wie die Migros das Angebot neuer Artikeln aufeinander abstimmte.

110 König, Siegrist und Vetterli, *Warten und Aufrücken*; Lambertz, *Selbstbedienung forcierte Wachstum der Sortimente*; Groner, *Sortimentsentwicklung der Selbstbedienungsgeschäfte, 1957–1982*.

111 Archiv MGB, Sitzung der Geschäftsleitung MGB 22. Januar 1952, Beilage: Exposé Sortiment, Diskussionsgrundlage für die Sortimentskonferenz vom 19. Januar 1952. Zum Argument der Preisregulierung siehe auch: Archiv MGB, Rechenschaftsbericht MGB 1950, S. 37ff.

Einmal mehr verband die Migros also die Expansion ihrer Geschäftätigkeit mit einer sozialpolitischen Mission. Ein Inserat aus dem Jahre 1955 brachte diese Gemeinwohlorientierung exemplarisch auf den Punkt: «Der Einkauf in der Migros hilft Ihnen besser leben!»[112]

Diese Ausführungen dürfen nicht darüber hinwegtäuschen, dass innerhalb der Unternehmensleitung der Migros sehr umstritten war, ob die Geschäftstätigkeit auf Nicht-Lebensmittel ausgedehnt werden sollte.[113] Von den Gegnern wurden vor allem Befürchtungen wegen steigender Betriebskosten angeführt. Die internen Diskussionen um die zukünftige Ausrichtung der Sortimente wurden so heftig, dass die Forderung nach einer Grundsatzentscheidung laut wurde. Elsa Gasser machte den taktisch klugen Vorschlag, die Entscheidung den faktischen Besitzerinnen und Besitzern der Migros, den Genossenschafterinnen und Genossenschaftern, zu übertragen.[114] In den Statuten der Migros ist eine jährliche Urabstimmung verankert. Dies gibt der Migros die Möglichkeit, ihre Kundinnen und Kunden direkt nach deren Bedürfnissen und Wünschen zu befragen. 1950 wurden die Genossenschafterinnen und Genossenschafter in der Urabstimmung gefragt: «Soll die Migros über den Lebensmittelbereich hinaus aktiv werden?»[115] Die Befragten sprachen sich mit überwältigender Mehrheit dafür aus.[116] Die Auswertung der Umfrage zeigte, dass die Genossenschafterinnen und Genossenschafter vor allem ein Angebot im Bereich «des notwendigen täglichen Gebrauchs» sowie der «Geräte zur Erleichterung der Hausarbeit» wie Dampfkochtöpfe, Bürsten, Besen, Wischer, Mixer, Staubsauger, Kühlschränke und Waschmaschinen wünschten.[117] Diese Umfrage zeigte deutlich, dass sich bei den Konsumenten die Vorstellung darüber, welche Artikel zum «notwendigen täglichen Gebrauch» gehören, offensichtlich verändert hatte.[118] Die Begehren der Konsumentinnen und Konsumenten trafen auf offene Ohren im MGB, insbesondere bei Gottlieb Duttweiler, der auch nach der Umwandlung der Migros in eine Genossenschaft die zentrale Figur im Unternehmen blieb. So wurde im August 1951 beim MGB eine «Einkaufsabteilung» geschaffen, die sich ausschließlich mit dem Ein- und Verkauf von Gebrauchsartikeln beschäftigte.[119] Bis Anfang

---

112 Archiv MGB, Sitzung der Geschäftsleiter, 7. März 1955, Inserat in der «Tat», 18. Februar 1955, Nr. 7, Jg. 14, S. 6.

113 Zur Migros-internen Diskussion um die Sortimentserweiterung siehe unter anderem: Archiv MGB, Rechenschaftsbericht MGB 1950, S. 37f; Rechenschaftsbericht MGB 1951, S. 28ff; Rechenschaftsbericht GMZ 1951, S. 5; Munz, *Das Phänomen Migros* S. 163f.

114 Archiv MGB, Sitzung der Geschäftsleitung MGB, 27. März 1947.

115 Migros-Genossenschafts-Bund, *Chronik der Migros*, S. 32.

116 Für die detaillierten Abstimmungsresultate siehe Migros-Genossenschafts-Bund, *Chronik der Migros*.

117 Migros-Genossenschafts-Bund, *Chronik der Migros* S. 32. Zu den gewünschten Non Food-Artikeln, siehe: MGB, G 132b, Urabstimmung, Liste der Artikel die von mehr als 300 Personen verlangt wurden.

118 Siehe dazu ausführlich: Tanner, *Lebensstandard, Konsumkultur und American Way of Life seit 1945.*

119 Archiv MGB, Sitzung der Verwaltung GMZ, 7. Juni 1952; Rechenschaftsbericht MGB 1951,

1952 wurden rund 30 *non food* Artikel ins Sortiment aufgenommen, die in den
Selbstbedienungsläden durchschnittlich 30 Prozent billiger als bei der Konkurrenz verkauft wurden.[120] Die Nachfrage war entsprechend groß, und die Anzahl
der Artikel stieg rapide: Fanden sich 1945 320 Artikel in den damals noch bedienten Läden der Migros, waren es Ende August 1953 bereits 2.700 Artikel.[121]

Es war nicht allein diese Diversifizierung des *non food* Sortiments, die für eine
solche Ausdehnung des Sortiments verantwortlich war. Auch im Bereich der
Lebensmittel wurden neue Produktgruppen wie exotische Früchte, Tiefkühlprodukte, Fertiggerichte, Diät- und Reformartikel in Anpassung an veränderte
Lebens- und Ernährungsgewohnheiten eingeführt. Abgerundet wurde das Sortiment ebenfalls durch den lange umkämpften Verkauf von Frischfleisch und
pasteurisierter Milch.[122] Trotz der Aufnahme von neuen Produktgruppen im Bereich der Lebensmittel überstieg die Anzahl der Nichtlebensmittel aber allmäh-
lich diejenigen der Lebensmittel.[123] Die immer breitere Diversifikation des Sortiments spiegelte sich auch in der von der Migros weiterhin verfolgten Strategie
der vertikalen Integration: Nach der Aufhebung des «Filialverbots» übernahm
oder gründete die Migros weitere Produktionsunternehmen im Bereich der
Nahrungsmittel-, Körperpflege- und Reinigungsprodukteherstellung.[124]

… und größere Läden

Zu Beginn der 1950er Jahre waren die meisten Selbstbedienungsläden der Migros umgebaute Bedienungsläden. Diese waren oftmals eng und verwinkelt. Mit
der Zunahme der Artikel im Zuge der Selbstbedienung wurde die Raumnot
zum oft diskutierten Thema an den Sitzungen des MGB, da die stete Ausdehnung des Sortiments nach einer Vergrößerung der Verkaufsflächen verlangte:[125]

S. 28. Später wird diese Einkaufsabteilung in
ein Departement umgewandelt.

120 Migros-Genossenschafts-Bund, *Chronik der
Migros* S. 33.

121 Archiv MGB, G 132b, Urabstimmung, Sortimentsentwicklung der GMZ.

122 Der Verkauf von Frischfleisch beispielsweise
erfolgte wegen gesetzlicher Bestimmungen
erst ab 1960 in den Selbstbedienungsläden der
Migros. Archiv MGB, Rechenschaftsbericht
GMZ 1960, S. 9. Häsler, *Das Abenteuer Migros*,
S. 209ff.; Munz, *Das Phänomen Migros* S. 162f;
Baumann, *Die Selbstbedienung. Entwicklung und
heutiger Stand in den Migros-Genossenschaften*,
S. 28ff.

123 Häsler, *Das Abenteuer Migros*, S. 133.

124 Meist war es der MGB, der sich an den verschiedenen Unternehmen beteiligte bzw. diese
aufkaufte. Eher selten betrieben die Produkti-

onsbetriebe direkte Akquisitionsaktivitäten.
Häsler, *Das Abenteuer Migros*, Migros-Genos-
senschafts-Bund, *Chronik der Migros*; Munz,
*Das Phänomen Migros. Die Geschichte der Mi-
gros-Gemeinschaft*; Baumann, *Wachstum und
Diversifikation in der Migros*.

125 Wegen der beschränkten Raumverhältnisse
war «ständiges Experimentieren» an der Ta-
gesordnung. Man behalf sich in den kleinen
Filialen mit dem zeitlich gestaffelten Verkauf
der *non food* Artikel. Archiv MGB, Rechenschaftsbericht MGB 1951, S. 28. Soz Arch,
VHTL 04A-088, AIDA Verkaufspersonal Arbeitszeit In: Handel Verkauf, Beilage zum
VHTL Nr. 26; 26. Juni 1959. Häsler, *Das
Abenteuer Migros*, S. 197; Baumann, *Die Selbstbedienung. Entwicklung und heutiger Stand in den
Migros-Genossenschaften*, S. 31.

Denn die Selbstbedienung konnte nur funktionieren, wenn die Kunden alle zum Verkauf stehenden Artikel sehen und sich ihrer bedienen können. Das Gebot der Sichtbarkeit verlangte also nach einer Anpassung der Verkaufsräume. Das bedeutete in erster Linie eine Vergrößerung der Läden, waren doch die Selbstbedienungsläden lediglich circa 100 Quadratmeter groß.

Vier Jahre nach dem ersten Selbstbedienungsladen stieß die Migros in die Welt der großflächigen Läden, der Supermärkte vor: 650 Quadratmeter groß war die schweizerische Version des amerikanischen Supermarkts, der am 30. April 1952 in Basel seine Türen öffnete.[126] Dieses neue Ladenformat nannte die Migros selbstbewusst Migros-Markt (MM). Noch im gleichen Jahr folgte die Eröffnung eines noch größeren Migros-Markts am Sitz des MGB am Limmatplatz in Zürich: Auf 1.160 Quadratmeter stand dort den Kunden das gesamte Sortiment der Migros zur Auswahl. Die Kunden strömten in Scharen in die neuen Läden: «Das Umsatzergebnis übertraf die Prognosen [...] Es werden täglich gegen 10.000 Kunden gezählt», war im Rechenschaftsbericht des MGB zu lesen.[127]

Auch in der internationalen Fachwelt fanden diese Migros-Märkte Beachtung und Anerkennung: Vor allem der Umstand, dass die Migros damit noch vor den amerikanischen Einzelhändlern die Ausweitung der Selbstbedienung auf das *non food* Sortiment wagte und dabei positive Erfahrungen machte, wurde auf breiter Front kommentiert und mehrfach kopiert.[128]

Wie schon bei der Selbstbedienung zahlte sich das Wagnis für die Migros aus: Rasch trugen die Migros-Märkte substanziell zum wachsenden Gesamtumsatz der Migros bei.[129] Im Laufe der 1950er Jahre wurden in weiteren Schweizer Städten Migros-Märkte mit immer größeren Verkaufsflächen geschaffen.[130] Dies

126 Archiv MGB, Rechenschaftsbericht MGB 1952, S. 27f. Baumann, *Die Selbstbedienung. Entwicklung und heutiger Stand in den Migros-Genossenschaften*, S. 17f. 1953 wurde als drittes Ladenformat der «Kombiladen» oder «Superette» eingeführt. Siehe dazu: Archiv MGB, Rechenschaftsbericht GMZ 1953, S. 4; Baumann, *Die Selbstbedienung. Entwicklung und heutiger Stand in den Migros-Genossenschaften*, S. 16.

127 Archiv MGB, Rechenschaftsbericht MGB 1952, S. 28. Für eine Beschreibung der Eröffnung eines Migros-Marktes siehe: Archiv MGB, G 245, Zeitungsartikel im «Gemeinde-Anzeiger Glattbrugg», 20. Juni 1969: «Migros-Markt Tagesschlager und Kassenschlangen».

128 Siehe unter anderem Böckli, *Neue Aspekte der Selbstbedienung*, S. 5; Lacour, *Marktbearbeitung mit gesellschaftlichem Aspekt. Interview mit Erich Gugelmann (Migros)*.

129 1954 trugen die sechs Migros-Märkte 9,4% zum Gesamtumsatz bei, 1959 erwirtschafteten die 20 Migros-Märkte bereits 19,2%. Den größten Anteil am Umsatz erzielte auch 1960 immer noch das Lebensmittelsortiment, das mit einem 40-prozentigen Anteil am Sortiment 80% des Umsatzes erzielte. Baumann, *Die Selbstbedienung. Entwicklung und heutiger Stand in den Migros-Genossenschaften*, S. 17 und S. 28.

130 Baumann, *Die Selbstbedienung. Entwicklung und heutiger Stand in den Migros-Genossenschaften*, S. 17f. Auch noch in den 1970er Jahren vergrößerte die Migros die Ladenflächen: 1970 wurde der erste Migros-Multi-Markt (MMM) bei Mels-Sargans eröffnet (Pizolpark). Häsler, *Das Abenteuer Migros*, S. 133. Als größtes Shopping-Center der Schweiz wurde 1975 das Glatt-Zentrum bei Zürich eröffnet, das der MGB seit 1963 zusammen mit den Einzelhandelsunternehmen Globus und Jelmoli plante. Einkaufszentrum Glatt, *30 Jahre Glatt*; Häsler, *Das Abenteuer Migros*, S. 281f.

hatte zur Folge, dass sich von 1945 bis 1960 die gesamte Verkaufsfläche aller Läden der Migros um mehr als das Elffache von 6.100 Quadratmeter im Jahr 1945
auf beinahe 70.000 Quadratmeter im Jahre 1960 vergrößerte.[131] Gleichzeitig
stieg die Anzahl der Artikel pro Quadratmeter Verkaufsfläche beträchtlich.[132]
Denn mit der Eröffnung der ersten Migros-Märkte ab 1952 kam das Sortimentswachstum nicht zum Stillstand. Im Gegenteil beschleunigte sich die Zunahme
der Artikelzahl nochmals markant: Für die am besten dokumentierte Zeitspanne
zwischen 1952 und 1960 wuchs das Sortiment der Migros-Märkte um rund
2.100 Artikel. Circa 3.040 Artikel umfasste das Sortiment der Migros-Märkte,
während die bedienten Läden lediglich ein Sortiment von 940 Artikeln anboten.
Neben Lebensmitteln führten die Migros-Märkte auch ein ständig wachsendes
Sortiment an *non food*. Doch auch die Sortimente der herkömmlichen Läden verzeichneten ein stetes Wachstum: Um rund 400 Artikeln wuchs das Sortiment
der bedienten Läden; dasjenige der Selbstbedienungsläden nahm um ungefähr
600 Artikel zu.[133]

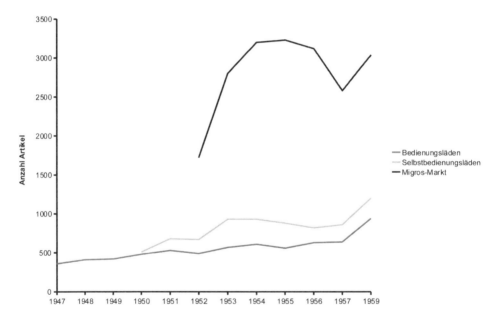

Abbildung 1 Sortimentsentwicklung bei der GMZ, 1947–1959.

131 Baumann, *Die Selbstbedienung. Entwicklung und
    heutiger Stand in den Migros-Genossenschaften*,
    S. 44ff.
132 Siehe dazu die Tabelle in Baumann, *Die Selbst-
    bedienung. Entwicklung und heutiger Stand in den
    Migros-Genossenschaften*, S. 27.
133 Baumann, *Die Selbstbedienung. Entwicklung und
    heutiger Stand in den Migros-Genossenschaften*,
    S. 26ff.

Bei diesen Angaben handelt es sich um von der Migros publizierte Sortimentszahlen. In den Protokollen von MGB und GMZ finden sich teilweise höhere Zahlen, die wie in der obigen Grafik von Jahr zu Jahr, teilweise sogar von Monat zu Monat stark schwankten.[134] Diese Diskrepanz erklärt sich aus zeitgenössischen Geschäftspraktiken. So dienten die Selbstbedienungsläden der Migros als «Versuchsfeld für besonders zügige Artikel», die je nach Nachfrage auch in den bedienten Läden angeboten wurden.[135] Mittels befristeter Verkaufsaktionen wurden «alle 10 Tage [...] wieder neue Artikel in den Verkauf gegeben».[136] Durch solche örtlich und zeitlich begrenzten Verkaufsaktionen von einzelnen Artikeln sammelten der MGB und die Genossenschaften Erfahrungen über die Verkaufschancen bestimmter Warengruppen.[137] Zudem wurde zu dieser Zeit ein häufig wechselndes Sortiment als Mittel angesehen, um Kunden in die Läden zu locken. Auch beim MGB war man der Meinung, dass «der Nimbus des Massenverkaufs während beschränkter Zeit [...] aufrecht erhalten werden» müsse.[138]

Ein weiterer Grund für die Volatilität des Sortiments bestand darin, dass die Einkäufer von *non food* Artikeln beim MGB in den ersten Jahren wegen Boykotten von Seiten der Lieferanten in ihrem Einkaufsverhalten stark eingeschränkt waren. Aufgrund dieser Lieferboykotte konnten sie oftmals nicht wählerisch sein, welche Artikel sie einkauften. Mehrmals wurde deshalb innerhalb der Migros der Aufruf lanciert, günstige Einkaufsgelegenheiten der entsprechenden Abteilung beim MGB zu melden.[139]

Verlust der Übersicht

So erfreulich die Umsatzsteigerung infolge der Sortimentserweiterung war, die Migros befand sich Ende der 1950er Jahren zunehmend in einem Dilemma bezüglich der kontinuierlichen Ausdehnung des Sortiments: Einerseits war das Unternehmen bestrebt, durch ein breit diversifiziertes Sortiment ein möglichst großes Spektrum der «wachsenden Verbraucherwünsche» abzudecken und so

---

134 Siehe beispielsweise: Archiv MGB, Sitzung der Geschäftsleiter, 1./2. Dezember 1950; Sitzung der Geschäftsleiter, 15. Februar 1952; Sitzung der Geschäftsleiter, 2. März 1953.

135 Archiv MGB, Sitzung der Geschäftsleitung MGB, 2. und 10. Februar 1950; Sitzung der Geschäftsleitung MGB, 25. Januar 1952.

136 Archiv MGB, Sitzung der Geschäftsleiter, 15. Februar 1952.

137 Beispielsweise unterzog die Migros den Verkauf von langlebigen Konsumgütern wie Kühlschränken eines solchen Tests. Archiv MGB, Sitzung der Geschäftsleitung MGB, 27. Mai 1947; Sitzung der Geschäftsleitung

MGB, 23. August 1947; Rechenschaftsbericht MGB 1947, S. 27ff; Sitzung der Verwaltung MGB, 25. Januar 1952, Beilage: Exposé Sortiment Diskussionsgrundlage für die Sortimentskonferenz vom 19. Januar 1952, S. 2. Dieses *trial and error*-Verfahren zur Bestimmung von Sortimenten beschreibt Spiekermann, *Rationalitäten im Widerstreit* auch für den Beginn des 20. Jahrhunderts.

138 Archiv MGB, Sitzung der Verwaltung MGB, 25. Januar 1952, S. 2.

139 Archiv MGB, Sitzung der Geschäftsleiter, 16. Mai 1952, S. 4.

Umsatz und Gewinn durch das Abschöpfen der gestiegenen Kaufkraft zu stei-
gern.[140] Andererseits stellte sich für die Migros der Umgang mit dem ausufern-
den Sortiment, mit dieser Masse an Waren, als problematisch, das hieß in erster
Linie als kostspielig heraus: «Wenn der Umsatz das augenfällige, so ist die Spe-
senentwicklung das entscheidende Moment für die Beurteilung eines Unternehmens in der Art der Migros.»[141] Dieser Satz aus einem Rechenschaftsbericht des
MGB bringt das Dilemma der Migros angesichts dieses unternehmerischen
Wachstums auf den Punkt: Ein großes Sortiment bedeutete steigende Betriebskosten und einen größeren Aufwand für dessen Verwaltung und Kontrolle. Es
war für die Discountstrategie der Migros von entscheidender Bedeutung, den
Kunden ein Sortiment anzubieten, das ihren Bedürfnissen entsprach und damit
großen Absatz fand. Erst ein solchermaßen abgestimmtes Sortiment garantierte
die hohen Umsätze, die ihrerseits sicherstellten, dass das Unternehmen trotz der
niedrigen Margen einen Gewinn erwirtschaften konnte. Um mit niedrigen Betriebskosten einen hohen Umsatz zu erzielen, musste sich das Unternehmen auf
den Verkauf von möglichst umsatzstarken Artikeln konzentrieren. Dies setzte
voraus, dass den Mitarbeitenden bekannt war, welche Artikel umsatzstark waren.
Bei einem kleinen Sortiment lässt sich diese Übersicht einfacher und kostengünstiger herstellen als bei einem Sortiment, das mehrere tausend Artikel um-
fasst.[142] «Je umfangreicher das Sortiment ist, desto schwieriger wird es, eine
Übersicht über die Umsatzentwicklung in den einzelnen Warengruppen und je
Artikel zu behalten», hielt auch Karl Henksmeier, Leiter des Kölner Instituts für
Selbstbedienung, in seinem Handbuch über Selbstbedienung fest.[143]

Aus diesem Grund verfolgte die Unternehmensleitung der Migros in Bezug
auf die Sortimentsgestaltung keine Differenzierungsstrategie (gleicher Artikel
wird in verschiedenen Qualitäten angeboten), sondern strebte ein breites Sortiment an (Diversifizierungsstrategie):[144] Eine große Sortimentstiefe erhöhte die
Gefahr von Ladenhütern, die unter allen Umständen zu vermeiden ist: Denn nur
diejenigen Artikel, die in möglichst kurzer Frist einen Käufer finden, verursachen geringere Kosten in Form von Verwaltungs-, Handhabungs- und Lagerkosten als Artikel, die sich gar nicht oder erst nach langer Lagerdauer verkaufen.

140 *Panel Diskussion I*, S. 76.
141 Archiv MGB, Rechenschaftsbericht MGB
    1952, S. 29.
142 Aufgrund dieser Überlegungen bot die Mig-
    ros zu Beginn ihrer Geschäftätigkeit ein auf
    wenige Artikel des täglichen Bedarfs be-
    schränktes Sortiment an. Diese Beschränkung
    gewährleistete in den prekären Gründungs-
    jahren des Unternehmens eine rationale Be-
    standes- und Betriebsführung.
143 Henksmeier und Hoffmann, *Arbeitsorganisa-
    tion im SB-Laden*, S. 50. Siehe dazu auch:

Bürgi, *Das Waren-Sortiment im Detailhandel*;
Böckli, *Neue Aspekte der Selbstbedienung*; Grieder, Mahler, Priess und Weinhold, *Produktivitätssteigerung im Handel*; Schulz-Klingauf,
Selbstbedienung, S. 199ff.
144 Archiv MGB, Sitzung der Geschäftsleitung
    MGB 22. Januar 1952, Beilage: Exposé Sorti-
    ment, Diskussionsgrundlage für die Sorti-
    mentskonferenz vom 19. Januar 1952. Siehe
    dazu auch: Baumann, *Die Selbstbedienung. Ent-
    wicklung und heutiger Stand in den Migros-Genos-
    senschaften*, S. 19.

Solche Artikel verursachen lediglich Kosten, denen keinerlei Gewinn gegenübersteht. Aus diesem Grund strebte die Migros einen möglichst raschen Warenumschlag an, um die Lagerkosten so tief wie möglich zu halten.[145]

Das im Zuge der Selbstbedienung stetig wachsende und ständig wechselnde Sortiment vergrößerte den Aufwand an Verwaltung und Überwachung, verlangte nach hoher Flexibilität in der Lagerhaltung und erschwerte den Überblick über den Geschäftsgang.[146] Folglich geriet die seit ihrer Gründung bewährte Discounterstrategie der Migros zunehmend unter Druck: Ein großer Umsatz ermöglichte tiefe Preise aufgrund einer niedrigen Marge, so lautete das Geschäftsprinzip der Migros. Die tiefe Marge war unter anderem das Resultat einer restriktiven Sortimentspolitik sowie ein Effekt des Ausnützens von *economies of scale* im Wareneinkauf und in der Eigenproduktion. Die so erzielten Einsparungen wurden in Form von niedrigen Preisen an die Kunden weitergegeben.[147] Wegen der immer weniger restriktiv betriebenen Sortimentspolitik, also der steigenden Anzahl an Artikeln, stiegen nun die Betriebskosten. Der Erfolg der Selbstbedienung, der eine Ausdehnung des Sortiments erst möglich macht, stellte das Unternehmen gleichzeitig vor große Herausforderungen: Wie konnten die Betriebskosten gesenkt werden bzw. tief gehalten werden, während gleichzeitig die Anzahl der Artikel, der Läden sowie die Ladengröße stetig zunahm? «Der Umsatz verkörpert die Bedeutung der Konsumentenorganisation; die Spesen sind der Gradmesser der Leistungsfähigkeit.»[148] Dieses immer wieder verkündete Credo der Migros geriet gegen Ende der 1950er Jahre zunehmend unter Beweisdruck.

Um den Überblick darüber zu behalten, welche Artikel sich gut verkaufen und somit zum ökonomischen Erfolg des Unternehmens beitrugen und welche nicht, waren aufgrund des Sortimentswachstums immer komplexere Kontrollverfahren nötig. Anders formuliert: Die Verkaufsmaschine Supermarkt verlangte nach immer aufwändigerer Wartung, wenn sie nicht durch ineffiziente Ablagerungen in Form von Ladenhütern ins Stottern geraten sollte. Oder wie in einem Rechenschaftsbericht des MGB zu lesen war: «Die eigentliche Feuerprobe hat die Selbstbedienung mit der starken Ausdehnung des Sortiments zu bestehen.»[149]

---

145 Termeer, *Migros – Rationelle Warenvermittlung in der Schweiz*, S. 43.
146 Archiv MGB, Sitzung der Verwaltung MGB, 25. Januar 1952, Beilage: Exposé Sortiment, Diskussionsgrundlage für die Sortimentskonferenz vom 19. Januar 1952.
147 Baumann, *Die Selbstbedienung. Entwicklung und heutiger Stand in den Migros-Genossenschaften*, S. 25.
148 Archiv MGB, Rechenschaftsbericht GMZ 1960, S. 5.
149 Archiv MGB, Rechenschaftsbericht MGB 1951, S. 27.

Versuche zur Beschränkung des Sortiments

Aus den genannten Gründen wurde innerhalb der Migros seit ihrer Gründung
darum gerungen, das Sortiment auf möglichst wenige, dafür nachfragestarke Artikel zu beschränken. So mahnte Gottlieb Dutweiler schon vor Einführung der
Selbstbedienung die Geschäftsleiter der Genossenschaften immer wieder, bei der
Sortimentsgestaltung allen Kundenwünschen zum Trotz «die Rationalität» nicht
zu vergessen, und setzte von Zeit zu Zeit eine Reduktion der Artikelzahlen durch,
um eine «erhebliche Spesenreduktion» zu erreichen.[150] Mit der Einführung der
Selbstbedienung, dem Entscheid zur Erweiterung des Sortiments um *non food*
Artikel sowie der damit einhergehenden Vergrößerung der Verkaufsflächen bekam dieses Bemühen eine neue Dringlichkeit. Mit der Umwandlung der Migros
in eine Genossenschaft kam erschwerend hinzu, dass die Genossenschaften über
einen statuarisch festgelegten Spielraum für den Einkauf sogenannter autonomer
Artikel verfügten. Das heißt, sie waren frei, einen bestimmten Teil des Sortiments nicht über die Einkaufsabteilung des MGB zu beziehen, sondern selbst
einzukaufen.[151] Diese Regelung förderte den – angestrebten – regionalen Einkauf lokaler Produkte und Spezialitäten und diente auch der Verankerung der
Migros in den jeweiligen Regionen, gleichzeitig aber trug sie zu einem weitgehend unkoordinierten Sortimentswachstum in den verschiedenen Genossenschaften bei.[152]

Nicht nur Gottlieb Duttweiler war bemüht, kraft seiner Autorität die Verantwortlichen in MGB und Genossenschaften immer wieder auf das «Prinzip des
beschränkten Sortiments» einzuschwören.[153] Auch der renommierte amerikanische Einzelhandelsexperte William Applebaum, Visiting Consultant on Food
Distribution an der Graduate School of Business Administration der Harvard
Universität, kam zu einem deutlichen Verdikt und ermahnte die Migros-Manager: «Sie versuchen, zuviele Artikel ständig im Sortiment zu behalten.»[154] Applebaum hatte in den 1950er und 1960er Jahren mehrmals die Migros besucht und
deren Organisation und Betrieb analysiert und kommentiert.

---

150 Archiv MGB, Sitzung der Verwaltung GMZ,
    16. März und 28. März 1947; Sitzung der Ge-
    schäftsleiter, 11. September 1948.
151· Archiv MGB, Vertrag zwischen MGB und
    GMZ, Mai 1957, S. 12f.
152 Termeer, *Migros – Rationelle Warenvermittlung in
    der Schweiz*, S. 42.
153 Archiv MGB, Sitzung der Geschäftsleiter,
    1. Dezember 1949; Sitzung der Geschäftsleitung
    MGB, Beilage: Exposé Sortiment, Diskussi-
    onsgrundlage für die Sortimentskonferenz
    vom 19. Januar 1950; Sitzung der Geschäftslei-
    ter, 1./2. Dezember 1950; Sitzungsprokoll der
    Geschäftsleiter, 25. August 1951.

154 Archiv MGB, G 257, Sitzung der erweiterten
    Geschäftsleitertagung mit Mr. Applebaum,
    7. März 1957, S. 9; William Applebaum immi-
    grierte aus Russland in die USA, wo er ab 1933
    als *market research analyst* bei den beiden großen
    amerikanischen Einzelhandelsunternehmen
    Kroger Co. sowie shop and stop, Inc. arbeitete.
    Er beschäftigte sich vor allem mit der optima-
    len Verteilung von Distributionskanälen und
    wird als Begründer der Marketing-Teildis-
    ziplin market geography bezeichnet. Er war
    Gründungsmitglied der Food Distribution Re-
    search Society, deren Applebaum Memorial
    Scholarship er kurz vor seinem Tod 1979 stif-

Diese Aufrufe zur Beschränkung der Artikelzahl allein genügten jedoch nicht: Es war dem MGB klar, dass der angestrebte Grundsatz, keine «Ladenhüter» im Sortiment zu führen, nach «periodisch wiederkehrende[r] Umsatzüberwachung in mengenmäßiger und wertmäßiger Richtung» verlangte.[155]

Wer kontrolliert das Sortiment?

Ab den 1950er Jahren bemühte sich der MGB darum, administrative Abläufe und Strukturen aufzubauen, die ihm den Überblick über das Sortiment und den Verkaufserfolg verschafften. Ziel war, diejenigen Artikel, die keinen kostendeckenden Umsatz generieren, zu identifizieren und aus dem Sortiment zu entfernen, während die Warengruppen mit umsatzkräftigen Artikeln forciert werden sollten.[156] Der MGB schaffte zu diesem Zweck eine Stelle, welche die Umsatzentwicklung der einzelnen Artikel verfolgte und allenfalls veranlasste, dass umsatzschwache «ausgeschaltet» werden.[157] Mit der gleichen Absicht plante der MGB die Erfassung einer «Leistungsstatistik».[158] In allen Genossenschaften sollten nach einheitlichen Vorgaben des MGB Daten über den Verkauf erhoben werden: «Im Zentrum steht die exakte Erfassung der Verkaufsumsätze in Franken und Kilogrammen. Diese werden ins Verhältnis gesetzt zum anwesenden Personal. Monatlich lässt sich dann feststellen, was für franken- und mengenmäßige Umsätze pro Kopf und Tag der aktiven Arbeitnehmerschaft bewältigt werden konnte», verhieß der Rechenschaftsbericht des MGB. Dazu wies der MGB die Genossenschaften an, jedes Quartal ein «vollständiges Verzeichnis aller vermittelten Waren mit Angabe der Verkaufspreise» der Einkaufsabteilung des MGB zu schicken.[159] Diese sollte das «anfallende Umsatzmaterial der Genossenschaften» verarbeiten.[160] Zudem wurden die Genossenschaften vom MGB beauftragt, einen «verantwortlichen Mann für das Sortiment» zu bezeichnen.[161] Ohne das

---

tete. www.amaboston.org/williamapplebaum.html und www.fdrs.utk.edu/applebaum.html, letzter Zugriff 5. Oktober 2007. Applebaum war ein häufiger Redner an den Internationalen Studientagungen der Migros-Stiftung «Im Grüene» in Rüschlikon. Siehe beispielsweise: Brüschweiler, *Personalknappheit und Automation im Handel* sowie Applebaum, *Wissenschaft und Handel*. So entstanden enge Verbindungen zwischen verschiedenen Migros-Managern und dem amerikanischen Einzelhandelsexperten. Für die freundschaftliche Verbindung zwischen Arnold Suter und William Applebaum siehe Archiv MGB, G 258e, Studien Mr. Applebaum.

155 Archiv MGB, Sitzung der Geschäftsleitung MGB, 2. und 10. Februar 1950.

156 Archiv MGB, Sitzung der Geschäftsleiter, 23. Mai 1950.

157 Archiv MGB, Sitzung der Geschäftsleitung des MGB, 13. Oktober 1949; Sitzung der Verwaltung GMZ, 15. Juni 1953.

158 Archiv MGB, Rechenschaftsbericht MGB 1949, S. 43.

159 Archiv MGB, Sitzung der Geschäftsleiter, 25. Februar 1950.

160 Archiv MGB, Sitzung der Geschäftsleiter, 1./2. Dezember 1950, Beilage: Exposé betr. Sortiments-Ausdehnung bzw. Reduktion in Läden und Verkaufswagen, 29. November 1950. S. 5.

161 Archiv MGB, Sitzung der Geschäftsleitung MGB, 22. November 1950.

schriftliche Einverständnis dieser Person durfte kein neuer Artikel ins Sortiment der entsprechenden Genossenschaft aufgenommen werden.[162]

Zur Kontrolle setzte der MGB eine Sortimentskommission ein, die von Gottlieb Duttweiler persönlich präsidiert wurde. Diese Kommission war bestrebt, verbindliche Vorgaben über die Sortimentsgestaltung zu erarbeiten, anhand derer die Sortimente reduziert bzw. erweitert werden sollten.[163] Obwohl sich auch einzelne Genossenschaften um eine Reduktion des Sortiments bemühten, konnte keine Einigung auf eine maximale Anzahl Artikel erzielt werden. Auch der Versuch, verbindliche Richtlinien über die Zusammensetzung des Sortiments je nach Ladenformat zu erlassen, scheiterte.[164] Zu heterogen, zu sehr an die lokale Nachfragestruktur angepasst waren die Sortimente in den einzelnen Genossenschaften, ja in den einzelnen Filialen, als dass eine Standardisierung von Seiten des MGB hätte durchgesetzt werden können.

Die vom MGB geschaffenen administrativen Strukturen zur Sortimentskontrolle erwiesen sich längerfristig als zu schwach, um die Ausdehnung des Sortiments zu beschränken. So entzogen sich die Genossenschaften der Kontrolle durch den MGB mittels nachlässiger Erfüllung dieser Anweisungen; immer wieder wurden sie von diesem ermahnt, die geforderten Angaben zur Verfügung zu stellen.[165] Auch der Verantwortliche für den Einkauf von *non food* Artikeln beim MGB beklagte sich, dass er keinerlei Informationen bezüglich des Verkaufserfolgs der von ihm beschafften Waren von den Genossenschaften erhalte.[166] Dies zeigt, *erstens*, wie spärlich der Informationsfluss zwischen den Genossenschaften und dem MGB war und *zweitens*, dass in der betrieblichen Realität die Macht des MGB gegenüber den Genossenschaften durchzugreifen beschränkt war. So wollten die Genossenschaften die Kontrolle über die Sortimente keinesfalls dem MGB überlassen und schufen Ende der 1950er Jahre ihrerseits Abteilungen, die helfen sollten, das Sortiment zu verwalten. 1957 richtete unter anderem die GMZ ein «Büro für Inventarbewirtschaftung» ein.[167] Rund «fünfzig Inventarbeamte, alles kaufmännische Mitarbeiter aus verschiedenen Abteilungen», waren für die Planung und Durchführung von Inventuren in den Filialen zuständig. Eine wei-

---

162 Archiv MGB, Sitzung der Verwaltung GMZ, 24. Juni 1952.

163 Archiv MGB, Sitzung der Geschäftsleiter, 25./26. Februar 1950; Sitzung der Geschäftsleiter, 1./2. Dezember 1950, Beilage: Exposé betr. Sortiments-Ausdehnung bzw. Reduktion in Läden und Verkaufswagen, 29. November 1950. S. 2ff; Sitzung der Geschäftsleiter, 4. Oktober 1954, Beilage: Empfehlungen der Sortimentskommission für die Sortiments-Gestaltung in den Bedienungs- und Selbstbedienungs-Läden ab 1. Oktober 1954.

164 Archiv MGB, Sitzung der Verwaltung GMZ, 15. Juni 1953; Sitzung der Geschäftsleiter,

23. November 1953; Sitzung der Geschäftsleiter, 19. Juli 1954.

165 Archiv MGB, Sitzung der Geschäftsleiter, 1./2. Dezember 1950.

166 Archiv MGB, Sitzung der Geschäftsleiter, 22. August 1952; Sitzung der Geschäftsleiter, 1./2. Dezember 1950, Beilage: Feststellungen über Platz- und Assortimentsfragen in den Selbstbedienungsläden, 14. September 1950, S. 1; Sitzung der Geschäftsleiter, 2. März 1953.

167 Archiv MGB, Rechenschaftsbericht GMZ 1957, S. 21. Dieses Büro ist auch für die Ladendiebstähle zuständig.

tere neu geschaffene Abteilung kontrollierte die Umsätze der einzelnen Artikel und «leistet[e] mit ihren laufenden Rapporten über die Marktsituation der Verkaufsleitung wertvolle Hinweise für die Absatzplanung», wie der Rechenschaftsbericht der GMZ festhielt.[168]

Den Genossenschaften gelang es also bis Ende der 1950er Jahre gegenüber dem MGB durchzusetzen, dass sie für die Übersicht über die umsatzstarken Artikel zuständig waren. Der MGB verfügte – wenn überhaupt – nur über rudimentäre Angaben über den Verkaufserfolg einzelner Artikel. Die Frage nach einer Migros-weiten Kontrolle des Sortiments war damit jedoch nicht gelöst. Denn «das Sortiment wächst unaufhaltsam» weiter, wie die Fachzeitschrift *Selbstbedienung & Supermarkt* zu Beginn der 1960er Jahre titelte.[169]

In den Verkaufsläden: Stau an den Kassen

In der einschlägigen Literatur wird die Einführung der Selbstbedienung meist im Hinblick auf deren Effekte auf die Konsumenten diskutiert.[170] Die innerbetrieblichen Konsequenzen, wie beispielsweise die eben diskutierten Veränderungen des Sortiments und deren Auswirkungen für die Einzelhandelsunternehmen kommen dabei kaum ins Blickfeld. Gerade diese Konsequenzen der Selbstbedienung sind für die vorliegende Studie von zentraler Bedeutung. Im Folgenden richte ich den Blick auf den einzigen Ort im Selbstbedienungsladen, an dem Konsumenten und Einzelhändler weiterhin unmittelbar aufeinandertreffen: die Kasse. Wiederum gilt mein Interesse nicht in erster Linie den Konsumenten, sondern den Problemlagen der Einzelhändler.

Das Ende der Selbstbedienung

Bis zur Einführung der Selbstbedienung war die Ladentheke der zentrale Ort der Verkaufsläden: Hier warteten die Kunden, bis sie von den Verkäuferinnen bedient wurden.[171] Mit der Einführung der Selbstbedienung geriet diese statische Anordnung ins Wanken. Die Kunden bewegten sich nun frei zwischen den Regalen und hatten direkten Zugang zu den Waren. Diese Freiheit war aber lediglich eine scheinbare; die räumliche Anordnung der Regale lenkte die Kunden unvermeidlich zu den Kassen.

168 Archiv MGB, Rechenschaftsbericht GMZ 1957, S. 19.
169 *Das Sortiment wächst unaufhaltsam.*
170 Siehe dazu unter anderem: Hellmann und Schrage, *Das Management der Kunden*; Voswinkel, *Selbstbedienung: Die gesteuerte Kundschaft*; Grün und Brunner, *Der Kunde als Dienstleister*; Bowlby, *Carried Away*; Brändli, *Der Supermarkt im Kopf*; Humphrey, *Shelf Life*.
171 Keller, *Von Speziererinnen, Wegglibuben und Metzgern*; Spiekermann, *Basis der Konsumgesellschaft*.

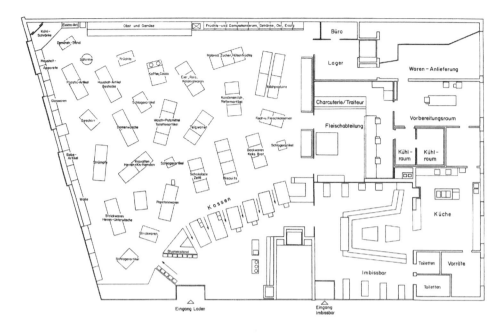

Abbildung 2 Regalanordnung in einem Selbstbedienungsladen der Migros.

Die Registrierkasse war nun der zentrale Ort des Ladens. Diesen Ort mussten alle Kunden passieren. Nur noch hier trafen Kunden und Einzelhändler unmittelbar aufeinander. Während die Kunden beim Zusammentragen ihrer Einkäufe zum besten Angestellten des Einzelhändlers wurden, wurde an der Kasse diese scheinbare Zugehörigkeit zum Unternehmen wieder aufgelöst: Nur wer an der Kasse seine Einkäufe bezahlt, verlässt den Laden als rechtmäßiger Besitzer seiner Einkäufe und nicht als gemeiner Dieb. Dieses neue Verhältnis brachte ein Slogan aus den USA auf den Punkt: «Shop as you please, pay as you leave.»[172]

Immer wieder wurde diese Austrittschranke jedoch umgangen: Der Ladendiebstahl stellte ein viel diskutiertes und für den Einzelhandel kaum lösbares Problem dar.[173] Ich diskutiere im Folgenden nicht die Fragen der Ladendieb-

172 Müller-Hagedorn und Preissner, *Die Enwick-lung der Verkaufstechniken des Einzelhandels*, S. 150. Schulz-Klingauf bezeichnet diesen Slogan als die «kürzeste Definition der Selbst-bedienung», Schulz-Klingauf, *Selbstbedienung. Der neue Weg zum Kunden*, S. 15. Zur Lenkung der Kunden siehe auch Brauns, «... *eine stets zu erneuernde Welt*».

173 Archiv MGB, Sitzung der Verwaltung GMZ,

21. September 1953; Sitzung der Verwaltung GMZ, 16. November 1953 sowie die zeit-genössische Diskussion in: Schulz-Klingauf, *Selbstbedienung. Der neue Weg zum Kunden*, S. 236ff; Baumann, *Die Selbstbedienung. Ent-wicklung und heutiger Stand in den Migros-Genos-senschaften*, S. 62ff. Siehe dazu auch Briesen, *Warenhaus, Massenkonsum und Sozialmoral*; Brändli, *Der Supermarkt im Kopf*.

stähle, sondern rücke eine andere Problemlage in den Fokus: Die Warteschlangen an den Kassen.

Während sich die Selbstbedienung für den Einzelhandel weitgehend als erfolgreiche Maßnahme erwies, um das Verhalten der Kunden seinen Bedürfnissen eines rationellen Betriebes anzupassen und viele Tätigkeiten vom unberechenbaren und unregelmäßigen Andrang der Kunden unabhängig zu machen, wurde die Selbstbedienung gerade dort zum vordringlichen Problem, wo sie aufhört: an der Kasse. Der Kassiervorgang, das heißt das Registrieren der Einkäufe und Einkassieren des Geldes, wurde weiterhin von der Zahl der anwesenden Kunden bestimmt.[174]

Abbildung 3 Warteschlangen an der Kasse, Verkaufsladen Kreuzplatz, Zürich.

174 *Kassieren im SB-Laden.*

An der Kasse wurde der oft genannte Vorteil der Selbstbedienung – die Zeitersparnis für den Kunden – wieder zunichte gemacht. Diesen Umstand beklagte der Rechenschaftsbericht des MGB: «Ein bisher nicht befriedigend gelöstes Problem in der Selbstbedienung sind die Kassenanlagen, da sich hier besonders in den Stoßzeiten regelmäßig Schlangen bilden, welche die Zeitersparnis des Kunden bei der Selbstbedienung zum Teil illusorisch machen.»[175]

Weshalb kommt es zum «Kassenstau»?[176] Die Selbstbedienung in Kombination mit dem wirtschaftlichen Aufschwung der Nachkriegsjahrzehnte wirkte nicht nur im Bereich der Artikel und Warengruppen als Multiplikator: Auch die Zahl der Kunden vervielfachte sich. Schon im ersten Jahr nach der Eröffnung des ersten Selbstbedienungsladens berichtete die Migros-eigene Wochenzeitung *Der Brückenbauer*, dass «der Selbstbedienungsladen in seiner Selbstherrlichkeit des Käufers» es auch vermehrt den Männern angetan habe – mit Vorteilen für die Hausfrau, den (Ehe-)Mann und die Migros: «Der Hausherr findet eine amüsante Nebenbeschäftigung; der Hausfrau wird mancher Postengang abgenommen; die Haushaltskasse ist ob der vermehrten Schonung glücklich [weil die Männer angeblich die von ihnen getätigten Einkäufe aus der eigenen Tasche bezahlen, KG], und die Migros ist zufrieden, weil die Herren viel weniger sparen, als die ‹huslichen› Frauen.»[177]

Das Ausmaß des Kundenstroms, der sich täglich in die Läden der Migros ergoss, spiegelt sich in den folgenden Zahlen aus dem Jahr 1957: Der Migros-Markt am Limmatplatz in Zürich wurde täglich von 13.465 Kunden besucht, während sogar der mittlerweile von viel größeren Läden überflügelte erste Selbstbedienungsladen an der Seidengasse 3.947 Kunden pro Tag zählte.[178] Ein anderer Hinweis auf die wachsende Kundschaft der Migros ist die Zunahme der eingetragenen Genossenschafter: 1942 betrug die Anzahl der Migros-Genossenschafter 123.400; bis Ende 1959 war diese Zahl um 324 Prozent auf 523.000 gestiegen.[179] Da längst nicht alle Migros-Kunden auch Genossenschafter waren, kann davon ausgegangen werden, dass der tatsächliche Kundenkreis noch viel größer war.[180] Überdies weisen diese Zahlen darauf hin, dass der Widerstand gegen die Migros

175 Archiv MGB, Rechenschaftsbericht MGB 1957, S. 21.
176 Muchow, *Kasse ohne Kassenstau*; Baumann, *Die Selbstbedienung. Entwicklung und heutiger Stand in den Migros-Genossenschaften*, S. 20.
177 *Selbstbedienung ist Männergeschmack*; SWA, VoH III 15, «Der Selbstbedienungsladen im Vormarsch?» Referat von Dr. Hans Munz, Nationalrat, in der Gesellschaft für Marktforschung in Zürich am 25. November 1948, S. 6.
178 Archiv MGB, Rechenschaftsbericht GMZ 1957, S. 17.

179 Baumann, *Die Selbstbedienung. Entwicklung und heutiger Stand in den Migros-Genossenschaften*, S. 9.
180 Der Widerstand gegen die Migros äußerte sich oftmals in einem – lediglich vordergründig aufrechterhaltenen – Boykott von Migros-Läden. Der damalige Skandal, in einem Migros-Laden beim Einkaufen gesehen zu werden, ist vielen Menschen noch in Erinnerung, wie mir immer wieder erzählt wurde.

in der Bevölkerung abnahm – was wiederum den Kundenkreis der Migros vergrößert haben dürfte.

Wie die steigenden Umsätze der Migros implizieren, kauften diese wachsenden Scharen von Kunden immer mehr ein. Nachdem die Kunden in den Selbstbedienungsläden aktiv die Waren zusammengetragen hatten, wurde ihrer Akti-
vität an der Kasse jedoch Einhalt geboten: Nun war Warten angesagt – wie
früher vor dem Ladentisch. Als «einen Mangel erster Ordnung» geißelte eine
Fachzeitschrift über den Ladenbau «die völlig unzureichende Abfertigung der
Kunden an den Kassen» und forderte eine dringende Abhilfe dieser «ungenügenden Organisation [...], die vor allem in den Hauptgeschäftszeiten, den sogenannten Stoßzeiten oft zu langen Schlangen ungeduldig wartender Kunden» führe.[181]

Diese scharfe Selbstanklage darf nicht über die Motivation der Einzelhändler
hinwegtäuschen: Für sie stand nicht die in den Warteschlangen verlorene Zeit
der Kunden im Vordergrund. Für sie war die Kasse ein Flaschenhals, der die
Steigerung der Verkaufsleistung zu untergraben drohte, die mittels der Selbstbedienung erreicht worden war. Ausführliche Untersuchungen des Kölner Instituts
für Selbstbedienung zeigten nämlich eindeutig, dass «Kassenleistung und Um-
satzgröße der Betriebe in Relation zueinander stehen».[182] Aus diesem Grund
stellte für Einzelhandelsunternehmen wie die Migros die sogenannte Kassenleistung, das heißt der pro Kasse bewältigte Umsatz, die entscheidende Größe
dar – und nicht primär die Länge der Warteschlange.[183] Pointiert formuliert:
Die Selbstbedienung machte die Verkaufsläden zu durchrationalisierten Verkaufsmaschinen. Ist diese Verkaufsmaschine jedoch am Ausgang, an der Kasse
verstopft, gerät sie ins Stocken. Dies zu verhindern, war das Anliegen der Einzelhändler. Aus diesem Grund rückte die Kasse als «letzte[r] Engpass erfolgreicher Selbstbedienung» seit Ende der 1950er Jahre auch bei der Migros immer
stärker in den Fokus der Aufmerksamkeit.[184] Ziel war eine «reibungslose Kundenabfertigung».[185] Doch diese war nicht einfach zu erreichen, wie ich im Folgenden zeige.

Versuche zur Bewältigung des «Kassenstaus»

Naheliegende Lösungen für den Stau an den Kassen bestanden darin, entweder
die Anzahl der Kassen zu erhöhen oder mehr Personal an den Kassen einzusetzen, um den Vorgang des Kassierens und Einpackens zu beschleunigen. Beide

181 Sterling, *Mängel der Verkaufsorganisation bei Selbstbedienungsläden*, S. 39.
182 Henksmeier, *SB-Filialen mit hoher Kassenleistung schlagen ihre Lager 40,9 mal um*, S. 26.
183 Angaben zu den Kassenleistungen Ende der 1950er Jahre in der Migros gibt: Baumann,

Die Selbstbedienung. Entwicklung und heutiger Stand in den Migros-Genossenschaften, S. 52ff.
184 Gasser, *Was kommt nach der Selbstbedienung?* S. 24.
185 *Kassieren im SB-Laden*, S. 4.

Varianten waren mit Kostenfolgen für das Einzelhandelsunternehmen verbunden und darum für diese nur beschränkt attraktiv.

Überdies stellten schon allein die Registrierkassen eine gewichtige finanzielle Investition für Einzelhändler dar: In ihrer Studie zum Basler Lebensmittelhandel im 19. Jahrhundert konstatiert die Historikerin Barbara Keller, dass zu dieser Zeit der teuerste Einrichtungsgegenstand in den Läden die Registrierkasse war. Sie schlug mit rund 300 Franken zu Buche und machte oftmals fast die Hälfte des betreffenden Inventarwertes aus.[186]

Warum waren Einzelhändler bereit, in solch teure Maschinen zu investieren? Zur Beantwortung dieser Frage lohnt sich ein Exkurs in die Anfänge der Registrierkassen: Bis zur vorletzten Jahrhundertwende bewahrten Einzelhändler das eingenommene Geld in Blechschachteln, meist leeren Zigarrenschachteln, oder in der Schublade des Ladentischs auf.[187] Diese Praxis hatte den Nachteil, dass die Einzelhändler keinerlei Kontrolle über ihre Einnahmen hatten und sich die Angestellten unbemerkt daran vergreifen konnten. Auf diese Problemlage reagierte gemäss der einschlägigen Literatur die erste Registrierkasse mit dem vielsagenden Namen «Ritty's Incorruptible Cashier», die, wie der Name schon vermuten lässt, mit dem Namen des amerikanischen Erfinders James Ritty in Verbindung gebracht wird.[188] Zusammen mit seinem Bruder baute er 1879 ein erstes Modell einer Registrierkasse und ließ es patentieren.[189] Diese erste Registrierkasse war genau genommen eine Additionsmaschine, die das Total der eingetippten Zahlen ermittelte.[190] Es dauerte vier Jahre, bis ein weiteres von James Ritty patentiertes Modell nicht nur das Total zusammenzählen, sondern die Transaktionen mittels Löchern auf einem Papierstreifen aufzeichnen konnte. Dieses Modell verfügte erstmals über eine Kassenschublade, die nur aufsprang, wenn die Totaltaste gedrückt wurde.[191] Auf diese Weise erklärt sich auch der Name dieser Maschinengattung: Die Registrierkasse registriert die getätigten Transaktionen.

---

186 Keller, *Von Speziererinnen, Wegglibuben und Metzgern*, S.208. In der Festschrift zum 125-jährigen Bestehen des deutschen Registrierkassen-Unternehmens Anker-Werke in Bielefeld ist sogar von 400 bis 600 DM die Rede, Historisches Museum Bielefeld, *Aus Bielefeld in die Welt*, S.13.

187 Keller, *Von Speziererinnen, Wegglibuben und Metzgern*, S.203. Alternative Lösungen, um Einnahmen zu verwalten, beschreibt Liffen, *The Development of Cash Handling Systems for Shops and Department Stores*.

188 Es wird kolportiert, dass Ritty auf seiner Schiffsreise nach Europa im Maschinenraum einen mechanischen Drehzahlmesser gesehen hatte, der die Umdrehungen der Schiffs-schraube zählte. Dieser Anblick habe ihn auf die Idee eines vergleichbaren Gerätes für sein Restaurant gebracht. Liffen, *The Development of Cash Handling Systems for Shops and Department Stores*, S.81; Cortada, *Cash Register and the National Cash Register Company*, S.66.

189 Cortada, *Cash Register and the National Cash Register Company*, S.66. Für eine detaillierte Beschreibung dieser ersten Registrierkassen siehe: Liffen, *The Development of Cash Handling Systems for Shops and Department Stores*, S.81ff.

190 Cortada, *Cash Register and the National Cash Register Company*, S.66.

191 Liffen, *The Development of Cash Handling Systems for Shops and Department Stores*, S.81ff.

1884 verkaufte James Ritty sein Unternehmen an John H. Patterson, der das Unternehmen unter dem Namen National Cash Register (NCR) in wenigen Jahren zum Weltmarktführer machte.[192] Die Registrierkassen wurden mit immer raffinierteren Funktionen der Addition und Verkaufsdokumentation ausgestattet. Schon vor dem Ersten Weltkrieg waren sie zu eigentlichen Buchungsmaschinen geworden.[193] Nicht nur in technischer, auch in personeller Hinsicht kamen sich die Bereiche der Büroautomation und der Registrierkassen schon im ersten Jahrzehnt des 20. Jahrhunderts nah: 1914 wechselte Thomas J. Watson von der NCR zur Computing-Tabulating-Recording Company, dem vom Lochkartenexperten Herman Hollerith gegründeten Unternehmen, und stieg dort innerhalb kürzester Zeit zum Präsidenten auf.[194] Es ist dieser Thomas J. Watson, der in der Geschichte der Computing-Tabulating-Recording Company eine prägende Rolle spielen wird: 1917 änderte das Unternehmen den Firmennamen in International Business Machine (IBM). Auf diese Engführung von Registrierkasse und Computertechnik gehe ich im Kapitel «Umbau» ausführlich ein.

Kann eine Verminderung der Warteschlangen an den Kassen durch eine Erhöhung der Kassenstellen erreicht werden? Die Migros versuchte in den 1950er Jahren genau dies: Seit der Einführung der Selbstbedienung und der Vergrößerung der Ladenflächen erhöhte das Unternehmen die Zahl der Registrierkassen in den Läden ständig.[195] Doch auch Ende der 1950er Jahre stellten die elektromechanischen Registrierkassen eine teure Anschaffung dar: Registrierkassen machten nach Angaben der Migros je nach Ladengröße zwischen 8 bis 15 Prozent der Einrichtungskosten der Läden aus.[196] Wenn man bedenkt, dass die Migros Ende der 1950er Jahre über 367 Läden verfügte, die alle mit − teilweise bis zu zehn −

192 Die Geschichte der Registrierkasse ist eng mit derjenigen des amerikanischen Unternehmens National Cash Register Company (NCR) verknüpft, siehe dazu ausführlich: Cortada, *Cash Register and the National Cash Register Company*; National Cash Register Company NCR, *Celebrating the Future, 1884–1984*. Der langjährige Präsident von NCR, John H. Patterson war eine prägende Unternehmerfigur der amerikanischen Wirtschaft zu Beginn des 20. Jahrhunderts. Seine Management- und Vermarktungsmethoden fanden gerade auch in der amerikanischen Büromaschinenbranche weite Verbreitung. Es existiert eine umfangreiche Literatur zu seiner Person und dem Unternehmen NCR unter seiner Führung; hier soll nur die neueste Studie genannt sein: Friedman, *Birth of a Salesman*. Stellvertretend für einen europäischen Kassenhersteller siehe die Geschichte der deutschen Kassenherstellerin Anker-Werke: Historisches Museum Bielefeld, *Aus Bielefeld in die Welt*.

193 Cortada, *Cash Register and the National Cash Register Company*, S. 68.

194 Pirker, *Büro und Maschine*, S. 92ff. Für eine ausführliche Biografie von Herman Hollerith, die auch den Aufstieg von Thomas J. Watson thematisiert, siehe: Austrian, *Herman Hollerith*. Zur gut erforschten Geschichte von IBM siehe unter anderem: Ceruzzi, *A History of Modern Computing*; Pugh, *Building IBM*.

195 Baumann, *Die Selbstbedienung. Entwicklung und heutiger Stand in den Migros-Genossenschaften*, S. 53. Die Kunden in der Schweiz kauften im Vergleich zu den USA häufiger, dafür für kleinere Beträge ein. Dies hatte zur Folge, dass die Migros pro Laden mehr teure Kassen einsetzen musste als amerikanische Detailhändler, um die gleiche Kassenleistung zu erreichen wie in den USA.

196 Baumann, *Die Selbstbedienung. Entwicklung und heutiger Stand in den Migros-Genossenschaften*, S. 24.

Registrierkassen bestückt waren, wird klar, dass Kassen auch für ein so finanz-
kräftiges Unternehmen wie die Migros eine große finanzielle Investitionen darstellten. Gleichzeitig wird verständlich, warum die Fachzeitschrift *Absatzwirtschaft*
die Vervielfachung der Kassenstellen als teuerste Variante zur Bekämpfung des
Kassenstaus bezeichnet: Die Kassen seien «Verwaltungsstellen» und beanspruchten «wertvollen Raum» im Laden, darum sei «die teuerste Registrierkasse [...]
immer die zweite Registrierkasse».[197]

Gesparte Zentimeter sind gewonnenes Geld   **Abbildung 4** Werbung von NCR, 1965.

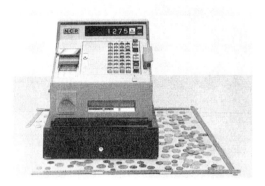

Wie diese Abbildung illustriert, waren die Registrierkassen also nicht nur
teuer in der Anschaffung, sondern beanspruchten im Verkaufsladen auch noch
Platz, der für Regale und somit für den umsatzgenerierenden Verkauf von Artikeln genutzt werden konnte.[198] Welche Bedeutung aber die Migros den Registrierkassen beimaß, zeigte sich darin, dass das Unternehmen durchaus bereit war,
einen höheren Preis für dasjenige Registrierkassenmodell zu bezahlen, das ihren
Bedürfnissen am ehesten entsprach.[199]

Die Registrierkassen stellten also eine teure Investition dar, die jedoch nur
suboptimal, weil ungleichmäßig genutzt wurde. Die Selbstbedienung bringt den
Verkaufsläden zwar eine gewisse Unabhängigkeit vom Kundenaufkommen, eine
vollständige Entkoppelung war jedoch nicht möglich. Zwar mussten die Läden
nicht mehr zeitweise geschlossen werden aufgrund des allzu großen Kundenauf-

197 Muchow, *Kasse ohne Kassenstau*, S. 422ff.
198 Der Platz in den Verkaufsläden war darum
    immer knapp und wurde sorgfältig ausge-
    nutzt. Baumann, *Die Selbstbedienung. Entwick-
    lung und heutiger Stand in den Migros-Genossen-
    schaften*, S. 49ff.

199 Archiv GMZ, Sitzung der Verwaltung GMZ,
    6. November 1952. Archiv MGB, 197. Ver-
    waltungsdelegationssitzung MGB, 16. August
    1966, S. 13.

kommens wie noch in den ersten Jahren der Selbstbedienung.[200] Die Auslastung der Läden und somit der Kassen über die Wochentage war jedoch sehr ungleichmäßig; die Zeit um den Feierabend sowie Frei- und Samstage waren die frequenzstärksten Verkaufszeiten.[201] Diese umsatzstarken Stoßzeiten konnten nur beschränkt durch den Einsatz von mehr Kassiererinnen abgedeckt werden, da es dem Detailhandel während der Hochkonjuktur der 1960er Jahre zunehmend schwer fiel, das entsprechende Personal zu rekrutieren.[202]

Die Migros versuchte mit Maßnahmen wie Preisreduktionen, der Einführung neuer Produkte sowie der Konzentration der Werbung auf die erste Wochenhälfte die Kunden zu einer Verlagerung ihrer Einkaufsaktivitäten auf den Wochenbeginn zu bewegen. Doch diese Versuche zeigten nicht die gewünschte Wirkung. Einen Schritt weiter ging der Vorschlag von Gottlieb Duttweiler, mittels ökonomischer Anreize die Kunden dazu zu bewegen, ihr Einkaufsverhalten zu ändern. Er schlug Ende der 1950er Jahre den Mitgliedern der Verwaltungsdelegation vor, einen «Frequenzausgleich» mittels eines finanziellen Anreizes zu erreichen: Jeder am – nachträglich festgestellten – umsatzschwächsten Tag eines Monats getätigte Einkauf sollte bis zum Höchstbetrag von 10 Franken in bar vergütet werden.[203] Die Mitglieder der Verwaltungsdelegation standen dieser Idee ablehnend gegenüber; in ihren Augen widersprach sie dem in den Statuten der Migros festgeschriebenen System des Bar-Netto-Verkaufs. In der Urabstimmung fand dieser «neuartige Versuch zur betrieblichen Kostensenkung» bei den Genossenschafterinnen und Genossenschaftern der Migros jedoch große Zustimmung.[204] Dennoch entschlossen sich lediglich drei Genossenschaften, darunter die GMZ, einen solchen «Gratistag» einzuführen. Nach einem Jahr brachen die Genossenschaften den Versuch aufgrund der kontraproduktiven Anreize ab:[205] In der Hoffnung auf die Rückerstattung von 10 Franken kauften die Kunden an jedem Wochentag nur wenig ein, was die Schlangen vor den Kassen an allen Wochentagen länger werden ließ und für die Genossenschaften negative Kostenfolgen zeitigte. Zudem beanspruchte die Kontrolle der Kassabons vor der Auszahlung der Rückvergütung viel Zeit und Personal.

200 SWA, VoH III 15, «Der Selbstbedienungsladen im Vormarsch?» Referat von Dr. Hans Munz, Nationalrat, in der Gesellschaft für Marktforschung in Zürich am 25. November 1948, S. 19. Dies weist auch darauf hin, dass die Migros im Gegensatz zu anderen Schweizer Einzelhandelsunternehmen wie dem VSK über einen beachtlichen finanziellen Spielraum verfügte.

201 Der Geschäftsleiter der Genossenschaft Basel bezeichnete das Problem des «Frequenzausgleichs» sogar als «volkswirtschaftliches Problem Nr. 1». Archiv MGB, Sitzung der Geschäftsleiter, 16. Mai 1958, S. 2.

202 Im Rechenschaftsbericht der GMZ von 1960 ist zu lesen: «Ein Blick in die Stellenanzeiger der Tagespresse macht deutlich, wie schwer es fällt, geeignetes Personal für den Detailhandel zu finden.» Archiv MGB, Rechenschaftsbericht GMZ 1960, S. 7.

203 Baumann, *Die Selbstbedienung. Entwicklung und heutiger Stand in den Migros-Genossenschaften*, S. 64ff.

204 Archiv MGB, Rechenschaftsbericht MGB 1960, S. 6.

205 Migros-Genossenschafts-Bund, *Chronik der Migros*, S. 42; Häsler, *Das Abenteuer Migros*, S. 199.

Einen weitaus positiveren Effekt hatte ein anderer Versuch, die Kunden zu einer Anpassung ihres Verhaltens an die von der Migros gewünschte gleichmäßige Auslastung der Verkaufsinfrastruktur zu bringen: 1953 beschloss die GMZ, in einem Migros-Markt eine Überholspur für «den besonders eiligen Kunden» einzurichten.[206] «[G]ut sichtbare, abnehmbare Tafeln» sollten Kunden, die lediglich drei bis vier Artikeln zu bezahlen hatten, zu den sogenannten «Schnellkassen» oder «Expresskassen» weisen.[207] So wurde vor allem in den Stoßzeiten eine Entlastung der anderen Kassen erreicht.[208] Die Warteschlangen, insbesondere in den Stoßzeiten, konnten mit dieser Maßnahme jedoch nicht vermieden werden.

Neben diesen Versuchen, die teuren Kassen bestmöglich zu nutzen, investierte die Migros in «gut geschultes Kassenpersonal»:[209] Die Kassiererinnen wurden im sogenannten «Blindtippverfahren» geschult, bei dem die Kassiererin die Preise der Artikel registrierte, ohne auf die Kassentastatur zu schauen. Mit die-

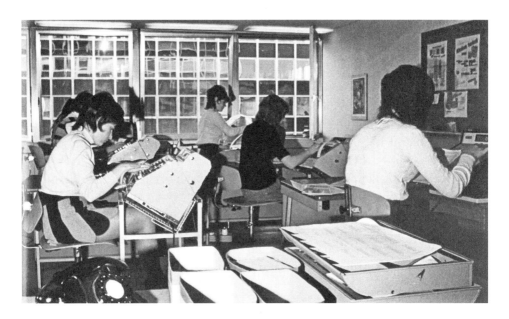

Abbildung 5 Kassiererinnen-Schulung, 1972.

206 Archiv MGB, Rechenschaftsbericht MGB 1959, S. 22.
207 Archiv MGB, Sitzung der Verwaltung GMZ, 16. November 1953 und Baumann, *Die Selbstbedienung. Entwicklung und heutiger Stand in den Migros-Genossenschaften*, S. 21.
208 Baumann, *Die Selbstbedienung. Entwicklung und heutiger Stand in den Migros-Genossenschaften*, S. 21.
209 Baumann, *Die Selbstbedienung. Entwicklung und heutiger Stand in den Migros-Genossenschaften*, S. 20.

sem Verfahren konnte eine hohe Tippgeschwindigkeit erreicht werden.[210] Durch eine Weiterführung der Arbeitsteilung an der Kasse wurde ebenfalls versucht, die «Durchgangsleistung» der Kassen zu erhöhen: Statt einer Kassiererin wurden drei Personen pro Kasse eingesetzt, «von denen die erste die Ware nur tippt, die zweite kassiert und die dritte verpackt».[211] Doch all diese Maßnahmen reichten nicht aus, um eine entscheidende Verbesserung der Situation an der Kasse zu erreichen: «[Denn] selbst die flinkeste Kassiererin [kann] in Stoßzeiten oft mehrere Meter lange Kundenschlangen nicht verhindern, auch wenn ihr eine Packerin beigegeben ist.» Aus diesem Grund sollte auch «von technischer Seite her eingegriffen werden».[112]

Technische Aufrüstung der Kasse

In den 1950er und 1960er Jahren konzentrierte sich die technische Aufrüstung am neuralgischen Stauknoten Kasse auf die Beschleunigung des Kassiervorgangs. Diese sollte *erstens* erreicht werden durch die Mechanisierung der Wechselgeldherausgabe und *zweitens* durch den Einsatz einer schon lange aus der Industrie bekannten Technik zur Rationalisierung: dem Fließband.

Zu Beginn der 1960er Jahre waren die Fachzeitschriften voll mit redaktionellen Beiträgen und ganzseitigen Werbeanzeigen von Kassenherstellern betreffend «Münzrückgeldrechner», «Rückgeldrechnern», «Wiederholungsautomatik» und «automatischen Münzsortierer».[213] Mittels Automatisierung der Wechselgeldherausgabe sollte der Kassiererin «das Herauszählen des Wechselgeldes erspart» und der Kassiervorgang insgesamt beschleunigt werden.[214] Die GMZ testete zwei Jahre lang solche sogenannten «Wechselkassen».[215] Die Genossenschaft sah nach den abgeschlossenen Versuchen «ein[en] weitere[n] Schritt zur Vervollkommnung der Selbstbedienung [...] durch den Einsatz von automatischen Rückgeldgebern» gekommen: «Diese Zusatzgeräte zu den bestehenden Registrierkassen zählen auf elektronischem Wege das vom Kunden bezahlte Geld, vergleichen es mit dem geschuldeten Betrag und geben auf einen einzigen Handgriff das genau abgezählte Herausgeld in der kleinstmöglichen Anzahl Münzen. Für die Kassiererin entfällt damit das ermüdende Kopfrechnen, und der Kunde hat volle Gewähr für den Empfang des richtigen Betrages. Außerdem wird der Zahlungsvorgang noch mehr beschleunigt, so dass das unbeliebte Anstehen an der Kasse

---

210 *Kassieren im SB-Laden.*
211 Archiv MGB, Rechenschaftsbericht MGB 1960, S.22.
212 Baumann, *Die Selbstbedienung. Entwicklung und heutiger Stand in den Migros-Genossenschaften,* S.20.
213 Zimmermann, *Erfahrungen mit Münzrückgeld-*

rechnern; Bist du schon da?; Im Vorbeifahren; Muchow, *Kasse ohne Kassenstau.*
214 Archiv MGB, Rechenschaftsbericht MGB 1959, S.22. *Kürzere Wartezeiten an der Kasse.*
215 Archiv MGB, Rechenschaftsbericht MGB 1959, S.22.

weiter reduziert wird», gab sich die GMZ in ihrem Rechenschaftsbericht zuversichtlich.[216]

Ebenfalls auf eine Beschleunigung der Arbeitsabläufe an der Kasse bezog sich die Einführung von Förderbändern bei den Kassenstellen. Anfang 1957 wurden in den Migros-Märkten erstmals Registrierkassen mit Förderbändern ausgerüstet, «die den Kassenablauf, dank dem Förderband, auf dem die getippte Ware zur bereitstehenden Packerin rollt, wesentlich beschleunigen».[217] Kaum hatte die Kundin ihre Einkäufe bezahlt, konnte sie schon von der Packerin ihre gefüllte Einkaufstasche entgegennehmen. Diese sogenannten «Schnellkassentische» entwickelte die GMZ in Zusammenarbeit mit einem schwedischen Registrierkassenhersteller und der Schreinerei des MGB. Leistungstests zeigten, dass an diesen Kassenanlagen gegenüber den traditionellen Kassen bis zu 30 Prozent mehr Kunden bedient werden konnten.[218]

Dieses Prinzip des Fließbandes bewährte sich, so dass zwei Jahre später auch auf der anderen Seite der Kasse ein Förderband angebracht wurde: «Erfolgsversprechend verlief der Versuch, das Förderband vor der Kasse anzubringen, d.h. die Ware wird von der Kundin aus dem Einkaufswagen auf das Förderband gelegt und von diesem zur Kassiererin transportiert, wodurch sich das Tippen an der Kasse noch schneller abwickelt», war im Rechenschaftsbericht des MGB zu lesen.[219] Nicht nur die Kassiererinnen und Packerinnen, auch die Kunden wurden so zu regelrechten Fließbandarbeitenden: An den mit Förderbändern ausgestatteten Kassenanlagen konnten gleichzeitig zwei bis drei Kunden ihre Waren einpacken, während die Kassiererin schon die Einkäufe des nächsten Kunden tippte.[220]

Dennoch brachten diese Fließbänder, die nun tatsächlich von der Produktion bis in den Laden hineinreichten, nicht die nötige Beschleunigung, um den «Kundenstau» an der Kasse aufzulösen.[221] Auch die umfangreichen Zeit- und Bewegungsstudien nach tayloristischer Art führten nicht zu einer vollständig befriedigenden Lösung, wie Frank Rentsch, Geschäftsleiter der Genossenschaft Bern, in der Fachzeitschrift *Selbstbedienung & Supermarkt* festhielt: «Der mit den Neuerungen in bezug auf Kassenboxen betriebene aufwendige Kult steht in keinem Verhältnis zu den erzielten Resultaten.»[222] Statt auf die technische Aufrüstung der Kassen und die personalintensive Erhöhung der Arbeitsteilung solle man sich

216 Archiv MGB, Rechenschaftsbericht GMZ 1961, S. 9.
217 Archiv MGB, Rechenschaftsbericht GMZ 1957, S. 20.
218 Baumann, *Die Selbstbedienung. Entwicklung und heutiger Stand in den Migros-Genossenschaften*, S. 21.
219 Archiv MGB, Rechenschaftsbericht MGB 1959, S. 22.
220 Archiv MGB, Sitzung der Geschäftsleiter der Genossenschaften, 16. November 1962, S. 3; Rechenschaftsbericht MGB 1963, S. 24. Siehe dazu auch: Gysin und Poppenwimmer, *Die Geburt der Selbstbedienung in der Schweiz*, S. 155.
221 Böttcher, *Das Fließband reicht bis in den Laden*, S. 774; Muchow, *Kasse ohne Kassenstau*.
222 Rentsch, *Die Arbeitsorganisation im Supermarkt*, S. 23; *Kassieren im SB-Laden*, S. 4.

vielmehr auf die Erhöhung des durchschnittlichen Einkaufsbetrags konzentrieren, denn entscheidend für das Unternehmen sei die Kassenleistung, also der Umsatz pro Kasse.

In seinem Beitrag sprach Frank Rentsch zwei Strategien der Migros an, um den durchschnittlichen Einkaufsbetrag zu erhöhen: *Einerseits* wurde den Kunden die logistische Bewältigung des Einkaufens erleichtert, indem die bisherigen Einkaufskörbe durch Einkaufswagen, die ein größeres Volumen an Waren fassen konnten, ersetzt wurden.[223] Damit die Kunden diese wachsenden Einkaufsmengen besser vom Laden nach Hause transportieren konnten, bot die Migros nach dem amerikanischen Vorbild neben den Läden immer mehr Parkplätze an. Die zunehmende Motorisierung der Schweizer Bevölkerung ermöglichte so die Erhöhung der Einkaufsmengen und -beträge.[224]

Andererseits war eine ausgeklügelte Einrichtung der Läden von großer Bedeutung für das Einkaufsverhalten.[225] So mussten wegen der Einkaufswagen die Abstände zwischen den Regalen in den Läden verbreitert werden.[226] Frank Rentsch schrieb dazu: «Die Schaffung von breiten Gängen ermuntert den Kunden zu längerem Verweilen im Laden, was sich [...] auf die Höhe seiner Ausgaben auswirken dürfte.»[227] Wegen ihrer modernen Architektur und der übersichtlichen Inneneinrichtung erfuhren die Migros-Läden viel Lob: Sie wurden von zeitgenössischen Experten als «Leckerbissen der Möblierungskunst» bezeichnet.[228] «Are the Swiss super [markets, KG] the world's most beautiful?» betitelte eine amerikanische Branchenzeitschrift gar einen Artikel über die Selbstbedienung in Europa.[229]

223 Archiv MGB, Rechenschaftsbericht MGB 1959, S. 22.
224 Rentsch, *Die Arbeitsorganisation im Supermarkt*, S. 23; Schulz-Klingauf, *Selbstbedienung*, S. 115ff. Pfister, *Das «1950er-Syndrom»*, S. 67 bezeichnet das Automobil gar als eigentliches Schlüsselprodukt der Konsumgesellschaft. Zum Zusammenhang zwischen Automobilisierung und Massenkonsum in den USA sowie der Schweiz siehe Brändli, *Der Supermarkt im Kopf*, S. 78f.; Longstreth, *The Drive-in, the Supermarket, and the Transformation of Commercial Space*; Nast, *Die stummen Verkäufer*, S. 120f. Für einen Überblick über die Geschichte der Motorisierung des Individualverkehrs in der Schweiz siehe Merki, *Der holprige Siegeszug des Automobils, 1895–1930*.
225 Einen guten Überblick über die Frage der Organisation der Selbstbedienungsläden geben die diversen zeitgenössischen Handbücher für Detailhändler: Henksmeier und Hoffmann, *Arbeitsorganisation im SB-Laden*; Schulz-Klingauf, *Selbstbedienung*; Baumann, *Die Selbstbedienung. Entwicklung und heutiger Stand in den Migros-Genossenschaften* sowie die deutsche Fachzeitschrift *Selbstbedienung & Supermarkt*.
226 Der so verloren gegangene Verkaufsraum wird durch höhere Regale kompensiert. Baumann, *Die Selbstbedienung. Entwicklung und heutiger Stand in den Migros-Genossenschaften*, S. 19.
227 Rentsch, *Die Arbeitsorganisation im Supermarkt*, S. 23.
228 Schulz-Klingauf, *Selbstbedienung*, S. 130.
229 Gasser, *Are Swiss Supers the most beautiful in the World?*; Schulz-Klingauf, *Selbstbedienung*.

Selbstbedienung an der Kasse

Weder «Wechselgeldherausgeber», Förderbänder noch die viel gelobte Ladenar-
chitektur der Migros reichten aus, um die Warteschlangen an den Kassen abzubauen: «Das Problem der Stauungen an den Kassen in Stoßzeiten ist noch immer
nicht gelöst, wenn auch die heutigen Kassenanlagen Höchstleistungen ermöglichen», klagte der MGB im Rechenschaftsbericht zu Beginn der 1960er Jahre.[230]

Nun besann sich die Migros auf ihre besten Angestellten: die Kunden.
Schließlich war die Möglichkeit des aktiven Einbezugs der Kunden sogar in den
Statuten der Migros festgehalten: «Der Konsument soll [...] wo immer möglich
herangezogen werden, um den Warenvermittlungsprozess rationeller zu gestalten.»[231] Der Erfolg des Konzepts der Selbstbedienung als Organisationsmodus der
Distribution ließ das Unternehmen hoffen, dass sich seine Anwendung nicht allein auf die Warenallokation im Laden beschränkte. Elsa Gasser, die Promotorin
der Selbstbedienung bei der Migros, rief in der Fachzeitschrift *Selbstbedienung &
Supermärkte* Mitte der 1960er Jahre enthusiastisch zu weiterführenden Experi-
menten mit der Selbstbedienung auf: «[Der Handel] soll diese vorderhand modernste Form des Verkaufes systematisch weiterentwickeln und mit ihr auf immer neuen Gebieten experimentieren.»[232]

Die Migros ging gleich selbst voran: Arnold Suter, Vizepräsident der Verwaltungsdelegation und Verkaufschef des MGB, schlug 1965 vor, sogenannte
«Selbsttipp-Kassen» einzuführen. Seine Idee «zur besseren Bewältigung des Kun-
denandrangs an den Kassen» bestand darin, dass «den Käufern die Möglichkeit
gegeben wird, ihre Einkäufe selber zu tippen oder von Hand zusammenzuzäh-
len, so dass die Kassierin nur noch das Total tippen muss.»[233] Nachdem die Kunden seit der Einführung der Selbstbedienung ihre Einkäufe in den Läden selbst
zusammentrugen, sollten sie nun auch an der Kasse Hand anlegen und weitere
Tätigkeiten übernehmen.[234]

Das Vorbild für diese Idee fand sich wahrscheinlich einmal mehr in den
USA:[235] Von 1946 bis 1969 beschäftigte der MGB in New York einen Einkäufer,

230 Archiv, MGB, Rechenschaftsbericht MGB
    1960, S. 22.
231 Archiv MGB, Vertrag zwischen dem MGB
    und der GMZ, Mai 1957, S. 10.
232 Gasser, *Was kommt nach der Selbstbedienung?*,
    S. 24.
233 Archiv MGB, 182. Verwaltungsdelegations-
    sitzung MGB, 8. Oktober 1965, S. 2.
234 Zur Anwendung der Selbstbedienung in ver-
    schiedenen Branchen siehe Bonhage und
    Girschik, *Die Selbstbedienungsgesellschaft. Ban-
    ken und Einzelhandel in Zeiten rechnergestützter
    Kommunikation.*

235 Thomas Welskopp argumentiert sicherlich zu
    Recht, dass die Migros entgegen ihrer Selbst-
    darstellung kein klassischer *first mover* im
    Sinne der Theorie von Alfred D. Chandler Jr.
    war, sondern ihren Vorteil systematisch aus
    der Stellung des *late comers* zog. Das erfolgrei-
    che Kopieren und Imitieren ist dabei nicht
    weniger anspruchsvoll, da es unter anderem
    vielfältige Übersetzungs- und Anpassungs-
    prozesse verlangt. Chandler, *Scale and Scope*;
    Loasby, *The Concept of Capabilities*.

der auch beauftragt ist, die Entwicklungen im amerikanischen Einzelhandel zu beobachten und in monatlichen Berichten nach Zürich zu rapportieren.[236] In einem dieser Berichte findet sich unter dem Titel *«Ehrlich währt am längsten…!»* die Beschreibung einer Kaffeebar mit Selbstbedienung: «Ein Supermarkt in Kalifornien hätte schon lange gerne eine Kaffeebar für die Kundschaft eingerichtet, fand aber, dass der Lohn einer Bedienungsperson diesen Kundendienst unprofitabel gestalte. Die Bar […] wurde jedoch trotzdem errichtet, aber ohne Bedienung. Die Kundschaft bedient sich selbst und wird gebeten für jede Tasse Kaffee 10 Cent in eine Registrierkasse zu legen. […] Bisher soll sich das Experiment bewährt haben. Ganz besonders soll der Kundschaft das Hantieren mit der Registrierkasse gefallen! Das Kind im Manne … und in der Frau?»[237]

Ob dieser Bericht tatsächlich den Verkaufschef des MGB zu seiner Idee der selbstbedienten Kasse inspiriert hat, sei dahingestellt. Sicher ist, dass sich die GMZ bereit erklärte, dieses «gewagte Experiment» in der Filiale in Zürich-Wollishofen durchzuführen.[238] Am 20. Oktober 1965 startete der Versuch der Migros, die Warteschlangen an den Kassen durch die Mitarbeit der Kunden beim Kassenvorgang abzubauen. Das Echo in der in- und ausländischen (Fach-)Presse war groß.[239] Der Mut der Migros «bei der Suche nach neuen Lösungen» wurde allenthalben gelobt, wenn auch die Skepsis groß blieb:[240] Entsprechend dem Motto «Vertrauen gegen Vertrauen» sollten nämlich keinerlei Diebstahlskontrollen erfolgen.

Auch innerhalb der Migros bestanden unterschiedliche Meinungen bezüglich der Erfolgsaussichten dieses Experiments. Dies zeigte sich unter anderem an der Gewichtung dieses Versuchs in den jeweiligen Rechenschaftsberichten der GMZ und des MGB: Während der Rechenschaftsbericht der GMZ dem Experiment der «Selbsttipp-Kassen» nur einige wenige Zeilen widmete, räumte der MGB diesem Thema viel Platz ein und illustrierte den Text mit vielen Bildern.[241]

Der Rechenschaftsbericht des MGB beschrieb die Versuchsanlage in der Filiale Wollishofen folgendermaßen: «Statt sich der vor den Kassen oft bildenden Schlangen anzuschließen, tippt der Kunde seine Einkäufe an einer der vorhande-

236 Archiv MGB, Rechenschaftsbericht GMZ 1946, S. 5. Dieser Einkäufer organisierte für die Migros auch die zahlreichen Betriebsbesichtigungen von amerikanischen Produktions- und Einzelhandelsunternehmen. Siehe dazu beispielsweise: Archiv MGB, G 2053, Dossier zu einer USA-Reise vom 3. April bis 19. April 1962. Auf dieser Reise besichtigten die Migros-Leute unter anderem das Einzelhandelsunternehmen A&P sowie die Kassenhersteller NCR und Sweda.

237 Archiv MGB, G 346a, New Yorker Brief Nr. 32, August 1961, S. 4.

238 Archiv MGB, Rechenschaftsbericht GMZ 1965, S. 10; 182. Verwaltungsdelegationssitzung MGB, 8. Oktober 1965, S. 2.

239 Siehe dazu die Artikel in der Fachzeitschrift *Selbstbedienung & Supermarkt: Kassenschlangen; Neues Kassier-System im Migros-Markt Wollishofen.* Archiv MGB, Rechenschaftsbericht GMZ 1965, S. 10; Rechenschaftsbericht MGB 1965, S. 30.

240 Archiv MGB, Rechenschaftsbericht GMZ, S. 10.

241 Archiv MGB, Rechenschaftsbericht GMZ 1965, S. 10; Rechenschaftsbericht MGB 1965, S. 30.

Abbildung 6 «Selbsttipp-Kasse»,
Verkaufsladen Wollishofen, 1965.

nen 14 Selbsttipp-Kassen selber und geht dann mit Einkaufskorb und Kassazettel
zur ‹Totalkasse›, wo eine Kasserierin nur noch den Gesamtbetrag des Einkaufs
tippt und das Geld kassiert. An einem speziellen geräumigen Packtisch kann der
Kunde seine Ware in Ruhe einpacken.»[242]

Erste Erfolge und Enttäuschungen

Zunächst ließ sich das Experiment gut an. Die Kunden schienen gewillt, weitere
Aufgaben in der Verkaufsfunktion des Einzelhandels zu übernehmen. Der MGB
stellte befriedigt fest: «Ende Jahr tippten bereits zwei Drittel ihre Einkäufe mit
der größten Selbstverständlichkeit selber und halfen so mit, die Abwicklung an
der Kasse flüssiger zu gestalten, so dass praktisch keine Wartezeiten mehr entstanden.»[243] Statt 80 Kunden pro Stunde konnten die Kassiererinnen an den
«Totalkassen» nun 200 Kunden pro Stunde bedienen.[244]

Allerdings nahmen es die Kunden weniger genau als die Kassiererinnen.
Schon nach kurzer Zeit stellte die Geschäftsleitung der GMZ fest, dass «die

---

242 Archiv MGB, Rechenschaftsbericht MGB
    1965, S. 30.
243 Archiv MGB, Rechenschaftsbericht MGB
    1965, S. 30. Auch bei der Rückgabe von Leer-
    gut tippten die Kunden selbstständig den Bon,

der beim Bezahlen der Einkäufe abgezogen
wurde. *Vertrauen gegen Vertrauen*, S. 62.
244 Archiv MGB, Rechenschaftsbericht MGB
    1966, S. 26.

Inventurresultate nicht ermutigend sind».[245] Sie äußerte zudem Bedenken ob «der moralischen Belastung unserer Kundschaft, speziell der Kinder». Wie schon bei der Einführung der Selbstbedienung wurde auch bei den «Selbsttipp-Kassen» darüber diskutiert, ob dieses System die Kunden nicht überfordere, schließlich bestehe eine gar «offensichtliche Verführung zum Diebstahl».[246] Obwohl sich der MGB zunächst dagegen wehrte, wurde rasch deutlich, dass das Experiment zum Scheitern verurteilt war, wenn nicht bald Diebstahlskontrollen erfolgten.[247] Das neue Motto lautete nun: «Vertrauen unter Kontrolle.»[248] Die Resultate dieser Kontrollen waren selbst für die zuversichtliche Verwaltungsdelegation «enttäuschend».[249]

Wie innerhalb der GMZ und dem MGB waren auch unter den Geschäftsleitern der Genossenschaften die Meinungen über eine Fortführung des Experiments der «Selbsttipp-Kassen» geteilt.[250] Von Seiten der GMZ wurde der Ruf nach finanzieller Unterstützung und Abgeltung des Experiments durch den MGB immer lauter, je länger die hohen Diebstahlsquoten andauerten.[251] Arnold Suter seinerseits war enttäuscht, dass «die GMZ […] das Experiment Wollishofen als keinen großen Erfolg» betrachtete. Er war der Meinung, dass «das Experiment ohne Zweifel einen ganz eindeutigen Vorteil gebracht hat, dass nämlich die Kunden an den Kassen keine Schlangen mehr bilden müssen. Es ist dies ein Problem, das seit Jahren in den verschiedensten Ländern studiert und mit zahlreichen Methoden, wie bei uns z.B. mit dem Frequenzausgleich, bekämpft wird. Einzig mit den Selbsttipp-Kassen ist es jedoch gelungen, die Schlangen absolut zum Verschwinden zu bringen.» Die Beteiligung der Kunden habe die Erwartungen weit übertroffen: 70 Prozent der Kunden tippen ihre Einkäufe selbst; schon allein diese hohe Beteiligung gebe dem Experiment seiner Meinung nach Recht. Schließlich hätten bei der Einführung der Selbstbedienung die «Schwarzmaler» auch diesem System keinen Erfolg vorausgesagt. Doch der Geschäftsleiter der GMZ hielt dem entgegen: «Die schlechten Inventurergebnisse lassen es […] nicht mehr verantworten, dass Experiment weiterzuführen, umsomehr als keine Vorteile, weder Frequenzsteigerung noch Personaleinsparung, zu verzeichnen sind.» Im Winter 1966 wollte die GMZ den Versuch abbrechen: Die Beschleunigung des Kassenvorgangs wog die Verluste durch Diebstahl ihrer Meinung nach nicht auf.

245 Archiv GMZ, Sitzung der Verwaltung GMZ, 10. März 1966, S. 4.

246 Archiv GMZ, Sitzung der Verwaltung GMZ, 16. November 1966, S. 3.

247 Archiv MGB, Rechenschaftsbericht MGB 1966, S. 26; 62. Sitzung der Verwaltung MGB, 14. April 1966, S. 3.

248 *Jetzt mit Kontrolle.*

249 Archiv MGB, 194. Verwaltungsdelegationssitzung MGB, 26. Mai 1966, S. 3.

250 Archiv MGB, 34. Geschäftsleiterkonferenz, 23. September 1966, S. 11.

251 Siehe für den folgenden Abschnitt: Archiv GMZ, Sitzung der Verwaltung GMZ, 16. November 1966, S. 2f.

Es waren jedoch gerade diese von der GMZ erhobenen Inventurzahlen, die immer mehr in den Fokus der Kritik gerieten. Die Verwaltungsdelegation zweifelte an der Richtigkeit dieser Zahlen.[252] Arnold Suter beschuldigte die GMZ gar, absichtlich ungenaue Inventurzahlen an den MGB geliefert zu haben, da diese nachträglich immer wieder korrigiert werden mussten.[253] Der Geschäftsleiter der GMZ verteidigte sich, indem er darauf hinwies, dass «die Resultate von Funktionären des MGB immer mit besonderer Dringlichkeit und ohne dass sie nachgeprüft werden konnten, verlangt [werden]».[254] Als sich die Fronten zwischen Arnold Suter und dem Geschäftsleiter der GMZ immer mehr verhärteten, schlug die GMZ vor, eine Kommission aus Vertretern der GMZ und des MGB zu bilden mit dem Auftrag, «die bisherigen Vorgänge zu überprüfen und das von der GMZ gelieferte Zahlenmaterial zu kontrollieren».

Bevor jedoch der Bericht dieser Kommission vorlag, wurde der Konflikt weiter angeheizt. Ende 1966 berichtete die Presse, der Versuch mit den «Selbsttipp-Kassen» sei gescheitert und werde beendet. Die Migros habe «zuviel Ehrlichkeit» von ihren Kunden gefordert.[255] Der MGB sah sich gezwungen, richtigzustellen, dass das Experiment weitergeführt werde − wenn auch mit verstärkten Diebstahlskontrollen.[256] Die GMZ hingegen sah sich von den «allzu positiven Erwiderungen des MGB − die der Presse übergeben wurden, bevor die Verwaltung der GMZ dazu Stellung nehmen konnte», übervorteilt.[257] Der MGB versuche auf diese Weise, den Versuch so publik zu machen, dass der GMZ ein allfälliger Abbruch verunmöglicht würde, lautete der Vorwurf der GMZ-Geschäftsleitung an die Adresse der Verwaltungsdelegation. Dieses Vorgehen empfand die GMZ als «krasse Einmischung in ihre Autonomie». Die Verwaltungsdelegation des MGB sah sich daraufhin gezwungen, der Geschäftsleitung der GMZ zu versichern, dass diese jederzeit die Möglichkeit habe, das Experiment abzubrechen.

Ende Mai 1967 lag der Bericht der paritätischen Kommission «Wollishofen» vor. Darin wurde die Richtigkeit der von der GMZ durchgeführten Inventuren bestätigt.[258] Die festgestellten Tipp-Differenzen der Kunden belaufen sich auf 0,27 Prozent des Umsatzes zu Lasten der Migros. Gegenüber der Durchschnittsrate der Migros-Märkte wies die Filiale Wollishofen einen zusätzlichen Verlust im Umfang von circa 200.000 Franken auf. Neben diesen finanziellen Verlusten

252 Archiv MGB, 194. Verwaltungsdelegations-
    sitzung MGB, 26. Mai 1966, S. 3.
253 Archiv GMZ, Sitzung der Verwaltung GMZ,
    16. November 1966, S. 2.
254 Archiv GMZ, Sitzung der Verwaltung GMZ,
    16. November 1966, S. 4.
255 *«Vertrauen gegen Vertrauen» − unmöglich in der
    Schweiz?*. Die Boulevardzeitung Blick sah den
    Versuch schon gescheitert: *Mini-Diebe killten
    nobles Experiment*.

256 *Kunden tippen weiterhin selber*, S. 9.
257 Archiv MGB, 205. Verwaltungsdelegations-
    sitzung MGB, 10. Januar 1967, S. 10.
258 Archiv MGB, 245. Verwaltungsdelegations-
    sitzung MGB, 29. September 1969; Beilage:
    Bericht der Kommission Wollishofen über das
    Selbsttipp-Experiment vom 31. Mai 1967,
    S. 2.

betonte der Bericht aber auch deutlich, dass aus dem «Selbsttipp»-Experiment eine «außerordentliche Publizität resultierte, [...] wovon die gesamte Migros-Gemeinschaft außerordentlich profitierte.»

Trotz der nun bestätigten finanziellen Verluste setzte sich Arnold Suter gegenüber der Geschäftsleitung der GMZ durch: Der Versuch wurde weitergeführt.[259] Im November 1967 bestätigten sich die unbefriedigenden Inventurergebnisse nochmals: Während die übrigen Migros-Märkte in den vergangenen acht Monaten einen Fehlbetrag von 0,16 Prozent des Umsatzes aufwiesen, wurde in der Filiale Wollishofen ein Manko von 0,87 Prozent festgestellt.[260] Da die Inventurzahlen für das Jahr 1967 jedoch frühestens im März 1968 vorlagen, war erst zu diesem Zeitpunkt ein aussagekräftiger Kostenvergleich möglich. Trotz dieser anhaltend ungenügenden Inventurzahlen drängte Arnold Suter erneut auf die Weiterführung des Versuches.[261]

Erst der Nachfolger von Arnold Suter als Verkaufsleiter des MGB, Pierre Arnold, setzte in der Verwaltungsdelegation durch, dass die Entscheidung über den Abbruch des Experiments in die Zuständigkeit der GMZ-Verwaltung fiel.[262] 1969 brach die GMZ aufgrund der «großen Inventurdifferenzen» den «Selbsttipp»-Versuch in der Filiale Zürich-Wollishofen ab:[263] Zu viele Kunden hatten eigenmächtig die «totale Selbstbedienung» eingeführt. So begeistert die Kunden auf den freien Zugang zu den Waren reagiert hatten, der freie Zugang zur Registrierkasse konnte nicht an diesen Erfolg anschließen. An der Kasse schien das Potenzial der Kunden zur Selbstdisziplinierung ausgeschöpft.

Auch wenn das Experiment der «Selbsttipp»-Kasse 1969 scheiterte, hatte es dreierlei aufgezeigt: *Erstens* wurde deutlich, dass die Inventurzahlen meist unzuverlässig waren, nur mit großem Aufwand erhoben werden konnten und erheblicher Verzögerung verfügbar waren. *Zweitens* wies die im Zusammenhang mit dem «Selbsttipp»-Versuch durchgeführte Untersuchung darauf hin, dass an den Registrierkassen «eine bedenkliche Zahl von Fehltippungen» vorkamen und der «Prozentsatz der fehlenden Artikel zu hoch» war.[264] Für Pierre Arnold war klar, dass nach «einer optimalen Lösung» gesucht werden musste, «damit einerseits die Lagerbestände nicht zu hoch [sind], andererseits aber die Zahl der fehlenden Artikel auf ein Minimum beschränkt werden kann.» Es bestätigte sich also auch von

259 Archiv GMZ, Sitzung der Verwaltung GMZ, 3. September 1968, S. 5.
260 Archiv GMZ, Sitzung der Verwaltung GMZ, 29. November 1967, S. 2.
261 Archiv GMZ, Sitzung der Verwaltung GMZ, 3. September 1968, S. 5. Noch ein Jahr später bestand Arnold Suter auf der Weiterführung des Experiments: Archiv GMZ, Sitzung der Verwaltung GMZ, 8 September 1969, S. 6.
262 Archiv 245. Verwaltungsdelegation MGB,

29. September 1969, S. 5. In seiner Autobiographie hält Pierre Arnold vieldeutig fest, dass Arnold Suter vorzeitig zurückgetreten sei, da er «Mühe bezeugte, sich mit der Autonomie der regionalen Genossenschaften abzufinden.» Arnold, *Federführend*, S. 23.
263 Archiv MGB, Rechenschaftsbericht MGB 1968, S. 34.
264 Archiv MGB, 35. Geschäftsleiterkonferenz, 15. März 1967, S. 12.

dieser Seite, dass die Verwaltung und Kontrolle des Sortiments ein bisher unge-
löstes Problem darstellte. *Drittens* zeigte der Jahre während Streit zwischen der
Verwaltungsdelegation des MGB und der Geschäftsleitung der GMZ über den
Abbruch des Versuchs in Wollishofen, dass die Zuständigkeiten und Kompetenzen von MGB und Genossenschaften keineswegs klar und abschließend definiert
waren. Vielmehr waren diese umkämpft und wurden immer wieder von Neuem
ausgehandelt.

Fazit: Umsatz

Es gelang der Migros, infolge des wirtschaftlichen Aufschwungs nach Ende des
Zweiten Weltkriegs und der sich als effiziente Organisationsform für die Alloka-
tion der Waren in den Läden erweisenden Verkaufsform der Selbstbedienung,
ihre Geschäftätigkeit auszudehnen. Das unmittelbar nach 1945 einsetzende
Umsatzwachstum spiegelte sich in einer steten Zunahme von Artikelzahlen, Regalmetern, Verkaufsflächen, Läden und Mitarbeitenden. Trotz dieses unternehmerischen Wachstums zeichnete sich Ende der «langen 1950er Jahre» immer
deutlicher ab, dass die Selbstbedienung in verschiedenen Bereichen des Unternehmens neue Problemlagen schaffte.[265] Der Erfolg der Selbstbedienung bedrohte den Kern des bisher so erfolgreichen Geschäftsmodells der Migros: die
rationelle Organisation der Distribution. Diese ermöglichte dem Unternehmen
mit einer günstigen Kostenstruktur große Umsätze zu erwirtschaften, die trotz
geringer Marge eine substanzielle absolute Rendite abwarfen.

Anhand zweier Beispiele zeige ich, warum die Einführung der Selbstbedienung bei der Migros nicht nur Umsatzwachstum bewirkte, sondern auch innerbetriebliche Problemlagen schaffte. Konkret arbeite ich folgende zwei Konflikt-
bereiche heraus: das Sortimentswachstum und die Warteschlangen an den
Kassen.

Erstens: Das immer größer und heterogener werdende Sortiment stellte neue
Anforderungen an die Fähigkeit des Unternehmens, Masse und Diversität effizient zu verwalten. Die genaue Kenntnis über den Verkaufserfolg eines Artikels
war für ein Unternehmen wie die Migros, das nach dem Discountprinzip «großer
Umsatz, kleine Marge» arbeitet, entscheidend: Nur Artikel, die einen Umsatz
generieren, der über dessen Einkaufs-, Lagerhaltungs- und Transportkosten
liegt, tragen zum finanziellen Gewinn des Unternehmens bei. Andernfalls verursachen sie lediglich Kosten. Ich zeige, wie die präzise und rasche Erstellung
von Inventuren als Mittel zur Sortimentsverwaltung angesichts der wachsenden

---

265 Dieser Begriff umschreibt ungefähr die Zeitspanne zwischen 1948 und 1963. Zum Konzept der «langen 1950er Jahre» siehe: Abelshauser, *Die langen Fünfziger Jahre.* Für die

Schweiz siehe: Tanner, *Die Schweiz in den
1950er Jahren*; Tanner, *Zwischen «American
Way of Life» und «Geistiger Landesverteidigung».*

Artikelzahl immer anspruchsvoller und langwieriger wurde. Wie kann die Migros den betrieblichen Überblick angesichts der Masse und Diversität ihres Sortiments gewährleisten? In zentralistischer Absicht bemühte sich der MGB, administrative Abläufe und Strukturen aufzubauen, die – in erster Linie ihm – den Überblick über das Sortiment und den Verkaufserfolg einzelner Artikel gewährleisten. Die Genossenschaften wehrten sich gegen diese Kontrollansprüche des MGB und verteidigten ihre Kompetenz in Bezug auf die Sortimentsgestaltung.

Die negativen Konsequenzen der Selbstbedienung demonstriere ich – *zweitens* – an den Kassen: Wegen des großen Kundenaufkommens infolge der Selbstbedienung bildeten sich an den Kassen Warteschlangen. Der MGB versuchte, mit der Ausdehnung des Prinzips der Selbstbedienung auf die Kassen dieses Problem zu bewältigen: Ab 1967 registrierten Kunden in einer Verkaufsfiliale der GMZ ihre Einkäufe an sogenannten «Selbsttipp»-Kassen. Nach wenigen Jahren musste dieser Versuch auf Betreiben der GMZ jedoch abgebrochen werden: Zu viele Kunden hatten eigenmächtig die «totale Selbstbedienung» eingeführt. Es zeigte sich, dass die Warteschlangen an den Kassen nicht durch organisatorische Maßnahmen zum Verschwinden gebracht wurden. Auch mittels technischer Aufrüstung der Kassen gelang es der Migros nicht, dieses Ziel zu erreichen.

Diese beiden Problemlagen weisen darauf hin, dass Mitte der 1960er Jahre als Folge der radikalen Veränderung der Verkaufsform zur Selbstbedienung neue Strategien zur Kompatibilisierung von Verkaufsfront und rückwärtigen Abteilungen innerhalb der Migros zu entwickeln waren. Nur so konnte es dem Unternehmen auch in Zukunft gelingen, einen reibungslosen und kostengünstigen Betrieb sicherzustellen.

Ich weise im Zusammenhang mit den Bemühungen des MGB um administrative Maßnahmen für eine betriebliche Übersicht über das Sortiment darauf hin, und mache es auch im Kontext der «Selbsttipp»-Kassen nochmals explizit: Die Machtverhältnisse zwischen MGB und den Genossenschaften waren keineswegs eindeutig. Beide Beispiele dokumentieren, – *erstens* – wie spärlich und diskontinuierlich der Informationsfluss zwischen den Genossenschaften und dem MGB war und – *zweitens* – dass in der betrieblichen Realität der MGB nur beschränkt in die Geschäftsführung der Genossenschaften eingreifen konnte. Die Migros war Mitte der 1960er Jahre keineswegs ein Unternehmen, das über eine konsolidierte Organisationsstruktur verfügte.

III. Umdeutungen

Die Selbstbedienung als Rationalisierungsmaßnahme des Verkaufsvorgangs hatte neben der zunehmenden Masse und Diversität des Sortiments auch eine Beschleunigung des Warenumschlags zur Folge. Dies wirkte sich einerseits positiv auf die Umsatz- und Gewinnentwicklung der Migros aus, andererseits hatte dies entscheidenden Einfluss auf die rückwärtigen Bereiche des Einzelhandelsunternehmens: Insbesondere das Bestellwesen als Schnittstelle zwischen der Verkaufsfront und den Lagerhallen, Betriebszentralen und Verwaltungsabteilungen des Einzelhandelsunternehmen, die den Nachschub sicherstellen, stand unter dem Einfluss dieses vermehrten Warenumschlags. Ich gehe im Folgenden *erstens* der Frage nach, wie die rückwärtigen Abteilungen der gesteigerten Verkaufsleistung der Selbstbedienungsläden angepasst werden. Es zeigt sich, dass die Bemühungen der für den Verkauf zuständigen Genossenschaften in erster Linie auf eine Beschleunigung der betrieblichen Abläufe zur Verarbeitung der Bestellungen abzielten.

Entsprechend dieser Rationalisierungslogik setzten die Genossenschaften seit Beginn der 1950er Jahre Lochkartenmaschinen ein. Auf diese Weise sollten in möglichst kurzer Zeit möglichst viele Bestellungen verarbeitet werden. Ab Mitte der 1950er Jahre wurden diese elektromechanischen Rechenmaschinen zunehmend von programmgesteuerten, elektronischen Computern abgelöst. Im *anschließenden Kapitel* zeige ich, wie diesen Rechenmaschinen neue Fähigkeiten und Einsatzbereiche zugeschrieben wurden: Nicht mehr lediglich die effiziente Verarbeitung von routinemäßigen, administrativen Tätigkeiten, sondern komplexe Managementaufgaben wie die Kontrolle des gesamten Betriebes sollten diese Rechenmaschinen leisten; dies waren die Vorstellungen Mitte der 1960er Jahre.

Diese Vorstellungen gingen nach dem Tod des Firmengründers Gottlieb Duttweiler 1962 einher mit weiteren Schlagworten zur Reorganisation der Migros: Marketing und Nachfrageorientierung. Im *dritten Kapitel* analysiere ich, wie sich in der Migros zeitgenössische Vorstellungen von Unternehmensführung mit den technischen Offerten der Computertechnik zu einer wirkungsmächtigen Vision einer rechnergestützten Warenwirtschaft verbanden.

Massenhaft anfallende Bestellungen

Für die regionalen Genossenschaften, die innerhalb der Migros für die Organisation des Verkaufs zuständig sind, manifestierte sich der durchschlagende Erfolg der Selbstbedienung und die damit einhergehende Sortimentsausdehnung in Form von massenweise anfallenden Bestellungen.[1] Wie in anderen Einzelhandelsunternehmen wurden auch bei den Migros-Genossenschaften die Bestellungen der Filialen bis Ende der 1940er Jahre größtenteils in Handarbeit erstellt und verarbeitet. In einer Publikation des Vereins Schweizerischer Konsumgenossenschaften (VSK) findet sich eine ausführliche Beschreibung und schematische Darstellung des aufwändigen und komplizierten Arbeitsablaufs einer eingehenden Bestellung.[2] Auch in den Genossenschaften der Migros war dieser Ablauf nicht weniger arbeitsintensiv: Mit einem «vierfachen Formular» erfassten die Filialleiter allabendlich den Bedarf.[3] Während der Nacht wurden die so aufgezeichneten Bestellungen auf dem Postamt abgeholt. In der Betriebszentrale wurde das Formular anschließend auf die entsprechenden Lagerabteilungen verteilt, wo die Lieferungen für den Transport in die Filiale bereitgestellt werden.[4] Zur Geschäftsöffnungszeit war die Filiale dann «im Besitz der am Vortag nach Geschäftsschluss angeforderten Ware».[5] Eine solch prompte Belieferung war jedoch die Ausnahme: Nur für die Filialen in der Stadt Zürich war ein solch rascher Nachschub möglich. Für Läden, die weiter entfernt von den Betriebszentralen lagen, betrug die Zeitspanne zwischen Bestellungsaufnahme und Belieferung mehrere Tage.[6] Für die *non food* Artikel war das Bestellverfahren noch umständlicher: Jeweils einmal im Monat reiste ein Vertreter pro Genossenschaft nach Zürich, um bei der Abteilung Einkauf Gebrauchsartikel des MGB die Waren zu begutachten und die Bestellungen aufzugeben.[7]

Wachstum und Diversifizierung des Sortiments infolge der Einführung der Selbstbedienung verlangten nach Anpassungen des Bestellverfahrens: So wurde

1 Zum gesteigerten Warenumschlag siehe Baumann, *Die Selbstbedienung. Entwicklung und heutiger Stand in den Migros-Genossenschaften*, S. 34ff.
2 Seiler, *Betriebsorganisation, Betriebsführung und Rechnungswesen im V.S.K*, S. 93ff., siehe auch das Faltblatt am Ende des Buches.
3 Termeer, *Migros – Rationale Warenvermittlung in der Schweiz*, S. 46.
4 Die Bereitstellung der Warenlieferungen für die Filialen erfolgte je nach Warengruppe entweder in einem Lager des MGB oder in der entsprechenden genossenschaftlichen Betriebszentrale. Die meisten der Genossenschaften verfügten über Betriebszentralen, die je nach Sortimentsbereich entweder eine Lagerfunktion hatten oder lediglich als Durchgangsstation zu den Filialen dienten. Zur Organisation des Nachschubs in der Migros siehe: Archiv MGB, 117. Sitzung der Verwaltung MGB, 18. Mai 1973, Beilage: Bericht «Die Warenverteilung in der Migros-Gemeinschaft. 1. Teil Verteilkonzept», 1. Mai 1973 sowie Baumann, *Die Selbstbedienung. Entwicklung und heutiger Stand in den Migros-Genossenschaften*, S. 32ff.; Termeer, *Migros – Rationale Warenvermittlung in der Schweiz*.
5 Termeer, *Migros – Rationale Warenvermittlung in der Schweiz*, S. 52f.
6 In den abgelegeneren Filialen spielten die den Filialen angegliederten Lager noch bis weit in die 1960er Jahre eine wichtige Rolle. Baumann, *Die Selbstbedienung. Entwicklung und heutiger Stand in den Migros-Genossenschaften*, S. 33f.
7 Archiv MGB, Sitzung der Geschäftsleiter, 16. Mai 1952.

zu Beginn der 1950er Jahre ein «besondere[r] Bestellzettel für das S-Laden-Sortiment» eingeführt.[8] Um dem ständig wachsenden und wechselnden Sortiment gerecht zu werden, mussten die Bestelllisten alle zwei Monate neu gedruckt werden.[9] Für jede Warengruppe bestand eine separate Bestellliste. Dadurch sollte sowohl der Bestellvorgang in den Filialen wie auch das Bereitstellen der Waren in den Betriebszentralen erleichtert werden. Doch die wachsende Menge an bestellbaren Artikeln ließ sich durch die Schaffung von zusätzlichen Bestellformularen nicht schneller bewältigen.

Zudem erweisen sich die Bestellungen oftmals als ungenau: Der Einkäufer des MGB, der für die Beschaffung der *non food* Artikel zuständig war, beklagte sich immer wieder, dass die Rückmeldungen der Genossenschaften unpräzise seien. Dies mache es ihm unmöglich, die Waren in angemessener Menge zu disponieren.[10] Hier wird erneut der ungenügende Informationsaustausch zwischen Filialen, Genossenschaften und MGB deutlich. Doch nicht nur die Genauigkeit der Bestellungen stellte für eine effiziente Organisation der Warenwirtschaft ein Problem dar, auch ihre schiere Masse. Während die Arbeit in den Lagerhallen und Betriebszentralen mittels Paletten, Hebebühnen, Roll- und Hubwagen so weit mechanisiert war, dass der Nachschub für die Filialen in möglichst kurzer Zeit mit möglichst wenig Personalaufwand bereitgestellt werden kann, zeigten sich in der administrativen Verwaltung der Nachschuborganisation zunehmend Stauungen und Stockungen.[11] Eine raschere Verarbeitung der Bestellungen wurde immer dringlicher, dienten doch die Bestellungen als Transmissionsriemen zwischen den Verkaufsläden und den rückwärtigen Räumen der Lagerhaltung und Verwaltung: Sie steuern die Warenströme zwischen Lagerhallen und Verkaufsläden. Sie sind der Impuls, der das Fließband zwischen Produktion und Verkauf in Bewegung setzt und es am Laufen hält. Kann die Verarbeitung der Bestellungen nicht mit dem Warenumschlag an der Verkaufsfront Schritt halten, gerät die gesamte Nachschuborganisation ins Stocken: Eine fatale Bedrohung für den Geschäftserfolg der Migros.

Beschleunigung betrieblicher Abläufe

Vor diesem Hintergrund war es kein Zufall, dass gerade die GMZ als umsatzstärkste Genossenschaft 1951 die Einführung eines «Lochkartensystems» disku-

8 Archiv MGB, Sitzung der Geschäftsleiter, 25./26. Februar 1950.

9 Baumann, *Die Selbstbedienung. Entwicklung und heutiger Stand in den Migros-Genossenschaften*, S. 32. Die Lieferungen an die Filialen waren so umfangreich geworden, dass sie zweimal pro Tag von den Lastwagen angefahren werden mussten.

10 Archiv MGB, Sitzung der Geschäftsleiter, 14. August 1953.

11 Zur Mechanisierung der Logistik siehe unter anderem: Dommann, «*Be wise – palletize*»; Dommann, *Die Quadratur des Materialflusses*. Für die Migros geben die Rechenschaftsberichte des MGB und der GMZ Aufschluss sowie Baumann, *Die Selbstbedienung. Entwicklung*

tiert:[12] Im gleichen Jahr wurde der Verkauf von Gebrauchsartikeln nach der Urabstimmung definitiv eingeführt. Zwei Jahre später wurde in Zürich der damals
größte Migros-Markt eröffnet mit einem Sortiment, das rasch auf über 3.000
Artikel anwuchs.[13] Ob bei den Genossenschaften oder dem MGB schon vor diesem Zeitpunkt Lochkartenmaschinen im Einsatz standen, kann aufgrund der
vorliegenden Quellen nicht beantwortet werden.[14] Aus der Literatur ist bekannt,
dass der VSK schon seit 1912 im administrativen Bereich mit Lochkarten arbeitete.[15] Auch in den USA gab es verschiedene Beispiele von Einzelhandelsunternehmen, die schon zu Beginn des 20. Jahrhunderts Lochkartenverfahren einsetzten.[16] Angesichts der lückenhaften Quellenlage möchte ich hier jedoch keine
relative Rückständigkeit der Migros-Genossenschaften postulieren. Mir geht es
nicht in erster Linie um den Zeitpunkt des Einsatzes von Datenverarbeitungstechnik, sondern um die damit einhergehende Diskussion von Zweck und Ziel:
Warum wurden Lochkartenmaschinen bei Unternehmen eingesetzt? Warum
wollte auch die GMZ zu Beginn der 1950er Jahre solche Maschinen anschaffen?
Zu Beginn der 1950er Jahren war die Verarbeitung von Daten mittels Lochkartentechnik längst keine Neuheit mehr. Seit Ende des 19. Jahrhunderts wurden
solche Verfahren zur Verarbeitung von massenhaft anfallenden gleichförmigen
Daten eingesetzt.[17] Die exemplarische Beschreibung des Einsatzes des Lochkartenverfahrens in einem Warenhaus Mitte der 1940er Jahre zeigt, dass sich die
Tätigkeiten auf die mechanischen Grundoperationen der Datenverarbeitung sowie Sortieren, Gruppieren, Einmischen, Stanzen, Summen lochen, Vergleichen

und heutiger Stand in den Migros-Genossenschaften;
Termeer, *Migros – Rationale Warenvermittlung in
der Schweiz*.

12 Archiv MGB, Sitzung der Verwaltung GMZ,
27. November 1951.

13 Böckli, *Neue Aspekte der Selbstbedienung*, S. 45.

14 Als Hinweis, dass dies eher nicht oder nicht im
großen Stil der Fall war, kann die Bemerkung
von Günther Termeer gewertet werden, der in
seiner Untersuchung zur Organisation der Migros zu Beginn der 1950er Jahre feststellt: «Dem
Betriebspersonal stehen viele die körperliche
Leistungsfähigkeit steigernden oder schonen-
den technischen Erleichterungen zur Verfügung, dagegen fehlen dem Büropersonal oft
noch einfachere Organisations-Mittel.» Termeer, *Migros – Rationale Warenvermittlung in der
Schweiz*, S. 35. Die Lektüre der Rechenschaftsberichte stützt die Vermutung, dass die Migros
vor allem der technischen Leistungsfähigkeit
von Abfüllmaschinen und Transportanlagen in
den Verteilzentren und Lagerhäusern Beachtung schenkte. Siehe dazu exemplarisch: Rechenschaftsbericht MGB 1948, S. 33.

15 Kellerhals, *Coop in der Schweiz*, S. 179. Die Ver-

mutung liegt nahe, dass das von Scherrer, *Das
Hollerithsystem in schweizerischen Großbetrieben*,
S. 10ff. beschriebene Lochkartensystem zur La-
gerbuchhaltung dasjenige des VSK ist. Der
Schuhhersteller Bally arbeitete zwischen 1914
und 1916 zeitweilig mit einer Hollerith-
Maschine, wie Jaun, *Management und Arbeiter-
schaft*, S. 224ff. schreibt. Auch die Rentenanstalt
in Zürich richtete 1928 eine Lochkartenabtei-
lung ein. http://www.hls-dhs-dss.ch/textes/d/
D8272.php, letzter Zugriff 11. November 2007.

16 Cortada, *The Digital Hand. How Computers
changed the Work of American Manufacturing,
Transportation, and Retail Industries*, S. 276; Austrian, *Herman Hollerith*, S. 203ff.; 249ff.

17 Zur Anwendung von Lochkartenverfahren
siehe unter anderem: Hausammann, *Der Beginn
der Informatisierung im Kanton Zürich*; Heide,
Punched Cards for Professional European Offices;
De Wit, *The Emergence of a New Regime*;
Norberg, *High Technology Calculation in the
Early Twentieth Century*; Petzold, *Rechnende
Maschinen*; Die Entwicklung von datenverar-
beitenden Techniken, zu denen auch die Loch-
kartentechnik gehört, war eng verbunden mit

und Kontrollieren erstreckt.[18] Die häufigsten Anwendungen waren auch in Einzelhandelsunternehmen die Erstellung von Verkaufsstatistiken, Lohnabrechnungen und Bestandsführungen, wozu die Verarbeitung von Bestellungen gehörte. Dieser Anwendungsbereich änderte sich auch nicht grundlegend, als die elektromechanischen Lochkartenmaschinen Mitte der 1950er Jahre von ersten programmgesteuerten, digitalen Rechenmaschinen abgelöst wurden.[19] Die Herstellerunternehmen dieser Computer strichen lediglich die Arbeitsgeschwindigkeit dieser Maschinen heraus, die es den Unternehmen erlauben sollte, betriebliche Abläufe zu rationalisieren und Arbeitskräfte einzusparen.[20]

Die Argumentation erwies sich als anschlussfähig an die Problemlage der GMZ, und 1951 beschloss deren Geschäftsleitung «zur rascheren und rationelleren Abwicklung der mit der Ausführung der Filialbestellung zusammenhängenden Arbeiten» ein «Lochkarten-System» des französischen Unternehmens Compagnie des Machines Bull, kurz Bull genannt, anzuschaffen.[21] Mittels dieser Rechenmaschinen sollte «ganz wesentlich Zeit gewonnen» werden, hieß es im Sitzungsprotokoll.[22] Doch diese Beschleunigung war nicht billig zu haben:

dem Aufkommen von großen bürokratisch strukturierten Organisationen wie den nationalstaatlichen Verwaltungen, Eisenbahnunternehmen oder Versicherungen: Zu den Verwaltungen siehe: Desrosières, *The Politics of large numbers Official Statistics and Business*; Bowker, *The History of Information Infrastructures*; Desrosières, *Official Statistics and Business*, sowie die inzwischen als klassisch zu bezeichnende Studie von Chandler, *The visible Hand*. Campbell-Kelly, *The Railway Clearing House and Victorian data processing* beschreibt anschaulich ein britisches *railway clearing house* im 19. Jahrhundert als datenverarbeitendes Großunternehmen vor der Zeit der Lochkartentechnik. Zur mechanischen Datenverarbeitung in amerikanischen Eisenbahnunternehmen siehe auch: Cortada, *The Digital Hand. How Computers changed the Work of American Manufacturing, Transportation, and Retail Industries*, S. 242f. und S. 276. Für die Versicherungsbranche zeigt Yates, *Control trough Communication*, die Integration von Papier- und Lochkarten-basierter Informationsverarbeitung.

18 Huber, *Die Anwendung des Lochkartenverfahrens im Warenhaus* siehe auch Pirker, *Büro und Maschine*, S. 92ff.

19 Haigh, *The Chromium-Plated Tabulator*, S. 81f. siehe dazu auch: Cortada, *The Digital Hand. How Computers changed the Work of American Manufacturing, Transportation, and Retail Industries*, S. 258ff. Eine klare Trennung zwischen elektromechanischen Lochkartenmaschinen und digitalen Computern ist schwierig. Elekt-

romechanische und elektronische Rechenanlagen stehen über längere Zeit neben- und miteinander im Einsatz. Siehe dazu: Yates, *Structuring the Information Age*; Neukom, *Early Use of Computers in Swiss Banks*; Haigh, *The Chromium-Plated Tabulator*; Van den Ende und Kemp, *Technological Transformations in History*. Ab Beginn der 1950er Jahren beschafften amerikanische Unternehmen die ersten von kommerziell erhältlichen Computer, meist Univac-Computer des Herstellers Remington-Rand. Siehe dazu unter anderem: Yates, *Structuring the Information Age*, S. 148ff.; Campbell-Kelly und Aspray, *Computer*; Haigh, *The Chromium-Plated Tabulator*; Ceruzzi, *A History of Modern Computing*; Ceruzzi, *Crossing the Divide*.

20 Für ausführliche Diskussion der zeitgenössischen Argumentation für den Einsatz dieser Rechenmaschinen siehe Hausammann, *Der Beginn der Informatisierung im Kanton Zürich*; Haigh, *The Chromium-Plated Tabulator*.

21 Archiv MGB, Sitzung der Verwaltung GMZ, 27. November 1951. Zur Geschichte des französischen Computerherstellers Compagnie des Machines Bull siehe: Ceruzzi, *Crossing the Divide*; Mounier-Kuhn, *Product Policies in Two French Computer Firms*; LeClerc, *From Gamma 2 to Gamm E.T.*. Zur Verbreitung der Maschinen von Bull in der Schweiz siehe: Henger, *Informatik in der Schweiz*, S. 61ff; Neukom, *Early Use of Computers in Swiss Banks*, S. 57f.

22 Archiv MGB, Sitzung der Verwaltung GMZ, 27. November 1951.

Allein die «Einrichtungskosten» liegen bei 18.000 Franken, während sich der Kaufpreis der Anlage auf rund 410.000 Franken belief.[23] Doch diese Kosten schienen angesichts der erwarteten jährlichen Einsparungen von 50.000 bis 90.000 Franken nicht negativ ins Gewicht zu fallen: Schließlich versprach diese Anlage, dass «die nötigen Zahlen bedeutend früher vorliegen» würden.[24]

Doch die Zustimmung der Geschäftsleitung der GMZ für den Abschluss eines Leasingvertrages wäre unter Umständen nicht so groß gewesen, wenn aufgrund des Einsatzes dieser Rechenanlage nicht die Aussicht auf «freigewordenes Personal» bestanden hätte.[25] Personalmangel war seit Beginn der 1950er Jahre in den Rechenschaftsberichten des MGB und der GMZ ein oft besprochenes Thema. Infolge der wirtschaftlichen Konjunkturlage war immer wieder von der Schwierigkeit «fähiges Personal» einzustellen zu lesen: «Die Personalprobleme nehmen im Rahmen der allgemeinen Entwicklung unserer Genossenschaft mehr und mehr eine dominierende Stellung ein [...].»[26] Durch den Einsatz der Lochkartenanlage sollten die Arbeitsabläufe darum nicht nur beschleunigt, sondern auch rationalisiert werden, um so Arbeitsplätze einzusparen. Die Geschäftsleitung der GMZ wusste auch schon, wo das durch den Einsatz der Lochkartenanlage «freigewordene Personal» – man ging von 16 bis 18 Personen aus – eingesetzt werden sollte: In einem neu erstellten Lagerhaus in Winterthur.[27]

Ein Jahr nach Anschaffung der Anlage stellte man befriedigt fest, dass das Bestellwesen aufgrund der Einführung des «Lochkartensystems» stark verbessert worden sei – auch wenn man erst am Anfang stehe.[28] Statt auf dem vierfachen Formular notierten nun die Filialleiter die Bestellungen direkt auf den Lochkarten. In der Betriebszentrale wurden diese handschriftlichen Eintragungen von den Angestellten abgelesen, gelocht und dann maschinell berechnet und sogleich fakturiert. So wurde der Abrechnungsprozess zwischen dem genossenschaftlichen Lager und den Filialen einfacher und der Warenfluss transparenter.[29]

Diese Schilderung deutet es schon an: Die Lochkartenanlage machte die menschliche Arbeitskraft nicht einfach obsolet – im Gegenteil: So erfüllten sich

23 Archiv MGB, Sitzung der Verwaltung GMZ, 27. November 1951. Wie damals üblich, schloss die GMZ einen Leasingvertrag ab: Wie schon die Lochkartenanlagen wurden auch die elektronischen Rechenmaschinen von den Unternehmen meist gemietet. Yates, *Structuring the Information Age*, S. 198ff.; Ceruzzi, *A History of Modern Computing*; Huber, *Die Anwendung des Lochkartenverfahrens im Warenhaus*, S. 91; Scherrer, *Das Hollerithsystem in schweizerischen Großbetrieben*, S. 5.

24 Archiv MGB, Sitzung der Verwaltung GMZ, 27. November 1951.

25 Archiv MGB, Sitzung der Verwaltung GMZ,

27. November 1951. Zum Argument des Personalmangels siehe auch: Hausammann, *Der Beginn der Informatisierung im Kanton Zürich*, S. 16ff.; Yates, *Structuring the Information Age*, S. 150; Haigh, *The Chromium-Plated Tabulator*.

26 Archiv MGB, Rechenschaftsbericht GMZ 1951, S. 6.

27 Archiv MGB, Sitzung der Verwaltung GMZ, 27. November 1951.

28 Archiv MGB, Rechenschaftsbericht MGB 1952, S. 30.

29 Baumann, *Die Selbstbedienung. Entwicklung und heutiger Stand in den Migros-Genossenschaften*, S. 32f.

die Erwartungen in Bezug auf die Einsparung von Angestellten keineswegs so rasch wie erhofft. Im Rechenschaftsbericht der GMZ war die Rede davon, dass «Anfangsschwierigkeiten» bei der «Anpassung des Personals» an das Lochkartensystem bestanden hätten. Diese seien nun aber überwunden, so dass nach dem Bestellwesen auch die «Fakturenabteilung, die Lagerkontrolle und die Verkaufsstatistik [...] umgestellt» werden sollen.[30] Im September 1953, gut zwei Jahre nach Inbetriebnahme der Lochkartenanlage, stellte die Geschäftsleitung der GMZ eine «starke Umlagerung des Personals in die Lochkarten-Abteilung» fest.[31] Nachdem man 1951 noch davon ausgegangen war, dass dank der Lochkartenanlage 16 bis 18 Personen für den Einsatz in einem Lagerhaus zur Verfügung stehen würden, waren bis 1953 12 Mitarbeitende aus verschiedenen Abteilungen neu zur Lochkarten-Abteilung gestoßen, so dass dort nun insgesamt 16 Personen beschäftigt waren. Es hatte also lediglich eine Umlagerung des Personals stattgefunden, jedoch keine Einsparung.[32] Dennoch war man zuversichtlich, dass es sich dabei um «Anlaufspesen» handelte, «die sich wieder normalisieren» würden.[33] Das Ziel der Beschleunigung der Bestellverarbeitung war ja zumindest erreicht, wie im Rechenschaftsbericht der GMZ nachzulesen ist: «Täglich müssen über tausend Rechnungen mit rund 25.000 Fakturenzeilen verarbeitet werden, was manuell kaum mehr zu bewältigen wäre. Der Computer erledigt diese Arbeit erstaunlich rasch. Sein Druckwerk schreibt tausend Zeilen in der Minute, er multipliziert in einer Zwanzigstelsekunde oder addiert in einer Tausendstelsekunde.»[34] Die Lochkartenmaschinen bewährten sich also bei den Genossenschaften als rasche und effiziente Verarbeiter der massenhaft anfallenden Bestellmengen: Sie synchronisierten in den rückwärtigen Abteilungen des Unternehmens wie dem Bestellwesen die Nachschuborganisation mit der Verkaufsfront, die immer schneller immer mehr Waren absetzte. Sie waren dafür besorgt, dass die «Verkaufs- und Verteilmaschine» namens Supermarkt nicht ins Stottern geriet.[35]

Obwohl das Ziel der Personaleinsparung durch den Einsatz der Lochkartenanlage bei der GMZ nicht erreicht wurde, setzte auch der MGB in den 1950er Jahren solche Rechenmaschinen ein. Wann die ersten dieser Lochkartenmaschinen beim MGB zum Einsatz kamen, ist quellenmäßig kaum zu belegen. In einem Brief der Geschäftsführung des MGB vom November 1957 ist die Rede von

---

30 Archiv MGB, Rechenschaftsbericht MGB 1952, S. 30.
31 Archiv MGB, Sitzung der Verwaltung GMZ, 21. September 1953.
32 Auch Hausammann, *Der Beginn der Informatisierung im Kanton Zürich* weist anschaulich auf die aufwändige Bedienung dieser Anlagen hin; ob die genannten finanziellen Einsparungen erreicht wurden, darüber geben die mir

zur Verfügung stehenden Quellen keine Auskunft.
33 Archiv MGB, Sitzung der Verwaltung GMZ, 21. September 1953.
34 Archiv MGB, Rechenschaftsbericht GMZ 1965, S. 8.
35 Siehe zu diesem Begriff: Archiv MGB, G 28, Bericht «Modern Merchandising Methods», USA-Reise 1961, S. 23.

«schon seit längerer Zeit [eingeführten] modernsten Lochkartenmaschinen in unsern Bürobetrieben».[36] Anders als die GMZ zu Beginn der 1950er Jahre, schätzte der MGB das Rationalisierungspotenzial dieser Anlage jedoch als klein ein: «Ihrer Anwendung [der Lochkartenmaschinen, KG] sind aber, wie wir erfahren mussten, in unserm Betrieb [...] ziemlich enge Grenzen gesetzt.»[37] Dennoch berichtete 1961 der Rechenschaftsbericht des MGB von der Einrichtung eines sogenannten «Lochkartendienstes» und zwei Jahre später wurde die Beschaffung der «ersten elektronischen Datenverarbeitungsmaschine» beim MGB vermeldet.[38]

Auch wenn die Quellenlage in Bezug auf die Beschaffung von Lochkartenmaschinen beim MGB und den Genossenschaften lückenhaft ist, lässt sich Folgendes festhalten: Zu Beginn der 1960er Jahre verfügten sowohl der MGB wie auch die GMZ als Vertreterin der Genossenschaften über Geräte der elektromechanischen und elektronischen Datenverarbeitung. Der Einsatz dieser Rechenmaschinen folgte beim MGB der gleichen Rationalisierungslogik wie bei der GMZ: Im Zentrum stand die Beschleunigung der betrieblichen Abläufe in erster Linie durch das Ersetzen menschlicher Arbeit durch Maschinen.[39] Dies bedeutete jedoch nicht, dass aufgrund des Einsatzes dieser Rechenmaschinen weniger Angestellte benötigt wurden – im Gegenteil: Wie das Beispiel der GMZ zeigt, waren zur Bedienung dieser Anlagen zahlreiche Personen notwendig. Dennoch richtete der MGB parallel zum Kauf der ersten elektronischen Datenverarbeitungsanlage keine neue Abteilung ein: Der Betrieb der Rechenmaschine wurde der bestehenden Organisations-Abteilung angegliedert.[40] Diese organisatorische Zuordnung war alles andere als ein Zufall: In seiner Studie zur Rezeption und Einführung amerikanischer Betriebsführungskonzepte wie *scientific management* in der Schweiz zu Beginn des 19. Jahrhunderts bezeichnet Rudolf Jaun die neu geschaffenen Organisations-Abteilungen als «Keimzelle[n] der Taylorisierung».[41] Diese Einpassung der Datenverarbeitungstechnik in Strukturen des *scientific*

36 Archiv MGB, G 185, Brief des Migros-Genossenschafts-Bundes an die Zürcher Handelskammer zu deren Automations-Umfrage, 27. November 1957, S. 4.

37 Archiv MGB, G 185, Brief der geschäftsführenden Verwaltung des MGB an die Zürcher Handelskammer zu deren Automations-Umfrage, 27. November 1957, S. 4.

38 Mit Compagnie des Machines Bull, dem schon erwähnten französischen Lochkartenhersteller, kam beim MGB der gleiche Lieferant wie schon bei der GMZ zum Zuge. Der MGB mietete ein Modell Gamma 30; zu diesem Modell siehe Kunz, *Gamma 30*. Archiv MGB, Rechenschaftsbericht MGB 1962, S. 45; G 185, Geschichte der Migros, S. 8.

39 Archiv MGB, Rechenschaftsbericht MGB 1963, S. 30.

40 Die Beschaffung eines Computers war nicht gleichbedeutend mit der Schaffung von stabilen organisatorischen Strukturen, die oftmals mit einer schriftlichen Dokumentation der Tätigkeiten einhergehen. Dieser Umstand hatte für die historische Arbeit entscheidende Konsequenzen: Die Quellenlage ist oft lückenhaft.

41 So war das «Organisationsbüro» beim Schuhhersteller Bally in den 1910er Jahren entscheidend mit der Abstimmung des Akkord- und Lohnwesens beauftragt, wobei auch eine Hollerithmaschine zum Einsatz kam. Später wurde diese Abteilung abgeschafft und erst wieder

managements zeigt, dass auch bei der Migros die elektromechanischen wie die elektronischen Rechenmaschinen in den Augen der Verantwortlichen sich nahtlos an die schon seit langer Zeit zur Rationalisierung der administrativen Aufgaben eingesetzten Büromaschinen anschlossen.[42] Wie zuvor Schreibmaschinen, Duplikatoren und Aktenschränke trugen auch die Rechenmaschinen der 1950er Jahre dazu bei, die massenhaft anfallenden Daten zu bewältigen – ob diese Daten nun Bestellungen von Sardinenkonserven oder Versicherungspolicen waren, spielte keine Rolle, denn diese Rechenmaschinen waren universell einsetzbar, solange die zu verarbeitenden Daten formalisiert und standardisiert waren:[43] Zugespitzt formuliert, heißt das: Der Einsatz dieser ersten elektromechanischen Rechenmaschinen zeichnete sich durch Kontinuität hinsichtlich der Organisation der Betriebsabläufe aus. Die bestehenden Bestellvorgänge wurden weitgehend unverändert auf die Lochkartenmaschinen übertragen. Auch als die von den ersten elektronischen Geräten, den ersten Computern, abgelöst wurden, veränderte sich die Arbeitsorganisation im Kern nicht.[44]

Ersatz von Arbeitskräften

Die bisherige Wahrnehmung und der Einsatz der elektronischen Rechner als Mittel zur Rationalisierung im Sinne einer Beschleunigung betrieblicher Abläufe veränderten sich zu Beginn der 1960er Jahre. Das Argument der betrieblichen Beschleunigung verlor an Gewicht, während die Einsparung von Arbeitskräften an Bedeutung gewann. Einen Hinweis auf diese Verschiebung in der Diskussion um den Einsatz elektronischer Datenverarbeitung findet sich im Rechenschaftsbericht des MGB von 1962: Die neue elektronische Rechenanlage sollte unter anderem dazu beitragen, dem spürbaren Personalmangel im Bereich der Administration zu begegnen.[45] Obschon der wirtschaftliche Aufschwung

in den 1950er Jahren im Zusammenhang mit der elektronischen Datenverarbeitung eingerichtet. Jaun, *Management und Arbeiterschaft*, S. 217. Zum Zusammenhang zwischen Taylorismus, *scientific management* und dem Einsatz von Lochkartenmaschinen siehe: De Wit, *The Emergence of a New Regime*; Heintz, *Das Fließband im Kopf* sowie zeitgenössisch Pirker, *Büro und Maschine*.

42 Yates, *Control through Communication*, S. 39ff.; Heintz, *Das Fließband im Kopf*, S. 143ff.; Cortada, *Before the Computer*; Haigh, *The Chromium-Plated Tabulator*; Campbell-Kelly und Aspray, *Computer*; Cortada, *The Computer in the United States*.

43 Archiv MGB, Sitzung der Verwaltung GMZ, 27. November 1951. Zur Universalität des Computers siehe Heintz, *Das Fließband im*

Kopf, S. 128 und S. 145; Ceruzzi, *A History of Modern Computing*.

44 Yates, *Structuring the Information Age*, S. 255; Haigh, *The Chromium-Plated Tabulator*, S. 81ff. Zu den Veränderungen, die der Einsatz von Rechenmaschinen in Unternehmen bewirken konnte, siehe: Hausammann, *Der Beginn der Informatisierung im Kanton Zürich*; De Wit, *The Emergence of a New Regime*. Insbesondere die Veränderung der Geschlechterordnung ist gut untersucht, siehe unter anderem: Wootton und Kemmerer, *The Emergence of Mechanical Accounting in the U.S., 1880–1930*; Light, *When Computers Were Women*; Rotella, *The Transformation of the American Office*.

45 Archiv MGB, Rechenschaftsbericht MGB 1962, S. 45.

bereits seit Ende des Zweiten Weltkrieges die Arbeitskräfte in der Schweiz knapp werden ließ, wurde dieser Mangel erst seit Beginn der 1960er Jahren im schweizerischen Einzelhandel als drängendes Problem empfunden.[46]

1961 reiste eine Delegation von Genossenschaftsleitern zu Studienzwecken in die USA, die als fortschrittlichstes westliches Land galt.[47] Der ausführliche Reisebericht zeugte davon, wie in den USA der zunehmenden Verknappung der menschlichen Arbeitskraft sowie der damit einhergehenden Verteuerung begegnet wurde: mit dem Ersatz des Menschen durch Maschinen, durch Automation.[48] Automation kann als das Schlagwort der 1960er Jahre bezeichnet werden; die zeitgenössische Literatur zu diesem Thema ist entsprechend umfangreich.[49] Der Begriff wurde oftmals in breitem Sinne verstanden. Im Vordergrund stand zumeist die von Wirtschaftsexponenten als positiv dargestellte Automatisierung menschlicher Arbeit. Auf der Gewinnseite wurden in diesem Argumentationsstrang nicht nur schnellere betriebliche Abläufe sowie geringere Kosten vorgebracht, sondern auch eine Befreiung des Menschen von Routinearbeiten, wodurch dieser Kapazitäten für anspruchsvollere Aufgaben (zurück-)gewinne.[50]

Die Kehrseite der Medaille fand ihren Ausdruck in der Angst vieler Angestellter vor Entlassungen.[51] Die Frage, wie solche Massenentlassungen verhindert und wie die Automatisierung die Gesellschaft grundsätzlich verändert, wurde

---

46 Mahler, *Personalknappheit im Handel*, S. 51 sowie die Rechenschaftsberichte der GMZ und des MGB zu Beginn der 1960er Jahre. Zur wirtschaftlichen Situation in der Schweiz in den 1960er Jahren siehe: Kleinewefers, Pfister und Gruber, *Die schweizerische Volkswirtschaft*; Siegenthaler, *Die Schweiz 1914–1984*.

47 Die Literatur zum Thema Amerikanisierung und der Beziehung europäischer Länder zu den USA in der zweiten Hälfte des 20. Jahrhunderts ist umfangreich; siehe unter anderem: Linke und Tanner, *Attraktion und Abwehr*; Booth, *The Management of Technical Change*; Schröter, *«Nicht kopieren, sondern kapieren!»*.

48 Archiv MGB, G 28 Bericht «Modern Merchandising Methods», USA-Reise 1961, S. 1. Eine weitere Konsequenz des Personalmangels war auch in der Migros die zunehmende Professionalisierung des Personalwesens ab Ende der 1950er Jahre sowie substanzielle Lohnerhöhungen und Beteilungsprogramme. Siehe dazu: Termeer, *Migros – Rationelle Warenvermittlung in der Schweiz*, S. 35; Archiv MGB, Sitzung der Verwaltung GMZ, 16. Juni 1969, S. 4 sowie das von Pierre Arnold initiierte Betriebsbeteiligungsprogramm «M-Partizipation». Siehe dazu: Rechenschaftsbericht MGB 1970, S. 9f und 1971, S. 10 sowie Häsler, *Das Abenteuer Migros*, S. 268ff.

49 Zur zeitgenössischen Diskussion siehe beispielsweise: Diebold, *Automation*; Drucker, *The Practice of Management*; Gerteis, *Automation*. Für den Einzelhandel siehe: Basten, Gassmann, Güttinger, Hautle, Weinhold und Wulkan, *Organisation und Automation im Handel*. Für historische Studien zur Automation siehe unter anderem: Heintz, *Das Fließband im Kopf*, S. 119ff.; De Wit, *The Shaping of Automation*; Zetti, *Personal und Computer*, S. 8ff.; Hürlimann, *Die Eisenbahn der Zukunft*, S. 37ff.

50 Siehe dazu exemplarisch für den Einzelhandel: Soz Arch, VHTL 09B-0002, Interview für Du und Ich: Unser Gesprächspartner: Herr. H. Stiefelmeier, Generaldirektor, Jelmoli S. A. Zürich In: Du & Ich im Verkauf und Handel. Diskussions- und Fachblatt für das Verkaufspersonal der Kantone Zürich und Schaffhausen. Herausgegeben vom VHTL Zürich, S. 2.

51 Für die Diskussion um die Konsequenzen der technischen Entwicklung auf die Beschäftigten in den USA und Großbritannien siehe: Bix, *Inventing Ourselves out of Jobs?* und Booth, *The Management of Technical Change*. Exemplarisch für die zeitgenössische Diskussion ist dieser Artikel im Times Magazin: *Automation Speeds Recovery, Boosts Productivity, Pares Jobs.*

ebenfalls von zahlreichen Autoren diskutiert: Jean Fourastié und Daniel Bell seien hier stellvertretend für viele andere genannt.[52]

Unter dem Schlagwort der Automation wurde in den 1960er Jahren auch die elektronische Datenverarbeitung diskutiert: Computer sollten zur Automation der Datenverarbeitung beitragen, indem sie den Anteil der menschlichen Arbeit mechanisieren.[53] Diese Einordnung der elektronischen Datenverarbeitung in die Diskussion um Automation war insofern nicht erstaunlich, als Technik in den 1960er Jahren zunehmend als politisches Leitmedium wahrgenommen wird. Es bestand die verbreitete Erwartung, dass ingenieur- und naturwissenschaftliche Forschung in selbstverständlicher Weise diejenigen Technologien zur Bewältigung der Zukunft bereitstellten, die nötig seien. Technischer Fortschritt wurde gleichsam als Motor der Geschichte verstanden.[54] Im Zentrum dieser technikeuphorischen Diskussionen stand neben der Atomtechnologie auch insbesondere die elektronische Datenverarbeitung.[55]

Auch der Einzelhandel brachte dem Thema der Automation erhöhte Aufmerksamkeit entgegen.[56] Prominente Exponenten des Einzelhandels wie Karl Henksmeier, der Geschäftsführer des Kölner Instituts für Selbstbedienung, vertraten die Auffassung, die Selbstbedienung habe einer zunehmenden Technisierung des Handels die Türe geöffnet.[57] Dieser Weg müsse – immer mit dem Vorbild der USA vor Augen – konsequent weiterverfolgt werden, um der im Kontext des Kalten Krieges besonders relevanten Formel «Massenprosperität = Massenproduktion + Massendistribution» weiterhin Vorschub zu leisten.[58] Die Debatte

---

52 Fourastié, *Le grand espoir du XXe siècle*; Fourastié, *Wandlungen der Beschäftigtenstruktur in Europa*; Bell, *The Coming of Post-Industrial Society*; Schelsky, *Die sozialen Folgen der Automatisierung*.

53 Zum Verhältnis von Automation und rechnergestützter Technik siehe unter anderem: Pirker, *Büro und Maschine*; Kristensson, *Vorwort*, S. 9 sowie das zeitgenössisch weit verbreitete Buch von Berkeley, *Die Computer-Revolution*. Zetti, *Personal und Computer* geht am Beispiel der Schweizer PTT-Betriebe explizit auf den Zusammenhang von Personalmangel und dem Einsatz von elektronischer Datenverarbeitung ein.

54 Für diese zeitgenössische Technikeuphorie ist Gerteis, *Automation*, S. 69f. exemplarisch.

55 Zur Debatte um die Atomtechnologie in der Schweiz siehe: Wildi, *Der Traum vom eigenen Reaktor*; Kupper, *Atomenergie und gespaltene Gesellschaft*.

56 Archiv MGB, G 185, Brief MGB an die Zürcher Handelskammer zu deren Automations-Umfrage, 27. November 1957.

57 Diese Technisierung bezog sich nicht allein auf die Datenverarbeitung, sondern unter anderem auch auf Ladeneinrichtung (z. B. Kühlanlagen, Rolltreppen, Kassen) wie auch die Lagerhäuser (z. B. Hubstapler, Fließbänder). Siehe dazu: *Selbstbedienung in Europa*; Godel, *Rationalisierung im Einzelhandel*, S. 78ff.

58 Zur Gleichsetzung einer effizienten Massendistribution mit einer breiten wirtschaftlichen Prosperität, siehe: Ashelman, Effer, Groß, Kaeslin, *Sortiment am Kreuzweg?*, S. 7. Siehe dazu auch: Archiv MGB, G 28 Bericht «Modern Merchandising Methods», USA-Reise 1961, S. 16 sowie Rentsch, *Die Arbeitsorganisation im Supermarkt*, S. 18. De Grazia, *Irresistible Empire* und Scarpellini, *Shopping American-Style* zeigen den engen Zusammenhang zwischen der (amerikanischen) Abwehrpolitik gegen den Kommunismus und der Sicherstellung einer effizienten Distributionsorganisation auf. Für den schweizerischen Kontext siehe: Brändli, *Der Supermarkt im Kopf*; Tanner, *Lebensstandard, Konsumkultur und American Way of Life seit 1945*.

um die Automatisierung immer weiterer Bereiche des Wirtschaftslebens führte
auch im Einzelhandel zu einer neuen Zielvorgabe der unternehmerischen Rationalisierungsanstrengungen: Nicht mehr allein die Beschleunigung der betrieblichen Abläufe stand fortan im Zentrum der Aufmerksamkeit, sondern die Bewältigung des gleichen (oder wachsenden) Umsatzes mit gleichen Mitteln, wozu
auch die Mitarbeitenden zu zählen waren.[59] Möglich machen sollte diese Produktivitätssteigerung technischer Fortschritt im Allgemeinen und die elektronische Datenverarbeitungstechnik im Besonderen.

Nicht zuletzt aufgrund des engen Kontakts zum amerikanischen Einzelhandel
nahm die Migros diese Ideen rasch auf: 1964 organisierte die Migros-Stiftung
«Im Grüene» eine Handelstagung unter dem Titel: «Personalknappheit und Automation im Handel».[60] Analog zur zeitgenössischen Diskussion in anderen
Wirtschaftsbereichen wurde die Automatisierung der Datenverarbeitung im
Einzelhandel diskutiert. Die elektronische Datenverarbeitung wurde dabei als
erprobte Lösung für die Herausforderungen des Einzelhandels, insbesondere die
Verwaltung des rasch wachsenden und wechselnden Sortiments, also zur im ersten Teil dieser Studie dargestellten Verwaltung von Masse und Diversität, propagiert.[61] Dabei hatte sich die Prämisse, dass Computer zur raschen Verarbeitung
der massenhaft anfallenden Daten einzusetzen waren, zu diesem Zeitpunkt auch
im Einzelhandel allgemein durchgesetzt und wurde kaum mehr ernsthaft in
Frage gestellt.[62]

Ich zeige im Folgenden, dass in der Diskussion mit Hilfe der Computertechnik zunehmend weiterführende Versprechungen formuliert wurden: nämlich
die Herstellung betrieblicher Übersicht und vollständiger Kontrolle des Unternehmens durch den Einsatz elektronischer Datenverarbeitung.

---

59 von Hahn, *Von der Rationalisierung zur Produktivität*; Waring, *Taylorism Transformed*. Für die
   Schweiz siehe: Tanner, *Fabrikmahlzeit*, S. 38ff.;
   Jaun, *Management und Arbeiterschaft*, S. 73.
60 Brüschweiler, *Personalknappheit und Automation
   im Handel*. An dieser Tagung hielt auch der bekannte Ökonom Jean Fourastié, der in den
   1950er und 1960er Jahren neben der Drei-
   Sektoren-Theorie die Vorstellung von der
   kommenden Dienstleistungsgesellschaft geprägt hatte, einen Vortrag über die Veränderung der Beschäftigtenstruktur in Europa.
   Fourastié, *Wandlungen der Beschäftigtenstruktur
   in Europa*.
   Die Stiftung «Im Grüene» gründeten Adele
   und Gottlieb Duttweiler 1946, zum gleichen
   Zeitpunkt, als sie ihren privaten Park in

Rüschlikon der Bevölkerung zugänglich
machten. Geplant wurde an diesem Ort auch
die Einrichtung eines Forschungsinstituts, das
1963 als Gottlieb-Duttweiler-Institut eröffnet
wurde. Bis heute finden dort regelmäßig
sogenannte Handelstagungen statt, an denen
renommierte Personen aus Wissenschaft und
Wirtschaft aktuelle Themen des Handels diskutieren. Häsler, *Das Abenteuer Migros*, S. 251ff.
61 Ewing und Murphy, *Impact of Automation on
   United States Retail Food Distribution*; Kwo, *The
   Potential for Office Automation in Department
   Stores*; Sanders, *Experiences of Small Retailers
   with Electronic Data processing*.
62 Archiv MGB, Rechenschaftsbericht GMZ
   1965, S. 8.

Computer als Instrumente der Unternehmensführung

Mit ihrer zunehmenden Leistungsfähigkeit veränderte sich seit Beginn der 1960er Jahre der Einsatzbereich der Computer – zumindest auf diskursiver Ebene: Nicht mehr allein für die Verarbeitung von Daten, sondern für die Bereitstellung von entscheidungsrelevanten Informationen zuhanden der Unternehmensführung sollten die tonnenschweren Rechenanlagen dienen.[63] 1961 wurde an einer Tagung die «Schicksalsfrage des Handels» – so der Untertitel der von der Migros-Stiftung «Im Grüene» organisierten Veranstaltung –, die Verwaltung des Sortiments sowie die Optimierung der Lagerhaltung, unter diesen neuen Vorzeichen diskutiert:[64] Der bloßen Substitution bisher von Menschen verrichteter Arbeit durch Computer wurde eine klare Absage erteilt.[65] Ein Vertreter von IBM deklarierte den Computer gar zum Instrument der Unternehmensführung: «Das Ziel der elektronischen Verfahren ist [...] Hilfsmittel zu sein für bessere Betriebsführung. [...] die elektronischen Geräte [werden] die Reaktionsfähigkeit der Leitung beschleunigen und verbessern.»[66] In den Augen des IBM-Vertreters stellten die Computer also insofern einen Mehrwert dar, als sie die Unternehmensleitung aufgrund der ihnen zur Verfügung stehenden Information zu einer wie auch immer gearteten besseren Unternehmensführung befähigten: Die Diskussion um die elektronische Datenverarbeitung drehte sich nun nicht mehr um eine rationelle Art der Datenverarbeitung, sondern um die Bereitstellung von Informationen zuhanden der Unternehmensleitung.

Drei Jahre später, an der schon erwähnten Tagung über «Personalknappheit und Automation» im Jahr 1964, vertrat bereits ein stark erweiterter Referentenkreis das Argument, Computer seien Instrumente der Unternehmensführung.

---

63 Zur Bedeutungsveränderung des Konzepts «Information» im Zusammenhang mit dem Einsatz elektronischer Datenverarbeitung siehe: Haigh, *How the Computer Became Information Technology* sowie ferner Godin, *The Information Economy*; Downey, *Constructing «Computer-Compatible» Stenographers*; Kline, *Cybernetics, Management Science, and Technology Policy*. Zur vor allem amerikanisch geprägten Diskussion um den Einsatz der Computertechnik in Bereichen des Managements siehe unter anderem: Hurd, *Computing in Management Science*; Coleman, *Computers as Tools in Management*; Leavitt und Whisler, *Management in the 1980's*. Siehe dazu ausführlich: Haigh, *Inventing Information Systems*.

64 Der vollständige Titel der Tagung von 1964 lautet: Sortiment am Kreuzweg? Eine Schicksalsfrage des Handels. Die Beiträge an der Ta-

gung liegen publiziert vor: Ashelman, Effer, Groß, Kaeslin, Pirmez und Seyffert, *Sortiment am Kreuzweg?*

65 So sah beispielsweise auch Elsa Gasser in den Automatenläden, die in den 1960er Jahren auch in der Schweiz diskutiert und erprobt wurden, keine verheißungsvolle Möglichkeit zur weiteren Rationalisierung des Einzelhandels. Gasser, *Was kommt nach der Selbstbedienung?*. Zur zeitgenössischen Diskussion um Automaten- und sogenannte Lochkartenläden siehe: *Der erste Lochkarten-Laden, Lochkarten-Laden in Paris, Bewährt sich Englands erster Lochkarten-Laden, Lochkarten-Laden*. Vonplon, *Der automatisierte Supermarkt* beschreibt den (gescheiterten) Versuch des VSK mit einem Prototyp eines Automatenladens.

66 Kaeslin, *Elektronische Verfahren für die Sortimentskontrolle*, S. 71.

Man kann von einer regelrechten Allianz von Unternehmensberatern und Herstellern von Rechen- und Kassenanlagen sprechen, die den Einzelhändlern mittels des Computereinsatzes einen wettbewerbsentscheidenden Gewinn an Steuerungs- und Kontrollmöglichkeiten versprechen.[67] Sie machten eine langfristige Unternehmensplanung und die damit erreichte betriebliche Übersicht zur neuen Zielvorgabe des Einsatzes rechnergestützter Technik. Anknüpfungspunkt blieb dabei das für den Einzelhandel entscheidende optimale Zusammenspiel von Sortimentsgestaltung, Bestellwesen und Lagerverwaltung.[68] Eine solches, argumentierte der Vertreter des Kassenherstellers NCR in seinem Tagungsreferat, sei eben nicht – wie bisher in den meisten Einzelhandelsunternehmen praktiziert – lediglich mit dem Einsatz elektronischer Datenverarbeitung im administrativen Bereich zu erreichen.[69] So würden zwar beispielsweise die Bestellungen rascher verarbeitet, der entscheidende Mehrwert der Rechner, nämlich eine «Verfeinerung [...] der Informations- und Entscheidungsgrundlagen», bliebe aber ungenutzt.[70] Auch die provokative Frage von Hans H. Mahler, Präsident der Generaldirektion Magazine zum Globus, an die Runde der anwesenden Einzelhändler, zielte in diese Richtung: «Mit welchen Unterlagen führen wir eigentlich unsere Unternehmen? [...] Kennen wir unsere Kostenstruktur, den Aufwand pro Artikel? Gewiss kennen wir den Umsatz, die Salärprozente, die Durchschnittskalkulation einer Abteilung, den Lagerumschlag pro Warengruppe, aber viel mehr – und das darf wohl jeder Händler ehrlich zugeben – wissen wir nicht.»[71]

So düster diese (Selbst-)Diagnose war, so kühn war die von Vertretern der Computerhersteller präsentierte Lösung: Ein umfassendes, alle Bereiche eines Einzelhandelsunternehmens integrierendes rechnergestütztes System. In seinem Referat nannte der Generaldirektor der IBM Schweiz denjenigen Begriff, unter welchem diese von kybernetischen Vorstellungen inspirierte Vision vor allem in den USA schon seit Beginn der 1960er Jahre heiß diskutiert wurde: *management information system*.[72]

Warum erschienen computerbasierte Informationssysteme in den 1960er Jahren als Lösung für die nun wahrgenommene Wissenslücke? Der IBM-Generaldirektor formulierte es so: «[E]ntscheidendes Merkmal eines *management informa-*

---

67 Siehe dazu exemplarisch den Vortrag des Verkaufsdirektors der NCR Schweiz Brüschweiler, *Die Automation an der Verkaufsfront*; des McKinsey-Beraters Hertz, *Elektronik in der Unternehmensführung* sowie des Generaldirektors der IBM Schweiz Lüthy, *Automation in der Lagerbewirtschaftung*. Zum Konzept der Allianz siehe: Latour, *Science in Action*.

68 Weinhold-Stünzi, *Möglichkeiten und Grenzen der Automation im Handel*, S. 102.

69 Brüschweiler, *Die Automation an der Verkaufsfront*, S. 133f.

70 Brüschweiler, *Die Automation an der Verkaufsfront*, S. 133. Auch der britische Computerhistoriker Martin Campbell-Kelly teilt diese zeitgenössische Einschätzung: Campbell-Kelly und Aspray, *Computer*, S. 141.

71 Mahler, *Personalknappheit im Handel*, S. 60. Auch der amerikanische Migros-Berater William Applebaum teilte diese Einschätzung: *Tendenzen im amerikanischen Handel*, S. 59.

72 Lüthy, *Automation in der Lagerbewirtschaftung*; Haigh, *Inventing Information Systems*.

tion, systems ist die unmittelbare Verfügbarkeit von Informationen, die das Betriebsgeschehen möglichst genau und zeitgerecht widerspiegeln und eine einwandfreie Basis für optimale Entscheide bieten. Die technischen Anforderungen, die daher an ein Computersystem gestellt werden, bestehen vor allem in der raschen Zuführung und Verarbeitung der Informationen über die einzelnen Geschäftsvorgänge, deren laufender Verbuchung nach allen einschlägigen Gesichtspunkten und einer direkten Weiterleitung der daraus resultierenden Informationen an die interessierten Betriebsstellen.»[73] Diese Ausführungen ließen keinen Zweifel daran, dass für solche Aufgaben entsprechend leistungsfähige Rechneranlagen benötigt wurden: Nicht ganz zufällig wies darum der IBM-Generaldirektor gleich zu Beginn seines Vortrages darauf hin, dass die IBM eben solche «Hochleistungsanlagen» auf den Markt gebracht hatte: Das System/360, das 1964 lanciert wurde – im gleichen Jahr wie die erwähnte Handelstagung.[74]

Im Vortrag des Verkaufsdirektors der NCR Schweiz hieß diese kühne Computervision etwas prosaischer «Gesamt-System-Konzept»; der das ganze Unternehmen umfassende Charakter dieses anzustrebenden Computersystems blieb sich jedoch gleich: «[...] der Daten- und Informationsfluss [muss] die Verkaufsfront, die Verwaltung und die Lagerbewirtschaftung umfassen».[75] Die solchermaßen gewonnenen «übersichtliche[n] Unterlagen, [sollen] eine genaue Kontrolle der Verkäufe, Lagerbewegungen, Bestellungen, des Finanzbedarfs und der Verkaufskosten ermöglichen, damit wir Problembereiche rechtzeitig erkennen und sie wirksam in Angriff nehmen können.»[76]

Diese beiden Referate machten deutlich: Die Computer waren nicht länger bloße «number crunchers», sie waren zu Instrumenten des Managements in den Händen der Unternehmensführung geworden.[77] Dies bedeutete jedoch keineswegs, dass die elektronischen Rechenmaschinen der 1960er Jahre diese Tätigkeiten tatsächlich ausführen konnten; vielmehr gaben sie ein Versprechen ab: Die Hersteller der Geräte versprachen den Käufern, dass sich mittels dieser Maschinen Kontrolle, Transparenz und Übersichtlichkeit herstellen lasse, was letztlich eine bessere, weil wissenschaftliche Unternehmensführung ermögliche.[78] Mittels Computer wurden also Versprechen auf die Zukunft formuliert.[79] Dadurch, dass der Computer der Unternehmensführung einen rascheren Überblick über die

73 Lüthy, *Automation in der Lagerbewirtschaftung*, S. 157.

74 Lüthy, *Automation in der Lagerbewirtschaftung*, S. 156. Zum System/360 von IBM siehe unter anderem: Ceruzzi, *A History of Modern Computing*, S. 143ff.

75 Brüschweiler, *Die Automation an der Verkaufsfront*, S. 134.

76 Brüschweiler, *Die Automation an der Verkaufsfront*, S. 136.

77 Siehe dazu grundlegend Haigh, *Inventing Information Systems* sowie Wren, *The Evolution of Management Thought*, S. 469.

78 Zu diesem Argument siehe grundlegend: Beniger, *The Control Revolution*.

79 Zum Computer als ewiges Versprechen auf eine bessere Zukunft siehe: Pias, *Zukünfte des Computers*.

aktuellen Geschäftsentwicklungen sowie mittels Simulationen sogar einen Blick
in die Zukunft erlaubte, werde deren Entscheidungsspielräume (wieder) größer.
In der als zunehmend komplexer und kompetitiver empfundenen Wirtschaft der
1960er Jahre wurde dies von den Unternehmen als (wettbewerbs-)entscheiden-
der Vorteil angesehen.[80]

Es gab jedoch auch kritische Stimmen. Hans H. Mahler blieb trotz seiner
schonungslosen Analyse des betrieblichen Informationsstandes im Einzelhandel
gegenüber den Computern als universales Problemlösungsinstrument skeptisch.
Er merkte in seinem Referat an, «dass die Elektronik an sich das Problem, vor
dem wir stehen, noch lange nicht löst, sie schafft nur neue Möglichkeiten.»[81] Er
sah in der elektronischen Datenverarbeitung also keine unmittelbare Lösung für
die Probleme des Einzelhandels. Er sprach aber den entscheidenden Punkt an,
der die Computer für die Unternehmensführung so attraktiv machte: Es waren
die neuen Möglichkeiten, die diese Technik versprach.

Ob die Computer diese Versprechungen einzulösen vermochten, wird im
nächsten Teil der Studie zu untersuchen sein. Zunächst geht es darum, zu untersuchen, worin die neuen Möglichkeiten bestanden, welche die Computer den
Unternehmensleitungen eröffneten.

Eine der Computertechnik angepasste Unternehmensführung

Eng verbunden mit der veränderten Zielsetzung des Computereinsatzes war eine
aus den USA stammende, neue Vorstellung von Unternehmensführung: *Management by exception* hieß dieses Konzept.[82] Die Kernidee bestand darin, dass Entscheidungen jeweils auf der tiefstmöglichen Hierarchiestufe getroffen werden.
Dies setzte voraus, dass zuvor von der Unternehmensleitung Toleranzbereiche
festgelegt wurden, bei deren Über- oder Unterschreitung die nächst höhere
Hierarchiestufe eingeschaltet werden muss.[83] Gegenstand solcher Normbe-
reiche konnten Bestellmengen oder Umsatzzahlen sein.[84] Ziel dieser expliziten
Kompetenzregelung war die Reduktion von Komplexität.[85] Die Unternehmensführung sollte sich «wieder den langfristigen Aufgaben der Weiterentwick-
lung der Unternehmung» widmen und sich nur mit denjenigen Problemen befassen, die nicht auf unteren Hierarchiestufen gelöst werden konnten.[86] Hier

80 Krieter, *Elektronische Datenverarbeitung im Le-*
    bensmittelhandel, S. 111.
81 Mahler, *Personalknappheit im Handel*, S. 60f.
82 Von Briel, *Management by Exception*.
83 Hackenschuh, *«Management by Exception» in*
    kybernetischer Sicht, S. 12ff.
84 Als besonders geeignete Anwendungsgebiete
    für «Management by exception» wurden oft-
    mals das Rechnungswesen sowie die Lager-

    haltung genannt. Von Briel, *Management by*
    Exception, S. 157 und S. 159.
85 Hackenschuh, *«Management by Exception» in*
    kybernetischer Sicht, S. 10. Ein zeitgenössisches
    Handbuch führte dieses Versprechen gleich im
    Titel: «Systematizing and simplifying the ma-
    nagerial job»; Bittel, *Management by Exception*.
86 Von Briel, *Management by Exception*, hier
    S. 153.

klingt wieder die Idee von der Befreiung des Menschen durch Rechenmaschinen an.

Die Attraktivität dieses Managementkonzepts bestand darin, dass es sich sowohl auf den betrieblichen Kontext als auch auf die Logik von Computern anwenden ließ:[87] Ereignisse, die im definierten Normalbereich lagen, wurden selbsttätig vom Computer bearbeitet. Lediglich Planabweichungen erforderten das Eingreifen des Menschen. In diesem Sinne ordnete sich dieses Managementkonzept in die Debatte um Automation ein. Ein Teil der betrieblichen Abläufe konnte folglich – zumindest im Regelfall – durch Computer gesteuert und kontrolliert werden: Die Tätigkeit der Unternehmensführung wurde gleichsam in eine von Computern verarbeitbare, auf diskretionären Entscheidungen basierende Form gebracht: «Die sich aus der Unternehmungsplanung ergebenden Sollwerte und -mengen lassen sich [...] mit dem im Zeitpunkt ihres Entstehens erfassten und dem Gerät zugeführten effektiven Werten laufend vergleichen. Sobald Abweichungen auftreten, spricht das entsprechend programmierte Gerät sofort automatisch an und meldet den verantwortlichen Stellen Art und Umfang sowie Entstehung der Abweichung. Es kann dadurch eine dem tatsächlichen Geschehen fast unverzüglich folgende Kontrolle ausgeübt werden, wodurch notwendig werdende Korrekturen rasch und darum sehr wirksam vorgenommen werden können.»[88]

Um sich nicht selbst für obsolet zu erkären, blieb selbstverständlich der menschliche Manager unersetzlich, wie Elsa Gasser in einem Fachzeitschriftenartikel formulierte: «Klug gesteuerte, tadellos programmierte Arbeit des Elektronengehirns verbindet sich mit Unternehmerintuition, die glücklicherweise immer noch das letzte Wort hat.»[89]

Aufgrund des permanenten Vergleichs von Soll- und Ist-Werten wurde *management by exception* auch als «kontext-adäquate Management-Technik» bezeichnet.[90] Diese Engführung der Betriebsführung mit kybernetischen Vorstellungen von Regelsystemen und Feedbackschlaufen war in den 1960er Jahren sehr populär. So publizierte der britische Kybernetiker Stafford Beer 1959 einen mehrmals aufgelegten Bestseller mit dem Titel *«Cybernetics and management».*[91] Stafford Beer verstand das Unternehmen als komplexe Organisation, die analog zu den vom Mathematiker Norbert Wiener beschriebenen Feedbackschlaufen gesteuert und kontrolliert werden kann.[92] Unternehmen wurden so zu selbstregulierten Syste-

87 Von Briel, *Management by Exception*; Rettenmaier, *Management by Exception mit EDVA.*
88 Von Briel, *Management by Exception*, S. 160.
89 Gasser, *Was kommt nach der Selbstbedienung?*, S. 26.
90 Kurka, *Unternehmensführung im Wandel der Gesellschaft*, S. 170.
91 Beer, *Cybernetics and Management.*

92 Als Begründer der Kybernetik gilt der amerikanische Mathematiker Norbert Wiener; Galison, *Die Ontologie des Feindes.* Die Managementschriften von Stafford Beer wurden abgesehen von Norbert Wieners Arbeiten vom Neurokybernetiker Warren McCulloch und dem Psychiater Ross Ashby beeinflusst. Pickering, *Cybernetics and the Mangle*; Pias, *Der*

men, die sich dank Rückkoppelungen, welche die inner- und außerhalb des Unternehmens erhobenen und verarbeiteten Informationen wieder ins (Unternehmens-)System einspeisen, sich der stetig verändernden Umwelt anzupassen vermögen. Diese Denkfigur des Unternehmens als komplexes informationsverarbeitendes System war die Basis einer Assimilation von Unternehmen und Computertechnik, die sich in der Vision des alle Unternehmensbereiche umfassenden Management Informations Systems materialisierte. Computer wurden zum entscheidenden Bestandteil des soziotechnischen Systems Unternehmen, in dem «zum Erfüllen betrieblicher Aufgaben oder zum Erreichen vorgegebener Ziele Menschen und Maschinen zusammenarbeiten müssen», wie es ein zeitgenössischer Ökonom formulierte.[93] Das Management Informations System wurde zum «maschinell betriebene[n] Berichtswesen», das einerseits der Kontrolle der von der Unternehmensleitung definierten Zielvorgaben diente und andererseits diese über «das laufende Geschehen» informierte und so die entsprechende Steuerung des Unternehmens ermöglichte.[94]

Die vorzügliche Eignung von elektronischer Datenverarbeitung zur Umsetzung der Prinzipien des *management by exception* bestand aber nicht allein in der digitalen Modellierung von Managementaufgaben, sondern auch in der «willkommene[n] Eigenschaft, dass sie Fakten unverfälscht wiedergeben»; also in der Objektivität ihrer Arbeitsweise.[95] Die elektronische Verarbeitung von Daten wurde somit einerseits zur greifbaren Möglichkeit für Unternehmen, dem Personalmangel zu begegnen und gleichzeitig eine wissenschaftliche, weil auf regelhaften Berechnungen und somit auf objektivierten Informationen beruhende Betriebsführung zu implementieren.[96]

Diese neuen Möglichkeitsräume, welche die rechnergestützte Technik zunächst auf rhetorischer Ebene den Einzelhändlern eröffnete, mussten diese mit konkreten Inhalten füllen. Darum richte ich nun den Blick darauf, wie in der Migros mit dieser neuen Konzeption rechnergestützter Datenverarbeitung umgegangen wurde.

Auftrag. Kybernetik und Revolution in Chile. In der Schweiz hatte Beer's Managementlehre, die sich stark auf die Kybernetik und Systemtheorie bezieht, großen Einfluss: So entwickelte Hans Ulrich in den 1960er Jahren davon inspiriert das sogenannte St. Galler Managementmodell; Ulrich und Krieg, *Das St. Galler Management-Modell.* Hans Ulrich war Mitbegründer des Betriebswirtschaftlichen Instituts an der Universität St. Gallen und Professor. In den 1970er Jahren lernte sein Schüler Fredmund Malik Stafford Beer kennen und baute in den 1970er Jahren das heute bekannte Malik Management Zentrum St. Gallen auf; Zur politischen Dimension der Kybernetik

siehe Pias, *Der Auftrag. Kybernetik und Revolution in Chile*; Gerovitch, *From Newspeak to Cyberspeak.*

93 Hackenschuh, *«Management by Exception» in kybernetischer Sicht*, S. 36.

94 Hackenschuh, *«Management by Exception» in kybernetischer Sicht*, S. 114; Von Briel, *Management by Exception*, S. 153.

95 Von Briel, *Management by Exception*, S. 160.

96 Von Briel, *Management by Exception*, S. 157; Welti, *Automation an der Verkaufsfront*, S. 145; Hertz, *Elektronik in der Unternehmensführung*, S. 177. Zum Zusammenhang zwischen Wissenschaftlichkeit und Regelhaftigkeit siehe: Heintz, *Die Herrschaft der Regel.*

Amerikanische Beobachtungen und schweizerische Bemühungen

Diese neuen Visionen einer rechnergestützten Unternehmensführung erhöhten markant das Interesse an den teuren und bislang nur von Fachleuten bedienbaren Rechenkolossen. Eine zunehmende Zahl von Artikeln in einschlägigen Fachzeitschriften zeugt von einer wachsenden Aufmerksamkeit gegenüber der rechnergestützten Technik auch im Einzelhandel.[97] Dieses Interesse wurde von den Herstellerunternehmen kommerziell nutzbarer Computer aktiv geschürt, indem sie sich intensiv bemühten, ihre kostspieligen Entwicklungen potenziellen Anwendern bekannt zu machen. Sie taten dies auf unterschiedlichste Weise: Zum einen traten sie als Referenten an Tagungen, wie den geschilderten Handelstagungen auf, oder sie luden Firmen zu Studienreisen ein, um in Pionierunternehmen die Computer in der betrieblichen Praxis zu demonstrieren. Beratung und Unterstützung bei der Einführung rechnergestützter Datenverarbeitung gehörten ebenfalls zum umfassenden Servicepaket der Computerunternehmen in diesem zunehmend härter umkämpften Markt.[98] Auch die Zuständigen in der Migros wurden immer wieder von Herstellerfirmen zu Besichtigungen und Seminaren in die USA eingeladen.[99] Im Sommer 1965 bereiste eine 13-köpfige Gruppe von Kadermitarbeitern aus Genossenschaften und MGB das Referenzland USA in Sachen *electronic data processing (EDP)*, wie in den USA der Einsatz elektronischer Datenverarbeitung im unternehmerischen Kontext genannt wird.[100] Sowohl die Größe und Zusammensetzung der Reisegruppe wie auch Dauer und Stationen der 14-tägigen Reise zeigen die Wichtigkeit, die die Mig-

97 Siehe dazu unter anderem: Langtry, *Electronic Data Processing and its Potential for Retailing*; *SB-Lagerabrechnung mit Lochkarten*; *Tendenzen im amerikanischen Handel*; Sanders, *Experiences of Small Retailers with Electronic Data processing*; Harvey, *Computers in Retailing*. Zu Veränderungen technischer Visionen siehe: Yates, *Control through Communication*, S. 274 f.; Bud-Fierman, *Information Acumen*, S. 11.

98 Diese intensive Betreuung der Unternehmen, die elektronische Datenverarbeitungsanlagen kauften oder mieteten, war ein wichtiges Verkaufsargument. Das zeigt folgende Bemerkung im Reisebericht der Migros-Delegation: «Der Chef der EDP-Anlage [eines der besichtigten Unternehmen, KG] hat erklärt, dass sie früher eine Remington-Anlage (Univac) installiert gehabt hätten. Der Wechsel auf IBM sei vor allem deshalb erfolgt, weil diese Firma viel mehr am Aufbau der Organisation mithelfe.» Archiv MGB, G-BI.II/065, EDP-Studienreise USA 1.–15. Juni 1965, S. 38. Zur engen Zusammenarbeit zwischen Herstellern

und Anwendern siehe auch: Yates, *Structuring the Information Age*; Oudshoorn und Pinch, *How Users Matter*.

99 Kurz nach der nachfolgend beschriebenen Studienreise setzte Walter Urech, Leiter des Departements Finanzen beim MGB, durch, dass solche Studienreisen «ohne Kostenbeteiligung der [...] Firmen» durchgeführt wurden. Andernfalls befürchtete er eine Beeinflussung der Entscheidungen. Die Verwaltungsdelegation beschloss auf seinen Antrag, dass die Kosten solcher Reisen zu Lasten der beteiligten Genossenschaften gingen, während die Mitglieder der Reisegruppe einen schriftlichen Reisebericht verfassen mussten. Archiv MGB, 168. Verwaltungsdelegationssitzung MGB, 14. Januar 1965, S. 5.

100 Der Begriff *electronic data processing (EDP)* wurde in den 1950er Jahren von IBM geprägt, um die Funktion ihrer administrativ ausgerichteten Computer zu beschreiben und gleichzeitig die Computer als logische Fortführung und Ausweitung ihrer bisherigen

ros diesem Thema beimaß.[101] Dieser sogenannte EDP-Reisebericht schilderte
ausführlich die Rechneranlagen unter Angabe aller technischen Details. Im Fokus der Aufmerksamkeit standen aber nicht die Rechenanlagen per se, sondern
wie die besichtigten Einzelhandelsunternehmen diese Anlagen für ihre betrieblichen Zwecke einsetzten.[102]

Dieser Besuch bei amerikanischen Einzelhandelsunternehmen zeigte der Migros-Delegation, dass sich deren Anstrengungen in erster Linie auf eine rechnergestützte Verarbeitung der Bestellungen richteten – dem gleichen Einsatzgebiet
also, in dem schon seit Beginn der 1950er Jahre bei der Migros Rechenmaschinen eingesetzt wurden. Der Hintergrund war dabei jedoch ein anderer als noch
zu Beginn der 1950er Jahre: Es ging nicht um eine primäre Beschleunigung der
Bestellverarbeitung – diese war ja schon mehrheitlich erreicht. Das zentrale Anliegen der amerikanischen Einzelhändler bestand vielmehr in einer Rationalisierung der gesamten Warenwirtschaft. Das bedeutete: Die Warenbestände in den
Filialen und Lagerhäusern sollten möglichst klein gehalten werden, während
gleichzeitig eine ausreichende Belieferung der Filialen sichergestellt blieb; so die
idealtypische Vorstellung. Von einer drastischen Verringerung der Lagerbestände
versprachen sich die Einzelhandelsunternehmen nicht nur «ein Freiwerden von
Kapital, sondern auch eine Verminderung der Lohnkosten und eine verbesserte
Raumausnützung».[103]

Bedingung zur Reduktion der Lagerbestände war dabei wiederum die Beschleunigung betrieblicher Abläufe: Es ging um die rasche Übermittlung der
Bestellungen von den Filialen an die Lager, wo eine ebenso schnelle Bereitstellung der Filiallieferungen zu erfolgen hatte.[104] Die Beschleunigung sollte dabei
nicht primär mittels elektronischer Verarbeitung der Bestellungen erreicht werden, sondern aufgrund ihrer elektronischen Übermittlung: Bei den besuchten

Lochkartengeräte zu positionieren. Haigh, *Inventing Information Systems*, S. 26. Migros-in-
tern wurde diese USA-Reise als «EDP-Studienreise» bezeichnet. Mit dem Gebrauch dieses
englischen Terminus demonstrierte die
Reise-Delegation, dass sie die aktuellen Debatten um die rechnergestützte Datenverarbeitung kannte und sich in deren Zusammenhang einzuordnen verstand.

101 Besucht wurden die Hauptsitze von acht
Supermarkt- und zwei Warenhausketten,
ebenso standen Demonstrationen bei den
größten Computerherstellern wie IBM, Honeywell, Remington und NCR auf dem Programm. Ein Seminar über «grundsätzliche
Organisationsfragen» bei der Unternehmensberatungsfirma A.T. Kearny & Co. rundete
das dichtgedrängte Reiseprogramm ab. Ar-

chiv MGB, G-BI.II/065, EDP-Studienreise
USA 1.–15. Juni 1965.

102 Archiv MGB, G-BI.II/065, EDP-Studienreise USA 1.–15. Juni 1965.

103 IBM gab eine durchschnittliche Lagerver-
minderung von 25% bei einer gleichzeitigen
Erhöhung der Warenverfügbarkeit aufgrund
des Einsatzes ihres Computerprogramms
IMPACT (inventory management program
and control technique) an. Archiv MGB,
G-BI.II/065, EDP-Studienreise USA 1.–
15. Juni 1965, S. 4ff.

104 Als Extremfall wurde ein Unternehmen angeführt, bei dem die Filiale bis 15 Uhr die Bestellungen übermittelte und schon um 19 Uhr
die gewünschte Lieferung eintraf. Archiv
MGB, G-BI.II/065, EDP-Studienreise USA
1.–15. Juni 1965, S. 2ff.

amerikanischen Unternehmen wurde die Bestellübermittlung denn auch zunehmend mittels *«Teleprocessing»* sichergestellt; eine Zustellung per Briefpost wurde als zu langsam erachtet.[105]

Damit die Bestellungen als Datenpakete über Telefonleitungen übermittelt werden konnten, mussten sie in eine vom Computer zu verarbeitende Form gebracht werden.[106] Aus diesem Grund erlangte die rechneradäquate Bestellaufnahme, -übermittlung und -verarbeitung größte Bedeutung in der Diskussion um den Einsatz elektronischer Datenverarbeitung im Einzelhandel. Den im Reisebericht beschriebenen rechnergestützten Bestellabläufen war allen gemeinsam, dass sie eine personalintensive Transformation in computerlesbare Lochkarten erforderten: Wie in den Migros-Filialen erfolgte die Aufnahme der Bestellungen in den amerikanischen Einzelhandelsbetrieben oftmals von Hand mittels eines Bestellblocks.[107] Erst nach dem sogenannten «Ablochen» der Bestellungen auf Lochkarten konnten die Bestellungen rechnergestützt weiterverarbeitet, z.B. fakturiert werden. Die Umwandlung von analogen in digitale Daten, die für die elektronische Verarbeitung relevante Datenerfassung also, präsentierte sich folglich auch in den USA als personalintensiv und keineswegs als vollständig automatisiert, wie die Besucher aus der Schweiz feststellten: «In keinem Fall erfolgte die Datenübertragung aus den Filialen direkt in den Computer.»[108] Eine direkte Koppelung zwischen den in den Filialen erfassten Bestellungen und den elektronischen Datenverarbeitungsanlagen in den Verwaltungsabteilungen bestand Mitte der 1960er Jahre nicht. Eine Möglichkeit zur bruchlosen Übertragung dieser Daten waren die in Zeitschriftenartikeln und an Tagungen oft diskutierten optischen Leser, die sowohl handschriftliche wie auch maschinengeschriebene Zeichen lesen konnten.[109] Auch im Reisebericht war von solchen Geräten zu lesen. Zu Gesicht bekamen die Besucher aus der Schweiz aber solche Geräte nirgends, wie im Reisebericht explizit festgehalten wurde.[110]

Von konkreteren und befriedigenderen Ergebnissen war im Reisebericht in Bezug auf die rechnergestützte Überwachung von Lagerbeständen zu lesen: Viele der besuchten amerikanischen Unternehmen arbeiteten mit auf «raffinier-

---

105 Archiv MGB, G-BI.II/065, EDP-Studienreise USA 1.–15. Juni 1965, S. 1. Der Begriff _Teleprocessing_ bedeutet Datenfernübertragung. Ein Migros-internes Papier umschrieb den Begriff mit «Übertragung verschlüsselter Informationen vom Erfassungsort und zentrale Verbindung; Rückübertragung der Resultate vom Computer zum Erfassungsort.» Archiv MGB, G 185. Einige wichtige Begriffe aus dem Gebiet der elektronischen Datenverarbeitung, Unterlagen zur Tagung vom 28. Januar 1966, S. 1.

106 Für ein Beispiel der Übersetzung analoger in digitale Daten siehe: Downey, *Constructing «Computer-Compatible» Stenographers.*

107 Archiv MGB, G-BI.II/065, EDP-Studienreise USA 1.–15. Juni 1965, S. 1ff.

108 Archiv MGB, G-BI.II/065, EDP-Studienreise USA 1.–15. Juni 1965, S. 2.

109 Brüschweiler, *Die Automation an der Verkaufsfront*; Welti, *Automation an der Verkaufsfront*; Lüthy, *Automation in der Lagerbewirtschaftung*; Ewing und Murphy, *Impact of Automation on United States Retail Food Distribution.*

110 Archiv MGB, G-BI.II/065, EDP-Studienreise USA 1.–15. Juni 1965, S. 2.

ten statistischen Berechnungsmethoden» basierenden Computerprogrammen
mit so sprechenden Namen wie SLIM, IMPACT oder REACT.[111] Zu diesen Berechnungsmethoden war auch das während des Zweiten Weltkriegs entwickelte
operations research zu zählen.[112] Computerprogramme wurden als sogenannte «in-
tegrierte Datenverarbeitung» bezeichnet, da «nur ein kleinerer Teil der Eingabe-
daten manuell hergestellt wird und der größte Teil aller Informationen schon als
Ergebnis vorheriger Berechnungen anfällt.»[113] Ein Beispiel integrierter Datenverarbeitung hatte die Migros-Delegation besonders nachhaltig beeindruckt:
Es war dies das System der Vorfakturierung, nach dem bei Kroger, dem drittgrößten Lebensmitteleinzelhändler in den USA, gearbeitet wurde. Der Computer erstellte dort basierend auf der eingehenden Bestellung direkt, das heißt ohne
vorherige Kontrolle der Lagerbestände, die Faktura. Diese diente zugleich im
Lager als Grundlage für das Bereitstellen der Ware zur Lieferung in die Filiale.[114]
Die gleichen Daten wurden also in unterschiedlichen Kontexten verwendet,
jedoch nur einmal computertechnisch erfasst.

Überhaupt verfügte Kroger über eine die Migros-Delegation beeindruckende
Ausstattung an leistungsstarken Rechenanlagen, Speicher- und anderen Periphe-
riegeräten. Fast ungläubiges Erstaunen löste bei der Migros-Delegation die Beobachtung aus, dass es bei Kroger «ohne weiteres [gelingt], Computer verschiedener Herstellerfirmen miteinander zu verbinden», so dass diese «direkt Daten
austauschen».[115] Es zeige sich in diesem Betrieb, «wieweit die praktische Anwendung der Datenfernübertragung in den USA bereits gediehen» sei, hielt die Rei-
sedelegation im Bericht bewundernd fest.[116]

---

111 Archiv MGB, G-BI.II/065, EDP-Studienreise USA 1.–15. Juni 1965, S. 4ff. SLIM (store
labour and inventory management) von IBM
war ein Programm zur Optimierung des Be-
stellrhythmus in den Filialen. Siehe auch den
zeitgenössischen Fachartikel: *SLIM (store labor
and inventory management)*. IMPACT (inventory management program and control technique) dient der Überwachung der Lagerbestände. Das Konkurrenzprodukt von NCR
hieß REACT (register enforced automated
control technique).

112 Zur Entstehung von *operations research* während des Zweiten Weltkrieges in England und
den USA sowie zur Verbreitung im unternehmerischen Kontext seit den 1950er Jahren
siehe: Kline, *Cybernetics, Management Science,
and Technology Policy*; Kirby, *Operational Research in War and Peace*; Rau, *The Adoption of
Operations Research in the United States during
World War II*; Johnson, *Three Approaches to Big
Technology*.

113 Archiv MGB, G 185, Einige wichtige Begriffe aus dem Gebiet der elektronischen Datenverarbeitung, Unterlagen zur Tagung vom
28. Januar 1966, S. 2.

114 Archiv MGB, G-BI.II/065, EDP-Studienreise USA 1.–15. Juni 1965, S. 3.

115 Archiv MGB, G-BI.II/065, EDP-Studienreise USA 1.–15. Juni 1965, S. 2f. und S. 28. So
wurde bei Kroger neben einem 1460-Com-
puter von IBM auch ein Univac-System von
Remington verwendet. Mitte der 1960er
Jahre waren die elektronischen Geräte der
verschiedenen Hersteller ausschließlich als
proprietäre Systeme konzipiert. Erst mit dem
System/360 von IBM wurden die Geräte un-
tereinander kompatibel. Ceruzzi, *A History of
Modern Computing*, S. 143ff.

116 Archiv MGB, G-BI.II/065, EDP-Studienreise USA 1.–15. Juni 1965, S. 28.

Doch auch bei Kroger bekam die Delegation aus der Schweiz keines der viel gepriesenen Management Informations Systeme zu Gesicht.[117] Der Reisebericht enthüllte vielmehr eine auffällige Diskrepanz zwischen den Verheißungen der rechnergestützten Systeme, wie ich sie anhand der Handelstagung von 1964 dargestellt habe, und den Beobachtungen der Migros-Delegation in den USA. Im Reisebericht wurde diese Diskrepanz mit keinem Wort thematisiert. Im Gegenteil: Der zweiwöchige Aufenthalt in den USA hinterließ bei der Migros-Delegation vielmehr das Gefühl, die Migros befinde sich technisch im Rückstand, den es aufzuholen gelte.

Eine erste Reaktion auf diese Wahrnehmung dieses Rückstands in einem zukunftsträchtigen Technikfeld war die institutionelle Aufwertung der Computer: Der MGB richtete 1965 eine Abteilung für elektronische Datenverarbeitung ein.[118] Diese Abteilung gehörte zum Departement Finanzen, das dem neu zur Verwaltungsdelegation des MGB gestoßenen, vormaligen Geschäftsleiter der Genossenschaft Aargau, Walter Urech, unterstand.[119] Gleichzeitig wurde die bisherige Rechenanlage von Bull, die seit 1963 beim MGB in Betrieb war, durch «einen größeren und leistungsfähigeren Computer der dritten Generation» ersetzt.[120] Die Auslastung der Anlage war durch «eine große Anzahl von angeschlossenen Unternehmen» so hoch, dass dieser Ausbau der Rechenkapazitäten gerechtfertigt angesehen wurde.[121]

Diese mit der erwähnten Studienreise zusammenfallende Institutionalisierung sowie der Ausbau der rechnergestützten Datenverarbeitung beim MGB

117 Beim Besuch des Mischkonzerns Honeywell wurden den Besuchern Pläne für ein automatisches Bestellsystem vorgelegt, das nicht nur «die übliche Lagerkontrolle, Auftragserteilung, Fakturierung und die Finanzbuchhaltung umfasste, sondern auch weitere Gebiete wie Transportdisposition, Lagerhaltung in den Filialen, Verkaufspolitik, Marktanalyse und Finanzplanung mit den Grundinformationen in Beziehung bringen» sollte. Operativ war jedoch auch dieses Management-Information-System nicht. Archiv MGB, G-BI. II/065, EDP-Studienreise USA 1.–15. Juni 1965, S. 15.
118 Archiv MGB, Rechenschaftsbericht MGB 1965, S. 55.
119 Archiv MGB, 200. Verwaltungsdelegationssitzung MGB, 13. Oktober 1966, S. 2.
120 Archiv MGB, Rechenschaftsbericht MGB 1965, S. 55; G 730, Der heutige Stand des Computer-Einsatzes in der Migros per 1. Januar 1966, Unterlagen zur Tagung vom 28. Januar 1966, S. 1. Die neue Rechenanlage des MGB war ein Modell 425 von Bull-General Electric und mit zwei Magnetplattenspei-

chern, einer Abfragestation und einem Gerät zur Datenfernübertragung ausgestattet. Bull war im Frühling 1964 von General Electric aufgekauft worden. Dies bedeutete den Abbruch der Entwicklung des Nachfolgemodells von Gamma 30, nämlich Gamma 40; das Modell GE-400 wird zum Nachfolgemodell von Gamma 30. www.febcm.club.fr/english/gamma_30.html, letzter Zugriff 22. Februar 2006.
121 Archiv MGB, Rechenschaftsbericht MGB 1963, S. 26. Es war vor allem die Secura, das Versicherungsunternehmen der Migros, die die elektronische Datenverarbeitungsanlage des MGB benutzte. Die Secura wurde 1959 gegründet, nachdem sich eine große Mehrheit der Migros-Genossenschafterinnen und Genossenschafter dafür ausgesprochen hatte, dass die Migros «preisregulierend in das Versicherungsgeschäft» einsteigen sollte. Anfänglich war die Secura im Bereich der Autohaftpflicht tätig. In den 1970er Jahren entwickelte sie sich zu einem Allbranchen-Versicherungsunternehmen. Migros-Genossenschafts-Bund, *Chronik der Migros*, S. 42.

sind deutliche Hinweise darauf, dass der MGB die strategische Bedeutung erkannt hatte, die den Computern seit Beginn der 1960er Jahre allgemein zugeschrieben wurde. Während der Anwendung der ebenfalls schon elektronischen
Lochkartenmaschinen 1957 noch kaum Potenzial zugeschrieben worden war,
hatte sich dies nun, sieben Jahre später, grundlegend geändert: «Das Gebiet [der
EDV, KG] ist noch neu und voller Möglichkeiten. Die Entwicklung wird unaufhaltsam weitergehen.»[122] Die Unternehmensführung der Migros hatte den Computer Mitte der 1960er Jahre definitiv als wirkungsmächtiges Instrument der
Zukunft erkannt.[123]

Die Genossenschaften, die sich teilweise schon seit über zehn Jahren mit der
elektronischen Datenverarbeitung auseinandersetzten, sahen sich ihrerseits aufgrund der Beobachtungen in den USA in ihren Bestrebungen zur Computerisie-
rung betrieblicher Abläufe bestätigt. Noch im gleichen Jahr wie die EDP-Reise
führte die Genossenschaft Migros Bern für drei größere Filialen versuchsweise
das Computerprogramm SLIM zur Rationalisierung des Bestellwesens ein.[124]
Weitere Genossenschaften kündigten ebenfalls die Einführung von Computerprogrammen zur Bestell- und Lagerverwaltung an.[125]

Der MGB drohte also – trotz der Institutionalisierung der elektronischen Datenverarbeitung und der technischen Aufrüstung durch die Beschaffung neuester
Rechenanlagen – gegenüber den Genossenschaften bezüglich der Anwendung
rechnergestützter Datenverarbeitung in Rückstand zu geraten.

Vision einer rechnergestützten Warenwirtschaft

Der MGB sah sich angesichts der Initiativen der Genossenschaften zum Handeln
gezwungen und lud im Januar 1966 die Kadermitarbeiter aller Genossenschaften, Produktions- und Dienstleistungsunternehmen der Migros zu einer eintä-
gigen Tagung ein. Das Thema dieser Tagung lautete: «Der Einsatz von Computern in der Unternehmensführung der Migros».[126] Schon dieser Titel bringt
deutlich zum Ausdruck, dass die oberste Unternehmensleitung der Migros, die
Verwaltungsdelegation des MGB, die zeitgenössische Rede des Computers als
Instrument des Managements aufgenommen hatte: Diese Tagung war für die
Migros-interne Auseinandersetzung um den zukünftigen Umgang mit Com-

---

122 Archiv MGB, Rechenschaftsbericht GMZ
    1965 S. 8.
123 Archiv MGB, Rechenschaftsbericht MGB
    1964, S. 56.
124 Rentsch, *Die Arbeitsorganisation im Supermarkt*,
    S. 22.
125 Archiv MGB, G 730, Der heutige Stand des
    Computer-Einsatzes in der Migros per 1. Ja-
    nuar 1966, Unterlagen zur Tagung vom

28. Januar 1966, S. 1ff. sowie Archiv MGB,
    G 730, Referat des Chefs der Datenverarbei-
    tungsabteilung von Bull-General Electric
    anlässlich der Migros-internen Tagung zum
    Computereinsatz in der Unternehmensfüh-
    rung der Migros vom 28. Januar 1966.
126 Archiv MGB, G 730, Unterlagen zur Tagung
    vom 28. Januar 1966, Diverse Dokumente.

putertechnik im Unternehmen von eminenter Bedeutung. Hier zeigt sich, wie in der Migros mit den Versprechen, die mittels Computer von den Herstellerfirmen formuliert werden, umgegangen wurde. Diese Versprechungen ermöglichten, dass im Unternehmen zuvor Selbstverständliches hinterfragt und zur Disposition gestellt wurde.[127] Dies geschah nicht ohne Konflikte und heftige Diskussionen. Die betriebliche Realität der Computertechnik wie sie sich in den Genossenschaften präsentierte, prallte dabei auf die Visionen und langfristigen Strategien der Verwaltungsdelegation. Diese Auseinandersetzungen ließen Hoffnungen, Befürchtungen und Visionen sichtbar werden und waren darum für die in dieser Studie untersuchte Fragestellung von besonderem Interesse.

Wo bisherige Selbstverständlichkeiten in Frage gestellt werden, sind Vermittler, die die Sprache aller Beteiligten sprechen und verstehen, wichtig.[128] Zu einem Vermittler zwischen den Versprechungen der Computerhersteller und den tagesgeschäftlichen Realitäten und Problemlagen der Migros, den Genossenschaften und des MGB wurde Frank Rentsch, der Geschäftsleiter der Genossenschaft Bern. Er hatte an der EDP-Reise teilgenommen und entwickelte sich in der zweiten Hälfte der 1960er Jahre zur zentralen Figur in der Diskussion um den Umgang mit Computertechnik – nicht nur innerhalb der Migros:[129] Auch in der deutschsprachigen Fachpresse meldete er sich zu Wort. Obwohl Frank Rentsch durch seine professionelle Biografie ein Einzelhändler war, brachte er den Entwicklungen im Bereich der EDV nicht nur ein großes Interesse, sondern auch technisches Verständnis entgegen. So war es kein Zufall, dass gerade die Genossenschaft Bern 1965 einen Versuch mit dem elektronischen Bestellprogramm SLIM wagte.[130]

Auf der Tagung im Januar 1966 fasste Rentsch seine Erkenntnisse aus der EDP-Reise von 1965 vor den fast 200 anwesenden Migros-Managern zusam-

---

127 Der Tod des Firmengründers Gottlieb Duttweiler 1962 spielte dabei auch eine wichtige Rolle. Ich werde später in diesem Kapitel darauf zurückkommen.

128 Zur Wichtigkeit von Vermittlern und Übersetzern im Zusammenhang mit soziotechnischem Wandel siehe auch: Latour, *Science in Action*; Gugerli, *«Translationen» der elektrischen Übertragung*; Yates, *Structuring the Information Age*, S. 253.

129 Frank Rentsch kam schon früh mit der Migros in Kontakt: Sein Vater Hugo Rentsch gehörte zur Gründergeneration des Migros; von 1930 bis 1962 arbeitete er als Geschäftsleiter der Migros Bern. Frank Rentsch studierte an der Hochschule St. Gallen Ökonomie. Seine Diplomarbeit verfasste er über «Die Besonderheiten des Migros-Betriebes»: Rentsch,

Die Besonderheiten des Migros-Betriebes. Nach seiner Promotion ebenfalls an der Hochschule St. Gallen führte Frank Rentsch von 1959 bis 1962 zuerst gemeinsam mit seinem Vater, anschließend bis 1965 allein die Migros Genossenschaft Bern. Seit Sommer 1970 war er zunächst Leiter des Departements für den Einkauf von Gebrauchsartikeln, Textilien und Apparaten. Ein Jahr später wurde er Leiter des neu geschaffenen Departements für Warenfluss. Im Frühjahr 1976 verließ er den MGB und wurde Direktionspräsident bei einem anderen Schweizer Einzelhandelsunternehmen, der Usego. Migros-Genossenschafts-Bund, *Chronik der Migros*, S. 11 und S. 45; Arnold, *Federführend*, S. 25.

130 Rentsch, *Die Arbeitsorganisation im Supermarkt.*

men.[131] An diesem Vortrag lässt sich eine wichtige Beobachtung festmachen. Frank Rentsch begann nämlich mit einer ernüchternden Feststellung: Auch in den USA sei die angekündigte Personaleinsparung durch den Einsatz von Computern nicht zu beobachten.[132] Ganz im Gegenteil: Die Migros-Delegation habe in mehreren amerikanischen Betrieben «Säle mit 40 bis 60 Locherinnen, die nur die Bestellungen von Filialen in Lochkarten umzuwandeln hatten», angetroffen.[133] Optische Leser wie auch die elektronische Übermittlung der Daten würden zwar als Lösung und als Versprechen auf zukünftige Personaleinsparungen gepriesen, einsatzbereit seien sie jedoch nicht. Auch wenn in den Filialen teilweise unqualifiziertes Personal eingespart werden könne, so werde dieser Personalabbau durch «den Ausbau der Planungs- und Programmier-Abteilung» bei weitem aufgewogen.[134] Gespräche mit den amerikanischen Einzelhändlern hätten überdies deutlich gemacht, dass die Einführung auch von «einfacheren Computeranwendungen» ein bis zwei Jahre dauere. Auch nach deren Abschluss müsse «ein umfangreicher Stab von Programmierern zur Verfügung stehen».[135]

Diese Ausführungen sowie die genaue Lektüre des EDP-Reiseberichts ließen keinen Zweifel zu: Gemessen an der betrieblichen Realität wurden die Erwartungen bezüglich der Personaleinsparungen durch den Einsatz elektronischer Datenverarbeitung enttäuscht. Und dies nicht zum ersten Mal: Es sei an die Einführung der ersten Lochkartenmaschinen bei der GMZ zu Beginn der 1950er Jahre erinnert, die ebenfalls zu einer Vervielfachung des Personalbestandes in den entsprechenden Abteilungen geführt hat. Trotz dieser erneuten Enttäuschung hielt sich hartnäckig die Vorstellung, die rechnergestützte Technik werde zur Lösung dieses Problems beitragen.

131 Die Tagung wurde mit drei Referaten von Vertretern des Computerherstellers Bull-General Electric eröffnet, die nochmals die bekannten Versprechungen einer besseren Unternehmensführung dank dem Einsatz von Computern zum Ausdruck brachten: Der Assistent der Verkaufsleitung von Bull-General Electric hielt ein Referat über «Führungsunterlagen in der Unternehmung», der Chef der Verkaufsabteilung sprach über den Einsatz von Computern in der Unternehmensführung und der Chef der Datenverarbeitungsabteilung von Bull-General Electric referierte über die wirtschaftliche Lagerführung. Archiv MGB, G 730, Teilnehmerliste zur Tagung vom 28. Januar 1966 sowie Archiv MGB, G 730, Referat von Dr. Frank Rentsch «Die Ergebnisse der EDP-Studienreise von Migros-Fachleuten in den USA», 28. Januar 1966.

132 Archiv MGB, G 730, Referat von Dr. Frank Rentsch «Die Ergebnisse der EDP-Studien-

reise von Migros-Fachleuten in den USA», 28. Januar 1966, S. 1 f. Im Reisebericht ist ein einziges Mal von der Einsparung eines Angestellten die Rede. Archiv MGB, G-Bl.II/065, EDP-Studienreise USA 1.–15. Juni 1965, S. 23.

133 Archiv MGB, G 730, Referat von Dr. Frank Rentsch «Die Ergebnisse der EDP-Studienreise von Migros-Fachleuten in den USA», 28. Januar 1966, S. 1.

134 Archiv MGB, G 730, Referat von Dr. Frank Rentsch «Die Ergebnisse der EDP-Studienreise von Migros-Fachleuten in den USA», 28. Januar 1966, S. 1. In diesen Planungs- und Programmierabteilungen waren – laut dem Bericht – Personalbestände von 10 bis 20 Ingenieuren und Technikern keine Seltenheit gewesen.

135 Archiv MGB, G 730, Referat von Dr. Frank Rentsch «Die Ergebnisse der EDP-Studienreise von Migros-Fachleuten in den USA», 28. Januar 1966, S. 1.

Warum überstand die Hoffnung, dank Computereinsatz Personal einzusparen, unbeschadet jeglichen praktischen Test? Der Vortrag von Frank Rentsch gibt Antworten auf dieses scheinbare Paradox: Die Einführung von Computern bot die Möglichkeit, die bestehende Arbeitsorganisation eines Unternehmens zu verändern – und dieser erweiterte Handlungsspielraum war für Führungskräfte attraktiv.[136] Pointiert formuliert, ging es gar nicht in erster Linie um die Einsparung von Personal; es ging vielmehr um eine Reorganisation des Unternehmens sowie um betriebliche Übersicht und Kontrolle durch die Unternehmensführung. Deswegen konnte Rentsch in seinem Vortrag auch unbesorgt die Untauglichkeit des Computers als Mittel zur Personaleinsparung offenlegen, denn dies war nicht der Kern des Anliegens. Anders ausgedrückt: Die Attraktivität der elektronischen Datenverarbeitung für Unternehmen bestand darin, dass sich bei der Übersetzung betrieblicher Abläufe zu vom Computer bearbeitbaren Prozessen neue Gestaltungsräume eröffnen. Die rechnergestützte Datenverarbeitung in den 1960er Jahren kann als *boundary object* bezeichnet werden:[137] Einerseits war noch nicht ganz klar, welche Möglichkeiten diese Technik beinhaltet und welche konkreten Konsequenzen sie haben wird. Diese interpretative Offenheit machte die rechnergestützte Technik anschlussfähig für verschiedenste Interessen. Andererseits konnte am Beispiel des Computers über Themen geredet werden, die ansonsten nicht ansprechbar waren, wie beispielsweise die Reorganisation der Migros nach dem Ableben des Firmenpatrons Gottlieb Duttweiler. All diese Gründe hoben die Attraktivität der Computer als Mittel zur Umgestaltung des Unternehmens hervor. Die Enttäuschung über verpasste Personaleinsparungen traten dabei in den Hintergrund.

Frank Rentsch entzauberte zwar ein ehemals formuliertes Versprechen; im gleichen Atemzug führte er gerade diese elektronische Technik ins Feld, um seine Vision einer umfassenden Anwendung von Computern in der Migros zu legitimieren und so einer Reorganisation der Migros den Weg zu ebnen. Die Argumente waren die in unternehmerischen Kontexten üblicherweise vorgebrachten: Es war die Rede von Kostenreduktion, Beschleunigung betrieblicher Abläufe sowie Verbesserung der betrieblichen Übersicht und Kontrolle. So verknüpfte Frank Rentsch in seinem Vortrag die Versprechen der Computerhersteller mit den Interessen des Unternehmens Migros und vor allem seinen eigenen, wird er doch einige Jahre später in die geschäftsführende Verwaltungsdelegation berufen.

Wie übersetzte Rentsch diese Interessen und technischen Offerten in die betriebliche Problemlage der Migros Mitte der 1960er Jahre? Ausgangspunkt sei-

---

136 Faust und Bahnmüller, *Der Computer als rationalisierter Mythos*; Williams, *Retooling*.

137 Zum Konzept des *boundary objects* und des daran anschließenden *interpretative flexibility* siehe grundlegend: Pinch und Bijker, *The Social Construction of Facts and Artifacts*; Star und Griesemer, *Institutional Ecology, «Translation» and Boundary Objects*; Fujimura, *Crafting Science*.

ner Vision war die Feststellung, dass auch in der Migros der «überwiegende Teil
der gesamten Kosten» in den Filialen entstehe.[138] Gerade hier aber sei die «Überwachung und Planung [...] am wenigsten weit fortgeschritten». Eine Lösung sah
er analog zur zeitgenössischen Diskussion in der Optimierung des Zusammen-
spiels zwischen Bestellungen und Lagerverwaltung, schließlich war der Lagerbestand «direkt abhängig vom Genauigkeitsgrad der Warenbestellungen». Diesen
Zusammenhang erklärte Rentsch folgendermaßen: «Eine Bestellung ist umso
genauer, je exaktere Angaben vorliegen über die vergangene Kundennachfrage
sowie über den momentanen Lagerbestand, und je genauer die Schätzungen über
die zukünftige Kundennachfrage ausfallen. Diese Schätzungen wiederum sind
umso besser, je kürzer die Lieferfristen und je besser die zur Anwendung gelan-
genden statistisch-wissenschaftlichen Voraussagesysteme sind.»

Das gegenwärtige Bestellsystem der Migros war gemäß Frank Rentschs Analyse weit von einem solchen Zustand entfernt: So stünden den Filialleitern
keinerlei «vernünftige Voraussagesysteme» zur Verfügung. Die vorhandenen Unterlagen seien im Gegenteil «kläglich bescheiden». Bestellt werden könne beispielsweise ein bestimmtes Produkt nur am Donnerstag, während die Ausliefe-
rung in die Filiale erst am Dienstag erfolge. Zwischen diesen Zeitpunkten liegen
jedoch rund 70 Prozent des Wochenumsatzes, der für den Filialleiter nur schwierig abzuschätzen ist. Diese langen Lieferintervalle ließen es darum laut Rentsch
zur «Illusion» werden, dass die Filialen ständig über frische Waren verfügten: Die
Bestellungen waren derart ungenau, dass aus der Vorperiode immer noch mehr
oder weniger große Bestände an älterer Ware vorhanden sind. Dabei stellte das
Angebot an frischen Produkten eines der wichtigen Erfolgsmerkmale der Migros
dar. Frank Rentsch resümierte: Das Bestellsystem der Migros sei «zu kompli-
ziert», denn die Bestellungen der Filialen mussten statt an eine zentrale Stelle an
eine ganze Anzahl von verschiedenen Betrieben geleitet werden, wobei oftmals
«einzelne Artikelgruppen noch auf verschiedene Lieferanten aufgesplittert» werden mussten.

Als Lösungsvorschlag skizzierte Rentsch ein umfassendes Management Information System in Gestalt einer rechnergestützten Warenwirtschaft. Die Steuerung und Kontrolle der gesamten Warenwirtschaft – sowohl der Warenströme
zwischen den Verteilzentralen der Genossenschaften und den Filialen wie auch
zwischen den Produktionsbetrieben und den Verteilzentralen – sollte im gleichen Computersystem erfolgen.[139] Mit dieser Vision gingen eine grundlegende
Veränderung der betrieblichen Organisation sowie ein fundamentaler Perspekti-

138 Siehe für den folgenden Abschnitt: Archiv
     MGB, G 730, Referat von Dr. Frank Rentsch
     «Die Ergebnisse der EDP-Studienreise von
     Migros-Fachleuten in den USA», 28. Januar
     1966, S. 4ff.

139 Siehe für den folgenden Abschnitt: Archiv
     MGB, G 730, Referat von Dr. Frank Rentsch
     «Die Ergebnisse der EDP-Studienreise von
     Migros-Fachleuten in den USA», 28. Januar
     1966, S. 6ff.

venwechsel einher: Das Bestellsystem müsse «radikal vereinfacht» werden und sich nach den Bedürfnissen der Filiale und nicht nach denjenigen der Lagerhäuser oder Produktionsbetriebe richten. Was Rentsch nicht aussprach, war, dass der MGB so direkteren Zugang zu Informationen über die Verkaufsumsätze der Filiale erhielt. Mittels elektronischer Übermittlung mussten die Lieferfristen der Bestellungen «extrem verkürzt» werden, so dass noch am Tag der Bestellung die Lieferung erfolge. Auf *operations research* basierende Bedarfsberechnungen sollten den Filialleitern bessere Unterlagen zur Voraussage des zukünftigen Verbrauchs zur Verfügung stellen, was die Bestellungen um ein Vielfaches genauer werden ließen. Rentsch forderte überdies eine Verknüpfung bisher getrennter betrieblicher Abläufe: Wie in den USA sollten die Bestellungen als Grundlage für die Fakturen dienen, die wiederum die Unterlagen zur Bereitstellung der Lieferungen an die Filialen, die sogenannten Rüstbelege, im Lagerhaus abgeben.

Rentsch skizzierte in seinem Vortrag weiter einen «stufenweise[n] Aufbau eines umfassenden Datenverarbeitungs-Systems», das alle Unternehmensbereiche von den Produktionsbetrieben, den Lagerhäusern, Betriebszentralen bis zu den Filialen umfasste und die Bestellungen zur Feedbackschlaufe für Veränderungen des Konsumentenverhaltens werden ließ. Er entwarf die Vision eines Warenwirtschaftssystem, das aus einem steten Fluss von Waren und Informationen bestand. Die rechnergestützte Technik präsentierte er seinen Zuhörern dabei nicht als Angebot oder Möglichkeit. Vielmehr machte er deutlich, dass die Einführung elektronischer Datenverarbeitung für die Migros eine Notwendigkeit war, die außer Diskussion stand.

Offen war nach seiner Ansicht einzig die Frage, wie die Implementierung erfolgen sollte und wie die einzelnen Computeranlagen zu verbinden waren; also ob ein zentrales oder ein dezentrales EDV-System angestrebt wurde. Der Besuch in den USA hatte gezeigt, dass in der dortigen betrieblichen Praxis unterschiedliche Strukturen für die Organisation der elektronischen Datenverarbeitung existierten: Die Migros-Delegation hatte sowohl dezentrale EDV-Systeme angetroffen wie auch solche, die auf ein einziges Rechenzentrum ausgerichtet waren.[140] Auch Frank Rentsch referierte in seinem Vortrag diese beiden Möglichkeiten zur Organisation eines umfassenden EDV-Systems: *Erstens* wäre es in seinen Augen möglich, beim MGB ein zentrales System zu schaffen, das die Datenverarbeitung für sämtliche Produktionsbetriebe und Genossenschaften übernimmt. Dagegen sprachen nach Rentschs Einschätzung «zahlreiche Einwände technischer Natur»: Vor allem die fehlerfreie, sichere Übertragung von umfangreichen Daten sah er bei dieser zentralen Lösung nicht gewährleistet. Bei der *zweiten* Variante, der dezentralen Gestaltung der EDV, verfügten auch die Ge-

140 Archiv MGB, G-BI.II/065, EDP-Studien-
      reise USA 1.–15. Juni 1965, S. 9ff.

nossenschaften und Produktionsbetriebe über leistungsstarke Anlagen, was einen umfangreichen Datenaustausch ermöglichen würde. Unter Berücksichtigung der tendenziell sinkenden Preise für Rechenanlagen plädierte Rentsch für ein dezentrales EDV-System.

Es war diese Frage nach der Struktur des anzustrebenden EDV-Systems, welche die Option eröffnete, die betriebliche Organisation umzugestalten. Rentsch sprach explizit aus, dass die Einführung von Computern eine Reorganisation des Unternehmens bedeuten würde: «Eine optimale Wirkung [des Computereinsatzes, KG] ist jedoch nur dann zu erwarten, wenn die Einführung zum Anlass genommen wird, eine grundsätzliche Überprüfung unserer Arbeitsmethoden an die Hand zu nehmen. Ohne diese umfangreiche und zeitraubende Organisationsarbeit wird es nicht möglich sein, die Vorzüge, die uns ein Computer bieten kann, voll auszunützen.»[141] Alle besuchten Firmen in den USA hätten im Gespräch bestätigt, dass «der Aufwand für die vorbereitende Organisationsarbeit viel größer sei, als man normalerweise annehme».[142] Werde diese Arbeit aber nicht geleistet, «könnten die Vorzüge eines elektronischen Datenverarbeitungssystems in keiner Weise ausgenützt werden».[143] Aus diesem Grund drängte Rentsch darauf, dass bevor in der Migros über ein «umfassendes System» gesprochen werde, «alle damit zusammenhängenden Organisationsfragen restlos abgeklärt» werden müssten. Rentsch beschwörte seine Zuhörer, die Zeit dränge; schon jetzt habe die Migros «einen gewaltigen zeitlichen Rückstand aufzuholen».

Wie reagierten die Zuhörer auf dieses anspruchsvolle *change*-Programm? Stimmten die Genossenschaftsleiter und anderen Kadermitarbeiter der Migros bezüglich der Notwendigkeit einer rechnergestützten Warenwirtschaft mit Rentsch überein? Es ist davon auszugehen, dass die Verwaltungsdelegation grundsätzlich mit seinen Ideen sympathisierte, hatte er doch das Potenzial der Computer zur Reorganisation erkannt. Zudem ergaben sich Überschneidungen mit den Interessen eines anderen Verwaltungsdelegationsmitglieds, Pierre Arnold. Gerade für den MGB war die Möglichkeit, die Migros mit Hilfe der

---

141 Archiv MGB, G 730, Referat von Dr. Frank Rentsch «Die Ergebnisse der EDP-Studienreise von Migros-Fachleuten in den USA», 28. Januar 1966, S. 11.

142 Archiv MGB, G 730, Referat von Dr. Frank Rentsch «Die Ergebnisse der EDP-Studienreise von Migros-Fachleuten in den USA», 28. Januar 1966, S. 8. Diese komplexen Projekte zur Implementation von elektronischer Datenverarbeitung stellten neue Anforderungen an die Planung und Überwachung von Projekten. Neue Arbeitsmethoden wie Netzplantechnik sollten eine permanente Kontrolle und ständige Anpassung der Teilpro

jekte sicherstellen. So empfahl IBM für Projekte, die aus mehr als 150 Einzeltätigkeiten bestanden, ihr Computerprogramm PERT (Program Evaluation and Review Technique). Archiv MGB, G-Bl.II/065, EDP-Studienreise USA 1.–15. Juni 1965, S. 11ff.; Wren, *The Evolution of Management Thought*, S. 460; Johnson, *From Concurrency to Phased Planning*.

143 Siehe für den folgenden Abschnitt: Archiv MGB, G 730, Referat von Dr. Frank Rentsch «Die Ergebnisse der EDP-Studienreise von Migros-Fachleuten in den USA», 28. Januar 1966, S. 8ff.

Computer neu zu organisieren, sehr attraktiv. Denn für den MGB bestand eine doppelte technische Rückständigkeit: Einerseits hatte die EDP-Reise bei der Migros als gesamtes Unternehmen eine technische Rückständigkeit im Vergleich zum amerikanischen Einzelhandel offenbart. Gleichzeitig geriet der MGB gegenüber den Genossenschaften unter Druck, da diese die Einführung rechnergestützter Bestell- und Lagersysteme eigenständig vorantrieben und somit drohten, die Einflussmöglichkeiten des MGB in dieser als wichtig empfundenen Angelegenheit zu beschneiden. Zudem erhielte der MGB aufgrund des von Rentsch skizzierten Management Information System direkteren Zugang zu den Informationen über die Verkaufsumsätze der Filiale; der Flaschenhals in Bezug auf diese Informationen wäre umschifft. Die Diskussion um den Einsatz elektronischer Datenverarbeitung war auch eine Diskussion um Einfluss und Macht in der Migros.

Wundermaschine oder widerspenstiger Koloss?

Im Anschluss an Rentschs Vortrag fand ein Meinungsaustausch unter den Anwesenden statt. Rudolf Suter, Präsident der Verwaltungsdelegation des MGB, moderierte die Gesprächsrunde. Die Diskussion verlief hitzig, so dass nachträglich einige der Voten aus dem Protokoll gestrichen werden mussten.[144] Warum diese Debatte so engagiert geführt wurde, wird im Folgenden verständlich: Es war nicht die von Rentsch skizzierte Vision einer rechnergestützten Warenwirtschaft, die heftigen Widerspruch oder begeisterte Zustimmung auslöste. Es waren die elektronischen Rechenmaschinen selbst, die ins Kreuzfeuer der Kritik gerieten, obwohl sich Rudolf Suter gleich zu Beginn der Diskussion auf den gleichen Standpunkt wie Rentsch stellte und klarmachte, dass der MGB nicht gewillt war, eine Grundsatzdebatte über den Einsatz von Computern in der Migros zu führen.[145] Dieser war in den Augen der Verwaltungsdelegation keine Wahlmöglichkeit, sondern eine unausweichliche Notwendigkeit. Dieser Ansicht pflichtete ein Genossenschaftsleiter bei: «In der Migros-Gemeinschaft werden die zu verarbeitenden Daten immer zahlreicher und bedrohen uns mitunter wie eine Lawine.»[146] Auch gebiete die Größe des Migros-Unternehmens, dass «die Hilfe der modernsten Mittel» in Anspruch genommen werde. Dass der Computer hierzu die geeignete Lösung darstellte, war also zumindest in den oberen Führungsetagen sowohl des MGB wie auch der Genossenschaften unbestritten.

144 Archiv MGB, G 730, Allgemeine Diskussion.
   28. Januar, 1966.
145 Archiv MGB, G 730, Allgemeine Diskussion,
   28. Januar 1966, S. 1 und S. 3.

146 Archiv MGB, G 730, Allgemeine Diskussion,
   28. Januar 1966, S. 1f.

In der betrieblichen Realität jedoch erwiesen sich die Computer als widerspenstig, unflexibel und nur schwer an die tagesgeschäftlichen Anforderungen anzupassen.[147] Die Diskussion deckte auf, dass die Computer in der betrieblichen Realität keineswegs universale Problemlösungsmaschinen, geschweige denn flexible Instrumente des Managements waren. Vielmehr entpuppten sie sich als starre Rechenkolosse, die nur widerwillig die ihnen abverlangten Dienste erbrachten. Die Vermutung liegt nahe, dass aufgrund der praktischen Erfahrung mit der Datenverarbeitungstechnik Rentschs Vision keinen Widerhall unter den anwesenden Kaderleuten auslöste. Vielmehr beklagten sich die Genossenschaftsleiter darüber, dass die «blitzschnellen Maschinen» oftmals «nichts oder nicht viel geliefert» hätten, was dazu führte, dass «man die alte, bewährte Griffelakrobatik zurücksehnte».[148] So berichtete der Geschäftsleiter der GMZ empört, dass es in der GMZ gegenwärtig zwei bis drei Monate dauere, bis die Inventurzahlen bekannt waren: Bei der Berechnung der gleichen Resultate von Hand waren diese hingegen in drei bis vier Tagen verfügbar. Die rasche Verfügbarkeit der Inventurresultate war aber gerade im Zusammenhang mit dem «Selbsttipp»-Versuch in der Filiale Wollishofen von entscheidender Bedeutung, rief er den Anwesenden in Erinnerung. Der Verkaufsleiter von Bull-GE wollte diesen Vorwurf, seine Maschinen seien zu langsam, nicht gelten lassen. Er vermutete das Problem bei der Datenerfassung durch die Mitarbeitenden und hielt entschieden fest: «Der Computer hat sehr wenig damit zu tun.»

Die Erklärungen eines Mitarbeiters der EDV-Abteilung der GMZ illustrieren exemplarisch die technische Rigidität der Computer, die im Widerspruch zu den betrieblichen Anforderungen stand: «Wenn Sie mit einem Computer arbeiten, müssen Sie im System bleiben.» Der Geschäftsleiter der GMZ nannte aber einen typischen Fall, bei dem aus dem System «herausgetreten» werde: In der Filiale Wollishofen musste aufgrund des Versuchs mit «Selbsttipp»-Kassen in kürzeren Intervallen abgerechnet werden. Dies verursachte Probleme, da dieser enge Abrechnungsrhythmus bei der Programmierung nicht vorgesehen wurde: «Bei einer Computeranlage wird es immer schwierig, wenn man aus dem System heraustritt, weil man bei einer technischen Maschinerie an ein System gebunden ist.» Zwischen den technischen Anforderungen der Computer und den betrieblichen Erwartungen bestand offensichtlich eine Diskrepanz, welche die Migros-Mitarbeitenden enttäuschte: «Die Verkäufer haben uns von diesen ‹Wundermaschinen› das Blaue vom Himmel herunter versprochen», machte ein Mitarbeiter seinem Ärger Luft. Diese Ernüchterung bestand einmal mehr nicht darin, dass die versprochenen Personaleinsparungen nicht eintraten, sondern vielmehr da-

---

147 Siehe dazu auch: Walter, *Statistische Erhebung über die Verbreitung von elektronischen Datenverarbeitungsanlagen (EDV) in der Schweiz*, S. 530ff.

148 Siehe für den folgenden Abschnitt: Archiv MGB, G 730, Allgemeine Diskussion, 28. Januar 1966.

rin, dass «[d]ie Herren der Computerfirmen jedesmal die Tatsache verschwiegen haben, dass gar kein genügend geschultes Personal vorhanden ist, um die Daten aus den Maschinen herauszuholen.» Es traten ferner grundlegende Verständigungsschwierigkeiten zwischen den EDV-Spezialisten und den im Kerngeschäft der Migros tätigen Mitarbeitenden zutage: «Es hat heute sogenannte Programmierer, die nicht einmal die Grundzüge einer Buchhaltung verstehen. Sie könnten nicht einmal eine Bilanz machen, von einer Betriebsführung gar nicht zu sprechen. [...] Wir alle, die wir im Warengeschäft tätig sind, in der Migros, sei es in Produktion, Einkauf oder Verkauf, wären sehr glücklich, wenn die Datenverarbeitung uns gute Unterlagen beschaffen könnte.» Dies sei jedoch oftmals nicht der Fall. Solche Verständigungsschwierigkeiten zwischen Fachkräften und Computerexperten wurden auch in amerikanischen Fachzeitschriften oft beklagt.[149] Die von den Migros-Mitarbeitern in der Diskussion formulierte «Kernfrage» lautete: «Wie kann in kürzester Zeit ein Team von Leuten ausgebildet werden, das technisch und wissenschaftlich in der Lage ist, eine solche Datenanlage überhaupt nutzbringend anzuwenden?»

Die geschilderten Voten machen deutlich, dass der Personalmangel für den Einsatz von Computern in der Migros nicht ausschließlich förderlich war. Im Gegenteil wurde die Legitimation der Computer aufgrund des fehlenden EDV-Personals in Frage gestellt: «Was nützt eine Maschine, die 1 Million oder 1,5 Millionen Franken Miete kostet, wenn das geschulte Fachpersonal nicht vorhanden ist, um aus der Maschine das Maximum herauszuholen?» In dieser Frage schwang die Horrorvision mit, die Computer könnten sich als bloße Prestigeobjekte ohne jeglichen praktischen Nutzen entpuppen. Die Computer waren von der Allianz der Computerhersteller und Unternehmensberater fast zu sehr zum zukunftsträchtigen Problemlösungsinstrument stilisiert worden: Angesichts der als ungenügend wahrgenommenen Leistungen im betrieblichen Kontext drohte den teuren Rechenmaschinen nun ein Legitimationsverlust. Pragmatisch plädierte darum ein Genossenschaftsleiter, «das Endergebnis in jedem Fall vor das Prestige» zu stellen. Denn: «Es ist mir persönlich egal, ob man draußen im Volk erzählt, haben Sie schon gehört, Frau Snob, die ‹Migroslüt› haben nicht einmal eine Datenverarbeitungs-Anlage.»

Die anwesenden Vertreter von Bull-GE wollten diese harschen Vorwürfe nicht gelten lassen und wiesen auf ihre «sehr gut ausgebaute[n] Schulungsabteilungen» hin. Gleichzeitig schoben sie die Verantwortung auf die Migros ab, indem sie darauf hinwiesen, dass die Verfügbarkeit von kompetenten EDV-Fach-

---

149 Siehe unter anderem: Goodman, *The Effects of Computers on Corporate Management, Part I*; Goodman, *The Effects of Computers on Corporate Management, Part II*; Harvey, *Computers in Retailing*, S. 27f.; Walter, *Statistische Erhebung über die Verbreitung von elektronischen Datenverarbeitungsanlagen (EDV) in der Schweiz*; S. 531f.

leuten entscheidend davon abhänge, ob die Migros ihre Mitarbeiter regelmäßig in Schulungskurse schickte, denn «es braucht Zeit, bis ein Mann gut ist». Auf die Rechenmaschinen selbst ließen sie nichts kommen: Grundsätzlich könne man davon ausgehen, dass «ein sehr großer Prozentsatz dieser Fehler auf menschliches Versagen zurückgeführt» werden könne: «Die rein technischen Versager machen nur einen kleinen Prozentsatz aus.»

Neben intensivierten Schulungen schlug der Bull-Verkaufsleiter als weitere Maßnahme vor, den Erfahrungsaustausch unter den Fachleuten der verschiedenen Genossenschaften zu organisieren. Dies würde der Migros nach seiner Einschätzung erlauben, «das Stadium des Experimentierens auszuschalten».[150] Einen solchen systematischen Austausch würde doch «[d]ie Autonomie der Genossenschaften […] nicht unbedingt tangieren», bemerkte der Verkaufsleiter von Bull-GE süffisant.[151] Mit dieser Bemerkung zielte der Verkaufsleiter auf die heterogene Interessenlage und Konkurrenz um Einfluss innerhalb der Migros. Rudolf Suter, Präsident der Verwaltungsdelegation des MGB, hakte an diesem Punkt der Diskussion sofort ein, war doch die fehlende Kooperation unter den Genossenschaften ein immer wieder diskutiertes Thema.[152] Für den MGB stellte das an Rivalität grenzende Bestreben der Genossenschaften, «es einfach besser zu machen als die andern», wie es Suter etwas euphemistisch nannte, ein Hindernis in den Bemühungen um eine kohärente Unternehmenspolitik dar. Suter appellierte an die Genossenschaften, die Interessen des gesamten Migros-Unternehmens über die Eigeninteressen zu stellen: «Wir haben […] ein Interesse daran, dass die ganze M-Gemeinschaft von diesen Erfahrungen profitiert.»[153]

Der Bezug auf den Begriff «M-Gemeinschaft» oder «Migros-Gemeinschaft» in diesem Kontext ist aufschlussreich: Der Begriff bezog sich auf die Vorstellung einer Einheit, deren heterogene Bestandteile durch eine weitgehend homogene Interessenslage geeint wurde.[154] Um seine von den Statuten vorgesehene Position als koordinierende Instanz dieser Gemeinschaft zu stärken und zu zementieren, hatte der MGB großes Interesse daran, innerhalb der Migros eine möglichst

---

150 Archiv MGB, G 730, Allgemeine Diskussion, 28. Januar 1966, S. 4; Der heutige Stand des Computer-Einsatzes in der Migros per 1. Januar 1966, Unterlagen zur Tagung vom 28. Januar 1966.

151 Archiv MGB, G 730, Allgemeine Diskussion, 28. Januar 1966, S. 5.

152 Auch der amerikanische Einzelhandelsexperte William Applebaum, der die Migros immer wieder in verschiedenen Angelegenheiten beriet, beanstandete den fehlenden Erfahrungsaustausch innerhalb der Migros: «Die Migros entwickelt sich wie eine Art isolierter

Staat. […] Schaffen Sie ein System, um Auskünfte, Erfahrungen auszutauschen. […] Dieser Gedankenaustausch muss für die Geschäftsleiter eingeführt werden, sondern für all jene, die schöpferisch tätig sind: Verkaufschefs, Filialkontrolleure, Personalchefs, etc.» Archiv MGB, G 257, Sitzung der erweiterten Geschäftsleitertagung, 7. März 1958, S. 10ff.

153 Archiv MGB, G 730, Allgemeine Diskussion, 28. Januar 1966, S. 5.

154 Die Parallelen zur föderalistischen Struktur der Schweiz sind offensichtlich und von Gottlieb Duttweiler durchaus beabsichtigt.

starke Kohärenz zu schaffen. Sein gewünschter Einfluss bezog sich auf verschiedenste Bereiche von der Sortimentsgestaltung, dem Ladenlayout bis zu betrieblichen Abläufen. Die Bemühungen verstärkten sich insbesondere nach dem Tod der Integrations- und Gründerfigur Gottlieb Duttweiler 1962. Das als strategisch wichtig identifizierte Gebiet des Computereinsatzes nutzte der MGB nicht nur, um unter seiner Leitung ein gemeinsames Vorgehen in Bezug auf die Implementation elektronischer Datenverarbeitung zu erreichen. Vielmehr bediente sich der MGB der rechnergestützten Technik, um sich innerhalb der Migros einen technisch basierten Zusammenhang zu schaffen. Die technische Infrastruktur der elektronischen Datenverarbeitung diente als strukturierendes Instrument in der Organisation des gesamten Migros-Unternehmens.

Die Konferenz im Januar 1966 benutzte der MGB als erste Gelegenheit, um gegenüber den Genossenschaften diese Absicht klarzumachen. Wie der Vortrag von Frank Rentsch zeigt, war die Organisation eines zukünftigen EDV-Systems eng mit der Frage nach der Ausgestaltung der Beziehungen zwischen MGB und den Genossenschaften verknüpft. Die Frage lässt sich auf diesen kurzen Nenner bringen: Dezentrales oder ein auf den MGB ausgerichtetes zentrales EDV-System? Beantworten lässt sich diese Frage nicht unabhängig vom maschinentechnischen Kontext: In der Migros existierten materielle Pfadabhängigkeiten in Form bereits bestehender Rechneranlagen, was ein dezentrales System naheliegender erscheinen ließ.[155] So war denn Rentschs Plädoyer für ein dezentrales EDV-System angesichts seiner Funktion als Geschäftsleiter einer Genossenschaft, die sich seit Jahren mit der elektronischen Datenverarbeitung auseinandersetzte und laufend deren Möglichkeiten erprobte, nicht erstaunlich. Das von ihm ins Feld geführte Argument der technischen Machbarkeit stand jedoch auf wackligen Füßenn: In unhinterfragter linearer Fortschreibung der steten Leistungssteigerung ließ der Verkaufsdirektor von Bull-GE nämlich keinen Zweifel daran, dass die für ein zentrales System nötigen leistungsfähigen Computer in nächster Zeit zur Verfügung stehen werden. Er unterstrich seine Argumentation mit dem Hinweis auf das Referenzland USA. Dort sei allgemein ein Trend zu zentralen EDV-Systemen festzustellen. Es sei also davon auszugehen, dass auch bei der Migros in zehn Jahren ein solches System bestehen werde.[156]

Als weitere Argumente gegen ein dezentrales EDV-System wurden deren Realisier- und Finanzierbarkeit angeführt: Wie könne angesichts der enormen finanziellen Kosten «die Anschaffung von Datenverarbeitungsanlagen in je-

155 Archiv MGB, G 730, Allgemeine Diskussion, 28. Januar 1966, S. 2. Zum Konzept der Pfadabhängigkeit und einer kritischen Bewertung desselben siehe: David, *Understandig the Eco-* *nomics of QWERTY*; Margolis und Liebowitz, *Path Dependence*.

156 Archiv MGB, G 730, Allgemeine Diskussion, 28. Januar 1966, S. 2 und S. 6.

dem Betrieb der Migros-Gemeinschaft verantwortet werden», wurde gefragt.[157]
Zudem werde es «unmöglich» sein, für jedes Migros-Unternehmen die notwen-
digen EDV-Fachleute zu rekrutieren. Die wahrgenommene Knappheit von
EDV-Fachkräften wurde hier ein erstes Mal als Argument für ein zentrales EDV-
System angeführt. Zentrales Thema der Migros-internen Diskussion war also,
dass die millionenteuren Rechenmaschinen von einer gegenwärtig nicht verfüg-
baren Zahl von Fachkräften bedient werden müssen, damit sie ihre vorgesehene
Funktion im betrieblichen Alltag erfüllen.

Diese Debatte macht deutlich, dass die Computer in der betrieblichen Realität keineswegs Managementinstrumente waren – davon waren sie weit entfernt.
Es wird erkennbar, dass die Einpassung der elektronischen Rechenmaschinen in
den unternehmerischen Kontext viel Zeit, Personal, Geld und Geduld verlangte.
Dies nicht zuletzt, weil sich die Verständigung zwischen den Computerexperten
und Einzelhändlern als schwierig erwies. An der Konferenz manifestierten sich
die heterogenen Vorstellungen und Bedürfnisse im Hinblick auf den Einsatz von
Computern innerhalb der Migros. Die Vision eines umfassenden rechnergestützten Warenwirtschaftssystems verhallte ohne nennenswertes Echo von Seiten
der Genossenschaften. Diese zeigten kaum Gehör für die Versprechungen der
Computerhersteller – zu groß war die Diskrepanz zwischen deren Visionen und
der betrieblichen Realität.

Ausweitung des Einflussbereichs des MGB

Welche Auswirkungen hatte dieser Widerspruch zwischen Erwartungen und
betrieblicher Praxis auf die weitere Karriere der Computer in der Migros? Diese
Frage kann folgendermaßen beantwortet werden: Die anlässlich der Tagung
vom Januar 1966 zutage getretene Diskrepanz zwischen computertechnischen
Versprechungen und betrieblicher Realität zog in der Migros nicht das Karrie-
reende des Computers als Managementinstrument nach sich. Die diskursive
Umdeutung des Computers zu einem Instrument der Unternehmensführung erwies sich als zu wirkungsmächtig, um durch die kritischen Stimmen, wie sie an
dieser Konferenz zum Ausdruck kamen, ernsthaft ins Wanken zu geraten.

Die ungebrochene Attraktivität des Computers spiegelte sich unter anderem
in einem Artikel von Elsa Gasser wider, in dem unter dem einschlägigen Titel
«Was kommt nach der Selbstbedienung?» in der Fachzeitschrift *Selbstbedienung &*
Supermarkt zu lesen war: «Der Computer ist [...] in der Tat die Wundermaschine,
ohne die das Leben von morgen fast undenkbar ist. [...] Je größer, je weniger
übersichtlich der Betrieb, je mehr es auf rasche, tiefgreifende Umstellungen in

---

157 Siehe für den folgenden Abschnitt: Archiv
    MGB, G 730, Allgemeine Diskussion, 28. Ja-
    nuar 1966.

neuen Situationen ankommt, desto notwendiger ist eine knappe, fehlerfreie und vor allem superschnelle Information für jene, die folgenschwere Entscheidungen zu treffen haben.»[158] Der MGB als Konzernleitung der Migros hatte die Argumentation der Computerhersteller übernommen und stellte die rechnergestützte Technik nun seinerseits als Instrument der Kontrolle und Steuerung dar. Im Nachgang zur Konferenz vom Januar 1966 war der MGB aus diesem Grund bestrebt, sich innerhalb der Migros den entscheidenden Einfluss auf diese zukunftsträchtige Technik zu sichern. Ein *erster* Schritt in diese Richtung war die personelle Neubesetzung der Leitung der Abteilung Elektronische Datenverarbeitung: Im Herbst 1966 wurde ein promovierter Ingenieur als Chef der EDV-Abteilung des MGB eingestellt.[159]

Im Januar 1967, also genau ein Jahr nach der Konferenz über den Einsatz der elektronischen Datenverarbeitung in der Migros, wurde der MGB aktiv. Walter Urech kündigte in einem Schreiben an die Genossenschaftsleiter eine «Reorganisation im Sektor der elektronischen Datenverarbeitung» an.[160] Als Vorsteher des MGB-Departements Finanzen und Organisation hatte Urech die oberste Leitung im Bereich der elektronischen Datenverarbeitung in der Migros inne. Im März 1967 trat Urech mit einer programmatischen Rede vor die Geschäftsleiter, Direktoren und Vizedirektoren aller Genossenschaften und Migros-Unternehmen. Diese Rede an der ersten sogenannten Geschäftsleiterkonferenz mit diesem erweiterten Teilnehmerkreis kann als *zweiter* Schritt hin zu einer konkreten Einflussnahme des MGB im Bereich der elektronischen Datenverarbeitung innerhalb der Migros bezeichnet werden.

Urechs einleitende Worte ließen in ihrer Deutlichkeit keinen Zweifel hinsichtlich der Absichten der Verwaltungsdelegation zu: «Der Computer ist weder ein ‹status symbol› für die Größe und Bedeutung einer Gesellschaft noch eine bessere Rechen- und Fakturierungsmaschine. Richtig angewandt, ist er ein Werkzeug der Geschäftsleitung; er soll eine Unternehmung transparent machen und dadurch völlig neue Arbeitsabläufe und Erkenntnisse ermöglichen.» Für die Verantwortlichen im MGB war der Computer nicht länger eine Rechenmaschine, die in den Genossenschaften die Bestellungen rationell verarbeitet, sondern ein wirkungsmächtiges Managementinstrument, das eindeutig dem Kompetenzbereich des MGB und der Verwaltungsdelegation als oberster Leitung der Migros zugeordnet wird. Anknüpfend an diese Zuschreibung ortete Walter

158 Gasser, *Was kommt nach der Selbstbedienung?*, S. 24ff.

159 Die Suche nach einer geeigneten Führungsperson scheint in Anbetracht «des großen Mangels an erfahrenen Führungskräften im EDV-Sektor» schwierig gewesen zu sein. Nur widerwillig akzeptierte die Verwaltungsdele-

gation die Lohnforderung des Stellenanwärters und verweigerte ihm aber die Unterschriftenberechtigung. Archiv MGB, 200. Verwaltungsdelegationssitzung MGB, 13. Oktober 1966, S. 2.

160 Siehe für den folgenden Abschnitt: Archiv MGB, 35. Geschäftsleiterkonferenz, 15. März 1967, S. 2ff.

Urech in der Migros bestehende Defizite bezüglich der Computeranwendung, die nach seiner Ansicht das lenkende Eingreifen des MGB erforderlich machen: So werden zurzeit in der Migros «die Computer bei weitem noch nicht überall so eingesetzt, wie dies sein sollte». Auch sei in der Migros «weder von ‹Wissenschaft› noch von ‹Methode› sehr viel festzustellen» und das entscheidende Prinzip des *management by exception* scheine «weitgehend unbekannt» zu sein.[161]

Eine Ursache für diesen seiner Ansicht nach noch nicht optimalen Gebrauch der Computer machte Walter Urech «im Fehlen einer einheitlichen Computer-Sprache» aus.[162] Mit dieser Aussage sprach er zwei Ebenen an. Einerseits ging es um die technische Kompatibilität von Computern verschiedener Hersteller, die in den 1960er Jahren keineswegs gegeben war. Andererseits weist diese Aussage auf die noch nicht stabilisierte Kommunikation über Computer und deren Funktion innerhalb der Migros hin. Wie schon anlässlich der Konferenz vom Januar 1966 deutlich geworden war, sprachen innerhalb der Migros verschiedene Akteure in verschiedenen Sprachen über die rechnergestützte Technik. Mit der elektronischen Datenverarbeitung wurden unterschiedlichste Erwartungen verbunden, die auf heterogene Zielvorstellungen gründeten. Die elektronische Datenverarbeitung war in der Migros zu diesem Zeitpunkt noch kein gefestigtes Konzept, mit dem alle Beteiligten die gleichen Hoffnungen und Erwartungen verbanden. So verwies diese sich noch im Fluss befindliche Terminologie darauf, dass die Computertechnik zu diesem Zeitpunkt in der Migros ein *boundary object* ist. Unter anderem war unklar, was die rechnergestützte Technik zu leisten vermochte. Um mit den beiden Techniksoziologen Wiebe E. Bijker und Trevor J. Pinch zu sprechen: Es hatte noch keine *closure* stattgefunden; die Aushandlungen über den Einsatzbereich und die Leistungsfähigkeit der Computer waren noch im Gang.[163] Um eine stabile Kommunikation über eine neuartige Technik zu erreichen, musste zunächst Kohärenz bezüglich der Sprache und der Erwartungen hergestellt werden. Dazu gehörte die Verständigung über Begrifflichkeiten. Einen ersten Versuch in diese Richtung unternahm der MGB im Januar 1966 durch die Abgabe einer Broschüre mit Definitionen wichtiger Begriffe aus dem Bereich der elektronischen Datenverarbeitung an die Kadermitarbeitenden.[164] Eine weitere Möglichkeit, um die Kommunikation zu verstetigen und zu stan-

---

161 Walter Urech unterschlägt hier, dass gleichzeitig bei der GMZ ein auf den Prinzipien von *management by exception* basierendes Bestellsystem eingeführt wurde. Im nächsten Teil dieser Studie komme ich ausführlich auf dieses Bestellsystem und seine Verfahrensweise zu sprechen.

162 Archiv MGB, 35. Geschäftsleiterkonferenz, 15. März 1967, S. 6.

163 Zum Konzept der *closure* siehe: Bijker, Hughes und Pinch, *The Social Construction of Technological Systems*; Latour, *Science in Action*.

164 Es waren nicht die Genossenschaftsleiter, die Departementsvorsteher oder Betriebsleiter, die täglich und unmittelbar mit den elektronischen Rechenmaschinen in Kontakt kam, sondern die Locherinnen, Datatypistinnen, *systems operators* und Systemanalytiker. So erstaunt es nicht, dass zunächst computertechnische Begrifflichkeiten geklärt werden

dardisieren, bestand darin, Experten anzurufen, die kraft ihrer Autorität als Sachverständige Terminologie und Semantik bestimmten. Auch dies lässt sich an der Konferenz vom Januar 1966 beobachten: Die Vertreter des MGB bezogen sich immer wieder auf Aussagen der Computerhersteller, um ihren Standpunkt zu stützen.[165]

Wie schon im Zusammenhang mit dem Begriff des Computers als *boundary object* erklärt, ist die Unklarheit über Leistungsfähigkeit und Begrifflichkeiten nicht grundsätzlich negativ für den Erfolg einer Technik. So ermöglicht diese diskursive Offenheit unter anderem, heterogene Interessen zu homogenisieren, Handlungsspielräume zu eröffnen und die Durchsetzungskraft einer Technik zu erhöhen.[166] Gerade diese unentschiedene Situation rechtfertigte in der Darstellung Urechs konkrete Eingriffe des MGB: Um das Ziel vereinheitlichter «Betriebsführungsmethoden» zu erreichen und «die sich bietenden Möglichkeiten zum Wohle [des] Unternehmens auszunützen», kündigte er an, dass der MGB «die individuellen Experimente» auf dem Gebiet der elektronischen Datenverarbeitung radikal beschränken wird. Bis die «innerbetrieblichen Voraussetzungen» für den Computereinsatz geschaffen seien, verordnete Walter Urech den Migros-Unternehmen «äusserste Zurückhaltung» bei Neuanschaffungen oder Ausbauten.[167] Erst sollte bei den bestehenden Rechenanlagen eine Konsolidierung erreicht werden. Dies kam einem faktischen Anschaffungsstopp für Rechenmaschinen gleich. Diesen Marschhalt wollte Urech außerdem dazu nutzen, alle «Einzelarbeiten im Bereich der Datenverarbeitung und ihrer Applikationen» auf «das gemeinsame Ziel» auszurichten, damit «nicht nachträglich die Methoden der Maschine angepasst werden müssen.» Hinter diesen Anweisungen stand also die Absicht des MGB, die Betriebsführung innerhalb des Konzerns zu homogenisieren. Gleichzeitig war dieser Marschhalt auch ein Versuch, sich vom Einfluss der Computerunternehmen wenigstens teilweise zu befreien. Die Verwaltungsdelegation war sich der Wissensasymmetrie zwischen den unternehmerischen Anwendern und den Verkäufern der rechnergestützten Technik bewusst und reagierte darauf mit dem Aufbau unternehmensinterner Wissensbestände.[168] So verlangte Walter Urech von «allen bekannten Computer-Firmen einen allgemeinen Beratungs- und Offertstop für sämtliche Migros-

---

mussten. Archiv MGB, G 185, Einige wichtige Begriffe aus dem Gebiet der elektronischen Datenverarbeitung, Unterlagen zur Tagung vom 28. Januar 1966; G 311, Referat des Leiters der EDV-Abteilung des MGB über «Was ist elektronische Datenverarbeitung?» anlässlich der JOWA-EDV vom 6. Juli 1967. Zu den Berufen der elektronischen Datenverarbeitung: Schweizerischer Verband für Berufsberatung, *Berufe der Datenverarbeitung.*

165 Auch dies lässt sich an der Konferenz vom Ja-

nuar 1966 beobachten: Archiv MGB, G 730, Allgemeine Diskussion. 28. Januar, 1966, S. 2.
166 Siehe dazu exemplarisch: Gugerli, *Redeströme.*
167 Archiv MGB, 35. Geschäftsleiterkonferenz, 15. März 1967, S. 6.
168 So führte der MGB ab 1969 nicht nur allein wegen des anhaltenden Mangels an EDV-Personal eigene Ausbildungskurse durch, sondern auch um interne Wissensbestände aufzubauen. Archiv MGB, Rechenschaftsbericht GMZ 1969, S. 12.

Unternehmen».[169] In Zukunft werde es «unter der Führung des MGB» darum gehen, die «optimalen Arbeitsmethoden» auf «wissenschaftlicher Basis» zu entwickeln. Dazu sollten unternehmensinterne Spezialistengruppen gebildet werden, die «sowohl ihre angepassten Fachgebiete als auch die Möglichkeiten der elektronischen Datenverarbeitung kennen». So sollte die Verständigung zwischen Fachleuten des Einzelhandels und der EDV erleichtert werden. Zukünftig wollte Walter Urech die Computerfirmen keinesfalls mehr «zu früh zur Planung einer Rechneranlage oder zur Lösung eines Problems» beiziehen, denn damit verspiele man sich oftmals die «freie Hand» bezüglich der Wahl der Computermarke.

Um *erstens* die vom MGB angestrebte computertechnische Vereinheitlichung zu erreichen und *zweitens* eine weitgehende Unabhängigkeit von der Expertise der Computerhersteller zu gewährleisten, erweiterte der MGB den Auftrag seiner EDV-Abteilung: Der Zuständigkeitsbereich der EDV-Abteilung umfasste neu «neben der Lösung der Datenverarbeitungsprobleme des MGB auch die Beratung und Unterstützung der Genossenschaften und der übrigen Migros-Betriebe»[170]. Diese Beratungsstelle stand fortan den Genossenschaften und anderen Unternehmen der Migros «bei der Lösung ihrer Datenverarbeitungsprobleme» unterstützend zur Seite.[171] Wohl anerkannte der MGB auf der Geschäftsleiterkonferenz, dass «viele Genossenschaften in dieser Hinsicht schon gute Arbeit geleistet haben», nun aber gelte es, «eine nutzbringende Zusammenarbeit herbeizuführen».[172] Und eine solche war in den Augen der Verwaltungsdelegation nur unter Anleitung der Beratungsstelle des MGB zu erreichen.

Entgegen Urechs einleitender Aussage, dass die Computertechnik mithelfe, «die Organisation abzubauen, anstatt aufzubauschen», schaffte der MGB also zum Zweck einer seinen Vorstellungen entsprechenden Anwendung eben dieser Technik eine neue Organisationseinheit.[173] Diese zentrale Beratungsstelle kann als Antwort des MGB auf verschiedene Problemlagen verstanden werden: *Erstens* war sie eine Reaktion der Verwaltungsdelegation auf den schon auf der Konferenz von Januar 1966 beklagten fehlenden Erfahrungsaustausch unter den EDV-Fachleuten innerhalb der Migros. Offensichtlich hatte sich diese Situation in den Augen der Verwaltungsdelegation seither nicht entscheidend verbessert. Nun sollte eine oktroyierte zentrale Koordination durch die EDV-Abteilung des MGB dies zustande bringen.

Zweitens hatten der MGB und seine EDV-Abteilung ein Interesse daran, von den Erfahrungen und dem praktischen Wissen der Genossenschaften zu profitie-

169 Siehe für den folgenen Abschnitt. Archiv MGB, 35. Geschäftsleiterkonferenz, 15. März 1967, S. 6f.
170 Archiv MGB, Rechenschaftsbericht MGB 1967, S. 30.
171 Archiv MGB, 35. Geschäftsleiterkonferenz, 15. März 1967, S. 5.

172 Archiv MGB, 35. Geschäftsleiterkonferenz, 15. März 1967, S. 7.
173 Archiv MGB, 35. Geschäftsleiterkonferenz, 15. März 1967, S. 5.

ren, das diese in ihrer schon länger andauernden Beschäftigung mit elektronischer Datenverarbeitung erworben hatten. Durch die Nutzung und Zusammenführung von bereits vorhandenen Wissensbeständen baute der MGB seinerseits unternehmensinternes Wissen über diese zukunftsweisende Technik auf, was ihn – wenigstens teilweise – von der Beratung der Computerhersteller unabhängiger machte.[174]

Drittens stellte diese Beratungsstelle die konkrete Einflussnahme des MGB auf die EDV-Tätigkeiten der Migros-Unternehmen sicher. Unter der Bezeichnung ‹Beratung› versuchte der MGB also, aktiv auf eine seinen Vorstellungen angepasste EDV-Infrastruktur und -anwendung hinzuwirken.

Die Reaktion der anwesenden Genossenschaftsleiter, Direktoren und Vizedirektoren der Migros-Unternehmen auf diese von Urech angeordneten Maßnahmen fiel gemäß dem Protokoll «ganz verschieden» aus. Grundsätzlich erkannten die Vertreter der Migros-Unternehmen und -genossenschaften «die Notwendigkeit der Zusammenarbeit auf diesem Gebiet», hält das Protokoll fest.[175] Diese Unterstützung von Seiten der Geschäftsleitungen der Migros-Betriebe war für die Wirksamkeit einer rechnergestützten Unternehmensführung von großer Wichtigkeit. Wie die Diskussion anlässlich der Konferenz vom Januar 1966 gezeigt hatte, war die Stellung der raumfüllenden Rechenkolosse innerhalb der Migros umstritten: Sie benötigten die explizite Unterstützung der Unternehmensleitung, um nicht in den Ruf eines nutzlosen Prestigeobjekts zu geraten. In seiner Rede forderte Walter Urech diese Unterstützung des obersten Managements für die elektronische Datenverarbeitung denn auch explizit ein: «Wenn einmal der Entschluss zur Einführung der Datenverarbeitung gefasst ist, muss sich der Geschäftsleiter voll und ganz hinter diese Abteilung stellen und alles tun, um den Widerstand gegen das Neue, der leider überall vorhanden ist, zu brechen und die allgemeine Anerkennung der Datenverarbeitung durchzusetzen, damit sie nicht zum Selbstzweck wird.» In diesen Worten schwang die Angst mit, durch den passiven Widerstand der Mitarbeitenden könnten die zukunftsträchtigen, teuren Rechenmaschinen zu bloßen Prestigeobjekten ohne jeglichen praktischen Nutzen, eben «zum bloßen Selbstzweck» werden. Gegen diesen befürchteten passiven Widerstand sollten die Computer durch deren

174 Die Beratungsstelle wurde durch einen externen Unternehmensberater unterstützt. Es handelte sich hierbei um einen Mitarbeiter der Unternehmensberatungsfirma *International Management Consultants*. Zur engen Verbindung von elektronischer Datenverarbeitung und der Tätigkeit von Unternehmensberatungen siehe: Williams, *Retooling*; Haigh, *Inventing Information Systems*. Die Migros pflegte schon in den 1940er Jahren enge Kontakte zu sogenannten «Organisationsexperten». Wie für diese Branche typisch wurde einer dieser Berater später Mitglied der Geschäftsleitung. Siehe dazu exemplarisch: Archiv MGB, Rechenschaftsbericht GMZ 1947, S. 1 sowie Migros-Genossenschafts-Bund, *Chronik der Migros*, S. 100.

175 Siehe für den folgenden Abschnitt: Archiv MGB, 35. Geschäftsleiterkonferenz, 15. März 1967, S. 5ff.

explizite Unterstützung der Unternehmensleitung und Vorgesetzten geschützt werden. Überhöhten Erwartungen wiederum sollte der Geschäftsleiter durch das Wissen und die Kommunikation der «Möglichkeiten und Grenzen seines Computers» beikommen. Auch wurden die Mitarbeitenden an sogenannten Informationstagen über die Einführung der elektronischen Datenverarbeitung und der daraus resultierenden betrieblichen Konsequenzen aufgeklärt.[176]

Dieser vom MGB befürchtete potenzielle Widerstand deutet auf die Kontingenz technischer Entwicklung hin: Die Nichtbeachtung einer Technik – wenn auch nur durch einen Teil der beteiligten oder betroffenen Akteure – kann dazu führen, dass sie sich nicht durchsetzt. So konnte die von bestimmten Akteuren, im konkreten Fall die Unternehmensleitung der Migros, sowie den Vertretern der Computerhersteller und Unternehmensberatungsfirmen als unausweichlich empfundene technische Entwicklung hin zur rechnergestützten Unternehmensführung durchaus unterlaufen werden – aufgrund unterschiedlichster Motive.[177]

Die Einflussnahme des MGB auf die Ausgestaltung der elektronischen Datenverarbeitung der Migros-Betriebe mittels der zentralen Beratungsstelle schien zunächst zu funktionieren. Der Rechenschaftsbericht des MGB von 1967 berichtete von mehreren Produktionsbetrieben, die bei der Planung, Auswahl und Einführung der elektronischen Datenverarbeitung von dieser Stelle beraten und unterstützt werden.[178] Auch die GMZ arbeitete bei der Anschaffung der neuen Rechneranlage mit der EDV-Abteilung des MGB zusammen.[179]

Im gleichen Jahr berichtete der Rechenschaftsbericht des MGB zudem von einem Zusammenschluss mehrerer Genossenschaften, um die im Zusammenhang mit der Einführung der elektronischen Datenverarbeitung entstehenden «Organisationsaufgaben» zu bewältigen.[180] Im Frühjahr 1968 war dieses Projekt für eine gemeinsame Einführung der Datenverarbeitung unter der Leitung von Frank Rentsch, dem Geschäftsleiter der Genossenschaft Bern, so weit gediehen, dass beim englischen Computerhersteller ICL eine Bestellung für sechs Computer «im Wert von mehreren Millionen Franken» einging.[181] Rudolf Suter, Präsi-

176 Archiv MGB, G 311, Informationstagung über die Einführung der Datenverarbeitung in der Jowa AG Zürich vom 13. Juli 1967; Referat zur Einführung der EDV im Jowa-Betrieb Zürich, 19. Juni 1967; Vortrag des Chefs der EDV-Abteilung des MGB «Was ist elektronische Datenverarbeitung?» vom 6. Juli 1967.

177 Siehe zu diesem Argument wider den technischen Determinismus: Williams, *Retooling*. Zum Widerstand gegen neue Technologien siehe: Kline, *Restisting Consumer Technology in Rural America*; Bauer, *Resistance to new technology*.

178 Es handelte sich dabei um die Migros-Unter-

nehmen Jowa AG Zürich, Konservenfabrik Bischofszell, Micarna SA sowie Ex Libris Verlag AG. Archiv MGB, Rechenschaftsbericht MGB 1967, S. 35ff.

179 Archiv MGB, Rechenschaftsbericht MGB 1967, S. 35. Archiv GMZ, Sitzung der Verwaltung GMZ, 3. November 1967, S. 2. Beilage: Exposé «Die Entwicklung der GMZ-Datenverarbeitungs-Abteilung».

180 Archiv MGB, Rechenschaftsbericht MGB 1967, S. 35; Rechenschaftsbericht MGB 1968, S. 50.

181 Archiv MGB, 223. Verwaltungsdelegationssitzung MGB, 16. Mai 1968, S. 8.

dent der Verwaltungsdelegation, erfuhr von dieser Bestellung lediglich durch eine Presseagenturmeldung; ein Umstand, der nicht nur bei ihm, sondern bei der gesamten Verwaltungsdelegation «großes Befremden» auslöste. Es war dies nicht das letzte Mal, dass sich die Kommunikation innerhalb der Migros, wenn es um die elektronische Datenverarbeitung ging, als problematisch erwies. Die gemeinsame Einführung elektronischer Datenverarbeitung zeigt exemplarisch die Schwierigkeiten der Projektorganisation im Bereich der Computertechnik: Das Projekt geriet immer wieder ins Stocken und wurde schließlich nach drei Jahren, im Juni 1969, abgebrochen.[182]

Warum kam es zu diesem Abbruch? *Erstens* erwies sich «die Vereinheitlichung der organisatorischen Grundlagen» in den einzelnen Migros-Unternehmen als «schwierig».[183] Allein schon das Tempo der Einführung der elektronischen Datenverarbeitung war umstritten. Von grundlegender Bedeutung war jedoch die Uneinigkeit betreffend des zukünftigen Managements von Projekten, bei denen der MGB als koordinierende Instanz beteiligt war.[184] Sollte die Verwaltungsdelegation laufend über den Projektfortgang informiert werden oder genügte eine abschließende Berichterstattung? Diese Frage konnte an den Sitzungen der Verwaltungsdelegation nicht geklärt werden. Alle Verwaltungsdelegationsmitglieder bekräftigten jedoch, dass sie «die Vereinheitlichung der Datenverarbeitung innerhalb der Migros-Gemeinschaft» grundsätzlich befürworteten – auch wenn deren Durchsetzung angesichts der genossenschaftlichen Autonomie «sehr schwierig» sei. Als zuständiges Delegationsmitglied versicherte Walter Urech, sich weiterhin «im Rahmen der Möglichkeiten» dafür einzusetzen.

Zweitens gestaltete sich die Zusammenarbeit mit dem englischen Computerhersteller ICL so schwierig, dass der Abbruch des Projektes von Seiten des MGB hauptsächlich damit begründet wurde.[185] Aufgrund nicht bestellungskonformer Lieferung und mangelnder Unterstützung durch die Firma trat die Migros vom Vertrag zurück.[186] Obwohl der MGB eine möglichst weitgehende Unabhängigkeit von der Beratung der Computerhersteller anstrebte, indem er unternehmensintern vorhandene Wissensbestände aufbaute, erwies sich die Unterstützung seitens der beteiligten Computerfirma als notwendig. Im Fall von ICL kam noch ein weiterer Umstand hinzu, der die Zusammenarbeit und Kommunikation mit der Migros zusätzlich erschwert haben dürfte: ICL entstand 1968 aus der

182 Archiv MGB, 240. Verwaltungsdelegationssitzung MGB, 6. Juni 1969, S. 5f.
183 Archiv MGB, 237. Verwaltungsdelegationssitzung MGB, 28. März 1969, S. 12.
184 Archiv MGB, 240. Verwaltungsdelegationssitzung MGB, 6. Juni 1969, S. 6.
185 Archiv MGB, 240. Verwaltungsdelegationssitzung MGB, 6. Juni 1969, S. 6.

186 Archiv MGB, 240. Verwaltungsdelegationssitzung MGB, 6. Juni 1969, S. 5f. Gleichzeitig
   strengte der MGB gegen ICL einen Prozess
   an, der erst drei Jahre später beigelegt wurde.
   292. Verwaltungsdelegationssitzung MGB,
   9. Juni 1972, S. 7.

Fusion mehrerer englischer Computerhersteller.[187] Eine Fusion bindet intern
viele Ressourcen eines Unternehmens, was sich auf die Kommunikation und
Zusammenarbeit mit Kunden negativ auswirken kann. Dieser Zusammenschluss
stand exemplarisch für den Computermarkt der 1960er Jahre, der geprägt war
von zahlreichen Übernahmen, Fusionen wie auch Konkursen.[188] Dass dieser sich
stark verändernde Herstellermarkt den Anwenderunternehmen Schwierigkeiten
bereiten konnte, zeigt dieses Beispiel. Aufgrund dieser Erfahrungen beschloss
Walter Urech nach Aufkündigung der Zusammenarbeit mit ICL, dass «trotz des
höheren Preises» Rechenanlagen von IBM für die sechs Genossenschaften be-
schafft wurden, dies erlaube «eine Programmierung nach einheitlichem System».[189] Zudem war IBM bekannt für die intensive Betreuung der Kunden.

Als *dritte* Ursache für den Abbruch des Projektes wurden immer wieder «Per-
sonalschwierigkeiten»[190] und «Schwierigkeiten bei der Personalrekrutierung»[191]
genannt. Dieser Mangel an qualifiziertem EDV-Personal wurde schon ein Jahr
zuvor, 1968, zu einem wichtigen Argument im Zusammenhang mit der weiteren Konkretisierung der EDV-Strategie des MGB.

Ein zentrales rechnergestütztes Informationssystem

Das im Frühjahr 1968 begonnene Projekt zur gemeinsamen Einführung elektronischer Datenverarbeitung in sechs Genossenschaften stand im Zusammenhang
mit der Entscheidung der Verwaltungsdelegation, die elektronische Datenverarbeitung zentral zu organisieren. Im Sommer 1968 legte der Leiter der EDV-Abteilung des MGB der Verwaltungsdelegation ein «Memorandum zur Datenverarbeitung in der Migros-Gemeinschaft» vor.[192] Dieses Dokument skizzierte die
Vorstellungen der EDV-Abteilung über die zukünftige Organisation der Datenverarbeitung in der Migros und forderte von der Verwaltungsdelegation eine
Grundsatzentscheidung.[193] Das Memorandum konkretisierte die im März 1967

187 Zur Geschichte von ICL siehe: Campbell-
Kelly, *ICL*; Usselman, *IBM and its Imitators*,
S. 16ff.
188 Für einen Überblick über die Veränderungen
in der Computerindustrie in den 1960er Jahren siehe: Cortada, *The Digital Hand. How
Computers changed the Work of American Manufacturing, Transportation, and Retail Industries*,
S. 193ff; Campbell-Kelly und Aspray, *Computer*; Ceruzzi, *A History of Modern Computing*.
Für die Zeit ab 1975 siehe: Campbell-Kelly
und Garcia-Swartz, *Persistence and Change*.
189 Archiv MGB, 240. Verwaltungsdelegationssitzung MGB, 6. Juni 1969, S. 6.
190 Archiv MGB, Rechenschaftsbericht MGB
1969, S. 20.

191 Archiv MGB, 237. Verwaltungsdelegations-
sitzung MGB, 28. März 1969, S. 12.
192 Archiv MGB, 232. Verwaltungsdelegations-
sitzung MGB, 6. Dezember 1968, Beilage:
Memorandum zur Datenverarbeitung in der
Migros-Gemeinschaft, 22. August 1968: 35.
Geschäftsleiterkonferenz, 15. März 1967,
S. 5ff.; Rechenschaftsbericht MGB 1967,
S. 30.
193 Archiv MGB, 232. Verwaltungsdelegations-
sitzung MGB, 6. Dezember 1968, Beilage:
Memorandum zur Datenverarbeitung in der
Migros-Gemeinschaft, 22. August 1968, S. 4.

angekündigte Reorganisation der elektronischen Datenverarbeitung.[194] Während an der Konferenz im Januar 1966 noch über verschiedene Optionen der Organisation elektronischer Datenverarbeitung diskutiert wurde, ließ dieses gut zwei Jahre später verfasste Memorandum keinen Deutungsspielraum mehr offen: Die elektronische Datenverarbeitung sollte nach dem Willen der Verwaltungsdelegation in der Migros zentral beim MGB organisiert werden.[195] Der Begriff der integrierten Datenverarbeitung war nun gleichbedeutend mit einer beim MGB zentralisierten Datenverarbeitung. Das *closure* hatte also stattgefunden: Ziel ist ein rechnergestütztes, zentrales Informationssystem.

Geschickt griffen die Verfasser des Memorandums, der Leiter der EDV-Abteilung und einer seiner Mitarbeiter, die seit Beginn der 1960er Jahre eingeübten Argumentationslinien über das Potenzial der rechnergestützten Technik auf und nutzten sie für ihr Anliegen einer zentral organisierten elektronischen Datenverarbeitung. Sie positionierten die elektronische Datenverarbeitung einmal mehr unmissverständlich als Instrument einer umfassenden rationalen Unternehmensführung: «Eine jede Unternehmung hat Ziele, die sie zu erreichen anstrebt. Um diese Ziele zu erreichen, werden auf allen Führungsebenen der Unternehmung Informationen benötigt, die den Führungskräften Auskunft über den für sie relevanten Teil des Betriebsgeschehens geben. Diese Informationen sollen die Führungskräfte dazu veranlassen, die Handlungen vorzunehmen und die Entscheidungen zu treffen, die notwendig sind, um die gesteckten Ziele zu erreichen.» Nur vollständige und zuverlässige Informationen, die rechtzeitig beim Entscheidungsträger eintreffen, konnten aber fundierte Entscheidungen hervorbringen, argumentierten sie. Diesen Ansprüchen könne nur die elektronische Datenverarbeitung gerecht werden. Nur sie vermöge Informationen, diese für Manager wertvollen Ressourcen, in angemessener Geschwindigkeit und Qualität zur Verfügung zu stellen. Daraus ergebe sich regelrecht ein «Zwang zur Datenverarbeitung» und zwar zu einer zentral organisierten, argumentierten sie.

Wie begründete die EDV-Abteilung diese radikale Wendung von einer dezentralen zu einer beim MGB zentralisierten EDV-Organisation? Einmal mehr war die Behauptung, die Datenverarbeitung sei bisher in der Migros nicht deren inhärenten Anforderungen entsprechend betrieben worden, Ausgangspunkt der Argumentation: Die einzelnen Unternehmensbereiche hätten verschiedene Aufgaben in eigener Regie auf Computer übertragen, was zu «dezentralen, vielfach nicht einheitlich strukturierten Datenverarbeitungsprozessen» geführt habe. Die Folge davon seien «Doppelarbeiten, uneinheitliche und unvollständige Informationen, denen es darüberhinaus an Aktualität mangelt». Diese Feststellungen der

194 Archiv MGB, 35. Geschäftsleiterkonferenz, 15. März 1967, S. 5ff.; Rechenschaftsbericht MGB 1967, S. 30.
195 Siehe für die folgenden Abschnitte: Archiv MGB, 232. Verwaltungsdelegationssitzung MGB, 6. Dezember 1968, Beilage: Memorandum zur Datenverarbeitung in der Migros-Gemeinschaft, 22. August 1968.

EDV-Abteilung führten zu einem vernichtenden Urteil den gegenwärtigen Einsatz von Computertechnik in der Migros betreffend: «[...] bei der großen Mehrheit der eingesetzten EDV-Anlagen [ist] zu beobachten, dass zwar die Hilfsmittel (die EDV-Anlagen) dem neuesten Stand der Technik entsprechen, die Organisation der Datenverarbeitungsprozesse jedoch in ihrer vorliegenden, konventionellen Form beibehalten wird. Mit dieser Art des Einsatzes von EDV-Anlagen wird aber nur eine Mechanisierung bereits bestehender Datenverarbeitungsprozesse erreicht. Die Mängel, die bereits den früheren, konventionellen Formen der Datenverarbeitung anhafteten, bleiben erhalten.» Hier wird nochmals deutlich gemacht, dass das Potenzial der rechnergestützten Technik nicht allein darin lag, dass betriebliche Abläufe auf Computer übertragen wurden und so rationeller ausgeführt werden konnten. Das entscheidende Potenzial der elektronischen Datenverarbeitung lag vielmehr in der computergerechten Zurichtung und Veränderung derselben.

Neben dieser in ihren Augen nicht adäquaten Anwendung der Computertechnik orteten die Verfasser des Memorandums auch in der Disparität der Organisation grundlegende Probleme: Innerhalb der Migros bestanden zu diesem Zeitpunkt 15 selbstständige Datenverarbeitungs-Abteilungen, die alle «praktisch ohne Berücksichtigung der andernorts gemachten Erfahrungen» arbeiteten.[196] Meist waren diese Abteilungen denjenigen Auftraggebern unterstellt, deren Datenverarbeitungsaufgaben als erste maschinell abgewickelt wurden: Den Finanz- und Buchhaltungsabteilungen.[197] Im Memorandum wurde argumentiert, dass diese dezentrale, auf lokale Bedürfnisse und Problemlagen bezogene Struktur der EDV aufgrund der knappen zeitlichen und personellen Ressourcen keinen Spielraum ließen für Visionen, wie diejenige eines umfassenden EDV-Systems, das dem Informationsbedarf des gesamten Unternehmens dient.[198] Zudem vernachlässige die gegenwärtige Organisation der Datenverarbeitung die enge Verflechtung der einzelnen Unternehmensteile der Migros sträflich. Als besonders prekär wurde der Umstand bezeichnet, dass «die Führung einer jeden Unternehmung für ihre Entscheidungen auf Informationen angewiesen ist, die bei anderen Unternehmen der Migros-Gemeinschaft anfallen.»[199] Somit sei kein Unternehmen der Migros, weder der MGB noch die Genossenschaften oder Produktionsbetriebe, in der Lage, «objektiv richtige Entscheidungen» zu treffen.

196 Archiv MGB, 232. Verwaltungsdelegations-
     sitzung MGB, 6. Dezember 1968, Beilage:
     Brief von Walter Urech an die Verwaltungs-
     delegation, 4. November 1968, S. 1.
197 Siehe dazu: Schweizerischer Verband für
     Berufsberatung, Berufe der Datenverarbeitung,
     S. 14.
198 Archiv MGB, 232. Verwaltungsdelegations-

sitzung MGB, 6. Dezember 1968, Beilage:
     Brief von Walter Urech an die Verwaltungs-
     delegation, 4. November 1968, S. 1.
199 Siehe für die folgenden Abschnitte: Archiv
     MGB, 232. Verwaltungsdelegationssitzung
     MGB, 6. Dezember 1968, Beilage: Memoran-
     dum zur Datenverarbeitung in der Migros-
     Gemeinschaft, 22. August 1968.

Vor dem Hintergrund dieser dramatischen Diagnose erschien die Zielformulierung im Memorandum einleuchtend: Die Herausforderung für den MGB bestehe darin, «die einzelnen Datenverarbeitungsaufgaben [...] zu einem geschloßenen, einheitlich konzipierten Datenverarbeitungsprozess zusammenzufassen» und so «wieder den Überblick über das betriebliche Geschehen zu erlangen.» Dazu müsse die «vorhandene Organisation der Datenverarbeitungsprozesse grundlegend angepasst und umgestellt werden [...], um die von den EDV-Anlagen gebotenen Möglichkeiten auch zu realisieren». Dies impliziere «die durchgreifende Reorganisation der Datenverarbeitung als Funktion innerhalb der Unternehmung». Was dies konkret bedeutete, wurde im Memorandum folgendermaßen skizziert: Um die Entwicklung der Gesamtkonzeption einer zentralisierten EDV zu beschleunigen und zu konkretisieren, schlug die EDV-Abteilung vor, «eine Datenverarbeitungsaufgabe so zu entwickeln, dass sie als Klammer für die übrigen Datenverarbeitungsaufgaben dienen» könne. Hierfür biete sich in erster Linie das Rechnungswesen an, da dieser Unternehmensbereich einerseits «zu den am besten definierten Arbeitsgebieten» gehöre und andererseits hier «alle Ereignisse ihren Niederschlag [finden], die in irgendeiner Weise auf die Unternehmung von Einfluss sind».[200]

Das Rechnungswesen registriere nicht nur, «was in vergangenen Perioden geschehen ist»; es stelle auch «Informationen [...] zur Planung und Kontrolle, also zwei der wichtigsten Führungsaufgaben» bereit. Erst wenn «Klarheit über die grundlegende Konzeption des Rechnungswesens» bestehe, könnten die Datenverarbeitungsprozesse im Einkauf und Verkauf, in der Produktion sowie im Personalwesen angegangen werden.

Im Memorandum der EDV-Abteilung wurde die Migros also als kybernetisches, auf wechselseitigen Interdependenzen beruhendes System dargestellt, in dem die elektronische Datenverarbeitung als Feedbackschlaufe und Zusammenhalt schaffende Klammer diente: Die elektronische Datenverarbeitung wurde als Querschnittsfunktion beschrieben und explizit zum koordinierenden Element innerhalb der Migros erhoben. Die Computertechnik wurde so zur materialisierten Vision der Migros-Gemeinschaft. Diese Assimilierung von Unternehmensorganisation und computertechnischer Vision eines Management Information Systems resultierte in einem «integrierten System der Datenverarbeitung», das der Kontrolle und dem Zugriff der Unternehmensleitung zugeordnet war.[201] Der Begriff der Integration wurde hier gleichbedeutend mit dem der Zentralisie-

200 Zur Bedeutung des Rechnungswesens im Zusammenhang der Unternehmenssteuerung siehe: Johnson, *Managing by Remote Control*.
201 Archiv MGB, 232. Verwaltungsdelegationssitzung MGB, 6. Dezember 1968, Beilage: Memorandum zur Datenverarbeitung in der

Migros-Gemeinschaft, 22. August 1968, S. 6.
202 Diese Ausrichtung auf ein Zentrum war angesichts der systemtheoretischen Idee der Kybernetik, wenn nicht gerade eine grobe Inkonsistenz, so doch keinesfalls eine zwangsläufige Schlussfolgerung.

rung der elektronischen Ressourcen gebraucht.[202] Im Vortrag von Frank Rentsch
im Januar 1966 bedeutete er lediglich die mehrmalige Verwendung von Daten in
einem Computersystem. Damals argumentierte Frank Rentsch, dass sich die
Struktur der elektronischen Datenverarbeitung der dezentralen Organisation der
Migros anpassen müsse. Nun implizierte die vom MGB angestrebte zentrale
Struktur der EDV, dass die betrieblichen Abläufe grundlegend angepasst und re-
organisiert werden mussten.

Wie legitimierte die EDV-Abteilung des MGB den Genossenschaften gegenüber diese Zentralisierung der computertechnischen Ressourcen? Schließlich
machte der MGB, indem er eine zentrale Organisation der elektronischen Datenverarbeitung propagierte, den Verkaufsgenossenschaften die Kompetenz darüber streitig. Unter anderem begründete die EDV-Abteilung des MGB diese
Zentralisierungsstrategie im Memorandum durch technischen Sachzwang und
ökonomische Rationalität:[203] Größere und damit teurere Rechneranlagen
würden über eine zum Preis proportional höhere Rechenkapazität verfügen als
viele kleinere in den Genossenschaften stationierte Anlagen: «Für 80 Prozent der
Kosten der dezentralen Datenverarbeitungssysteme ist ein zentrales System mit
fast 300 Prozent größerer Leistungsfähigkeit erhältlich.»[204] Zumal ein «gleich-
wertiges dezentrales System [...] in Wirklichkeit aus einer Vielzahl von zentralen
Systemen bestehen» würde, die finanziell und technisch aufwändig untereinan-
der verbunden werden müssten.[205] Dieses Zitat zeigt, dass in der Darstellung des
MGB faktisch gar keine Möglichkeit einer dezentralen EDV-Organisation existierte: Auch eine dezentrale Organisation war in der Argumentation des MGB
eine zentrale, denn Skaleneffekte bezüglich Leistungsfähigkeit und Kosten lassen
sich nur durch Zentralisation realisieren.

Es ist offensichtlich: Während noch zwei Jahre zuvor eine zentrale Rechneranlage für die Migros aufgrund der technischen Voraussetzungen als nicht zuverlässig genug und aufgrund der hohen Kosten als nicht finanzierbar beurteilt
wurde, drängten nun gerade diese Kriterien eine grundlegend andere Schlussfolgerung auf. Auch der Mangel an EDV-Personal, der schon seit Längerem beklagt
wurde und 1966 noch als Argument für eine dezentrale Organisation ins Feld
geführt worden war, wurde nun als Begründung für die Zentralisierung eingesetzt.[206] So argumentierte der Chef der EDV-Abteilung im Memorandum, dass

203 Zum Argument des technischen Sachzwangs
    siehe: Williams, *Retooling*; Teusch, *Freiheit und
    Sachzwang*, Steinmetz, *Anbetung und Dämo-
    nisierung des «Sachzwangs»*.
204 Archiv MGB, 232. Verwaltungsdelegations-
    sitzung MGB, 6. Dezember 1968, Beilage:
    Memorandum zur Datenverarbeitung in der
    Migros-Gemeinschaft, 22. August 1968, S. 16.
205 Archiv MGB, 232. Verwaltungsdelegations-

    sitzung MGB, 6. Dezember 1968, Beilage:
    Memorandum zur Datenverarbeitung in der
    Migros-Gemeinschaft, 22. August 1968, S. 12.
206 Radkau, *Technik in Deutschland* hat darauf hin-
    gewiesen, dass Mangel immer relativ zu ver-
    stehen ist. Anders als in anderen Branchen
    konnte der Mangel an EDV-Spezialisten
    nicht durch den saisonalen Import an auslän-
    dischen Arbeitskräften kompensiert werden,

bei einer zentralen Organisation «Lösungen für gleichartige Datenverarbeitungsaufgaben nur einmal und nicht mehrfach konzipiert werden». Dies bedeute, dass
wesentlich weniger Personal eingesetzt werden müsse, wobei auch die «Qualität
des eingesetzten Personals» einen wesentlichen Vorteil darstelle.[207]

Zur Untermauerung dieses Arguments und um allfällige Befürchtungen von
Seiten der Migros-Betriebe gegenüber einer solch zentralen Lösung in einem
ansonsten dezentral strukturierten Unternehmensverbund vorwegzunehmen,
wurde im Memorandum ein Manager des drittgrößten US-Einzelhandelsunter-
nehmens Kroger zitiert: «Vor Einführung der zentralisierten Datenverarbeitung
war es vielleicht die größte Besorgnis der Benutzer, ob sie nicht ihre Unabhängigkeit des Denkens und Handelns aufgeben müssten, um in den Genuss der
Vorteile der zentralisierten EDV-Anlagen zu gelangen. Die Erfahrung lehrt, dass
der Benutzer die Freiheit behalten hat, seine Entscheidungen zu treffen. Darüberhinaus finden gerade die Benutzer mit guten Ideen, dass es jetzt viel einfacher
als jemals zuvor ist, diese Ideen in die Tat umzusetzen, weil sie nun eine Gruppe
von EDV-Fachkräften haben, an die sie sich mit ihren Informationsproblemen
wenden können.»[208] Überhaupt ist auffällig, wie sehr die im Memorandum angeführten Argumente für eine computertechnische Zentralisierung – qualitativ
bessere Informationen, höhere Ausnützung der Rechenanlage, kleinere Kosten
sowie besser ausgebildete Fachleute – denjenigen gleichen, die als Erfahrungen
der Firma Kroger im Bericht über die EDP-Reise von 1965 festgehalten worden sind.[209] Diese Studienreise hatte also – zumindest beim MGB – einen nachhaltigen Eindruck hinterlassen und für die Genossenschaften konkrete Konsequenzen.

Widerstände

Der Vorschlag der EDV-Abteilung des MGB war in der Verwaltungsdelegation
nicht unumstritten: Ein Mitglied dieses Gremiums, Pierre Arnold, der für den
Einkauf und Verkauf der Frischprodukte zuständig war, forderte «un rapport

zumal zu diesem Zeitpunkt keine formali-
sierte Ausbildung für Informatiker existierte.
Zur Ausbildung von InformatikerInnen an
der ETH Zürich siehe: Nef und Wildi, *Informatik an der ETH Zürich, 1948–1981*;
Gugerli, Kupper und Speich, *Die Zukunftsmaschine*, S. 347ff.; Tobler und Sunier, *Loading
History*.

207 Der Bericht der EDV-Abteilung hält fest, dass
für «mittelgroße Anlagen, wie sie heute vorwiegend in der Migros-Gemeinschaft eingesetzt werden», der durchschnittliche Personal-
bedarf zehn Personen betrug. Für die

«Verarbeitung» waren nochmals etwa zehn
Personen nötig. Archiv MGB, 232. Verwaltungsdelegationssitzung MGB, 6. Dezember
1968, Beilage: Memorandum zur Datenverarbeitung in der Migros-Gemeinschaft, 22. August 1968, S. 14.

208 Archiv MGB, 232. Verwaltungsdelegations-
sitzung MGB, 6. Dezember 1968, Beilage:
Memorandum zur Datenverarbeitung in der
Migros-Gemeinschaft, 22. August 1968, S. 19.

209 Archiv MGB, G-BI.II/065, EDP-Studienreise USA 1.–15. Juni 1965, S. 27.

complet sur la situation actuelle et sur les mesures qui seront prises durant les pro-
chaines années».[210] Diese Intervention kann als Widerstand gegen das in den Augen von Pierre Arnold allzu frühe *closure* in Bezug auf die zukünftige Organisation der elektronischen Datenverarbeitung verstanden werden. Pierre Arnold
bestritt nicht das Ziel dieser Maßnahmen – «[...] la phase finale qui doit être
l'intégration de ces moyens» –, es ging ihm vielmehr darum, nicht von vornherein durch die EDV-Abteilung bezüglich der Wahlmöglichkeiten eingeschränkt
zu werden.[211]

Die Reaktion von Walter Urech auf die Forderung Arnolds zeigte, dass die
einseitige Ausrichtung des Memorandums auf den Aufbau einer beim MGB zentralisierten elektronischen Datenverarbeitung durchaus gewollt war und von ihm
als höchster Vorgesetzter unterstützt wurde: Urech signalisierte unmissverständlich, dass er nicht bereit war, einen weiteren Bericht von der EDV-Abteilung erstellen zu lassen: Alle von Pierre Arnold geforderten Punkte wären im Memorandum ausreichend dargestellt.[212] Zuerst müsse die Verwaltungsdelegation eine
Grundsatzentscheidung über die zukünftige Organisation der EDV fällen, erst
dann könne ein konkreter Bericht zur Umsetzung erstellt werden. Denn nach
seiner Ansicht wäre es angesichts der prekären Personalsituation «wenig sinnvoll», einen detaillierten Bericht zu verfassen, ohne zuvor diesen richtungwei-
senden Beschluss gefasst zu haben. Es ist offensichtlich: Walter Urech wollte in
der Verwaltungsdelegation gar keine anderen Varianten der EDV-Organisation
zur Diskussion stellen als die im Memorandum vorgeschlagene.

Die Verwaltungsdelegation folgte Urechs Argumentation und beschloss Anfang Dezember 1968 «die Integration der Datenverarbeitung innerhalb der Migros-Gemeinschaft im Sinne des EDV-Memorandums».[213] Es sollte ein zentrales
Informationssystem aufgebaut werden.[214] Als Zielvorstellung wurde explizit die
«völlige Integration der Datenverarbeitung aller Unternehmen der Migros-
Gemeinschaft» genannt.[215]

Angesichts dieser auf den MGB ausgerichteten EDV-Strategie erstaunt das im
Memorandum vorgeschlagene und von der Verwaltungsdelegation gutgeheißene
top-down-Vorgehen nicht: Die Geschäftsleiter der Migros-Unternehmen wurden
zur «aktiven Mitarbeit» bei der «Gesamtkonzeption des Datenverarbeitungsprozesses» verpflichtet, im Konfliktfall jedoch lag die alleinige Entscheidungsbefug-

210 Archiv MGB, 232. Verwaltungsdelegations-
    sitzung MGB, 6. Dezember 1968, Beilage:
    Brief von Pierre Arnold, 8. Oktober 1968.
211 Archiv MGB, 232. Verwaltungsdelegations-
    sitzung MGB, 6. Dezember 1968, Beilage:
    Brief von Pierre Arnold, 8. Oktober 1968.
212 Archiv MGB, 232. Verwaltungsdelegations-
    sitzung MGB, 6. Dezember 1968, Beilage:
    Brief von Walter Urech, 4. November 1968.

213 Archiv MGB, 232. Verwaltungsdelegations-
    sitzung MGB, 6. Dezember 1968, S. 2.
214 Archiv MGB, 297, Verwaltungsdelegations-
    sitzung MGB, 19. September 1972, Beilage:
    Beschlüsse der Verwaltungsdelegation MGB
    vom 29. September 1969, S. 1.
215 Archiv MGB, 232. Verwaltungsdelegations-
    sitzung MGB, 6. Dezember 1968, S. 2.

nis bei der Verwaltungsdelegation.[216] Die EDV-Abteilung des MGB koordinierte den «stufenweisen Aufbau des Datenverarbeitungsprozesses», wobei die «individuellen Pläne» der Migros-Unternehmen so auszurichten waren, «dass sie [...] nahtlos in den Gesamtplan der Migros-Gemeinschaft überführt werden können».[217]

Diese Entscheidung hatte zur Folge, dass ab sofort auf Weisung des MGB keine neuen EDV-Abteilungen mehr geschaffen wurden. Die bereits bestehenden sollten «abgebaut [werden], bis nur noch eine einzige, allein verantwortliche Stelle übrig bleibt».[218] Wo diese Stelle sein würde, lag auf der Hand: beim MGB. Eine weitere Konsequenz war daher die technische Aufrüstung der EDV-Abteilung des MGB, da «die jetzige den Ansprüchen nicht mehr voll genügt».[219] Es wurde ein zusätzliches Stockwerk mit einer Fläche von 1.421m² in einem Gebäude außerhalb des MGB-Hauptsitzes angemietet, um «die neue, leistungsfähigere Datenverarbeitungsanlage» sowie die Mitarbeitenden der EDV-Abteilung unterzubringen. Wegen des Gewichts der Rechenanlagen musste in dieser Liegenschaft für eine halbe Million Franken ein massiv verstärkter Boden eingebaut werden.[220]

Diese Umbautätigkeiten markierten den Beginn des Rechenzentrums des MGB, «an das die Abteilungen und Betriebe der ganzen Schweiz mit Hilfe geeigneter Datenübermittlungseinrichtungen angeschlossen werden».[221] In absehbarer Zeit sollten nach den Vorstellungen der Verwaltungsdelegation weder Abteilungen des MGB noch Produktions- und Dienstleistungsbetriebe über eigene EDV-Anlagen verfügen.

Der Verwaltungsdelegation war wohl bewusst, dass dieser Beschluss konfliktträchtig war. An einer Sitzung der Verwaltungsdelegation wurden im Herbst 1969 Bedenken geäußert, «ob eine so stark zentralisierte Organisation der Datenverarbeitung angesichts der Autonomie der Genossenschaften realisierbar» sei.[222] Denn durch die Konzentration der Datenverarbeitung beim MGB erhielten die dortigen «Fachleute eine Machtposition [...], die gewisse Gefahren in sich birgt.» Doch diese Zweifel wurden schnell aus dem Weg geräumt: Aufgrund der schon bekannten Argumente wollte die Verwaltungsdelegation jedoch keine andere

216 Archiv MGB, 232. Verwaltungsdelegationssitzung MGB, 6. Dezember 1968, Beilage: Memorandum zur Datenverarbeitung in der Migros-Gemeinschaft, 22. August 1968, S. 21f.

217 Archiv MGB, 232. Verwaltungsdelegationssitzung MGB, 6. Dezember 1968, Beilage: Memorandum zur Datenverarbeitung in der Migros-Gemeinschaft, 22. August 1968, S. 21ff.

218 Archiv MGB, 232. Verwaltungsdelegationssitzung MGB, 6. Dezember 1968, Beilage: Brief von Walter Urech, 4. November 1968, S. 3.

219 Archiv MGB, 232. Verwaltungsdelegationssitzung MGB, 6. Dezember 1968, S. 2.

220 Archiv MGB, 237. Verwaltungsdelegationssitzung MGB, 28. März 1969, S. 12.

221 Archiv MGB, Rechenschaftsbericht MGB 1969, S. 40.

222 Siehe für den folgenden Abschnitt: Archiv MGB, 245. Verwaltungsdelegationssitzung MGB, 29. September 1969, S. 2.

Möglichkeit als die zentrale Organisation des elektronischen Warenwirtschaftssystems erkennen: Es sei der Mangel an EDV-Spezialisten, der eine dezentrali-
sierte Lösung verhindere, hätten doch selbst die Genossenschaften «große
Schwierigkeiten, für ihre Anlagen das nötige Personal zu finden.» Überhaupt sei
eine zentralisierte Organisation für die Geschäftsleitungen vorteilhafter, da diese
«die vom Computer benötigten Informationen auf Distanz ohne Zeitverlust erhalten» würden. Mit diesen Argumenten wurden einmal mehr die technische
Überlegenheit des geplanten zentralen Informationssystems gegenüber einer dezentralen Gestaltung sowie die sich daraus ableitende Notwendigkeit eines
MGB-Rechenzentrums unterstrichen.

Aktenkundig geworden ist entgegen den Befürchtungen der Verwaltungsdelegation nicht Widerstand von Seiten der Genossenschaften, sondern eine auf-
schlussreiche Stellungnahme der Einkaufsabteilung für Gebrauchs- und Textil-
artikel des MGB gegen dieses rechnergestützte Warenwirtschaftssystem.[223] Der
Kernpunkt der Kritik dieser Abteilung, die für den Einkauf der *non food* Artikel
beim MGB zuständig war, am geplanten rechnergestützten Warenwirtschaftssystem betraf «die Anschaffung EINES Computers für alle vorgesehenen Arbeiten».
Dies sei «nicht zu verantworten». Gemeint war die elektronische Verwaltung des
food und *non food* Sortiments in ein und derselben EDV-Anlage. Die Abteilung
argumentierte: «[D]iese beiden Hauptartikel-gruppen [sind] völlig verschieden.»
So seien im *non food* Bereich beispielsweise kurzfristige Programmänderungen
aufgrund der häufigen Sortimentserweiterungen nötig. Diese häufigen Änderungen würden «sehr komplizierte Arbeiten, die [...] Einfluss auf die übrigen
Programme haben», implizieren. Aus diesem Grund müsse auch «die Computer-
Verarbeitung für diese beiden Sortimentsgruppen «differenziert» sein, forderte
die Einkaufsabteilung *non food*. Sie schlug darum vor, je einen Computer für das
food und das *non food* Sortiment zu beschaffen und entsprechend im MGB zwei
EDV-Abteilungen aufzubauen. Als Vorteil dieses Vorgehens führte die Abteilung ins Feld: Mit der Beibehaltung dieser auch maschinentechnischen Trennung von *non food* und *food* könnte sofort mit der Realisierung des Vorhabens
begonnen werden, da «die zeitraubenden Koordinationsgespräche zwischen
Food und Non Food» ebenso wie das «umständliche, zeitraubende und fehler-
hafte Angleichen der Arbeitsabläufe zwischen Food und Non Food» entfallen
würden. Denn – so wurde in der Stellungnahme angedeutet – auch «bei allem
guten Willen der Beteiligten» sei «eine Angleichung der beiden Gesichtspunkte
[...] praktisch unmöglich».

223 Siehe für den folgenden Abschnitt: Archiv
    MGB, 245. Verwaltungsdelegationssitzung
    MGB, 29. September 1969, Beilage: Bemer-
    kungen zum Gesamtplan für die Informati-
    onsverarbeitung der EDV-Abteilung MGB
    vom 15. August 1969.

Diese Stellungnahme der Einkaufsabteilung *non food* illustriert exemplarisch das historisch entstandene Selbstverständnis von Abteilungen, das sich oftmals als Hindernis für organisatorische und strategische Veränderungen in Unternehmen erweist.[224] Auch zeigt sie deutlich, wie anspruchsvoll die computertechnische Herstellung der Migros-Gemeinschaft in der betrieblichen Realität war.

Angesichts der Absicht der Verwaltungsdelegation, beim MGB ein zentrales Rechenzentrum für die Migros aufzubauen, erstaunt es nicht, dass Urech die Schaffung von zwei EDV-Abteilungen beim MGB entschieden ablehnte.[225] Walter Urech argumentierte, dass die von der Einkaufsabteilung *non food* behaupteten Unterschiede aus Sicht der elektronischen Datenverarbeitung keinerlei Rolle spielten: «[...] dass die Food- und die Non Food-Artikelgruppe völlig verschieden sind und sie daher auf dem Computer auch gänzlich anders bearbeitet werden müssen, trifft absolut nicht zu.»[226] Vielmehr würden aus computertechnischer Perspektive zwischen dem *food* und dem *non food* Sortiment Gemeinsamkeiten bestehen, auf denen das geplante, rechnergestützte System aufbauen wird. Es war ja gerade diese scheinbare Objektivität in der Sache, dass eben auf der technischen Ebene keinerlei Unterschied zwischen der programmgemäßen Verwaltung und Verarbeitung von Äpfeln oder Socken bestand, die die Computer seit den 1960er Jahren attraktiv für unternehmerische Reorganisationen machte.[227] So bot sich die elektronische Datenverarbeitung gerade aufgrund dieses fehlenden Interesses der Rechenmaschinen an semantischen Inhalten als durchgreifende Querschnittsfunktion innerhalb des Unternehmens an: Die Computertechnik wirkte abteilungsübergreifend und koordinierte unterschiedlichste innerbetriebliche Funktionen.

Der Protest der *non food* Abteilung stieß bei der Verwaltungsdelegation nicht auf fruchtbaren Boden: Im September 1969 bestätigte sie den Beschluss zur Einführung einer zentralen Datenverabeitung durch den Aufbau eines zentralen Rechenzentrums beim MGB.[228] Der Aufbau eines zentralen Rechenzentrums beim MGB für das gesamte Unternehmen sollte *erstens* diese angestrebte maschinenmäßige Vereinheitlichung vorantreiben und so eine effiziente Verwaltung

224 Die Liste von Fusionen und Restrukturierungen, die an diesem Selbstverständnis gescheitert sind, ist lang. Siehe dazu unter anderem: Müller, *Fusionen und Übernahmen aus historischer Sicht*. Zur Bedeutung des Selbstverständnisses einer Organisation im Zusammenhang mit technischem Wandel siehe: Williams, *Retooling*.
225 Archiv MGB, 245. Verwaltungsdelegationssitzung MGB, 29. September 1969, Beilage: Brief von Walter Urech an die Mitglieder der Verwaltungsdelegation betreffend EDV-Gesamtplan, 22. September 1969, S. 1.

226 Archiv MGB, 245. Verwaltungsdelegationssitzung MGB, 29. September 1969, Beilage: Brief von Walter Urech an die Mitglieder der Verwaltungsdelegation betreffend EDV-Gesamtplan, 22. September 1969, S. 1.
227 Siehe dazu: Williams, *Retooling*; Faust und Bahnmüller, *Der Computer als rationalisierter Mythos*.
228 Archiv MGB, 245. Verwaltungsdelegationssitzung MGB, 29. September 1969, S. 2.

des Informationsflusses ermöglichen. *Zweitens* sollte mittels der computertechnischen Vernetzung auch auf materieller Ebene eine kohärente Migros-Gemeinschaft hergestellt werden.

Einziges Zugeständnis an die Bedenken «gegen eine allzu starke Zentralisation» bestand darin, dass das Rechenzentrum im sogenannten «Duplex-System» geführt wurde, um «die Gefahr von Ausfällen auf ein Minimum [zu reduzieren]».[229] Das Rechenzentrum bestand folglich aus zwei identischen EDV-Anlagen. Sein Aufbau erfolgte in zwei Schritten: Im Dezember 1970 wurde mit der Installation der ersten Univac-1106-Anlage der Grundstein für das zentrale Rechenzentrum des MGB gelegt.[230] Die zweite Anlage folgte 1972.[231] Es gelang also dem MGB zwischen 1966 und dem Beginn der 1970er Jahre, die Zentralisierung der elektronischen Datenverarbeitung durchzusetzen: Mit dem auf dem Memorandum von 1968 basierenden Beschluss, die computertechnischen Ressourcen beim MGB zu konzentrieren, und mit der anschließenden Anschaffung dieser beiden Großrechner für das Rechenzentrum des MGB machte sich der MGB zum «Elektronengehirn» der Migros.[232]

Nachfrageorientierung: neue Betriebskonzepte für die Migros

Die Umdeutung der elektronischen Datenverarbeitung in der Migros seit Beginn der 1960er Jahre war eng mit Personen wie Frank Rentsch, Walter Urech sowie dem Leiter der EDV-Abteilung des MGB verknüpft. Neben diesen Personen prägte seit Mitte der 1960er Jahre ein weiterer Mann die Migros: Pierre Arnold. Zum Zeitpunkt des Memorandums über die Reorganisation der EDV 1968 war Pierre Arnold bereits seit zehn Jahren in der Leitung des MGB tätig: Im Frühjahr 1958 wurde der Agronom auf Betreiben zweier damaliger Mitglieder der geschäftsführenden Verwaltung des MGB Direktor für Landwirtschaft im MGB.[233] Schon im Jahr darauf wurde er als erster Westschweizer Mitglied der Verwaltungsdelegation. In enger Zusammenarbeit mit Gottlieb Duttweiler war er bis zu dessen Tod im Frühjahr 1962 an verschiedenen Projekten im In- und Ausland beteiligt: Unter anderem arbeitete er am Aufbau der Migros Iberica und

229 Archiv MGB, 263. Verwaltungsdelegations-
    sitzung MGB, 26. Juli 1970, S. 4.
230 Archiv MGB, Rechenschaftsbericht MGB
    1970, S. 46. Zur Entscheidung, UNIVAC statt
    IBM Computer anzuschaffen, siehe: Archiv
    MGB, 257. Verwaltungsdelegationssitzung
    MGB, 13. März 1970, S. 9 sowie 263. Verwal-
    tungsdelegationssitzung MGB, 6. Juli 1970,
    S. 4.

231 Archiv MGB, Rechenschaftsbericht MGB
    1972, S. 50.
232 Zum zeitgenössischen Begriff des Elektro-
    nengehirns siehe: Berkeley, *Giant Brains or
    Machines that Think*; Servan-Schreiber, *Die
    amerikanische Herausforderung*, S. 109ff.
233 Zur Biografie von Pierre Arnold siehe: Ar-
    nold, *Federführend*, S. 18ff.

der Migros Türk mit.[234] In der Schweiz leitete Pierre Arnold – oftmals interimistisch – verschiedene Genossenschaften und war maßgeblich am Aufbau mehrerer Produktionsbetriebe beteiligt.[235] Während dieser Zeit lernte Arnold das Unternehmen und die Mitarbeitenden mit ihren von heterogenen Interessenslagen geprägten Tätigkeitsfeldern und Betrieben kennen. Zur prägenden Figur wurde Arnold ab Mitte der 1960er Jahre.[236]

Vier Jahre nach dem Tod Duttweilers, 1962, trat Arnold Suter als dessen Nachfolger und Präsident der Verwaltungsdelegation zurück. Dieser Führungswechsel bot Gelegenheit zu personellen Veränderungen innerhalb der Verwaltungsdelegation: Schon ein Jahr zuvor hatte Walter Urech das Departement Finanzen und Organisation übernommen, während Pierre Arnold nun neben seinem bisherigen Aufgabenbereich zusätzlich das Verkaufsdepartement leitete: Er war nun für den Einkauf, den Verkauf und die Herstellung der Frischprodukte zuständig. Zugleich wurde er Vizepräsident der Verwaltungsdelegation.[237]

Obwohl Pierre Arnold eng mit Gottlieb Duttweiler zusammengearbeitet hatte, gehörte er zu einer neuen Generation von Migros-Managern: Es war ihm bewusst, dass nach dem Tod des Gründers «die bisherigen Ziele der Migros den neuen Verhältnissen anzupassen» waren.[238] Zwischen 1966 und 1969 verfasste er zahlreiche Exposés und Berichte, in denen er seine Visionen die Migros betreffend formulierte. Diese Ideen über die zukünftige Entwicklung der Migros stellte er an den Sitzungen der Verwaltungsdelegation zur Diskussion. Arnold scheute sich nicht, über die Grenzen seines Departements hinauszudenken und eine strategische Neuausrichtung der Migros zu fordern.

Der Zeitpunkt dazu war nach dem Tod des charismatischen Firmengründers 1962 günstig: Nun waren neue Optionen denk- und durchsetzbar. Denn Gottlieb Duttweiler hatte das Unternehmen stark geprägt – so stark, dass der Eindruck, die Migros und Duttweiler seien eins, bis heute anhält.[239] Der eigenwillige und intuitive Führungsstil Duttweilers spiegelte sich in den auch nach über 40-jährigem Bestehen des Unternehmens improvisierten und unsystematischen

234 Während das Projekt in Spanien schon nach kurzer Zeit abgebrochen wurde, entwickelte sich das Lebensmittelhandelsunternehmen nach Vorbild der Migros in der Türkei erfolgreich und existiert bis heute als eines der größten dortigen Lebensmittelhandelsunternehmen. Heute ist die Migros Türk von der schweizerischen Migros vollkommen unabhängig. Zur Geschichte der Migros Türk siehe: Stalder, *Die Gründung der Migros Türk*; zur Migros Iberica: Arnold, *Federführend*, S. 20; Migros-Genossenschafts-Bund, *Chronik der Migros*.

235 Arnold, *Federführend*, S. 21f.

236 Pierre Arnold ist bis in die jüngste Zeit eine

einflussreiche Persönlichkeit: Er wird «Monsieur Migros» genannt. Arnold starb am 25. März 2007.

237 Archiv MGB, 191. Verwaltungsdelegationssitzung MGB, 6. April 1966, S. 2; Migros-Genossenschafts-Bund, *Chronik der Migros*, S. 49.

238 Archiv MGB, 304. Verwaltungsdelegationssitzung MGB, 18./19. Januar 1973, S. 9.

239 Welskopp, *Ein «unmöglicher Konzern»?*, S. 18. Für die weiterhin ungebrochene und in weiten Teilen unkritische Faszination an der Figur Duttweilers siehe den Dokumentarfilm «Dutti – Der Riese» von Martin Wirz, aus dem Jahr 2007.

Organisationsstrukturen und Betriebsabläufen.[240] Im Rechenschaftsbericht des MGB klingt dies folgendermaßen: «So einmalig die Entwicklung der Migros in den Jahren ihres Bestehens war und so außergewöhnlich ihr Leben und die ihr innewohnende Dynamik noch heute ist, so unkonventionell waren aber auch seit jeher ihr gesamter Aufbau und ihre Organisation. Schon oft waren Volks- und Betriebswirtschafter aus aller Herren Länder versucht, das Geheimnis der Leistungsfähigkeit der Migros in einem raffinierten, durchrationalisierten Aufbau zu ergründen und mussten jedes Mal resigniert vor dem so unwissenschaftlichen ‹Durcheinander› dieses eigenartigen Unternehmens kapitulieren. Gewiss, die Systemlosigkeit war keineswegs gewollt. Sie ergab sich aus der ganzen stürmischen Entwicklung und den unzähligen Ideen, die, kaum geboren, immer wieder neue Abteilungen und Unternehmungen entstehen ließen.»[241] Hans Munz, ehemaliges Mitglied der geschäftsführenden Verwaltung des MGB, redete in seiner Migros-Hagiografie von einer «Feld-, Wald- und Wiesenpolitik», die zwar nicht gewollt gewesen sei, aber «irgendwie zu dem sprühenden Ideenreichtum, zu den immer neuen Abteilungen, Betrieben und Projekten» passte.[242] Das flexible Reagieren, das schnelle Erkennen von Optionen sowie das kreative Ausnutzen von Handlungsspielräumen waren sicherlich entscheidende unternehmerische Fähigkeiten, die die Entwicklung und den Erfolg des Unternehmens seit seiner Gründung geprägt hatten und sich entsprechend auch in der Organisationsstruktur widerspiegelten.[243]

Doch Mitte der 1960er Jahre war einigen Kaderleuten wie Pierre Arnold klar, dass diese «Systemlosigkeit» nicht länger andauern konnte: Wie Walter Urech und Frank Rentsch betrieb auch er die Reorganisation der Migros. Er tat dies mit anderen Mitteln. Seine Schlagworte hießen nicht «elektronische Datenverarbeitung» und «Integration», sondern «Management» und «Marketing». Die Absicht dahinter war jedoch die gleiche: Die Migros sollte – den Ideen ihres Gründers treu bleibend – auf ein neues, zeitgemäßes Fundament gestellt, sie sollte modernisiert werden. Dies bedeutete im zeitgenössischen Verständnis in erster Linie eine Verwissenschaftlichung der Betriebsführung, also die Festlegung und Überprüfung von Strategien aufgrund quantitativer Daten sowie die Anpassung organisatorischer Strukturen an neue Betriebsführungskonzepte. Ziel Arnolds

240 Ich halte hier in aller Deutlichkeit fest, dass der Erfolg der Migros gerade in den ersten Jahren ihres Bestehens ohne den großen Einsatz zahlloser Mitarbeitenden nicht möglich gewesen wäre. Auch der kreativste Unternehmer kann ohne ein entsprechendes soziales Umfeld nicht erfolgreich sein. Welskopp, *Ein «unmöglicher Konzern»?*, S. 21 argumentiert einleuchtend, dass Gottlieb Duttweiler durch sein Auftreten «handelsmessianischer Besessenheit», die Aufmerksamkeit der Konkurrenz und der Öffentlich absichtlich auf sich gelenkt hat, um so «das Unternehmen an sich aus der Schusslinie zu nehmen».

241 Archiv MGB, Rechenschaftsbericht MGB 1957, S. 24.

242 Munz, *Das Phänomen Migros*, S. 206.

243 Ich zeige dies am Beispiel der Eiscreme-Produktion: Girschik: *Eiskalter Erfolg*.

war die Migros mit ihren zahlreichen Betrieben, die vornehmlich Eigeninteressen verfolgen, zu einer strategisch geführten, schlagkräftigen «Migros-Gemeinschaft» umzubauen.[244]

In zahlreichen Exposés führte Arnold aus, wie dieses Ziel seiner Meinung nach zu erreichen sei. Nämlich durch das, was schon 1961 im Bericht über eine Studienreise in die USA eingefordert wurde: Die Migros müsse «heute schon die Zeitung von morgen lesen» und sich dabei bewusst machen, «was morgen geschehen wird».[245] Ganz dem zeitgenössischen Credo «alles immer mehr bewusst und möglichst wenig intuitiv zu machen» verpflichtet, war Arnold bestrebt, aufgrund bewusst logischer, berechneter Vorhersagen vorauszublicken.[246] Was darunter konkret zu verstehen war, sagte er im Exposé «Der allgemeine Trend im Konsum», das er im September 1966 der Verwaltungsdelegation vorlegte.[247] Basierend auf statistischen Berechnungen zur Entwicklung der Schweizer Bevölkerung, ihres Einkommens und der zu erwartenden Struktur der Haushaltsausgaben skizzierte Arnold seine Vorstellungen bezüglich der zukünftigen Sortimentsausdehnung der Migros. Er schaute dabei weit voraus – bis ins Jahr 1980.

Dieser lange Blick in die Zukunft war kein Zufall: Seit Ende der 1950er Jahre ging das Aufkommen formalisierter und meist rechnergestützter Managementmethoden wie *operations research* oder *management by exception* einher mit einer Ausdehnung des unternehmerischen Planungshorizontes. Die scheinbare Berechenbarkeit und sich daraus ableitende Objektivität und Wissenschaftlichkeit von Prognosen ermutigten die Manager, immer weiter in die Zukunft zu schauen und – das ist der entscheidende Punkt – die Unternehmensstrategie auf ein langfristiges Ziel hin auszurichten: Zeitgenössisch wurde dieses Gebiet der angelsächsischen Managementlehre unter dem Begriff *long range planning* diskutiert.[248]

Der Bericht Arnolds über die zu erwartenden Veränderungen im Konsumverhalten zählte zu den ersten Formulierungsversuchen einer langfristigen Unternehmensstrategie in der Migros und ist als Absage an die intuitive ad hoc Füh-

244 Archiv MGB, G 257, Sitzung der erweiterten Geschäftsleitertagung mit Mr. Applebaum, 7. März 1957, S. 10f.
245 Archiv MGB, G 28 Bericht «Modern Merchandising Methods», USA-Reise 1961, S. 1 und 16.
246 Bombach, *Unser Markt von 1970*, S. 7.
247 Archiv MGB, 200. Verwaltungsdelegationssitzung MGB, 13. Oktober 1966, Beilage: Exposé «Der allgemeine Trend im Konsum».
248 Die langfristige Unternehmensplanung gehört zum Gebiet des strategischen Managements und ist in die seit dem Beginn des 20. Jahrhunderts einsetzende und sich nach dem

Ende des Zweiten Weltkrieges verstärkende Verwissenschaftlichung der Betriebsführung einzuordnen. Siehe dazu: Wren, *The Evolution of Management Thought*, S. 398ff. Erste Publikationen für Manager zum Thema des *long range planning* und *business forecasting* erschienen ab Ende der 1950er Jahre. Zu nennen sind unter anderem: Ewing, *Long-range planning for management* sowie Scott, *Long-range Planning in American Industry*. Für die unternehmerischen Konsequenzen des *long range planning* in der pharmazeutischen Industrie siehe: Bürgi und Strasser, *Pharma in Transition*.

rung zu verstehen, wie sie in der Migros idealtypisch Gottlieb Duttweiler verkörperte. Inhaltlich zielte der Bericht in die gleiche Richtung wie die Äußerung Urechs, dass in der Migros «weder von ‹Wissenschaft› noch von ‹Methode› sehr viel festzustellen» sei.[249] Während Urech diesem Manko mittels breitem Einsatz elektronischer Datenverarbeitung und dem Führungskonzept des *management by exception* beikommen wollte, konzentrierte sich Arnold auf das Kerngeschäft eines Einzelhandelsunternehmens: das Sortiment. Dieses sollte zukünftig nach Marketinggrundsätzen gestaltet werden.

Strategische Ausdehnung des Sortiments

In seinem Exposé über die Zukunftsperspektive der Migros postulierte Pierre Arnold aufgrund statistischer Berechnungen eine Zunahme der Schweizer Bevölkerung bis ins Jahr 1980: Die Zahl der Haushaltungen werde stark wachsen, während gleichzeitig deren Größe abnehmen werde.[250] Dies bedeute, dass für die Migros in der Schweiz grundsätzlich weiterhin Wachstumsmöglichkeiten bestünden. Die größten Wachstumschancen für die Migros machte Arnold nicht im Bereich der Lebensmittel aus, der vor allem in den vergangenen 15 Jahren stark gewachsen war und «schon praktisch alle möglichen Lebensmittelgruppen» umfasste.[251] Er sah das entscheidende Potenzial im *non food* Bereich:[252] Mitte der 1960er Jahre betrug der *non food* Umsatz der Migros 295 Millionen Franken. Für 1980 strebte Arnold einen Umsatz von circa 2 Milliarden Franken an. Dieses Umsatzziel implizierte eine weitere Ausdehnung der Sortimentszahlen: 1966 umfasste der *non food* Bereich 2.700 Artikel; bis in 15 Jahren sollte er auf 20.000 bis 25.000 Artikel anwachsen. Dies entsprach einem Wachstum um den Faktor zehn.

Warum machte Pierre Arnold gerade beim *non food* Sortiment ein solch großes Potenzial aus? Er argumentierte, das Wachstumspotenzial im Nahrungsmittelbereich sei nun, 15 Jahre nach Ende des entbehrungsreichen Zweiten Weltkrieges, mehr oder weniger ausgeschöpft, der Hunger sei sozusagen gestillt.[253] Mit zu-

249 Archiv MGB, 35. Geschäftsleiterkonferenz, 15. März 1967, S. 6.

250 Das erwartete Bevölkerungswachstum basierte vorwiegend auf einer großen Zuwanderung ausländischer Arbeitskräfte. Archiv MGB, 200. Verwaltungsdelegationssitzung MGB, 13. Oktober 1966, Beilage: Exposé «Der allgemeine Trend im Konsum», S. 3. Zum schweizerischen Arbeitsmarkt siehe: Tanner, *Lebensstandard, Konsumkultur und American Way of Life seit 1945.*

251 Dieser Sortimentsbereich müsse «bereinigt» werden, forderte Pierre Arnold. Archiv MGB,

199. Verwaltungsdelegationssitzung MGB, 13. September 1966, S. 6; 200. Verwaltungsdelegationssitzung MGB, 13. Oktober 1966, Beilage: Exposé «Der allgemeine Trend im Konsum», S. 7.

252 Archiv MGB, 200. Verwaltungsdelegationssitzung MGB, 13. Oktober 1966, Beilage: Exposé «Der allgemeine Trend im Konsum», S. 6.

253 Siehe dazu auch: Berghoff, *Marketing im 20. Jahrhundert*, S. 16ff.

nehmender Kaufkraft würden die Menschen langlebige Konsumgüter sowie «Artikel mit eingebauten Dienstleistungen» erwerben wollen. Pierre Arnold bezog sich auf den zu dieser Zeit populären französischen Sozialwissenschaftler Jean Fourastié, der für die nächste Zukunft einen Übergang von der Industrie- zur Dienstleistungsgesellschaft prophezeite und angesichts der sinkenden Arbeitszeit eine zunehmende Bedeutung des Hobby- und Sportbereichs für den Einzelhandel postulierte.[254] Die Kunden hätten das Bedürfnis «alles unter einem Dach» zu kaufen; ein Trend, dem sich die Migros nicht verschließen dürfe.[255]

In Übereinstimmung mit zeitgenössischen Diagnosen konstatierte Pierre Arnold also grundlegende gesellschaftliche Veränderungen, denen sich die Migros seiner Meinung nach anpassen musste, um auch in Zukunft erfolgreich zu sein. Im Rechenschaftsbericht des MGB von 1968 schrieb er: «Eine neue Zeit bricht an. [...] Wir stehen [...] vor einer revolutionären Umwandlung unserer Lebensgewohnheiten – viel tiefgreifender als alles, was unsere Vorfahren erlebten.»[256] Diese Diagnose einer anbrechenden neuen Zeit verlangte konsequenterweise nach einer strategischen Neuausrichtung des Unternehmens und angepassten Betriebsführungsmethoden. Diese in der Migros voranzutreiben, war Arnolds Absicht. In der Verwaltungsdelegation stießen seine Ideen auf offene Ohren: Nicht nur der Leiter des Departements Einkauf, Kolonialwaren und Gebrauchsartikel, der beim MGB für den Bereich *non food* zuständig war, auch die übrigen Mitglieder der Verwaltungsdelegation schlossen sich im Winter 1966 dem Vorschlag Arnolds an: Die Migros sollte sich fortan «aus taktischen, kaufmännischen und wirtschaftlichen Gründen [auf] den Sektor ‹non food›, der den ‹Markt von morgen› darstellt», konzentrieren.[257]

Der Beschluss, das *non food* Sortiment systematisch auszubauen, hatte weitreichende Konsequenzen für die Migros: *Erstens* musste die Ausdehnung des *non food* Sortiments im Einklang mit dem Wachstum der Verkaufsflächen erfolgen. Auf Betreiben Arnolds löste darum ein neues Ladenformat, der Migros-Multi-Markt (MMM) mit einer Verkaufsfläche von rund 3.500 m², die bisherigen, nun

254 Es war sicherlich kein Zufall, dass Jean Fourastié 1965 zu den Tagungen in Rüschlikon eingeladen war, wo er einen Vortrag über die sich verändernde Beschäftigtenstruktur sprach: Fourastié, *Wandlungen der Beschäftigtenstruktur in Europa*. Seine bekannteste Publikation ist: Fourastié, *Le grand espoir du XXe siècle*. Das Buch erschien 1954 erstmals auf Deutsch: Fourastié, *Die große Hoffnung des Zwanzigsten Jahrhunderts*. Archiv MGB, 200. Verwaltungsdelegationssitzung MGB, 13. Oktober 1966, Beilage: Exposé «Der allgemeine Trend im Konsum», S. 8ff.; Rechenschaftsbericht MGB 1968, S. 13.; 237. Verwaltungsdelegationssitzung MGB, 28. März 1969, Beilage: Bericht

«Kurzdokumentation Sortimentsausbau Do it yourself», S. 1.
255 Archiv MGB, Rechenschaftsbericht MGB 1968, S. 14.
256 Archiv MGB, Rechenschaftsbericht MGB 1968, S. 13ff.
257 Archiv MGB, 67. Sitzung der Verwaltung MGB, 2. Dezember 1966, S. 3. Siehe dazu auch: Archiv MGB; 210. Verwaltungsdelegationssitzung MGB, 1. Juni 1967, Beilage: Bericht «Non Food» und 212. Verwaltungsdelegationssitzung MGB, 7. Juli 1967, S. 7, Beilage: Bericht «Do it yourself – Das Geschäft der Zukunft».

endgültig zu klein gewordenen Selbstbedienungsläden ab: 1970 öffnete die erste
MMM-Filiale ihre Türen.[258] *Zweitens* mussten die Betriebsführungsmethoden
sowie die Unternehmensorganisation dieser Wachstumsstrategie angepasst werden. Im Folgenden werden diese Bemühungen im Hinblick auf die Anwendung
elektronischer Datenverarbeitungstechnik im Zentrum stehen.

Neue Betriebsführungsmethoden

Was eine Anpassung der Betriebsführung für das Unternehmen konkret bedeuten sollte, legte Pierre Arnold zusammen mit dem ihm unterstellten Verkaufsdirektor und einem beigezogenen *management consultant* im Exposé «Marketing»
dar.[259] Dieses Exposé machte eine Argumentation sehr deutlich: Die Entscheidung allein, das *non food* Sortiment auszubauen, genügte in den Augen Arnolds
nicht, um die von ihm geforderte Zukunftsperspektive für die Migros zu entwickeln und umzusetzen. Es ging ihm um mehr: «[…] le temps est venu pour Migros de prendre un virage entre son organisation du temps des pionniers et celle
des temps à venir.» Er forderte: «Migros doit conserver son image et même la
modifier.» Diese Worte machen es deutlich: Pierre Arnold drang auf einen Kurs-
wechsel – ohne dabei einen taktischen Fehler zu machen. Der Gründerfigur
Gottlieb Duttweiler und der ersten Generation von Migros-Managern zollte er
den nötigen Respekt und Anerkennung: «[…] s'incliner devant la génie de notre
fondateur, reconnaître le très grand mérite de ceux qui lancèrent et réalisèrent
l'idée, vouloir maintenir de développer l'héritage, cela ne veut pas dire perpétuer
purement et simplement les méthodes du passé; au contraire, cela veut dire maintenir l'entreprise dans une position de perpétuelle adaption […]». Als Mittel zu
dieser notwendigen fortwährenden Anpassung an eine sich stetig wandelnde
Umwelt sah Pierre Arnold «aux méthodes modernes de la prévision et de la ges-
tion».[260] Mit den beiden englischen Begriffen *marketing* und *management* benannte
er die ihm adäquat scheinenden zeitgemäßen Betriebsführungsmethoden.
Was ist unter den beiden Begriffen «Marketing» und «Management» zu verstehen? Die eminente Wichtigkeit von Marketing für ein Einzelhandelsunternehmen beschreibt Pierre Arnold geradezu poetisch: «[…] le marketing est à la
vente ce que la mélodie est à la musique.»[261] Ganz in der Tradition der Migros,

---

258 Es ist dies der MMM-Pizolpark bei Sargans
SG. Archiv MGB, 67. Sitzung der Verwaltung
MGB, 2. Dezember 1966, S. 3; Migros-
Genossenschafts-Bund, *Chronik der Migros*,
S. 53.
259 Siehe für diesen Abschnitt: Archiv MGB,
215. Verwaltungsdelegationssitzung MGB,
22. September 1967, Beilage: Bericht «Marketing».

260 Archiv MGB, 215. Verwaltungsdelegationssitzung MGB, 22. September 1967, Beilage:
Bericht «Marketing: Conclusions et propositions», S. 2.
261 Archiv MGB, 215. Verwaltungsdelegationssitzung MGB, 22. September 1967, Beilage:
Bericht «Marketing: Préambule», S. 3. In
jüngster Zeit ist die Aufarbeitung der Geschichte des Marketings vermehrt in den

auch tiefgreifende Neuerungen wie die Selbstbedienung als logische Konsequenz
der bisherigen Unternehmensentwicklung darzustellen, wies er darauf hin, dass
die Migros im Grunde genommen ja schon seit ihrer Gründung Marketing be-
treibe: «En fait, empiriquement, avant la lettre et dans les conditions de l'époque,
Migros pratiquait déjà le marketing.»[262]

Der Verkaufsdirektor betonte im von ihm verfassten Teil des besagten Exposés, Marketing sei nicht einfach eine weitere modische Betriebsführungsme-
thode, sondern «primär eine Art zu denken, also mehr eine geistige Einstellung
als eine Führungsmethode.» Marketing basiere auf dem Grundsatz, das Unternehmen als Ganzes zu sehen: Marketing sei eine «Gesamtheitspolitik [,] durch
die alle strategischen und taktischen Unternehmensaufgaben» festgelegt würden.[263]
Marketing wurde somit zum Schlüssel, der es der Migros erlauben sollte, die von
Pierre Arnold skizzierten langfristigen Unternehmensziele zu erreichen:[264] Auf
strategischer Ebene definiere Marketing die Ziele, während die Genossenschaften «auf technischem Niveau» diese durch die praktische Organisation des Verkaufs umsetzen und den «regionalen Bedingungen anpassen» sollten.[265]

Wie die dadurch implizierte künftige Kompetenzverteilung zwischen MGB
und den Genossenschaften aussehen sollte, daran ließ das Exposé keinen Zweifel:
«Marketing gehört im Prinzip in den Bereich des MGB; der Verkauf gehört im
Prinzip in den Bereich der regionalen Genossenschaften.»[266] Wie die elektronische Datenverarbeitung sollte also auch die strategisch entscheidende Marketing-
Tätigkeit beim MGB zentralisiert werden.[267] Wie mit dem Schlagwort «Integration», wurde auch mit dem Schlagwort «Marketing» die Reorganisation der
Migros betrieben: Denn der strategische Führungsanspruch des MGB zeigte
auch hier Konsequenzen. Während bisher der Einkauf bestimmter Artikel neben
dem MGB auch durch die Genossenschaften erfolgt war und ein regional ge-
prägtes Sortiment zur Folge hatte, sollte nun ein «möglichst einheitliches Sortiment in der ganzen Schweiz» angestrebt werden. Dies bedeutete eine Beschrän-

Fokus historischer Forschung getreten, siehe
dazu: Berghoff, *Marketinggeschichte*; Rossfeld,
Unternehmensgeschichte als Marketinggeschichte;
Church und Godley, *The Emergence of Modern
Marketing*; Brian Jones und Shaw, *A History of
Marketing Thought*; Krulis-Randa, *Die Entstehung der Marketing-Idee*.
262 Archiv MGB, 215. Verwaltungsdelegationssitzung MGB, 22. September 1967, Beilage:
Bericht «Marketing: Préambule», S. 3.
263 Archiv MGB, 215. Verwaltungsdelegationssitzung MGB, 22. September 1967, Beilage:
Bericht «Marketing: Allgemeines über Marketing», S. 3.
264 Archiv MGB, 215. Verwaltungsdelegationssitzung MGB, 22. September 1967, Beilage:

Bericht «Marketing: Allgemeines über Marketing», S. 7.
265 Regelmäßige Sitzungen unter dem Vorsitz
des für das Marketing zuständigen Delegati-
onsmitglieds sollten der Koordination mit den
Genossenschaftsleitern dienen. Archiv MGB,
215. Verwaltungsdelegationssitzung MGB,
22. September 1967, Beilage: Bericht «Marketing: Allgemeines über Marketing», S. 8.
266 Archiv MGB, 215. Verwaltungsdelegationssitzung MGB, 22. September 1967, Beilage:
Bericht «Marketing: Allgemeines über Marketing», S. 8.
267 Archiv MGB, 215. Verwaltungsdelegationssitzung MGB, 22. September 1967, S. 4.

kung der autonomen Einkäufe der Genossenschaften und den Ausbau der Einkaufszentrale beim MGB.[268]

Damit wird konkret, was Pierre Arnold in seinem Exposé von 1966, als er den Ausbau des *non foods* erstmals empfahl, noch lapidar als «Zentralisation des Einkaufs und Verkaufs» bezeichnete:[269] Bis zu diesem Zeitpunkt verteilten sich aufgrund von Pfadabhängigkeiten beim MGB diese Zuständigkeitsbereiche auf zwei Departemente: Pierre Arnold war für die Frischartikel zuständig, während ein anderes Mitglied der Verwaltungsdelegation für die Kolonialwaren und Gebrauchsartikel verantwortlich zeichnete.[270] Diese Trennung erwies sich in der betrieblichen Praxis jedoch als zunehmend problematisch; so waren in den Protokollen der Verwaltungsdelegation verschiedentlich Koordinationsschwierigkeiten zwischen diesen beiden Departementen vermerkt.[271] Gerade auch der Zuständige für die Kolonialwaren und Gebrauchsartikel wies darauf hin, dass «das Non Food Geschäft einen solchen Umfang annimmt, dass seines Erachtens die Leitung dieser Abteilung von einem Mann im Range eines Delegationsmitgliedes übernommen werden sollte».[272] Bei der gegenwärtigen Sortimentsausdehnung sei es ihm nicht möglich, neben seinen anderen Aufgaben, die Verantwortung für die *non food* Einkaufsabteilung weiter zu tragen. Es müsse eine neue Lösung gefunden werden.

Wie eine solche Lösung in den Augen Arnolds aussehen könnte, skizzierte er im erwähnten Marketing-Bericht: Es sollte ein neues Departement Marketing geschaffen werden, das sowohl für den Lebensmittel- wie den *non food* Bereich verantwortlich war. Dieses sollte ferner die Strategien zur Umsetzung der festgelegten Wachstumsziele bezeichnen und deren Erreichung anhand geeigneter Messverfahren überprüfen. Dieses Marketing-Departement wäre ebenfalls für die Werbung und Marktforschung verantwortlich.[273] Schließlich würden die Verkaufsargumente der vergangenen 40 Jahre – Preis und Qualität – nicht mehr genügen, um weiterhin am Markt Erfolg zu haben: Schon fast zu lange habe man sich bei der Migros ausschließlich «d'un système de règles empirique de direction, par opposition à des méthodes de direction scientifique» bedient.[274] Heute

---

268 Archiv MGB; 210. Verwaltungsdelegationssitzung MGB, 1. Juni 1967, S. 5f. Beilage. Bericht «Non Food», S. 13f.

269 Archiv MGB, 200. Verwaltungsdelegationssitzung MGB, 13. Oktober 1966, Beilage: Exposé «Der allgemeine Trend im Konsum», S. 11.

270 Archiv MGB, 215. Verwaltungsdelegationssitzung MGB, 22. September 1967, Beilage: Bericht «Marketing: Migros aujourd'hui – demain», S. 7.

271 Archiv MGB, 205. Verwaltungsdelegationssitzung MGB, 10. Januar 1967, S. 12.

272 Archiv MGB, 212. Verwaltungsdelegationssitzung MGB, 7. Juli 1967, S. 2 und 213. Verwaltungsdelegationssitzung MGB, 17. Juli 1967, S. 1.

273 Archiv MGB, 215. Verwaltungsdelegationssitzung MGB, 22. September 1967, Beilage: Bericht «Marketing: Allgemeines über Marketing», S. 10ff.

274 Archiv MGB, 215. Verwaltungsdelegationssitzung MGB, 22. September 1967, Beilage: Bericht «Marketing: Migros aujourd'hui – demain», S. 2.

bestehe das Ziel darin, «immer mehr auf die Beweglichkeit, die Bedürfnisse und den Geschmack des Verbrauchers einzugehen».[275]

In die gleiche Richtung äußerte sich an einer Studientagung der Migros-Stiftung «Im Grüene» der amerikanische Vordenker der Managementlehre Peter F. Drucker: «Wir werden [...] in Europa, wie in den USA mit einer steigenden Konsumbereitschaft rechnen können, die allerdings der Weckung durch Marketing bedarf».[276] Dies war auch der Kern der Botschaft von Pierre Arnold: Die Migros musste sich vollständig und kompromisslos auf die Bedürfnisse der Kunden ausrichten; die Herausforderung der Zukunft bestand seiner Ansicht nach darin, die Warenvermittlung radikal vom Kunden statt von der Produktion her zu denken und zu betreiben: «Faire du marketing [...] c'est se préoccuper de comprendre le consommateur.»[277] Hier wird die Motivation deutlich: Marketing ist, wie Hartmut Berghoff festhält, eine Sozialtechnik, die darauf abzielt, die Massengesellschaft plan- und somit beherrschbar zu machen.[278] Die vermeintlich objektiven quantitativen Methoden, statistisch-repräsentativen Beobachtungen wie auch die Suche nach allgemeinen Verhaltensmustern, die bei der Erforschung des Kundenverhaltens eingesetzt wurden, trugen mit zur Verwissenschaftlichung der Betriebsführung bei.

Pierre Arnolds Forderung, ein neues Marketing-Departement zu schaffen, bedeutete eine weitere Stärkung des MGB. Arnold ließ betreffend der zentralen Stellung des MGB keinen Zweifel daran, als er schrieb: «[...] elle [Migros, KG] a besoin d'une politique d'ensemble, commerciale et financière, que seule la Fédération est en mesure de mettre en œuvre, en coordonnant les différentes activités, en mettant les moyens à dispositions, en fixant les objectifs.»[279] Diese Stärkung des MGB diene dabei nicht dem Selbstzweck der Zentralisation, sondern sei «tout simplement pour faire contrepoids aux force centrifuges impliquées dans le principe d'autonomie.»[280] Denn, so betonte Pierre Arnold: «Migros est une grande famille.»[281] Diese Migros-Familie oder Migros-Gemeinschaft sollte nach Ansicht Arnolds durch das strategische Führungsinstrument des Marketings zusammengehalten und in eine erfolgreiche Zukunft geführt werden. Dazu musste Marketing als «Geisteshaltung [...] nicht nur von einem einzigen Departement

275 Archiv MGB, 215. Verwaltungsdelegationssitzung MGB, 22. September 1967, Beilage: Bericht «Marketing: Allgemeines über Marketing», S. 16.

276 Bombach, *Unser Markt von 1970*, S. 14; Drucker, *Management – Impulse durch Marketing*.

277 Archiv MGB, 215. Verwaltungsdelegationssitzung MGB, 22. September 1967, Beilage: Bericht «Marketing: Conclusions et propositions», S. 2.

278 Berghoff, *Marketing im 20. Jahrhundert*, S. 41.

279 Archiv MGB, 215. Verwaltungsdelegationssitzung MGB, 22. September 1967, Beilage: Bericht «Marketing: Préambule», S. 4.

280 Archiv MGB, 215. Verwaltungsdelegationssitzung MGB, 22. September 1967, Beilage: Bericht «Marketing: Migros aujourd'hui – demain», S. 3.

281 Archiv MGB, 215. Verwaltungsdelegationssitzung MGB, 22. September 1967, Beilage: Bericht «Marketing: Préambule», S. 4.

eingehalten [werden], sondern [...] durch das ganze Unternehmen vertreten sein».[282] Um am Markt erfolgreich zu sein, musste das gesamte Unternehmen kompromisslos auf die Bedürfnisse der Kunden ausgerichtet sein und entsprechend nachfrageorientiert agieren. Analog zur elektronischen Datenverarbeitung sollte der Marketing-Gedanke gleichsam als Klammer den heterogenen Konzern zur homogenen «Migros-Gemeinschaft» zusammenschweißen.

Was Arnold 1967 in seinem Marketing-Exposé vorschlug, war also nicht nur eine organisatorische Umgestaltung des Unternehmens, sondern eine Veränderung der Unternehmenskultur hin zu einer nach objektiven Kriterien geführten, verwissenschaftlichten Betriebsführung: «Le marketing – c'est une politique de toute l'entreprise et un ensemble de méthodes. [...] La politique et l'action du distributeur doivent être guides par une recherché systématique des exigences du client.»[283] Die Verwaltungsdelegation war grundsätzlich mit Arnolds Vorschlägen einverstanden und ermächtigte ihn im September 1967, diese marketingorientierte Strategie weiter zu verfolgen.[284]

Computertechnik und Marketing

Das auf einzelne Abteilungen begrenzte Denken und Handeln, wie ich es auch anhand der Stellungnahme der Gebrauchswaren-Abteilung zur computertechnischen Zusammenlegung der *food* und *non food* Sortimente geschildert habe, geriet Ende der 1960er Jahre also nicht nur von dieser Seite unter Druck: Der «Ressortpartikularismus» stand auch dem von Pierre Arnold immer wieder geforderten «konsequenten Marketing-Denken» im Weg, bedingte dieses doch «die Beseitigung all der altehrwürdigen Trennwände zwischen Produktion, Vertrieb, Werbung und Finanzwesen».[285] Ziel des Unternehmens hatte allein «die Eroberung des Marktes» zu sein.[286] Während die elektronische Datenverarbeitung das Mittel darstellte, leistete das Marketing die dazu nötige «Generalstabsarbeit», die Koordination und Interpretation der rechnergestützt generierten Daten, so ein zeitgenössischer Autor.[287]

Die von Pierre Arnold propagierten, weitreichenden Veränderungen wie die Schaffung eines Marketing-Departements erforderten viel Überzeugungsarbeit. Immer wieder brachte Arnold seine Ideen und Anliegen in die Sitzungen der Verwaltungsdelegation ein. So legte er 1969, zwei Jahre nach der Genehmigung

282 Archiv MGB, 215. Verwaltungsdelegationssitzung MGB, 22. September 1967, Beilage: Bericht «Marketing: Allgemeines über Marketing», S. 3.
283 Archiv MGB, 304. Verwaltungsdelegationssitzung MGB, 18./19. Januar 1973, Beilage: Bericht «Migros et le futur» von Pierre Arnold, 22. Dezember 1969, S. 6.

284 Archiv MGB, 215. Verwaltungsdelegationssitzung MGB, 22. September 1967, S. 4.
285 Sachsenberg, *Marketing beginnt im Betrieb*, S. 18.
286 Sachsenberg, *Marketing beginnt im Betrieb*, S. 18.
287 Sachsenberg, *Marketing beginnt im Betrieb*, S. 18.

seines Marketing-Berichts, nochmals nach. Dieses Mal benannte er die Referenz, mit der es sich zu messen gelte: die USA. In einem Exposé mit dem Titel «Le management moderne» wies er eindringlich darauf hin, dass die wirtschaftliche und technologische Überlegenheit der USA auf der konsequenten Anwendung der Prinzipien des modernen Managements beruhe.[288] Auch die Migros müsse diese anwenden – selbstverständlich «der schweizerischen Mentalität und vor allem dem Migros-Stil angepasst».[289] Als entscheidende Eigenschaften dieses «modernen» amerikanischen Managementsstils nannte Arnold die explizite Zielformulierung sowie deren ständige Überprüfung und flexible Anpassung. Es seien gerade die langfristige Planung, die schriftliche Fixierung der Ziele sowie deren ständige Kontrolle, die dem in der Migros gepflegten «management duttweilerian» bisher gefehlt hätten.[290]

Die übrigen Mitglieder der Verwaltungsdelegation teilten diese Einschätzung.[291] Im Rahmen eines «langfristigen Zukunftsprogramms der Migros-Gemeinschaft» wurden für alle Abteilungen und Betriebe der Migros langfristig zu erreichende Ziele formuliert, die dem Credo des flexiblen Managements entsprechend laufend anzupassen waren.[292] Garant dieser geforderten Flexibilität war – wie im Sitzungsprotokoll der Verwaltungsdelegation zuversichtlich festgehalten wurde – die Marketingorientierung des gesamten Unternehmens: «Der Sinn für Anpassung, Umstellung und Mobilität muss unablässig gefördert werden. […] Das Marketing wird uns bei dieser Aufgabe helfen».

Doch wie sollte auf praktischer Ebene diese permanente Überprüfung und Anpassung des betrieblichen Geschehens sichergestellt werden? Es war kein Zufall, dass diese Idee der ständigen Überprüfung von zuvor definierten Zielen stark an das schon im Zusammenhang mit der Umdeutung der elektronischen Datenverarbeitung zum Managementinstrument erwähnte Konzept des *management by exception* erinnerte. Das «management moderne» wie Pierre Arnold es propagierte, passte sich nahtlos ein in die unter dem Begriff Management Information System propagierte rechnergestützte Betriebsführung.[293]

So verband sich die Rede von der rechnergestützten, auf scheinbar verlässlichen Daten basierenden Betriebsführung mit der Vorstellung einer nachfrage-

288 Archiv MGB, 249. Verwaltungsdelegationssitzung MGB, 28. November 1969, Beilage: Bericht «Le management moderne», S. 4. Zur zeitgenössischen Verbreitung des *long range planning* in den amerikanischen Unternehmen siehe auch: Scott, *Long-range Planning in American Industry*, S. 55ff.

289 Archiv MGB, 249. Verwaltungsdelegationssitzung MGB, 28. November 1969, S. 2.

290 Archiv MGB, 249. Verwaltungsdelegationssitzung MGB, 28. November 1969, Beilage: Bericht «Le management moderne», S. 11f.

291 Archiv MGB, 249. Verwaltungsdelegationssitzung MGB, 28. November 1969, S. 2.

292 Archiv MGB, 254. Verwaltungsdelegationssitzung MGB, 20./21. Januar 1970, Beilage: Bericht «Das moderne Management. Bereinigte Fassung vom 30./31. Januar 1970», S. 1.

293 Archiv MGB, 249. Verwaltungsdelegationssitzung MGB, 28. November 1969, Beilage: Bericht «Le management moderne».

gesteuerten Unternehmensstrategie, die ihre materielle Entsprechung in der breiten Einführung elektronischer Datenverarbeitung fand. Im *change*-Programm Arnolds spielte die elektronische Datenverarbeitung eine entscheidende Rolle und hatte verschiedene Aufgaben: *Erstens* diente sie der effizienten Verarbeitung großer Datenmengen.[294] *Zweitens* produzierten die Computer gerade erst diejenigen Daten, die zur Führung des Unternehmens nach den Prinzipien des *management by exception* und des *long range planning* notwendig waren: «Nur ein gut ausgebautes Informationssystem wird es uns erlauben, Ziele, Budgets und Programme festzulegen, Ergebnisse zu vergleichen und die immer komplexeren Probleme zu studieren.»[295] Dieser steigende Bedarf nach Kennzahlen, die gleichsam als Fiebermesser den Zustand des Unternehmens anzeigen, legitimierte zugleich auch die Dringlichkeit eines umfassenden rechnergestützten Management Information Systems.[296]

Unter verschiedenen Vorzeichen wurde also seit Mitte der 1960er Jahre die rechnergestützte Verwissenschaftlichung des Managements in der Migros betrieben. Sowohl die elektronische Datenverarbeitung wie die unter dem Schlagwort des Marketings propagierte langfristige Unternehmensplanung wurden als Instrumente zum Umbau der Migros eingesetzt. Das erklärte Ziel einer langfristigen Unternehmensstrategie fügte sich ein in die Umdeutung der elektronischen Rechenmaschinen zu flexiblen Steuerungsinstrumenten. Diese Vorstellungen waren eng miteinander verknüpft und hatten weitreichende Konsequenzen für das Unternehmen: «Notre désir de nous équiper d'ordinateurs qui devront s'intégrer les uns aux autres nous oblige à prendre les décisions nécessaire pour savoir comment nous voulons diriger nos entreprises.»[297] Die Entscheidung zum Aufbau einer integrierten Datenverarbeitung wurden einmal mehr auch explizit Konsequenzen in Bezug auf die Unternehmensführung und -organisation zugeschrieben.[298]

---

294 Archiv MGB, 215. Verwaltungsdelegationssitzung MGB, 22. September 1967, Beilage: Bericht «Marketing: Allgemeines über Marketing», S. 18.

295 Archiv MGB, 254. Verwaltungsdelegationssitzung MGB, 20./21. Januar 1970, Beilage: Bericht «Das moderne Management. Bereinigte Fassung vom 30./31. Januar 1970», S. 3. Siehe dazu auch: 249. Verwaltungsdelegationssitzung MGB, 28. November 1969, Beilage: Bericht «Le management moderne», S. 13.

296 So erklärt sich, warum im Memorandum von 1968 das Rechnungswesen als «Klammer für die übrigen Datenverarbeitungsaufgaben» im Unternehmen bezeichnet wurde: Im Rechnungswesen werden eine Vielzahl derjenigen Kennzahlen generiert, die für die Unternehmensführung, für die Planung und Kontrolle

benötigt werden. Die Einrichtung einer zentralen Statistik-Abteilung beim Finanzdepartement diente ebenfalls der Gewinnung von Kennzahlen. Archiv MGB, 232. Verwaltungsdelegationssitzung MGB, 6. Dezember 1968, Beilage: Memorandum zur Datenverarbeitung in der Migros-Gemeinschaft, 22. August 1968, S. 22; 210. Verwaltungsdelegationssitzung MGB, 1. Juni 1967, S. 5, Beilage: Antrag an die Verwaltungsdelegation; Bericht «Studien zur Frage der Schaffung einer zentralen statistischen Abteilung im MGB», 28. Januar 1967.

297 Archiv MGB, 249. Verwaltungsdelegationssitzung MGB, 28. November 1969, Beilage: Bericht «Le management moderne», S. 13.

298 Siehe dazu zeitgenössisch: Goodman, *The Effects of Computers on Corporate Management, Part I*; Goodman, *The Effects of Computers on Corpo-*

Neue Departemente

Ein Beispiel für eine diesbezügliche Veränderung der Organisationsstruktur war die Schaffung zweier neuer Departemente beim MGB zu Beginn der 1970er Jahre. Die vielerorts verbreitete und auch in der Migros praktizierte Auftrennung von zusammenhängenden Tätigkeiten auf unterschiedliche Organisationseinheiten erwies sich in der betrieblichen Praxis als zunehmend unbefriedigend.

Analog zu Pierre Arnolds Forderung nach einem Marketing-Departement zeigte sich Ende der 1960er Jahre immer deutlicher auch für die Warenwirtschaft, dass deren Verwaltung infolge des Sortimentswachstums nicht länger als Teil des Finanz-Departements betrieben werden konnte.[299] Zudem hatte das Verwaltungsdelegationsmitglied, das bisher für den Einkauf der Gebrauchs- und Kolonialwaren verantwortlich zeichnete, schon seit längerer Zeit signalisiert, dass er den Bereich der Gebrauchsartikel gerne abtreten würde.[300]

Die Erhöhung der personellen Ressourcen in der Verwaltungsdelegation sollte diesem Missstand Abhilfe schaffen. Man einigte sich in der Verwaltungsdelegation, Frank Rentsch, den Leiter der Genossenschaft Bern, als sechstes Mitglied in die Delegation zu berufen.[301] So setzte sich die Verwaltungsdelegation ab Sommer 1970 aus sechs statt der bisherigen fünf Departementsleiter zusammen. Der Einkauf der Gebrauchsartikel ging an das neu geschaffene Departement «Einkauf Gebrauchsartikel, Textilien und Apparate» über, das nun Frank Rentsch führte.[302] Ein Jahr später trat der bisherige Leiter nach dreißigjähriger Tätigkeit für die Migros aus Altergründen zurück.[303] In der Folge wurde die Zahl der Departemente wieder auf fünf reduziert und es wurden weitere Umstrukturierungen vorgenommen:[304] Pierre Arnold wurde im Sommer 1971 Leiter des von ihm seit 1966 geforderten Departements Marketing. Dieses befasste sich mit dem Ein- und Verkauf sämtlicher Waren, sowohl *food* als auch *non food*.[305] Die zunehmende Sensibilisierung für die Warenwirtschaft fand ihre Entspre-

rate Management, Part II. Zum Verhältnis von Technik und Unternehmensorganisation siehe: Yates, *Structuring the Information Age*; Williams, *Retooling.*

299 Archiv MGB, 236. Verwaltungsdelegationssitzung MGB, 3. März 1969, S. 6.

300 Archiv MGB, 212. Verwaltungsdelegationssitzung MGB, 7. Juli 1967, S. 2 und 213. Verwaltungsdelegationssitzung MGB, 17. Juli 1967, S. 1.

301 Archiv MGB, 243. Verwaltungsdelegationssitzung MGB, 18. August 1969, S. 3.

302 Archiv MGB, 264. Verwaltungsdelegationssitzung MGB, 31. Juli 1970, S. 3.

303 Archiv MGB, 277. Verwaltungsdelegationssitzung MGB, 3. Juni 1971, S. 2; Rechen-

schaftsbericht MGB 1972, S. 10; Migros-Genossenschafts-Bund, *Chronik der Migros* S. 55.

304 So wurden neu sämtliche Produktionsbetriebe im Departement Industrielle Betriebe zusammengefasst. Archiv MGB, Rechenschaftsbericht MGB 1972, S. 10.

305 Archiv MGB, 277. Verwaltungsdelegationssitzung MGB, 3. Juni 1971, S. 2. Zur Institutionalisierung von Marketing-Abteilungen in Unternehmen siehe: Berghoff, *Marketinggeschichte*, S. 17ff.; Fitzgerald, *Rowntree and the Marketing Revolution*. Für die Schweiz siehe: Hürlimann und Ischer, *Zwischen unternehmerischer Dynamik und institutioneller Kontinuität*.

chung in der Schaffung des Departements Warenfluss unter der Leitung von
Rentsch. Dieses Departement zeichnete für die gesamte Warenverteilung, Lagerhaltung, Transporte, technischen Anlagen sowie die elektronische Datenverarbeitung verantwortlich:[306] Fortan gehörte also die Abteilung für elektronische
Datenverarbeitung nicht mehr zum Finanz-Departement Urechs, sondern zum
Warenfluss-Departement Rentschs.[307] Mit dieser Zusammenfassung von Tätigkeiten, die zuvor aufgrund von unternehmenshistorischen Pfadabhängigkeiten
auf verschiedenste Organisationseinheiten verteilt waren, in zwei einheitlich
ausgerichteten Departementen hatte *erstens* Pierre Arnold ein wichtiges Ziel bezüglich der Verwissenschaftlichung des Managements bei der Migros erreicht:
die Institutionalisierung von Marketing und Warenwirtschaft, zwei wichtigen
Unternehmensbereichen. *Zweitens* war nun Frank Rentsch in der Position, um
sich dem Aufbau einer von ihm schon 1966 skizzierten rechnergestützten Warenwirtschaft zu widmen.

Fazit: Umdeutungen

Im zweiten Teil dieser Studie zeige ich, wie die Technik der elektronischen Datenverarbeitung von einem Mittel zur beschleunigten Verarbeitung von Daten
zu einem Instrument der betrieblichen Steuerung und Kontrolle in den Händen
der Unternehmensleitung umgedeutet wird.

Seit Beginn der 1950er Jahre setzten die Genossenschaften zur Verarbeitung
der massenhaft anfallenden Bestellungen aus den Filialen Rechenmaschinen ein.
Diese zunächst elektromechanischen und später elektronischen Geräte sollten in
erster Linie eine Beschleunigung der betrieblichen Abläufe herbeiführen. Dies
gelang: Die Rechenmaschinen trugen maßgeblich dazu bei, dass die rückwärtigen Abteilungen mit der beschleunigten Verkaufsleistung und dem erhöhten
Warenumschlag in den Verkaufsläden Schritt halten konnten.

Ende der 1950er Jahre setzte zunächst in den USA eine Umdeutung der leistungsfähiger werdenden Rechenmaschinen ein: Das Argument der betrieblichen
Beschleunigung verlor an Gewicht, während die Einsparung von Arbeitskräften
durch den Einsatz von Computertechnik an Bedeutung gewann. Computer sollten zur Automation der Datenverarbeitung beitragen, indem sie immer größere
Anteile an der immer noch bestehenden menschlichen Arbeit übernahmen. Die
Debatte um die Automatisierung immer weiterer Wirtschaftsbereiche führte
auch im Einzelhandel zu einer neuen Zielvorgabe der unternehmerischen Rationalisierungsanstrengungen: Es ging nicht mehr allein um die Beschleunigung
betrieblicher Abläufe, sondern um die Bewältigung eines wachsenden Umsatzes

306 Archiv MGB, 277. Verwaltungsdelegations-   307 Archiv MGB, Rechenschaftsbericht MGB,
     sitzung MGB, 3. Juni 1971, S. 2.   S. 10.

mit konstantem Mitteleinsatz. Möglich machen sollte diese Produktivitätssteigerung technischer Fortschritt im Allgemeinen und die elektronische Datenverarbeitungstechnik im Besonderen. Die elektronische Datenverarbeitung wurde dabei als erprobte Lösung für die Herausforderungen des Einzelhandels, insbesondere die Verwaltung der rasch wachsenden und wechselnden Sortimente, also zur im ersten Teil dieser Studie problematisierten Verwaltung von Masse und Diversität, propagiert.

Eine Allianz von Computerherstellern und Unternehmensberatern versprach den Einzelhändlern, dass sich mittels Computer Kontrolle, Transparenz und Übersichtlichkeit herstellen ließ, was letztlich eine bessere, weil auf objektiven Daten basierende Unternehmensführung ermögliche. Dadurch, dass die Computer der Unternehmensführung einen rascheren Überblick über die aktuellen Geschäftsentwicklungen sowie mittels Simulationen sogar einen Blick in die Zukunft erlaubten, würden deren Entscheidungsspielräume entscheidend erweitert: Nicht nur das innerbetriebliche Wachstum, sondern auch die zunehmende außerbetriebliche Komplexität werde so beherrschbar. Dies waren in den 1960er Jahren formulierte Versprechen für die Zukunft: Computer sollten nicht länger ausschließlich zur effizienten Verarbeitung massenhaft anfallender Daten dienen; sie sollten als sogenannte Management Information Systeme entscheidungsrelevante Informationen für die Unternehmensleitung bereitstellen. Management Information Systeme waren Computersysteme, die in Anlehnung an zeitgenössische Vorstellungen der Kybernetik das gesamte Unternehmen abbilden und steuern. Alle unternehmerischen Aktivitäten sollten elektronisch erfasst, zu Informationen verarbeitet und der Unternehmensleitung zur Wahrung des betrieblichen Überblicks und zur Entscheidungsfindung zugeführt werden.

Durch ihre engen Kontakte zum amerikanischen Einzelhandel nahm die Migros diese Ideen auf. Am Beispiel einer Migros-internen Konferenz zum Einsatz von Computertechnik in der Migros zeige ich, wie im Unternehmen unterschiedliche Interessenlagen aufeinanderprallten. Frank Rentsch, zu diesem Zeitpunkt Geschäftsleiter der Genossenschaft Bern, skizzierte ein Management Information System als rechnergestützte Warenwirtschaft: Die Steuerung und Kontrolle der gesamten Warenwirtschaft sollte in einem Computersystem erfolgen. Rentsch entwarf die kybernetisch inspirierte Vision eines Warenwirtschaftssystems, das aus einem kontinuierlichen Fluss von Waren und Informationen bestand. Andere Kadermitarbeitende waren nicht im gleichen Maß von den Fähigkeiten der elektronischen Rechenkolosse überzeugt. Doch die diskursive Umdeutung der Computer zu Instrumenten der Unternehmensführung erwies sich als zu wirkungsmächtig, um durch kritische Stimmen, wie sie auf dieser Konferenz laut wurden, ernsthaft ins Wanken zu geraten – zumal sich diese Versprechen mit Absichten des MGB deckten: Der MGB wollte sich die Verfügungsmacht über diese zukunftsträchtige Technik sichern und war bestrebt, seine von

den Statuten vorgesehene Position als koordinierende Instanz innerhalb dieser
Gemeinschaft zu stärken und zu zementieren. Er bediente sich der rechnergestützten Technik, um innerhalb der Migros eine technische Kohärenz nach seinen Vorstellungen zu schaffen und so den Durchgriff auf die Genossenschaften
zu stärken. Ich zeichne nach, wie die Verwaltungsdelegation unter dem Schlagwort der Integration die Zentralisierung sämtlicher elektronischer Ressourcen
beim MGB betrieb. Diese Bemühungen waren insofern erfolgreich, als ab 1970
der Aufbau des Rechenzentrums beim MGB erfolgte.

Die Umdeutung der elektronischen Datenverarbeitung zu einem Instrument
der Unternehmensführung ermöglichte dem MGB eine Reorganisation des Unternehmens. Diesem Ziel war auch Pierre Arnold, Mitglied der Verwaltungsdelegation, verpflichtet. Aufgrund seiner Diagnose eines veränderten sozioökonomischen Umfelds verlangte er nach einer neuen strategischen Ausrichtung des
Unternehmens und neuen Betriebsführungsmethoden. Nach dem Tod des Firmengründers Gottlieb Duttweiler 1962 forderte Arnold mit den Schlagworten
Marketing und Management eine Modernisierung der Migros: Analog zur elektronischen Datenverarbeitung sollte der Marketing-Gedanke den heterogenen
Konzern zur homogenen «Migros-Gemeinschaft» zusammenschweißen. So verband sich die Rede von der rechnergestützten, auf scheinbar objektiven Daten
basierenden Betriebsführung mit der Vorstellung einer nachfragegesteuerten
Unternehmensstrategie, die ihre materielle Entsprechung in der vom MGB gesteuerten Nutzung elektronischer Datenverarbeitung fand.

Im dritten Teil der Studie geht es um die Umsetzung der bisher beschriebenen
Vorstellungen von flexibler Unternehmensstrategie und rechnergestützter Unternehmensführung im Bereich der Warenwirtschaft: den Umbau des Unternehmens nach Maßgabe der eben beschriebenen Vorstellungen elektronischer
Datenverarbeitung.

IV. Umbau

Im vorangegangenen Teil der Studie habe ich dargestellt, wie sich seit Beginn der 1960er Jahre die mittels elektronischer Datenverarbeitung gemachten Versprechungen an die Adresse der Unternehmen verändert haben. Die Computertechnik erfuhr eine Umdeutung: Die elektronischen Rechenmaschinen wurden zu Instrumenten der betrieblichen Kontrolle und Transparenz. Diese Umdeutung geschah nicht nur im Einzelhandel, sondern auch in anderen Wirtschaftsbereichen wie den Banken oder der öffentlichen Verwaltung.[1]

Das veränderte Reden über die Offerten der rechnergestützten Datenverarbeitung eröffnete dieser Technik seit Beginn der 1960er Jahre den Zugang zu den Unternehmensleitungen. Anknüpfungspunkte ergaben sich aufgrund des konjunkturbedingten Personalmangels sowie den sich in den Unternehmen herausbildenden Vorstellungen einer notwendigen Marketingorientierung. In diesem Kontext versprach die rechnergestützte Datenverarbeitung eine permanente Anpassung der Betriebsführung an die Bedürfnisse der Kunden zu gewährleisten. Das war ein Versprechen, das auch leitende Mitarbeitende im MGB als entscheidend für eine erfolgreiche Entwicklung des Unternehmens beurteilten und das auf höchster Leitungsstufe auf offene Ohren stieß: Im Dezember 1968 entschied sich die Verwaltungsdelegation, ein zentrales Rechenzentrum beim MGB aufzubauen. Diese Entscheidung für ein Rechenzentrum implizierte Veränderungen in der Unternehmensstruktur, in betrieblichen Abläufen und Routinen.

Ebenso wirkten sich die von Pierre Arnold forcierte Marketingorientierung und der damit einhergehende Ausbau des *non food* Sortiments auf die Organisationsstruktur aus. Diese Entscheidungen der Verwaltungsdelegation in der zweiten Hälfte der 1960er Jahre waren wegweisend: Sie führten in der Migros *erstens* zur technischen Aufrüstung des MGB und *zweitens* zu einem weiteren Wachstumsschub der Sortimentszahlen. Dies verlangte – als *dritte* Konsequenz – eine Anpassung der Betriebsführungsmethoden. Diese Anpassungsleistungen werden im folgenden Kapitel im Zentrum stehen. Ich untersuche, wie diese Umdeutungen der rechnergestützten Technik im Unternehmen umgesetzt wurden: Welche konkreten Wirkungen entfalteten die beschriebenen diskursiven Umdeutungen der Rechenmaschinen auf der Ebene des betrieblichen Alltags? Wie wurde die

---

1 Siehe dazu: Zetti, *Die Erschließung der Rechenanlage.* Hausammann, *Der Beginn der Informatisierung im Kanton Zürich*; Hürlimann, *Die Eisen-* *bahn der Zukunft*; Bonhage, *Die Einführung der bargeldlosen Lohn- und Gehaltszahlung*; Zetti, *Personal und Computer.*

vielbeschworene Marketingorientierung sowohl in der Organisationsstruktur
wie auch im täglichen Handeln der Mitarbeitenden verankert? Wie versuchte
man sicherzustellen, dass die betrieblichen Abläufe künftig durch die Bedürfnisse
der Verkaufsfront gesteuert wurden statt wie bisher durch die Vorgaben der Produktion? So viel sei an dieser Stelle vorweggenommen: Dieser radikale Perspek-
tivenwechsel gelang in der Migros nicht auf Anhieb; es zeigten sich vielfältige
Widerstände und Zweifel.

Eine nachfrageorientierte, rechnergestützte Warenwirtschaft

Die strategische Entscheidung der Verwaltungsdelegation, das *non food* Sortiment
zu vergrößern, erhöhte nochmals die schon bestehenden Anforderungen zur
effizienten Verwaltung der wachsenden und wechselnden Sortimente.[2] An den
Sitzungen der Verwaltungsdelegation war die Rede von «einer neuen Konzeption der Dienste hinter der Front». Ziel war eine «optimale Lagerbewirtschaftung» und eine ebenso optimale Anpassung der Sortimentsstruktur an die
Bedürfnisse der Kunden.[3] Das implizierte die Bereitstellung der benötigen La-
gerfläche durch den Ausbau der Lagerkapazitäten. Zugleich bedingte dies die
Anpassung betrieblicher Abläufe wie beispielsweise des Bestellwesens, das für
eine nachfrageorientierte Koppelung der Lagerhallen mit den Verkaufsläden besorgt sein sollte.

Für die Verwaltungsdelegation stellten sich folgende Fragen: Wie kann sichergestellt werden, dass «das richtige Produkt zur gewünschten Zeit an den gewünschten Ort» gelangt?[4] Anders formuliert: Wie kann die Verkaufsfront effektiv mit «den Diensten hinter der Front» gekoppelt werden?

Diese ans Militärische erinnernde Terminologie ist nicht zufällig: Fragen der
termingerechten Disposition und die damit zusammenhängende räumliche Verschiebung von Waren und Personen wurden im Militärwesen unter dem Begriff
Logistik schon seit Jahrhunderten praktiziert und diskutiert.[5] Seit Ende der

2 *Panel Diskussion I*, S. 76.
3 Archiv MGB, 210. Verwaltungsdelegationssitzung MGB, 1. Juni 1967, Beilage: Bericht «Non
Food Geschäft», S. 13.
4 Pfohl, *Alles für den Nachschub*, S. 49.
5 Zum Begriff der Logistik siehe unter anderem:
Rehm, *Der Begriff Logistik und seine vielschichtige
Bedeutung*; Krulis-Randa, *Marketing-Logistik.*,
S. 73ff. Zur Entwicklung der betrieblichen Logistik siehe: Duerler, *Logistik als Teil der Unternehmungsstrategie*. Auf die enge Verbindung zwischen
Militär und Logistik sowie die Übertragung der

daraus entstandenen Lösungen in den zivil-kom-
merziellen Bereich verweist exemplarisch die
Geschichte der Palette, eines wichtigen Hilfsmittel zum Transport von Waren seit den 1940er
Jahren. Siehe dazu: Dommann, *Die Quadratur des
Materialflusses*; Dommann, *«Be wise – palletize»*.
Die Bedeutung eines anderen wichtigen Trans-
portbehältnisses, des Containers, arbeitet Levinson, *The Box* auf. Zur Verbindung von Logistik
und rechnergestützter Datenverarbeitung siehe
die Aufsätze in Hürlimann, Joye-Cagnard und
Zetti, *Gesteuerte Gesellschaft*.

1960er Jahre wurden solche Fragen mit dem Aufkommen der Marketingorientierung unter dem Konzept «Marketing-Logistik» sowohl im angelsächsischen wie auch im deutschsprachigen Raum diskutiert.[6] Der umständliche Begriff konnte sich längerfristig zwar nicht durchsetzen; in den 1970er Jahren redete man zunehmend entweder von Marketing oder von Logistik. In Bezug auf das Bedeutungsfeld ist der Begriff «Marketing-Logistik» jedoch aufschlussreich: Logistik verweist auf die räumliche und zeitliche Dimension des Verschiebens einer Ware, während Marketing den Kunden in den Mittelpunkt rückt.[7] Das Konzept der «Marketing-Logistik» zielte also explizit auf die kundenorientierte Organisation des betrieblichen Nachschubs ab und benannte damit das «Bindeglied zwischen der Güter- und der Nachfrageproduktion».[8] In geradezu exemplarischer Weise umschrieb dies den Funktionsbereich eines Einzelhandelsunternehmens: Die Vermittlung von Waren an Konsumenten. Es erstaunt darum nicht, dass das Einzelhandelsunternehmen Migros diesen Diskussionen besondere Beachtung schenkte.

In der betrieblichen Struktur eines Einzelhandelsunternehmens kann das Bestellwesen wie auch die Belieferung der Verkaufsläden mit den bestellten Waren dem Bereich der «Marketing-Logistik» zugeordnet werden: Das Bestellwesen stellt im Wesentlichen einen Austausch von Informationen zwischen Verkaufsladen und Lagerhaus dar. Aufgrund dieses Austauschs werden die Filialen beliefert. Im Idealfall ist es also der von den Verkaufsläden ausgehende Informationsfluss, der einen Warenfluss von den Lagerhallen zu den Verkaufsfilialen auslöst. Die materielle Ausgestaltung des Bestellwesens kann dabei unterschiedlich sein:[9] Die Informationen aus den Verkaufsläden können handschriftlich auf einem Bestellzettel festgehalten sein, mittels eines Telefongesprächs zwischen Filialleiter und Disponent weitergeleitet werden oder als elektronische Impulse zwischen zwei Rechenmaschinen ausgetauscht werden. Seit Ende der 1960er Jahre wurde das Bestellwesen zunehmend den neu geschaffenen Marketing-Abteilungen zugeordnet: Hier sollte im Zuge des Marketing-Gedankens neben dem simplen Auffüllen von Regalen auch eine strategische und kundenorientierte Bewirtschaftung des Sortiments betrieben werden. Doch dies erwies sich als anspruchs-

6 Siehe dazu: Pfohl, *Alles für den Nachschub*. Das Standardwerk «Marketing-Logistik» von Hans-Christian Pfohl wurde 1972 das erste Mal veröffentlicht. Ab 1985 erschien es unter dem neuen Titel «Logistiksysteme», 2004 erscheint die vorerst siebte und letzte Auflage. Pfohl, *Marketing-Logistik*.

7 Pfohl, *Marketing-Logistik*, S. 29. Im deutschsprachigen Raum wurde in den 1950er Jahren statt des angelsächsischen Begriffs «Marketing» die Bezeichnung «Absatzwirtschaft» verwendet. Zum Begriff «Marketing» siehe unter anderem:

Rossfeld, *Unternehmensgeschichte als Marketinggeschichte*, S. 30; Bubik, *Geschichte der Marketing-Theorie*, S. 21 sowie Krulis-Randa, *Die Entstehung der Marketing-Idee*.

8 Pfohl, *Alles für den Nachschub*, S. 49.

9 Während die materielle Form des Bestellwesens grundsätzlich sehr verschieden sein kann, ist die Form der Belieferung der Verkaufsläden gegeben: Ob mit dem Handkarren oder dem Lastwagen, die Waren müssen physisch bewegt werden, um von den Produktions- und Lagerhallen in die Verkaufsläden zu gelangen.

voll, denn: «Die Vielfalt der Produkte erschwert das Erkennen der Änderung von Verbrauchergewohnheiten».[10] Auch beim MGB hieß es, dass die Sortimentsgestaltung «durch die ständig wachsenden und wechselnden Verbraucherwünsche zu einer komplexen Aufgabe geworden» sei.[11]

Auch in der Migros wurden während Jahrzehnten Bestellformulare per Briefpost in die Betriebszentralen geschickt, wo sie von Hand verarbeitet und die bestellten Waren anschließend für den Transport in die Filalen bereitgestellt wurden. Seit den 1950er Jahren wurde auch in den Genossenschaften der Migros das Bestellwesen zunehmend rechnergestützt abgewickelt: Insbesondere die Verarbeitung der Bestellungen in den Betriebszentralen wurde mit Lochkartenmaschinen und später mit elektronischen Rechenmaschinen erledigt. Eine andere Bearbeitungsform war angesichts der täglich anfallenden Zahl der Bestellungen gar nicht mehr denkbar: Allein bei der GMZ waren es 1966 25.000 Bestellungen.[12] Zunächst stand eine beschleunigte Verarbeitung der steigenden Anzahl an Bestellungen im Vordergrund des Einsatzes elektronischer Datenverarbeitung. Im Zusammenhang mit den Bestrebungen um eine effizientere Sortiments- und Lagerbewirtschaftung ging es ab Mitte der 1960er Jahre zunehmend um eine möglichst präzise Voraussage des Bedarfs in den Verkaufsstellen: Es ging um genauere Bestellungen, das heißt um Bestellungen, die möglichst exakt der Nachfrage entsprachen.[13] Diese Verschiebung in der Zielsetzung elektronischer Datenverarbeitung im Bestellwesen illustrierte die Umdeutung dieser Datenverarbeitung: Ursprünglich eingeführt als Instrument der Beschleunigung, sollte die Computertechnik nun eingesetzt werden, um eine noch engere innerbetriebliche Synchronisation zwischen Verkauf und Produktion herbeizuführen und gleichzeitig zur betrieblichen Kontrolle und Transparenz beizutragen. Im Fall des Bestellwesens bedeutete dies eine Anpassung der betrieblichen Abläufe hinter den Verkaufsregalen an die Geschehnisse an der Verkaufsfront.

Die Nachfrage abbildende Bestellungen

Von welch hoher Bedeutung möglichst exakte Bestellungen im Einzelhandel sind, illustriert dieses Beispiel: Ab 1967 wurde ein neues rechnergestütztes Bestellsystem zwischen der GMZ und einem Produktionsbetrieb der Migros-

10 Vigier, *Management Informations Systems*, S. 8.
11 *Panel Diskussion I*, S. 76; Archiv MGB, 215. Verwaltungsdelegationssitzung, 22. September 1967, Beilage: Bericht «Marketing: Allgemeines über Marketing», S. 7.
12 Gsell, *Filial-Überwachung mit Hilfe elektronischer Datenverarbeitung*, S. 32; Archiv MGB, Re-

chenschaftsbericht MGB 1964, S. 56; Rechenschaftsbericht MGB 1965, S. 55.
13 PA MG, Bericht «Eingliederung eines Systems zur Erfassung der Verkaufsdaten in das Konzept der Datenverarbeitung», November 1969, S. 1.

eigenen Bäckerei Jowa eingeführt.[14] Bis dahin war der Produktionsbetrieb Jowa darauf angewiesen, dass die Mitarbeitenden in den Verkaufsfilialen den täglichen Bedarf an frischen Backwaren aufgrund ihrer oftmals langjährigen Erfahrung so präzise wie möglich einschätzten. Da aber die Mitarbeitenden in den Filialen aufgrund der zeitintensiven Verarbeitung diese Bestellungen zu einem sehr frühen Zeitpunkt aufgeben mussten, konnte «der wirkliche tägliche Bedarf» kaum jemals korrekt geschätzt werden.[15] Diese ungenauen Bestellungen zeigten sowohl für die Filiale wie für den Produktionsbetrieb negative Konsequenzen: Die Diskrepanz zwischen den effektiven Verkäufen und den auf Schätzungen beruhenden Liefermengen führte zur «unbefriedigenden Erscheinung», dass gewisse Artikel teilweise schon Stunden vor Ladenschluss ausverkauft waren und ausgerechnet in den Verkaufsstunden am Abend mit der höchsten Kundenfrequenz nicht mehr verfügbar waren.[16] Um dies zu verhindern, tendierten die Filialleiter dazu, möglichst große Mengen zu bestellen. Diese Praxis barg die Gefahr zu großer – und im Fall von Backwaren verderblicher – Lagerbestände, deren Kosten kein Gewinn gegenüberstand. Dank dem «vollkommen neuen Bestellwesen» sollte fortan «die betriebliche Dispositionsstelle [der Jowa, KG] so flexibel wie nur möglich arbeiten», um den Slogan «JOWA-Backwaren immer frisch» tatsächlich zu erfüllen.[17] Das neue Bestellsystem beruhte auf dem Prinzip des schon erläuterten *management by exception*, bei dem lediglich Ausnahmen vom üblichen Prozedere das Eingreifen der Mitarbeitenden fanden. Dies ermöglichte der Jowa, «die Bestellfristen für die Filialen wesentlich zu verkürzen» und das Speditionsbüro «von den täglichen umfangreichen Zusammenzugsarbeiten» zu entlasten.[18] Der Versuch, den Ausstoß der Backöfen der Jowa mit der Nachfrage nach frischem Brot in den Verkaufsfilialen besser zu synchronisieren, gelang: Neben «Arbeitserleichterungen» brachte das rechnergestützte Bestellsystem einen «Mehrumsatz».[19] 1969 wurde es für die GMZ und JOWA definitiv eingeführt.

14 Archiv MGB, G 311, Referat zur Einführung der EDV im Jowa Betrieb Zürich, 19. Juni 1967, S. 5; Informationstagung über die Einführung der Datenverarbeitung in der Jowa AG Zürich, 13. Juli 1967; Rechenschaftsbericht MGB 1968, S. 40.

15 Archiv MGB, G 311, Referat zur Einführung der EDV im Jowa Betrieb Zürich, 19. Juni 1967, S. 5.

16 Dies ist ein Beispiel für einen sogenannten tiefen Servicegrad. Angestrebt wird im Einzelhandel ein möglichst hoher Servicegrad; das heißt, möglichst alle Artikel sind zu jedem Zeitpunkt verfügbar, um die vorhandene Nachfrage vollständig zu befriedigen. Archiv

MGB, G 311, Referat zur Einführung der EDV im Jowa Betrieb Zürich, 19. Juni 1967, S. 5.

17 Archiv MGB, G 311, Referat zur Einführung der EDV im Jowa Betrieb Zürich, 19. Juni 1967, S. 4f.

18 Archiv MGB, G 311, Referat zur Einführung der EDV im Jowa Betrieb Zürich, 19. Juni 1967, S. 5; Informationstagung über die Einführung der Datenverarbeitung in der Jowa AG Zürich vom 13. Juli 1967; Rechenschaftsbericht MGB 1968, S. 40.

19 Archiv MGB, Rechenschaftsbericht MGB 1969, S. 21.

Was hier für einen Migros-eigenen Produktionsbetrieb geschildert wird, traf auch auf diejenigen Artikel zu, die nicht von einem Migros-Betrieb hergestellt, sondern auf dem Weltmarkt eingekauft wurden: «Um zur Einschätzung des zukünftigen Bedarfs zu gelangen, ist der Einkäufer auf Informationen über die Verkaufsentwicklung des Artikels in der Vergangenheit angewiesen.»[20] Ein einschlägiger Bericht der Verkaufsabteilung des MGB hielt Ende der 1960er Jahre fest, dass «die meisten Genossenschaften [...] nicht in der Lage [sind], ohne einen kostspieligen Aufwand, die Warenbewegung nach Laden und pro Artikel zu überwachen. Die monatliche Umsatzstatistik pro Artikel für die ganze Verkaufsfront ist ungenügend [...].»[21] Eine optimale Einkaufs-, Lagerhaltungs- und Sortimentspolitik verlangte also nach Verkaufsdaten, nach Informationen über den jeweiligen Verkaufserfolg der Artikel. Gerade diese Informationen waren in der Migros nicht in nützlicher Frist, mit der geforderten Genauigkeit und vor allem nicht mit vertretbarem Aufwand verfügbar, so die Meinung des von Pierre Arnold geleiteten Departements für den Ein- und Verkauf von Frischprodukten.[22]

Diese Diagnose einer ungenügenden Datenlage zu den Geschehnissen an der Verkaufsfront stimmte in wesentlichen Punkten mit der Kritik von Frank Rentsch an der Organisation der Warenwirtschaft in der Migros überein – mit dem entscheidenden Unterschied, dass diese Informationslücke nun nicht ein engagierter Genossenschaftsleiter monierte, sondern der Leiter des zuständigen Departements beim MGB. Die von Rentsch und Arnold vertretenen Interessen waren kongruent: In letzter Konsequenz verlangten beide nach einer neuen Betriebsführung, die grundsätzlich auf computergenerierten und -verwalteten Informationen basieren sollte.

So hatten diese Informationslücken nämlich zur Folge, dass eine einheitliche Sortimentspolitik, wie sie insbesondere Pierre Arnold ab der zweiten Hälfte der 1960er Jahre unter Berücksichtigung der «lokalen Bedürfnisse» anstrebte, kaum durchzusetzen war.[23] Dies wiederum stellte die ebenfalls vom MGB angestrebte

20 PA MG, Bericht «Eingliederung eines Systems zur Erfassung der Verkaufsdaten in das Konzept der Datenverarbeitung», November 1969, S. 3.

21 Archiv MGB, 233. Verwaltungsdelegationssitzung MGB, 7. Januar 1969, Beilage: Bericht «M-Norm?», S. 35.

22 Zu diesem Zeitpunkt, Ende der 1970er Jahre, war Pierre Arnold Leiter des Departements für den Ein- und Verkauf von Frischprodukten. Das Departement Marketing, das unter seiner Leitung für den Ein- und Verkauf sämtlicher Artikel zuständig war, wurde erst im Sommer 1971 geschaffen.

23 Archiv MGB; 233. Verwaltungsdelegationssit-

zung MGB, 7. Januar 1969, Beilage: Bericht «M-Norm?»; 210. Verwaltungsdelegationssitzung MGB, 1. Juni 1967, S. 5f. Beilage. Bericht «Non Food», S. 13f. Die rechtliche Grundlage für das Bestreben nach Vereinheitlichung der Sortimente stellten die Verträge zwischen dem MGB und den Genossenschaften dar: Dort war dokumentiert, dass innerhalb der Migros festzuhalten war «an einem umsatzstarken, relativ beschränkten und in allen Genossenschaften möglichst einheitlichen Sortiment». Archiv MGB, Vertrag zwischen dem Migros-Genossenschafts-Bund und der Genossenschaft Migros Zürich, Mai 1957, S. 9.

straffe Lager- und Sortimentsbewirtschaftung, gerade auch in den immer größer werdenden Verkaufsläden der Migros-Multi-Märkte (MMM) mit ihrem stetig wachsenden *non food* Angebot, vor zunehmende Probleme:[24] Es bestand ständig die Gefahr zu niedriger oder zu hoher Lagerbestände, deren Kosten sich negativ auf den Gewinn pro Artikel, die Marge, auswirkten. Die Höhe der Marge hatte entscheidenden Einfluss auf die Gewinnspanne eines Einzelhandelsunternehmens. Bei der Migros, deren Geschäftsprinzip auf dem Grundsatz «große Umsätze bei kleinen Margen» basierte, war die – sowieso schon vergleichsweise niedrige – Marge umso wichtiger: Die effiziente Verwaltung des Sortiments und der Lagerbestände war also für den ökonomischen Erfolg des Unternehmens zentral.

Das Bedürfnis nach Verkaufsdaten

Es war dieser Notwendigkeit nach effizienter und kostensparender Sortimentsverwaltung geschuldet, dass im MGB Ende der 1960er Jahre zuverlässige, aktuelle und rechtzeitig verfügbare Verkaufsdaten zunehmend als «eine wesentliche Grundlage eines jeden Informationssystems im Handel» erkannt wurden. Verkaufsdaten sollten dazu beitragen, möglichst präzise den zukünftigen Bedarf zu errechnen und so die «Basisdaten» für das geplante rechnergestützte Warenwirtschaftssystem zu liefern.[25] Ende der 1960er Jahre gesellte sich zum Gebot eines effizienten Warenflusses aus den Produktionshallen und Lagerhäusern in die Verkaufsläden und dem dank der Selbstbedienung fast stockungsfreien Kundenfluss in den Verkaufsläden ein dritter Strom als Erfolgsbedingung im Einzelhandel hinzu: Der reibungslose Informationsfluss aus den Verkaufsläden in die rückwärtigen Büros der Verwaltungen, Direktionen, Betriebszentren, Produktionsunternehmen und Lagerhallen. Entsprechend den kybernetisch inspirierten Vorstellungen sollten im rechnergestützten Warenwirtschaftssystem der Informations- und der Warenfluss in produktiver Weise zusammenfinden. Die Aktualität und Vollständigkeit dieses rechnergestützten Informationsflusses wurden dabei als entscheidend für den langfristigen Erfolg eines Einzelhandelsunternehmens angesehen.

In diesen zeitgenössischen Vorstellungen wurde der elektronischen Datenverarbeitung ein entscheidender Stellenwert beigemessen. Die EDV-Abteilung des MGB versuchte nach Kräften diese Sichtweise zu unterstützen, um sich selbst zu legitimieren: So warnte sie in einem Bericht eindringlich davor, aufgrund von «unzuverlässigen Basisdaten», also Daten, die nicht auf den effektiven Verkäufen

---

24 PA MG, Pflichtenheft Check-out-System mit automatischer Verkaufsdatenerfassung, Februar 1970, S. 1ff und 14ff.

25 PA MG, Bericht «Eingliederung eines Systems zur Erfassung der Verkaufsdaten in das Konzept der Datenverarbeitung», November 1969, S. 3 und S. 8.

in den Filialen beruhten, ein rechnergestütztes Warenwirtschaftssystem aufzubauen. Dies würde zu «unzuverlässigen Bestellmengen» führen, was keinerlei
Verbesserung gegenüber der gegenwärtigen Situation bedeuten würde.[26]

Ende der 1960er Jahre lauteten die drängenden Fragen im Einzelhandel folglich: Wie können möglichst genaue Informationen über die aktuellen Ver-
kaufserfolge erfasst werden? Wie können Verkaufsdaten effizient festgehalten
und verarbeitet werden? Dass die rechnergestützte Datenverarbeitung bei der
Beantwortung dieser Frage eine wichtige Rolle spielen würde, war zu diesem
Zeitpunkt unbestritten: Die elektronischen Rechenmaschinen hatten sich seit
Beginn der 1960er Jahre zu erfolgreich als Instrumente der betrieblichen Kontrolle und Transparenz positioniert, als dass sie hätten ignoriert werden können.
So verband sich Ende der 1960er Jahre im MGB das Bedürfnis der Verkaufsabteilung nach aktuellen Verkaufsdaten, die Forderung eines Genossenschaftsleiters
nach einem effizienteren Bestellwesen mit dem Legitimationsstreben der EDV-
Abteilung. All diese Interessen kristallisierten sich in der Vision eines verkaufsdatenbasierten Warenwirtschaftssystems.

Eine automatische Kasse als Antwort auf vielfältige Problemlagen

Die Antwort auf die Frage der Erfassung und Verarbeitung von Verkaufsdaten
kam von einer Seite, die auf den ersten Blick überrascht, nämlich von einem
Schweizer Unternehmen, das im Apparatebau tätig war und bisher nichts mit
dem Einzelhandel zu tun hatte: Zellweger Uster AG. Zellweger trat 1966 mit
einer Anfrage um Zusammenarbeit an den MGB heran. Kurze Zeit später, im
März 1967, unterschrieb Pierre Arnold als Vertreter des MGB eine Kooperati-
onsvereinbarung zur Entwicklung einer «Zentralen, Automatischen Verrechnungsanlage (ZAVA)».[27] Was verbirgt sich hinter dieser Abkürzung? Es sei vorerst nur so viel verraten: Es ging um die Entwicklung einer elektronischen Kasse,
die automatisch Artikelpreise und Verkaufsdaten registrierte. Zunächst soll
nun geklärt werden, warum es zur Zusammenarbeit zwischen dem Industrieun-
ternehmen und dem Einzelhandelsunternehmen kam. Es waren die Interessen
verschiedener Akteure, die im technischen Artefakt mit dem Namen «ZAVA»
zusammenkommen und ein spannendes Stück Schweizer Wirtschafts- und

26 PA MG, Bericht «Eingliederung eines Systems
zur Erfassung der Verkaufsdaten in das Konzept der Datenverarbeitung», November 1969,
S. 3.

27 Archiv MGB, 237. Verwaltungsdelegationssitzung MGB, 28. März 1937, S. 13; 240. Verwaltungsdelegationssitzung MGB, 6. Juni 1967,
Beilage: Vereinbarung zur Zusammenarbeit
zwischen der Migros und der Firma Zellweger AG Uster bei der Entwicklung einer
Zentralen-Automatischen-Verrechnungsanlage (ZAVA), 31. März 1967.

Technikgeschichte illustrieren:[28] Da war ein traditionsreiches Unternehmen, das nach neuen Märkten suchte, eine zweite Firma, die sich mit der Frage der nachfrageorienticrten Steuerung der Warenwirtschaft beschäftigte, und Kunden, die in den Verkaufsläden an den Kassen anstehen mussten. Wie fügten sich diese heterogenen Interessenslagen zu einem konkreten Projekt zusammen?

Auf den ersten Blick ist es erstaunlich, dass gerade Zellweger die Frage nach der Erhebung der Verkaufsdaten mit der Entwicklung einer elektronischen Kasse zu beantworten beabsichtigte. Andere Unternehmen, die sich in den 1960er Jahren mit dieser Thematik beschäftigten, waren entweder schon in der Produktion von Registrierkassen tätig wie NCR oder aber hatten Erfahrung in der Herstellung und Vermarktung rechnergestützter Büroapparate und Rechenmaschinen wie IBM. Zellweger dagegen war Mitte der 1960er Jahre vielmehr bekannt als weltweit führendes Unternehmen im Bereich des Apparatebaus und der Feinmechanik.[29] Warum also plante Zellweger in Zusammenarbeit mit dem MGB eine elektronische Kasse zu entwickeln?

Für Zellweger ging es um den Aufbau neuer Geschäftsfelder. Das traditionsreiche Unternehmen aus Uster hatte sich seit der Gründung 1875 vor allem in der Qualitäts- und Produktionskontrolltechnik von Textilien einen hervorragenden Ruf erarbeitet. Um der sich daraus ergebenden starken Exportabhängigkeit entgegenzuwirken, hatte sich Zellweger seit dem Ende des Zweiten Weltkrieges systematisch um den Aufbau eines weiteren Geschäftsbereichs bemüht: der industriellen Elektronik.[30]

In den 1960er Jahren kämpfte nicht nur die schweizerische Textil- und Textilmaschinenbranche, sondern auch die Maschinen- und Elektroindustrie mit strukturellen Problemen.[31] Gleichzeitig entwickelte sich der Einzelhandel immer mehr zu einem potenziell attraktiven Markt für Elektronikanwendungen. Entgegen der immer noch weit verbreiteten Meinung, der Einzelhandel sei grundsätzlich technikavers und scheue kostenintensive Investitionen, zeigte eine zeitgenössische Erhebung zur Verbreitung elektronischer Rechenanlagen in der Schweiz, dass im Vergleich zu anderen Branchen gerade im Handel am meisten EDV-Anlagen im Betrieb waren.[32] Ich habe im zweiten Teil dieser Studie

---

28 Für eine originelle Darstellung, wie unterschiedliche Akteursinteressen sich erfolgreich – oder unter Umständen auch nicht – in einem Projekt treffen, siehe: Latour, *Aramis*.

29 Zur Geschichte der 1875 als Werkstätte für Telefonapparate gegründeten Zellweger Uster AG siehe die schon ältere Firmengeschichte Zellweger Uster AG, *100 Jahre Zellweger Uster AG, 1875–1975*.

30 Sutter, *Die Entscheidungsvorbereitung (Markt und Logistik)*, S.20; Zellweger Uster AG, *100 Jahre Zellweger Uster AG, 1875–1975*, S.20.

31 http://www.hls-dhs-dss.ch/textes/d/D13984-1-5.php; http://www.hls-dhs-dss.ch/textes/d/D13985-1-3.p, letzter Zugriff 28. März 2008.

32 Walter, *Statistische Erhebung über die Verbreitung von elektronischen Datenverarbeitungsanlagen (EDV) in der Schweiz*, S.517. Ebenfalls zur Widerlegung des Klischees des technikfeindlichen Einzelhandels siehe: Zellekens, *Die Rolle der Technik im Handel*; Cortada, *The Digital Hand. How Computers changed the Work of American Manufacturing, Transportation, and Retail Industries*, S.284ff. Nichtsdestotrotz schienen viele (amerikanische)

gezeigt, dass diese Anlagen größtenteils für generische, administrative Arbeiten eingesetzt wurden – ungeachtet der zunehmend breiter rezipierten Diskussionen über die weitreichenden Offerten der rechnergestützten Datenverarbeitung. Anders formuliert: Bisher waren die in den Einzelhandelsunternehmen vorhandenen Rechenanlagen trotz deren diskursiver Umdeutung vornehmlich für branchenunspezifische Anwendungen wie Rechenwesen und Lohnadministration zum Einsatz gekommen.[33] Als Folge der Umdeutung der Computer zu Instrumenten des Managements bestand nun die Absicht dies zu ändern: Um die elektronische Datenverarbeitung tatsächlich zum Steuerungsmittel in den Händen der Unternehmensführung zu machen, verlangten Unternehmen zunehmend nach Anwendungen, die ihren konkreten, branchenspezifischen Bedürfnissen angepasst waren. Auch dem Einzelhandel wurde so Mitte der 1960er Jahre ein großes Marktpotenzial für branchenspezifische Anwendung elektronischer Datenverarbeitung attestiert.[34] Zellweger war ebenfalls auf diesen vielversprechenden Markt aufmerksam geworden und hoffte nun aufgrund seiner langjährigen Erfahrung bei der Kombination von Mechanik und Elektronik ein erfolgreiches Produkt für den Einzelhandel zu lancieren.[35]

Warum aber sollte nun gerade eine «Zentrale, Automatische Verrechnungsanlage» ein von Einzelhandelsunternehmen nachgefragtes Produkt sein? Was hatte eine elektronische Kasse mit der zuvor beschriebenen Vision eines verkaufsdatenbasierten Warenwirtschaftssystems zu tun? Die Erklärung liegt in den als immer wichtiger eingeschätzten Verkaufsdaten und der bisher ungelösten Frage nach deren Erfassung. Schon seit Beginn der 1960er Jahre wurden verschiedene Optionen, wo und wie Verkaufsdaten erfasst werden könnten, diskutiert:[36] Eine *erste* Möglichkeit, diese Informationen aus den bestehenden betrieblichen Abläufen herauszudestillieren, bestand darin, die Waren bei ihrer Anlieferung in der Filiale zu erfassen.[37] Aufgrund der Prämisse «Wareneingang gleich Warenausgang», also dass alles, was an Waren in die Filiale geliefert wird, auch verkauft wird, wurden die Filiallieferungen den Verkäufen gleichgesetzt. Konsequenz dieser Prämisse war, dass der Verkaufsakt lediglich «schattenhaft durch die Bestandesaufnahme des Lagers» erfasst wurde.[38] Verluste aufgrund von Schwund,

Hersteller von Computern Ende der 1960er Jahre den Einzelhandel nur zögerlich als attraktiven neuen Markt zu erkennen. Siehe dazu etwa: Brown, *Revolution at the Checkout Counter*, S. 63.

33 Sherwood, *Taking the Mystery Out of Electronic Data Processing*, S. 9.

34 Sanders, *Experiences of Small Retailers with Electronic Data processing*, S. 13; Harvey, *Computers in Retailing*, S. 25f.

35 Sutter, *Die Entscheidungsvorbereitung (Markt und Logistik)*, S. 20.

36 James Cortada berichtet sogar von Versuchen zur Erfassung von Verkaufsdaten in der «predigital era», wie er die Zeit Mitte der 1950er Jahre nennt: Cortada, *The Digital Hand. How Computers changed the Work of American Manufacturing, Transportation, and Retail Industries*, S. 289ff.

37 *Sortimentskontrolle an Kassenstellen des Lebensmittelhandels*, S. 38f; *Datenerfassung im Einzelhandel*.

38 Kaeslin, *Elektronische Verfahren für die Sortimentskontrolle*, S. 69.

Verderb und Diebstahl wurden automatisch als Verkäufe verbucht, was das Resultat verfälschte.[39] Andere Vorschläge setzten auf die Rechenkapazität von Computern, um Verkaufsdaten basierend auf Kassazetteln oder Belieferungszahlen mittels statistischer Berechnungen zu eruieren.[40] Doch auch diese Resultate wurden verfälscht durch die Prämisse der konstanten Filiallager.

Diese Möglichkeiten zur Erhebung von Verkaufsdaten offenbarten neben der Sortiments- und Lagerbewirtschaftung eine weitere Motivation hinter der Forderung nach Verkaufsdaten: Wie ich im Zusammenhang mit der Einführung eines rechnergestützten Bestellsystems bei der GMZ und der Jowa erwähnt habe, beruhten die Bestellungen der Filialen meist auf den langjährigen Erfahrungen der Filialeiter und -mitarbeitenden. Dieses Erfahrungswissen sollte nach dem Willen der Betriebsführung durch scheinbar objektive Verkaufsdaten ersetzt und zugleich von der Peripherie in die Unternehmenszentrale überführt werden. Auf diese Weise konnte der MGB die oftmals wenig informationsfreudigen Genossenschaften umgehen und sich die für nachfrageorientierten Einkauf und Bewirtschaftung notwendigen Informationen direkt aus den Verkaufsläden beschaffen. Damit stärkte der MGB seine Stellung innerhalb der Migros. In den geschilderten Möglichkeiten zur Erhebung von Verkaufsdaten sollten diese unter Umgehung der Filialmitarbeitenden direkt in den rückwärtigen Büros der Verwaltung generiert werden. Obwohl diese Daten weit weg vom Ort des eigentlichen Geschehens, den Verkaufsfilialen, gewonnen wurden, sollten sie aufgrund ihrer objektiven Erhebung und Verarbeitung von hoher Qualität sein und zur nachfrageorientierten Unternehmensführung beitragen. Diese Absicht der Wissensverlagerung von der Peripherie zur Unternehmenszentrale kam in einem Bericht der EDV-Abteilung des MGB zum Ausdruck: «Während die Information ‹Verkaufsentwicklung in der Vergangenheit› eine Tatsache ist, stellt die Information ‹Lieferung an Wiederverkäufer› eine Meinung dar. Eine Meinung ist aber immer eine unzuverlässige Information.»[41] Die EDV-Abteilung und ihre Rechenmaschinen präsentierten sich also einmal mehr als objektive Instrumente der Kontrolle und Transparenz im Dienste einer zentralisierten, verwissenschaftlichten Unternehmensführung.

Die *dritte* diskutierte Möglichkeit zur Erfassung von Verkaufsdaten machte aus einem Problem eine Tugend: Mit der Einführung der Selbstbedienung war die Kasse zum Flaschenhals in den Verkaufsläden geworden. An der Kasse stauten

39 *Kassenterminals: Handel geblendet*, S. 22.
40 Auch in der GMZ wurde mittels der statistischen Methode der sogenannten «exponentiellen Glättung» versucht «von den Belieferungszahlen auf die Verkaufszahlen» zu schließen: Gsell, *Filial-Überwachung mit Hilfe elektronischer Datenverarbeitung*. Zu den verschiedenen Berechnungsmethoden siehe: Kaeslin, *Elektronische Verfahren für die Sortimentskontrolle*, S. 70.
41 PA MG, Bericht «Eingliederung eines Systems zur Erfassung der Verkaufsdaten in das Konzept der Datenverarbeitung», November 1969, S. 1.

sich die Kunden in Warteschlangen. Alle Anstrengungen, diese Warteschlangen an den Kassen zu verkleinern oder zum Verschwinden zu bringen, waren bisher gescheitert: Weder die technische Aufrüstung der elektromechanischen Kassen noch Versuche, die Kassen sowie die Packboxen in günstigerer Weise anzuordnen, hatten zu befriedigenden Resultaten geführt.[42] Gerade dieses Nadelöhr im reibungslosen Kundenfluss bot sich zur Erfassung der Verkaufsdaten an: Alle Kunden mussten mit ihren Einkäufen diesen Ort passieren. Da bei einer Erfassung an der Kasse ausschließlich die effektiv getätigten Verkäufe erfasst wurden, zeichneten sich diese Verkaufsdaten durch eine hohe Qualität und Aktualität aus.[43] Die Kasse, dieses Hindernis im durch die Selbstbedienung beschleunigten Verkaufsablauf, stellte sich also als idealer Ort zur Erfassung von Verkaufsdaten heraus. Möglich werden sollte dies durch weitere technische Aufrüstung.[44]

Warum fragte Zellweger gerade die Migros respektive den MGB für eine Kooperation zur Entwicklungen einer solchen Kasse an? *Erstens* war die Migros für Zellweger insofern eine interessante Partnerin, als sie die Bedürfnisse und Erwartungen auf Seiten des Einzelhandels genau kannte und dieses Wissen in den Entwicklungsprozess einbringen konnte. Eine Kooperation zwischen einem Hersteller rechnergestützter Maschinen und einem Unternehmen aus dem zukünftigen Anwenderkreis war keineswegs außergewöhlich. Mittels Erfahrungsaustausch und enger Zusammenarbeit – die manchmal zu einem frühen Zeitpunkt in der technischen Entwicklung beginnen – wird oftmals versucht, die unterschiedlichen Wissensbestände produktiv zu kombinieren und das Risiko einer kostspieligen Entwicklung, die nicht die Bedürfnisse des potentiellen Marktes trifft, zu minimieren.[45] *Zweitens* war spätestens seit Beginn des publizitätsträchtigen Versuchs mit den «Selbsttipp»-Kassen 1965 bekannt, dass sich die Migros mit dem Problem des Kundenstaus an den Kassen beschäftigte. *Drittens* zeichnete sich Mitte der 1960er Jahre immer deutlicher ab, dass die Migros im Schweizer Einzelhandelsmarkt in Kürze die Nummer eins sein wird.[46] Dementsprechend hoch schätzte Zellweger das Marktpotenzial für die zu entwickelnde

42 Zu Versuchen mit verschiedenen Anordnungen der Kassen und der Packboxen siehe: Rentsch, *Die Arbeitsorganisation im Supermarkt*, S. 23. Allgemein zum Problem der Beschleunigung der Kassenabfertigung siehe: *Kassieren im SB-Laden*; Sterling, *Mängel der Verkaufsorganisation bei Selbstbedienungsläden*.

43 Brüschweiler, *Die Automation an der Verkaufsfront*, S. 140.

44 Siehe dazu auch Girschik, *Machine Readable Codes. The Swiss Retailer Migros and the Quest for Flow Velocity since the mid 1960s*.

45 Ein Beispiel einer solch engen Kooperation zur Entwicklung von anwenderspezifischen

Geräten und Applikationen war die Zusammenarbeit zwischen amerikanischen Lebensversicherungsunternehmen und Firmen der Computerbranche: Yates, *Structuring the Information Age*; Yates, *Early Interactions Between the Life Insurance and Computer Industries*. Verschiedene Fallstudien zur sogenannten *co-construction* von Anwendern und Technik finden sich in: Oudshoorn und Pinch, *How Users Matter*.

46 In Bezug auf den Umsatz überholte die Migros ihre schärfste Konkurrentin Coop 1967. Archiv MGB, Rechenschaftsbericht MGB 1967 sowie Kellerhals, *Coop in der Schweiz*, S. 136.

ZAVA-Kasse ein: Allein bei der Migros bestünden «Absatzmöglichkeiten von 100 Mio. Franken», wurde im Verwaltungsratsprotokoll der Zellweger im Herbst 1967 festgehalten.[47] Den Entwicklungsaufwand veranschlagte Zellweger auf rund 5 Mio. Franken; zudem habe man bereits «ein Dutzend Patente angemeldet». Trotz dieser vielversprechenden Marktaussichten war dieses Projekt zur Entwicklung einer automatischen Kasse für Zellweger nicht ohne Risiko: An den Sitzungen des Verwaltungsrates der Zellweger wurde immer wieder betont, dass es sich bei diesem Projekt «um eine schwere und risikoreiche Aufgabe» handle.[48] Schließlich sei «die Größenordnung des Entwicklungsaufwandes [...] erstmalig» für das Unternehmen.[49] Die Entwicklung einer Kasse stellte eine Diversifikation in einen Geschäftsbereich dar, in dem Zellweger über keinerlei Erfahrungen verfügte. Aus diesen Gründen war die Kooperation mit der Migros so bedeutsam für Zellweger: Das mit dem MGB abgeschlossene *gentlemen's agreement* machte Zellweger zuversichtlich, einen starken Partner und vielversprechenden potenziellen Kunden gewonnen zu haben.[50]

Für Zellweger ging es also bei der Entwicklung der ZAVA-Kasse um die Erschließung eines neuen, vielversprechenden Markts. Auf Seiten des MGB stand das Bedürfnis nach «rechtzeitigen, zuverlässigen und vollständigen Informationen» über den Verkauf im Vordergrund:[51] Die Verfügbarkeit von Verkaufsdaten wurde im MGB gleichgesetzt mit dem Versprechen auf eine nachfrageorientierte und folglich effiziente Steuerung der Sortimente und der Lagerhaltung. Dies galt wiederum als unabdingbare Grundlage für den langfristigen Unternehmenserfolg. Unter diesem Gesichtspunkt erstaunt es also nicht, dass Zellwegers Anfrage zur Zusammenarbeit bei Pierre Arnold auf großes Interesse stieß; schließlich war er als Promotor einer nachfrageorientierten Expansionsstrategie der Migros und als Leiter des Departements Einkauf an rasch verfügbaren Informationen über den Verkaufserfolg von Artikeln interessiert.

Neben dem wichtigen Aspekt der Verkaufsdaten versprach die von Zellweger in Aussicht gestellte automatische Kasse eine Lösung für weitere Problemlagen der Migros: *Erstens* stellte eine automatische Kasse eine Steigerung der Kassenpoduktivität in Aussicht; schließlich «kann keine Kassierin so schnell tippen, wie das Rechenwerk einer solchen Kasse arbeiten» kann.[52] Eine Beschleunigung der Kassenabfertigungszeit bedeutete einen Gewinn an Kundenzufriedenheit wegen

47 Archiv ZAG, 111. Verwaltungsratssitzung Zellweger Uster AG, 21. September 1967, S. 7.
48 Archiv ZAG, 111. Verwaltungsratssitzung Zellweger Uster AG, 21. September 1967, S. 7.
49 Archiv ZAG, 114. Verwaltungsratssitzung Zellweger Uster AG, 19. September 1968, S. 8.
50 Zu den strategischen Überlegungen Zellwegers im Zusammenhang mit diesem Projekt siehe:

Sutter, *Die Entscheidungsvorbereitung (Markt und Logistik)*.
51 PA MG, Bericht «Eingliederung eines Systems zur Erfassung der Verkaufsdaten in das Konzept der Datenverarbeitung», November 1969, S. 1.
52 *Kürzere Wartezeiten an der Kasse*, S. 54.

der Reduktion der Warteschlangen. Gleichzeitig würde so auch eine Entlastung
in Bezug auf den immer noch durch Knappheit gekennzeichneten Arbeitsmarkt
erreicht werden.[53] Dies war für den MGB ein *zweiter* wichtiger Punkt: Denn angesichts der «bestehenden Bedarfsquote der Verkaufsläden» infolge der geplanten
Neueröffnungen von großflächigen Verkaufsstellen (MMM) mit einem umfangreichen *non food* Sortiment schien für den MGB absehbar, dass sich der Mangel an
geübten Kassiererinnen noch weiter verschärfen wird.[54] Nachdem sich beim
Versuch mit «Selbsttipp»-Kassen 1965 abzuzeichnen begann, dass der Kundenstau mittels organisatorischer Maßnahmen nicht aufzulösen war, sollte ein weiteres Mal Automation die Antwort auf den Personalmangel sein: Dieses Mal nicht
in der Verwaltung, sondern an der Kasse. Als *dritter* Punkt sollte eine automatische Erfassung des Verkaufspreises die Quote der Fehlregistrierungen senken,
hatte doch der Versuch mit «Selbsttipp-Kassen» eine «bedenkliche Zahl von
Fehltippungen» zu Tage gebracht.[55]

Mit diesen Problemlagen – der stagnierenden Arbeitsproduktivität an der
Kasse, gekoppelt mit einem anhaltenden Personalmangel und dem Bedürfnis
nach Verkaufsdaten zur Sortiments- und Lagerbewirtschaftung – sah sich nicht
nur die Migros, sondern der Einzelhandel generell konfrontiert. Die Probleme
zeichneten sich durch einen Antagonismus aus, der durch die automatische,
rechnergestützte Kasse aufgelöst zu werden versprach: Während die Erfassung
von Verkaufsdaten mit den bisher erprobten Mitteln den Kassenablauf verlang-
samte, was die Kassenproduktivität unweigerlich weiter verschlechterte, versprach die Automatisierung eine Produktivitätssteigerung.[56]

Als weiterer Anreiz, mit Zellweger zusammenzuarbeiten, mochte die ungleich kleinere finanzielle Verpflichtung des MGB wirken: Der Einsatz des MGB
in dieser Partnerschaft beschränkte sich «lediglich [auf] die Unterstützung bei
der praktischen Erprobung» der geplanten Kasse. Zugleich erhielt die Migros bei
erfolgreicher Entwicklungsarbeit ein einjähriges Vorkaufsrecht auf die automatische Kasse und konnte sich so ein technisches Artefakt sichern, das als zukunftsträchtig und kompetitiv eingeschätzt wurde.[57] So erschien dem MGB das Angebot Zellwegers attraktiv bei einem vertretbaren Aufwand.

---

53 Rentsch, *Die Arbeitsorganisation im Supermarkt*,
S. 23.
54 Archiv MGB, 237. Verwaltungsdelegationssitzung MGB, 28. März 1969, S. 13; PA MG,
Pflichtenheft Check-out-System mit automatischer Verkaufsdatenerfassung, Februar 1970,
S. 20.
55 Archiv MGB, 35. Geschäftsleiterkonferenz,
15. März 1967, S. 12. Allgemein wurde zu dieser Zeit im Einzelhandel davon ausgegangen,
dass durchschnittlich zwischen 2 bis 5% der
Preisregistrierungen – auch durch die Kassie-

rerinnen getätigte – fehlerhaft waren. Siehe
dazu: Abt, *Datenerfassung im Supermarkt*, S. 990;
PA MG, Pflichtenheft Check-out-System mit
automatischer Verkaufsdatenerfassung, Februar 1970, S. 13f.
56 PA MG, Pflichtenheft Check-out-System mit
automatischer Verkaufsdatenerfassung, Februar 1970, S. 1f.
57 Archiv MGB, 237. Verwaltungsdelegationssitzung MGB, 28. März 1969, S. 13; 240. Verwaltungsdelegationssitzung, 6. Juni 1969, S. 6;
Beilage: Vereinbarung zur Zusammenarbeit

Neben diesen Argumenten ist nicht zu vergessen, dass der Umgang eines Unternehmens mit Technik stets eng mit seiner Unternehmenskultur verbunden ist.[58] So reihte sich dieses Projekt einer automatischen Kasse ein in das ständige Streben der Migros nach betrieblicher Effizienz. Damit soll nicht gesagt werden, andere Unternehmen strebten nicht ebenfalls permanent nach Rationalisierung. Doch scheint es, dass die Migros das im Einzelhandel herrschende Gebot der «Rationalisierung als Daueraufgabe» – entsprechend ihrer Geschäftspolitik des großen Umsatzes bei geringen Margen – besonders erfolgreich und einfallsreich befolgte.[59] Immer wieder griff das Unternehmen auf neueste technische Entwicklungen zurück: Der im ersten Teil dieser Studie geschilderte Verkauf vorverpackter Produkte von Lastwagen des Models Ford T ist nur ein Beispiel dafür. Nichtsdestotrotz bergen neue technische Entwicklungen immer unvorhersehbare Risiken und unerwartete Möglichkeiten.

Die Kassen lernen lesen

Bei Zellweger wurden ab 1967 die Entwicklungsarbeiten für die elektronische Kasse unter Hochdruck vorangetrieben. Dabei wurde die Bedeutung «eines zeitgemässen Tempos in der Entwicklung» betont: Die Verhältnisse hätten sich «in den letzten Jahrzehnten wesentlich geändert», müssten Entwicklungen doch «heute viel rascher zu kommerziellen Ergebnissen führen», ist in den Protokollen des Verwaltungsrates der Zellweger zu lesen.[60] Die Geschäftsleitung war davon überzeugt, «dass beim vorhandenen Marktbedürfnis auch andere Firmen an dieser Sache arbeiten» und stockte darum im Dezember 1968 das Entwicklungsteam personell auf. Ungeachtet der potenziellen internationalen Konkurrenz sah die Geschäftsleitung der Zellweger das ZAVA-Projekt «als ganz großen Wurf» an.[61]

Die Komplexität des Vorhabens rechtfertigte ein erhöhtes Engagement: In den Protokollen von Zellweger war oftmals die Rede davon, dass das ZAVA-Projekt «außerordentlich schwierig» sei und noch «einige Hürden nehmen» müsse.[62] Als Knackpunkt bei der Entwicklungsarbeit stellte sich insbesondere die Erfassung der verkauften Artikel an der Kasse heraus: Damit die erfassten Ver-

---

zwischen der Migros und der Firma Zellweger AG Uster bei der Entwicklung einer Zentralen-Automatischen-Verrechnungsanlage (ZAVA), 31. März 1967; Das finanzielle Engagement der Migros war so gering, dass bei Zellweger intern diskutiert wurde, ob sich die Migros nicht an den Entwicklungskosten beteiligen sollte. Archiv ZAG, 114. Verwaltungsratssitzung Zellweger Uster AG, 19. September 1968, S. 8; 117. Verwaltungsratssitzung Zellweger Uster AG, 1. September 1969, S. 4.

58 Welskopp, *Unternehmenskulturen im internationalen Vergleich*, S. 273.
59 Spiekermann, *Rationalisierung als Daueraufgabe*.
60 Archiv ZAG, 114. Verwaltungsratssitzung Zellweger Uster AG, 19. September 1968, S. 8.
61 Archiv ZAG, 115. Verwaltungsratssitzung Zellweger Uster AG, 5. Dezember 1968, S. 5.
62 Archiv ZAG; 115. Verwaltungsratssitzung Zellweger Uster AG, 5. Dezember 1968, S. 5; 117. Verwaltungsratssitzung Zellweger Uster AG, 1. September 1969, S. 4.

kaufsdaten tatsächlich als Grundlage für ein rechnergestütztes Warenwirtschaftssystem dienen konnten, mussten die Artikel in eine für den Computer verarbeitbare Form gebracht werden. Mitte der 1960er Jahre waren die Antworten auf
diese Frage der Übersetzung von analogen Artikeln in digitale Information vielfältig, meist aber mit großem personellen Aufwand verbunden. Als exemplarisch
kann der schon erwähnte Reisebericht der EDP-Studienreise in die USA von
1965 gelten, in dem von «Sälen mit 40 bis 60 Locherinnen» die Rede war. Sie alle
waren damit beschäftigt, die bestellten Artikel auf Lochkarten abzulochen, damit die Rechenanlage die Bestellungen verarbeiten konnten.[63]

Eine Methode zur Verwaltung der Artikel, die im Einzelhandel schon lange
praktiziert wurde, war ihre Klassifizierung nach Warengruppen und deren Bezeichnung mittels numerischer Artikelnummern.[64] Auch die eben erwähnte Ab-
lochung von Bestellungen auf Lochkarten basierte auf diesem Prinzip der Bezeichnung von Artikeln mit Nummern. Die Generierung von Verkaufsdaten
bestand ebenfalls meist in der Erfassung einer numerischen Artikelbezeichnung
mit dem entsprechenden Preis eines verkauften Artikels. Aufgrund der numerischen Bezeichnung wurden Artikel oder grundsätzlich Gegenstände mittels di-
gitaler Verfahren erfass- und verwaltbar. Entscheidend für die Unternehmen
war, dass die solchermaßen aufbereiteten Informationen zu betrieblich relevan-
tem Wissen wurden: Im Einzelhandel ging es beispielsweise um Wissen darüber,
welche Artikel sich gut verkaufen und welche nicht.[65] Dieses Wissen sollte das
imaginierte rechnergestützte Warenwirtschaftssystem, basierend auf elektronisch
verarbeitbaren Verkaufsdaten, bereitstellen.

Eine in den 1960er Jahren vor allem in den USA verbreitete Methode zur Erfassung von Verkaufsdaten an der Kasse stellten die sogenannten «Kimball-Etiketten» dar.[66] Diese an den Artikeln angebrachten Etiketten bestanden aus einem
wenige Quadratzentimeter großen Stück Karton, in welches einer Lochkarte
ähnlich Artikelnummer und Preis der Ware eingestanzt wurden. An der Kasse
wurden diese Etiketten gesammelt und über verschiedene Zwischenschritte in

63 Archiv MGB, G 730, Referat von Dr. Frank
   Rentsch «Die Ergebnisse der EDP-Studienreise von Migros-Fachleuten in den USA»,
   28. Januar 1966, S. 1.
64 Für ein Beispiel einer Ordnung des Sortiments
   nach Warengruppen mit entsprechenden Artikelnummern siehe: Kappels, *Sortimentsgliederungsschema und Warenkontenplan*. Zur Geschichte der Klassifikation am Beispiel der
   International Classification of Diseases siehe:
   Bowker und Star, *Sorting Things Out*; Bowker,
   The History of Information Infrastructures;
   Bowker, *Information Mythology and Infrastructure*. Siehe zudem: Desrosières, *Official Statistics
   and Business*.

65 Siehe dazu: Bud-Fierman, *Information Acumen*;
   Temin, *Inside the Business Enterprise*. Dommann, *Dokumentieren* beschreibt die seit Mitte
   des 19. Jahrhunderts aufkommende Praxis der
   Dokumentation als eine spezifische Art unternehmerischer Informationsordnung und
   -sammlung, die zur Generierung betrieblich
   relevanten Wissens beitragen sollte. Siehe dazu
   auch: Krajewski, *Zettelwirtschaft*.
66 Archiv MGB, G-BI.II/065, EDP-Studienreise
   USA 1.–15. Juni 1965, S. 7ff und S. 15. Zur Geschichte der Kimball-Etiketten siehe unter anderem: Welti, *Automation an der Verkaufsfront*,
   S. 145ff.

die Computer eingelesen, ein Verfahren, das jedoch als fehleranfällig und zu aufwändig beurteilt wurde.[67]

So vielfältig die diskutierten Methoden zur Erfassung der Verkaufsdaten auch waren, eines war Mitte der 1960er Jahre – zumindest in der Schweiz – allen Beteiligten klar: Eine manuelle Erfassung der Verkaufsdaten während des Kassiervorgangs war aufgrund der dadurch entstehenden Verzögerung des Kassenablaufs nicht denkbar.[68] Es würden die Warteschlangen an den Kassen noch länger werden. So ideal sich die Kasse als Ort zur Verkaufsdatenerfassung präsentierte, sie stellte gleichzeitig eine entscheidende und kaum zu erfüllende Anforderung an die Datenerfassung: Der zeitliche Registrieraufwand pro Artikel durfte sich nicht erhöhen. Diese Bedingung war im Falle der Migros besonders anspruchsvoll, als die Kassenproduktivität in der Migros bereits vergleichsweise hoch war, da an der Kasse im Gegensatz zu amerikanischen Einzelhandelsunternehmen lediglich der Artikelpreis registriert wurde. Zudem wurden die Kassiererinnen in der Migros ausgebildet und dazu angehalten, konsequent das schnellere Blindtippverfahren anzuwenden.[69]

Aufgrund dieses Zwangs zur Beschleunigung des Kassiervorgangs erblickte man schon zu Beginn der 1960er Jahre in der automatischen Erfassung der Verkaufsdaten eine der vielversprechendsten Lösungen. So skizzierte ein leitender Mitarbeiter der IBM Schweiz auf einer Handelstagung seine Vision automatisch registrierter Waren: «[...] Bis in einigen Jahren werden wir aber zweifellos so weit sein, dass beispielsweise die in einem Transportband vorübergleitenden gekauften Waren sich selber registrieren und für den Kunden automatisch den Kassazettel erstellen, für die Filialbuchhaltung, die Lagerkontrollen und für die Auslösung der notwendigen Nachbestellungen das Gedächtnis der elektronischen Datenverarbeitungsanlage à jour bringen, die Unterlagen für die Analyse der Verkäufe liefern.»[70] An der technisch entsprechend aufgerüsteten, vollautomatischen Kasse würden also das Registrieren der Verkäufe und das Erfassen der Verkaufsdaten in einen einzigen Arbeitsschritt zusammenfallen und automatisch durch die Kasse erledigt.[71] Die Kassiererin wäre überflüssig, der Personalmangel an der Kasse dank der selbsttätigen Kasse endgültig gelöst, so die Versprechen an die Adresse der Einzelhandelsunternehmen.

Im Zusammenhang mit der angestrebten automatischen Erfassung der Verkäufe wurde mit verschiedenen optischen Lesesystemen experimentiert.[72] Neben

---

67 Archiv MGB, G-BI.II/065, EDP-Studienreise USA 1.–15. Juni 1965, S. 7ff.

68 Anders als in der Migros wurden in den amerikanischen Verkaufsläden an den Kassen neben den Preisen meist auch Warengruppen registriert.

69 PA MG, Pflichtenheft Check-out-System mit automatischer Verkaufsdatenerfassung, Februar

1970, S. 8ff. Archiv MGB, Rechenschaftsbericht MGB 1972, S. 10.

70 Kaeslin, *Elektronische Verfahren für die Sortimentskontrolle*, S. 70.

71 Welti, *Automation an der Verkaufsfront*, S. 145.

72 Barber, *21 Ways to Pick Data Off Moving Objects*; Brüschweiler, *Die Automation an der Verkaufsfront*, S. 140; Welti, *Automation an der Verkaufs-*

vollautomatischen Kassen, welche die Waren allein aufgrund ihrer Gestalt erkennen, basierten andere, als halbautomatisch bezeichnete Systeme, auf Artikelnummern, die in maschinenlesbare Codes verschlüsselt sind.[73] Diese Codes – getestet wurden unter anderem magnetische oder fluoreszierende – befanden sich meist auf Etiketten, die auf den Artikeln angebracht und mittels eines optischen Lesers abgelesen wurden. Diese optischen Lese- und Identifizierungssysteme waren Mitte der 1960er Jahre das Gesprächsthema in einschlägigen Fachkreisen: Auch anlässlich der EDP-Reise versicherten verschiedene Kassenhersteller den Migros-Delegierten immer wieder, dass solche Lesegeräte für den Einzelhandel in naher Zukunft auf den Markt kommen würden.[74] Zu Gesicht bekam die Migros-Delegation auf ihrer Reise im Jahr 1965 jedoch kein einziges dieser Lesegeräte.

Dies war die Marktlücke, in die Zellweger vorstoßen wollte: Eine elektronische Kasse mit automatischer Ablesung der codierten Artikelbezeichnung. Basis für die Entwicklung einer solchen Kasse sollte die langjährige Erfahrung des Unternehmens in der Sensortechnik, in der Kombination von Mechanik und Elektronik sowie die enge Zusammenarbeit mit der Migros sein.[75]

Abbildung 7 Das lageunabhängig ablesbare «Œil Migros».

Impuls-Folge

Artikel-Nummer   O 1 O O O 2 7 5

front. Vor allem amerikanische Eisenbahnunternehmen interessierten sich für automatische Identifikationssysteme zur Verwaltung und Abrechnung im Bereich des Gütertransports. Die Dispositionsbüros sollten dank der Identifizierung und Standortbestimmung der einzelnen Waggons effizienter und kostengünstiger rangieren können, da die Wagenauslastung optimiert werden konnten. So wurden beim amerikanischen Eisenbahnunternehmen *Pennsylvania Railroad* verschiedene dieser Etiketten insbesondere unter extremen Witterungsbedingungen getestet. Siehe dazu: Schmidt, *Die Rolle der automatischen Identifizierung der Güter-*

wagen; Nelson, *Punched Cards to Bar Codes*, S. 48ff.

73 Abt, *Datenerfassung im Supermarkt* diskutiert verschiedene Möglichkeiten der Erfassung von Verkaufsdaten an der Kasse.

74 Archiv MGB, G-BI.II/065, EDP-Studienreise USA 1.–15. Juni 1965, S. 2. Brüschweiler, *Die Automation an der Verkaufsfront*; Welti, *Automation an der Verkaufsfront*; Lüthy, *Automation in der Lagerbewirtschaftung*; Ewing und Murphy, *Impact of Automation on United States Retail Food Distribution*.

75 Sutter, *Die Entscheidungsvorbereitung (Markt und Logistik)*, S. 20.

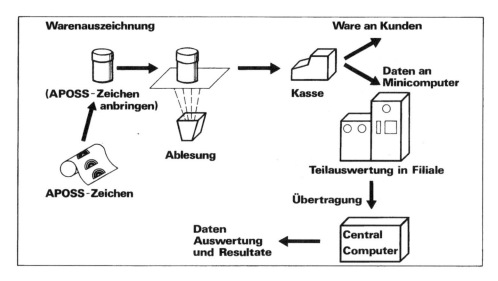

Abbildung 8 Schema des «automatic point of sale system (APOSS)», 1973

Zellweger wollte also eine automatische Kasse entwickeln und so den Kassen das Lesen beibringen. Dieses Unterfangen erwies sich als nicht ganz einfach: Erst nach mehreren Versuchen zeichnete sich 1969 eine Lösung mit einem «photoelektrischen Ableser» ab.[76] Mittels einer eigens entwickelten Schrift lernten die Zellweger-Kassen nun tatsächlich lesen. Diese Schrift war ein binärer Code, der aus konzentrischen, schwarz-weißen Halbkreisen bestand und die verschlüsselte Artikelbezeichnung enthielt.

Das Auge der Kasse war eine starke Lichtquelle, die mit «einer äusserst raffinierten elektronischen Schaltung» den auf den Warencode entzifferte:[77] «Ein Lichtstrahl, der den Code überstreicht, reflektiert je nach Auftreffen auf eine helle oder dunkle Stelle mehr oder weniger Licht. Das reflektierte Licht wird gemessen und in elektrische Impulse und dann in Zahlen umgewandelt.»[78] Letztere entsprachen der Artikelnummer, die einen Artikel eindeutig identifizierte. Diese Artikelnummer wurde an einen Computer in der Filiale übermittelt, wo

76 Archiv ZAG, 117. Verwaltungsratssitzung Zellweger Uster AG, 1. September 1969, S. 4; Hauptpatent Verfahren und Einrichtung zur Identifikation von Gegenständen und Anwendung des Verfahrens bei der Ausgabe von Gegenständen aus Warenlagern, Nr. 504 907, 26. März 1969.

77 Archiv MGB, 264. Verwaltungsdelegationssitzung MGB, 31. Juli 1970, Beilage: Orientierung der ZAVA-Kommission über den Stand

der Entwicklung des ZAVA-Systems, 1. Juli 1970, S. 3.

78 Archiv GMZ, Presseinformation APOSS – eine Revolution im Supermarkt, undatiert [20. Juni 1972]; Das Prinzip der unterschiedlich breiten Striche, die aufgrund der schwarzweißen Färbung unterschiedliche elektrische Impulse auslösen, kommt aus der Morsetechnik: Nelson, *Punched Cards to Bar Codes*, S. 42.

der entsprechende Preis in einer Datenbank abgelegt war.[79] Diese Information
ging dann wiederum an die Kasse zurück, wo der Preis angezeigt und eine Quittung für den Kunden ausgedruckt wurde.

Dieser aus Halbkreisen bestehende Code für die Artikelnummer war entscheidend bei der automatischen Kasse von Zellweger. Entwickelt wurde diese
Idee eines kreisförmigen Codes zur Identifizierung nicht von Ingenieuren der
Zellweger. Schon 1949 hatten zwei amerikanische Ingenieure, Norman J. Woodland und Bernard Silver, einen sogenannten «bull's eye code» patentieren lassen.[80] Die später für Zellweger so entscheidende Kreisform des Codes war dabei
einer zeitgenössischen Problemlage geschuldet: Ende der 1940er Jahre bestand
eine Schwierigkeit bei der korrekten Code-Ablesung darin, dass die Lichtquelle
fixiert war. Norman J. Woodland und Bernard Silver begegneten diesem Problem, indem sie die ursprünglich vertikal parallel verlaufenden Streifen des Codes zu einem Kreis umformten. Nun war es gleichgültig, in welcher Richtung
der Code an der Lichtquelle vorbeigeführt wurde.[81] Diese Lösung erwies sich
rund 20 Jahre später für die Kasse von Zellweger als entscheidender Vorteil:
Denn an der Kasse konnten die Artikel unmöglich einzeln exakt auf die Ablesevorrichtung ausgerichtet werden. Dies wäre zeitlich viel zu aufwändig gewesen.
Die Artikel müssen folglich mit einem Code ausgezeichnet werden, der unabhängig von der Lage des Artikels und des Codes von der fix installierten Lichtquelle gelesen werden kann. Dies war beim kreisförmigen Code von Norman
J. Woodland und Bernard Silver der Fall: Die Lösung für eine spezifische Problemlage erwies sich so auch in einem anderen Kontext als erfolgreich. Labortests bei Zellweger zeigten, dass bereits ein halbkreisförmiger Code eine lageun-
abhängige Lesung der Artikelauszeichnung ermöglicht.[82]

Diesem halbkreisförmigen Code wurde ein werbewirksamer Name verpasst:
Die Geschäftsleitungsmitglieder von Zellweger und Pierre Arnold als Vertreter
des MGB einigten sich auf den Namen «Œil Migros».[83] Damit sollte die Migros
explizit mit der korrekten Preisverrechnung in Verbindung gebracht werden.[84]

79 Dieses Verfahren wurde als *price look up* be-
    zeichnet: *Kassen-System mit elektronischer Daten-
    erfassung*, S. 52.
80 Als mögliche Anwendung des Codes wurde
    im Patent unter anderem ein automatisierter
    supermarket check-out genannt. Das von Nor-
    man J. Woodland und Bernard Silver entwi-
    ckelte System stieß Anfang der 1950er Jahre
    bei den amerikanischen Detailhändlern je-
    doch auf keinerlei Interesse. Nelson, *Punched
    Cards to Bar Codes* S. 41ff.; Abt, *Datenerfassung
    im Supermarkt*, S. 994.
81 Nelson, *Punched Cards to Bar Codes*, S. 42f.
82 *Kassen-System mit elektronischer Datenerfassung*,

S. 50. Neben dem halbkreisförmigen Symbol
trug auch eine spezielle Anordnung der Spie-
gel im Inneren des Scanners zur lageunabhän-
gigen Lesung bei. Interview mit Emanuel
Morf, 5. April 2006.
83 Archiv MGB, 264. Verwaltungsdelegationssit-
    zung MGB, 31. Juli 1970, Beilage: Orientie-
    rung der ZAVA-Kommission über den Stand
    der Entwicklung des ZAVA-Systems, 1. Juli
    1970, S. 1.
84 Schriftliche Korrespondenz mit dem APOSS-
    Forschungsleiter der Zellweger, 7. März 2009,
    S. 1.

Im Gegenzug verpflichtete sich der MGB, die Verpackungen den Anforderungen für eine möglichst effiziente Ablesung des Codes entsprechend zu gestalten.[85] Auch der umständliche Name «Zentrale Automatische Verrechnungsanlage (ZAVA)» wurde durch einen eingängigeren und internationaleren Begriff ersetzt: *automatic point of sale system (APOSS)*.[86]

Es war aber nicht nur die Schrift, das eben beschriebene «Œil Migros», das die Kassen von Zellweger zu lesekundigen und somit automatischen Kassen machte: Auch das Auge der APOSS-Kasse war daran maßgeblich beteiligt. Arbeiteten Norman J. Woodland und Bernard Silver mit einer 500-Watt-Glühlampe als Lichtquelle, die eine ungeheure Hitze abstrahlte, setzte Zellweger auf die ab Beginn der 1960er Jahre publizierten Forschungserkenntnisse in der Lasertechnik.[87] Die Verwendung eines Lasers zum Ablesen des Codes hatte den Vorteil, dass das abgegebene Licht auch in einem hell erleuchteten Supermarkt ausreichend stark war, dabei aber kaum Wärme abstrahlte.[88] Diese für APOSS benötigten optischen Einrichtungen entwickelte Zellweger nicht selbst, sondern schloss mit einem deutschen Herstellerunternehmen einen Exklusivvertrag ab.[89] Den übrigen Kassenkorpus inklusive des Förderbandes stellte Zellweger selbst her.

Unternehmerische Träume

Während Zellweger die Entwicklung der automatischen Kasse vorantrieb, ging es auf Seiten des MGB darum, die Vorstellungen und Erwartungen in Bezug auf eine solche Kasse zu formulieren. Da dem MGB mit dem im März 1967 vereinbarten *gentlemen's agreement* «keinerlei Verpflichtungen» entstanden, informierte Pierre Arnold die übrigen Verwaltungsdelegationsmitglieder erst im Sommer 1969 formell über den mit Zellweger abgeschlossenen Zusammenarbeitsvertrag – also gut zwei Jahre nach dessen Unterzeichnung.[90] Dass in der Verwaltungsdelegation das Projekt einer automatischen Kasse während dieser Zeitspanne kein Thema war, bedeutet aber nicht, dass sich beim MGB niemand damit beschäftigte. Im Gegenteil: Im Verkaufs-Departement Arnolds wurden Vorstudien und Untersuchungen über die Abläufe an der Kasse und im Bestellwesen durchge-

85 Archiv ZAG, 117. Verwaltungsratssitzung Zellweger Uster AG, 1. September 1969, S. 4.
86 Archiv ZAG, 52. Geschäftsbericht Zellweger Uster AG 1970, S. 4.
87 Der Begriff Laser ist eine Abkürzung von *Light Amplification by Stimulated Emission of Radiation*. Zur Geschichte der Lasertechnik siehe: Bertolotti, *The History of the Laser*; Albrecht, *Die Innovation des Lasers in Deutschland*; Bertolotti, *Masers and Lasers*.

88 Brown, *Revolution at the Checkout Counter*, S. 21.
89 Archiv ZAG, 117. Verwaltungsratssitzung Zellweger Uster AG, 1. September 1969, S. 4.
90 Archiv MGB, 240. Verwaltungsdelegationssitzung, 6. Juni 1969, S. 6; Beilage: Vereinbarung zur Zusammenarbeit zwischen der Migros und der Firma Zellweger AG Uster bei der Entwicklung einer Zentralen-Automatischen-Verrechnungsanlage (ZAVA), 31. März 1967.

führt.[91] Zur Koordination der Zusammenarbeit zwischen Zellweger und dem
MGB wurde die sogenannte ZAVA-Kommission bestehend aus den Verkaufslei-
tern der Genossenschaften Zürich, St. Gallen und Genf sowie Vertretern aus verschiedenen Abteilungen des MGB und Zellweger gebildet.[92] Der Informationsaustausch zwischen den Mitarbeitenden der beiden Unternehmen schien rege
gewesen zu sein und wurde von beiden Seiten übereinstimmend als konstruktiv
bezeichnet.[93]

Im Februar 1970 waren die internen Abklärungen und Untersuchungen beim
MGB soweit abgeschlossen, dass die ZAVA-Kommission ihre Anforderungen
und Erwartungen an ein System zur automatischen Verkaufsdatenerfassung in
Form eines Pflichtenhefts formulieren konnte.[94] Dieses Pflichtenheft wurde
nicht nur an Zellweger, sondern auch an «mehrere Hersteller, die sich mit der
Entwicklung solcher Systeme befassen», verschickt.[95] Der MGB wollte mit diesem Vorgehen abklären, ob neben Zellweger noch andere Unternehmen an der
Entwicklung eines Systems zur Verkaufsdatenerfassung arbeiteten und welche
anderen technischen Lösungen dabei in Betracht gezogen wurden. Im Pflichtenheft war denn auch explizit festgehalten, dass nach Meinung des MGB «noch
keine einwandfreie technische Lösungvariante» für die Problemstellung exis-
tiere.[96] Der MGB sah also das – in immerhin intensiver dreijähriger – Zusammenarbeit mit Zellweger entwickelte APOSS-System keineswegs als einzige
valable Lösung für die Fragestellung der Verkaufsdatenerfassung an und wollte
sich zu diesem Zeitpunkt nicht auf eine bestimmte technische Lösung festlegen.
Vielmehr war im Pflichtenheft zu lesen: «Als ideale Lösung würden wir ein System bezeichnen, welches in der Lage wäre, die Positionen [gemeint sind damit
die gekauften Artikel, KG] ohne besondere Warenauszeichnung zu identifizieren.» Das von Zellweger entwickelte APOSS-System, das die Artikel mittels eines Codes identifizierte, wurde als «halbautomatisches System» bezeichnet, da

91 Archiv MGB, 240. Verwaltungsdelegationssitzung, 6. Juni 1969, S. 6; Beilage: Vereinbarung
   zur Zusammenarbeit zwischen der Migros
   und der Firma Zellweger AG Uster bei der
   Entwicklung einer Zentralen-Automatischen-
   Verrechnungsanlage (ZAVA), 31. März 1967;
   264. Verwaltungsdelegationssitzung MGB,
   31. Juli 1970; Beilage: Zusammenfassung der
   Referate der Informationstagung der ZAVA
   vom 3. Juli 1970 in Feldbach, S. 1.
92 Archiv GMZ, Bericht «Einige Überlegungen
   und Vorschläge zur Zukunft des APOSS-Projektes», 16. November 1972, S. 4. Von Seiten
   des MGB sind Mitarbeitende aus folgenden
   Abteilungen in der ZAVA-Kommission vertreten: Verkaufstechnik, Packungsabteilung,
   Technische Anlagen, EDV.

93 Archiv MGB, 264. Verwaltungsdelegationssitzung MGB, 31. Juli 1970, Beilage: Orientierung der ZAVA-Kommission über den Stand
   der Entwicklung des ZAVA-Systems, 1. Juli
   1970, S. 1.
94 PA MG, Pflichtenheft Check-out-System mit
   automatischer Verkaufsdatenerfassung, Februar 1970.
95 Archiv MGB, 264. Verwaltungsdelegationssitzung MGB, 31. Juli 1970, Beilage: Zusammenfassung der Referate der Informationstagung der ZAVA vom 3. Juli 1970 in Feldbach,
   S. 2.
96 PA MG, Pflichtenheft Check-out-System mit
   automatischer Verkaufsdatenerfassung, Februar 1970, S. 50ff.

die Kassiererin die Artikel einzeln an der Ablesevorrichtung vorbeiführen musste.[97] Auch wenn die Vorzüge eines halbautomatischen Systems wie «Problemlosigkeit des Ablaufs für den Kunden, Einfachheit ihres Aufbaus, im geringen Platzbedarf sowie in den relativ niedrigen Investitionskosten» durchaus anerkannt wurden, wird deutlich, dass der MGB von einem «wirklich automatischen System» träumte, das «in der Lage ist, die vom Kunden auf das heute schon verwendete Transportband der Check-out-Station gelegten Waren selbsttätig zu erkennen».[98] Die auf der Tagung von 1962 von IBM präsentierte Vision einer Kasse, die die Waren automatisch erkennt, schien beim MGB einen nachhaltigen Eindruck hinterlassen zu haben.[99]

Doch zu Beginn der 1970er Jahre erwiesen sich Visionen eines vollautomatischen Kassenvorgangs als zu ambitioniert: Obwohl die Firma Zellweger davon überzeugt war, dass Andere in diesem Bereich forschten, reagierte keines der angeschriebenen Unternehmen auf das Pflichtenheft des MGB.[100] War Zellweger tatsächlich das einzige Unternehmen, das sich mit der Entwicklung einer automatischen Kasse beschäftigte? Hatten sich sowohl Zellweger wie auch der MGB in diesem Punkt getäuscht?

Im Frühjahr 1970 unternahm die ZAVA-Kommission eine Studienreise in die USA, «um sich an Ort und Stelle über den Stand der technischen Entwicklung zu orientieren».[101] Die USA waren und blieben die Referenz – nicht nur in Bezug auf die Entwicklungen im Bereich der Elektronik, sondern auch für den Einzelhandel. Das Interesse des amerikanischen Einzelhandels an einer Produktivitätssteigerung des *checkouts* war in den USA ungleich größer als in der Schweiz oder in Europa. Der amerikanische Einzelhandel war sehr an Produktivitätssteigerungen an der Kasse interessiert. *Erstens* wurde in den USA an den Kassen neben dem Artikelpreis auch die entsprechende Warengruppe erfasst.[102] Zusätzlich verlangsamten die vielfältigen und in der Handhabung aufwändigen Zahlungsmittel wie Cheques sowie zu Werbezwecken abgegebene Coupons und Gutscheine den Kassiervorgang. *Zweitens* stiegen Ende der 1960er Jahre in den USA wegen der einsetzenden Inflation die Personalkosten. *Drittens* waren die Sorti-

97 Archiv MGB, 264. Verwaltungsdelegationssitzung, 31. Juli 1970, Beilage: Orientierung der ZAVA-Kommission über den Stand der Entwicklung des ZAVA-Systems, 1. Juli 1970, S. 4; Hunziker, *Elektronik im Supermarkt*, S. 30.

98 PA MG, Pflichtenheft Check-out-System mit automatischer Verkaufsdatenerfassung, Februar 1970, S. 52.

99 Kaeslin, *Elektronische Verfahren für die Sortimentskontrolle*, S. 70.

100 Archiv GMZ, Bericht «Einige Überlegungen und Vorschläge zur Zukunft des APOSS-Projektes», 16. November 1972, S. 4.

101 Archiv MGB, 264. Verwaltungsdelegationssitzung MGB, 31. Juli 1970; Beilage: Zusammenfassung der Referate der Informationstagung der ZAVA vom 3. Juli 1970 in Feldbach, S. 1; 258. Verwaltungsdelegationssitzung MGB, 8. April 1970, S. 5.

102 Zu diesen Argumenten siehe unter anderem: Harvey, *Computers in Retailing*, S. 26ff.; Morton, *Packaging History*, S. 103; Brown, *Revolution at the Checkout Counter*, S. 23ff.; Cortada, *The Digital Hand. How Computers changed the Work of American Manufacturing, Transportation, and Retail Industries*, S. 285ff.

mente in den amerikanischen Supermärkten mit bis zu 100.000 Artikeln um ein
Vielfaches größer als in der Schweiz und zeitigten dementsprechend höhere Kosten.[103] All dies führte dazu, dass in den USA das Interesse an einer personalein-
sparenden Automatisierung des Kassiervorgangs besonders groß war und eine
effiziente und kostengünstige Verwaltung der Sortimente und Lager aus unternehmerischer Sicht dringlich schien.

Das Interesse des amerikanischen Einzelhandels an einer Beschleunigung des
Kassiervorgangs spiegelte sich auch in den stetig steigenden Erwartungen der
Zellweger bezüglich des Marktpotenzials für automatischen Kassen: Im Herbst
1969 ging Zellweger noch von einem Marktpotenzial von 200 Mio. bis
300 Mio. Franken aus; ein Jahr später war schon von 400 Mio. bis 500 Mio. Franken die Rede.[104] Zellwegers Markterwartungen erhöhten sich also nach der Studienreise in die USA deutlich. Zugleich bestätigte die USA-Reise Zellwegers
schon länger gehegte Vermutung, dass «verschiedene Unternehmen an der Entwicklung eines neuen *checkouts*» arbeiteten: So groß Zellweger den potenziellen
Markt für die automatische Kasse einschätzte, so groß schien die Konkurrenz zu
sein. Dennoch kehrten die Mitarbeiter von Zellweger zufrieden aus den USA
nach Uster zurück: Was sie in den USA gesehen hatten, bestätigte sie darin, dass
«der eingeschlagene Weg [...] zweckmäßig und richtig» sei.[105] Die Studienreise
in den USA habe sogar gezeigt, dass «Zellweger [...] gegenüber den potentiellen
Konkurrenten NICHT im Rückstand, ja, es darf – ohne unbescheiden zu sein –
festgestellt werden, dass sie punkto Identifikation und Ablesung einen markan-
ten Vorsprung innehat», wie nicht ohne Stolz im Protokoll des Verwaltungsrates
der Zellweger festgehalten wurde.[106]

Zellweger nutzte diesen Entwicklungsvorsprung, um sich in der Fachwelt als
neuer, ernstzunehmender Akteur im Markt für Registrierkassen zu positionieren: Auf Einladung der Geschäftsleitung besuchte im Herbst 1970 eine Delegation des renommierten amerikanischen *Super Market Institute (SMI)* den Zell-
weger-Hauptsitz in Uster.[107] Wie zuvor schon der Verwaltungsdelegation des

---

103 In einem Bericht über eine Studienreise in die
USA findet sich dazu folgende Bemerkung:
«[...] Uns Migrosleuten fehlt das Verständnis
für das unglaublich breite Riesensortiment in
allen Supermarkets, das weitgehend die Ursache des viel höheren Spesensatzes ist». Archiv
MGB, G 28, Reisebericht: «Modern Merchandising Methods», USA-Reise 1961, S. 23.

104 Archiv ZAG, 117. Verwaltungsratssitzung Zellweger Uster AG, 1. September 1969, S. 4; 120.
Verwaltungsratssitzung Zellweger Uster AG,
1. September 1970, S. 4.

105 Archiv MGB, 264. Verwaltungsdelegationssitzung MGB, 31. Juli 1970; Beilage: Orientierung der ZAVA-Kommission über den Stand

der Entwicklung des ZAVA-Systems, 1. Juli
1970, S. 3.

106 Archiv MGB, 264. Verwaltungsdelegationssitzung MGB, 31. Juli 1970; Beilage: Orientierung der ZAVA-Kommission über den Stand
der Entwicklung des ZAVA-Systems, 1. Juli
1970, S. 3. Hervorhebung im Original. Archiv
ZAG, 121. Verwaltungsratssitzung Zellweger
Uster AG, 18. Dezember 1970, S. 1; 136. Sitzung des Ausschusses des Verwaltungsrates
Zellweger Uster AG, 5. November 1970, S. 2.

107 Das *Super Market Institute (SMI)* war die 1937
gegründete Vereinigung der amerikanischen
Supermärkte. 1977 fusionieren SMI und die
National Association of Food Chains (NAFC) zum

MGB und den Geschäftsleitern der Migros-Genossenschaften wurde auch diesen Besuchern stolz der Prototyp der APOSS-Kasse vorgeführt. In einschlägigen Fachzeitschriften erschienen erste Artikel über das APOSS-System.[108]

Die Entwicklung des «Œil Migros» wurde von den am APOSS-Projekt Beteiligten als eigentlicher Durchbruch empfunden. Diese Einschätzung wurde nach der USA-Reise von verschiedenen Seiten bestätigt: «Die Marktuntersuchungen der Migros, des SMI (Super Market Institute) und der Zellweger in Europa und in Amerika haben ergeben, dass unser System heute noch eindeutig an der Spitze aller ähnlichen Entwicklungen steht. Wir werden alles unternehmen, um diesen Vorsprung zu halten», war im Sitzungsprotokoll des Verwaltungsrates von Zellweger zu lesen.[109] Trotz dieses konstatierten Entwicklungsvorsprungs war der Unternehmensleitung von Zellweger bewusst, dass diese Situation sich schnell ändern konnte. So äußerte der Verwaltungsratspräsident der Zellweger Vorbehalte, ob eine Demonstration des APOSS-Systems vor der Delegation des SMI «sich nicht zu unserem Nachteil auswirken könnte».[110] Schließlich könne «eine große amerikanische Firma [...] mit wesentlich größeren Mitteln an eine Entwicklung gehen». Der Direktionspräsident räumte diese Bedenken aus; das APOSS-System sei «patentmäßig» gut abgesichert. Der Konkurrenzkampf im Elektronikmarkt war unerbittlich und auch der Registrierkassenmarkt befand sich zu Beginn der 1970er Jahre im Umbruch; Zellweger befürchtete nicht zu Unrecht, dass beispielsweise mit NCR und IBM zwei Unternehmen in diesem Bereich aktiv werden könnten, die über ungleich größere finanzielle und personelle Mittel und Erfahrungen im Registrierkassen- und Computergeschäft verfügten.[111]

Bestärkt durch die Aufmerksamkeit, die der Besuch des SMI in Uster in der Fachwelt erregt hatte, begann Zellweger Ende 1970, Fragen zur Serienproduktion der APOSS-Kasse zu erörtern. Der Weltbedarf an automatischen Kassen in den folgenden fünf bis zehn Jahren wurde nun schon auf 25 Mrd. Franken bezif-

noch heute bestehenden *Food Marketing Institute (FMI);* htt://www.fmi.org/careers/index. cfm?fuseaction=fmi_history, letzter Zugriff 29. Juli 2008; PA MG, SMI European Traveling Seminar. Visit to Zellweger Ltd. Uster on September 19, 1970, Presentation of the APOSS Automatic Point of Sale System; Introductionary Talk on the Check-out of the Future. APOSS System produced by the DATATRONIC Division of Zellweger Ltd., Uster, Switzerland, Hombrechtikon, 15. September 1970.

108 Siehe dazu beispielsweise: *Kassen-System mit elektronischer Datenerfassung.*

109 Archiv ZAG, 120. Verwaltungsratssitzung der Zellweger Uster AG, 1. September 1970, S. 4;

123. Verwaltungsratssitzung Zellweger Uster AG, 9. September 1971, S. 7ff.

110 Archiv ZAG, 135. Sitzung des Ausschusses des Verwaltungsrates Zellweger Uster AG, 1. September 1970, S. 8.

111 Zum Computermarkt Ende der 1960er Jahre siehe unter anderem: Ceruzzi, *A History of Modern Computing,* S. 109ff.; Campbell-Kelly und Aspray, *Computer.* Den Markt für Registrierkassen stellen dar: Rosenbloom, *Leadership, Capabilities, and Technological Change;* Cortada, *The Digital Hand. How Computers changed the Work of American Manufacturing, Transportation, and Retail Industries,* S. 283ff.; Cortada, *Cash Register and the National Cash Register Company.*

fert.[112] So erfreulich diese potenzielle Nachfrage war, es schien Zellweger immer weniger realistisch, dieses ganze Marktpotenzial allein ausschöpfen zu wollen.[113] Darum begannen ab Winter 1970 erste Abklärungen, um die Entwicklungsarbeiten um das APOSS-System entweder bestmöglich zu verkaufen oder gemeinsam mit potenten Partnern zur Marktreife zu bringen.[114]

Gegenüber der Migros drängte Zellweger darauf, das *gentlemen's agreement* zugunsten einer noch engeren Zusammenarbeit neu zu verhandeln.[115] Zellweger wollte die nächsten Schritte – namentlich die Planung eines Feldtests mit dem entwickelten Prototypen der APOSS-Kasse – verbindlich festlegen.[116] Der MGB reagierte auf dieses Ansinnen zurückhaltend. Zwar gab Pierre Arnold seiner Zufriedenheit bezüglich der Zusammenarbeit mit Zellweger und dem bisher Erreichten Ausdruck.[117] Er machte auf einer Sitzung der Verwaltungsdelegation jedoch deutlich, dass er die Migros keinesfalls zu eng an die von Zellweger entwickelte Lösung zur Erfassung von Verkaufsdaten binden wollte: «Trotz dieser Zusammenarbeit behalten wir uns die völlige Freiheit in Bezug auf Prüfung und spätere Einführung anderer Systeme vor.»[118] Beim MGB war man auch im Sommer 1970 überzeugt, dass der Migros «in den nächsten Jahren ein ausgereiftes System angeboten werden könnte» – unter Umständen von einem anderen Unternehmen.[119] Doch der Markt für automatische Kassen präsentierte sich anders als vom MGB erhofft: Wie ich schon erwähnt habe, reichte keines der Unternehmen, dem der MGB das Pflichtenheft für ein Checkout-System mit automatischer Verkaufsdatenerfassung im Februar 1970 zugestellt hatte, beim MGB eine Offerte ein.[120] Somit blieb Zellweger für den MGB der einzig mögliche Partner im Hinblick auf den Aufbau einer verkaufsdatenbasierten Warenwirtschaft.

Nach längeren Verhandlungen unterzeichneten Zellweger und der MGB im Januar 1971 schließlich ein zweites *gentlemen's agreement*, das insbesondere die

---

112 Auch wenn Zellweger lediglich 10% dieser Nachfrage selbst realisieren wollte, hätte der jährliche Produktionsausstoß über die nächsten fünf Jahre 100.000 Kassen betragen müssen. Dies erschien dem Verwaltungsratsausschuss die oberste Grenze des für Zellweger Möglichen zu sein. Archiv ZAG, 136. Sitzung des Ausschusses des Verwaltungsrates Zellweger Uster AG, 5. November 1970, S. 2.

113 Archiv ZAG, 122. Verwaltungsratssitzung Zellweger Uster AG, 7. April 1971, S. 1.

114 Archiv ZAG, 136. Sitzung des Ausschusses des Verwaltungsrates Zellweger Uster AG, 5. November 1970, S. 2; 137. Sitzung des Ausschusses des Verwaltungsrates Zellweger Uster AG, 3. Dezember 1970, S. 6f.

115 Archiv ZAG, 120. Verwaltungsratssitzung Zellweger Uster AG, 1. September 1970, S. 4.

116 Archiv MGB, 264. Verwaltungsdelegationssitzung MGB, 31. Juli 1970; Beilage: Orientierung der ZAVA-Kommission über den Stand der Entwicklung des ZAVA-Systems, 1. Juli 1970, S. 5f.

117 Archiv MGB, 264. Verwaltungsdelegationssitzung MGB, 31. Juli 1970, S. 2f.

118 Archiv MGB, 264. Verwaltungsdelegationssitzung MGB, 31. Juli 1970, S. 3.

119 Archiv MGB, 264. Verwaltungsdelegationssitzung MGB, 31. Juli 1970, Beilage: Zusammenfassung der Referate der Informationstagung der ZAVA vom 3. Juli 1970 in Feldbach, S. 3.

120 Archiv GMZ, Bericht «Einige Überlegungen und Vorschläge zur Zukunft des APOSS-Projektes», 16. November 1972, S. 4.

Durchführung eines Feldtests mit der von Zellweger entwickelten halbautomatischen APOSS-Kasse in einer Migros-Filiale ab Sommer 1971 vorsah.[121] Im Vertrag war Folgendes vorgesehen: Während Zellweger grundsätzlich für die Entwicklung des APOSS-Systems mit den dazugehörigen Geräten zum Druck des «Œil Migros» zuständig war und dafür auch die Kosten trug, beschränkten sich die Aufgaben und Kosten für den MGB auf die «Zurverfügungstellung des gesamten *know-hows* ihrer Mitarbeiter in der ZAVA-Kommission» sowie auf die Bedienung der APOSS-Kasse im Testladen.[122]

Es war der Unternehmensleitung der Zellweger wohl bewusst, dass dieser neue Vertrag zugunsten der Migros ausfiel, verfügte diese doch nach Abschluss der Entwicklungsarbeiten über ein allfälliges Vorkaufsrecht für das APOSS-System, während Zellweger während zweier Jahren in der Schweiz kein anderes Unternehmen mit diesem System beliefern durfte.[123] Der zuständige Direktor der Zellweger begründete den auf den ersten Blick asymmetrischen Aufwand damit, «dass wir ohne die Migros den heutigen Stand nicht hätten erreichen können».[124] *Erstens* sei die Migros insofern für eine Zusammenarbeit prädestiniert, als sie 50 Prozent ihrer Produkte selbst herstellte. Dies war günstig für Zellweger und den geplanten Feldtest der APOSS-Kasse, denn: «Bei einem andern Großverteiler müssten wir mit einer großen Zahl Zulieferanten verhandeln, um die Frage der Artikelauszeichnung abzuklären.»[125] *Zweitens* hatte sich die Migros «bis heute absolut fair verhalten», hatte an der Entwicklung ein «enormes Interesse» und «gäbe einen Haufen Geld aus» für die Abklärungen und Untersuchungen im Zusammenhang mit dem APOSS-System. In der Tat stellte sich «der organisatorische Aufwand» bei der Migros als «erheblich» heraus, wie ich gleich zeigen werde.[126]

---

121 Archiv MGB, 264. Verwaltungsdelegationssitzung MGB, 31. Juli 1970, S. 2f. Beilage: Stellungnahme der Migros zum Vorschlag der Firma Zellweger über das weitere Vorgehen der Entwicklung ZAVA, S. 1; Orientierung der ZAVA-Kommission über den Stand der Entwicklung des ZAVA-Systems, S. 4; 271. Verwaltungsdelegationssitzung MGB, 19. Januar 1971, S. 10, Beilage: Gentlemen's agreement zwischen dem Migros-Genossenschafts-Bund und der Zellweger AG, 23. Dezember 1970.

122 Archiv MGB, 271. Verwaltungsdelegationssitzung MGB, 19. Januar 1971, S. 10, Beilage: Gentlemen's agreement zwischen dem Migros-Genossenschafts-Bund und der Zellweger AG, 23. Dezember 1970, S. 3.

123 Archiv MGB, 271. Verwaltungsdelegationssitzung MGB, 19. Januar 1971, S. 10, Beilage: Gentlemen's agreement zwischen dem Migros-Genossenschafts-Bund und der Zellweger AG, 23. Dezember 1970S, S. 4. Archiv ZAG, 136. Sitzung des Ausschusses des Verwaltungsrates Zellweger Uster AG, 5. November 1970, S. 3ff.

124 Archiv ZAG, 136. Sitzung des Ausschusses des Verwaltungsrates Zellweger Uster AG, 5. November 1970, S. 4.

125 Archiv ZAG, 136. Sitzung des Ausschusses des Verwaltungsrates Zellweger Uster AG, 5. November 1970, S. 4.

126 Archiv ZAG, 151. Sitzung des Ausschusses des Verwaltungsrates Zellweger Uster AG, 24. Mai 1972, S. 4.

Betriebliche Umsetzung von Visionen

Während die Firma Zellweger im Sommer 1970 zuversichtlich war, bis zum geplanten Beginn des Feldtests im nächsten Sommer die nötigen Prototypen einsatzbereit zu haben und somit ihren Teil des Vertrages zu erfüllen, gab man sich beim MGB vorsichtiger: «[...] auch wir sind bestrebt, mit der technischen Entwicklung Schritt zu halten. Ob dies in der Praxis aus organisatorischen und personellen Gründen möglich sein wird, kann heute nicht verbindlich gesagt werden.»[127]

Woher kam diese plötzliche Zurückhaltung auf Seiten des MGB? Die nun auch in Form von Kassen einsetzbaren Computer eröffneten dem Einzelhandelsunternehmen «nicht überblickbare Möglichkeiten», die nicht nur vielfältige Erwartungen wecken, sondern auch Orientierungsprobleme schufen.[128] «Was kann mit den anfallenden [Verkaufs-]Daten gemacht werden?»[129] Diese Frage war auf praktischer Ebene immer noch unbeantwortet. Um konkrete Antworten zu finden, beschloss die Verwaltungsdelegation im Sommer 1970, im Verkaufs-Departement von Pierre Arnold mehr Ressourcen für das APOSS-Projekt bereitzustellen und einen vollamtlichen Projektleiter sowie ein bis zwei Assistenten einzustellen.[130] Kurze Zeit später wurde ein promovierter Ökonom Leiter des APOSS-Projekts.

In verschiedenen Referaten und Berichten führte dieser Projektleiter den bei der Migros am APOSS-Projekt Beteiligten vor Augen, dass die technischen Probleme einer automatischen Erfassung von Verkaufsdaten grundsätzlich gelöst waren oder in Kürze gelöst sein würden:[131] Im Sommer 1970 zeichnete sich nämlich ab, dass Zellweger auf dem besten Weg war, in wenigen Monaten eine elektronische Kasse mit automatischer Verkaufsdatenerfassung zur Marktreife zu bringen. Was die konkrete Verwendung der solchermaßen generierten Verkaufsdaten anging, war der Projektleiter des MGB dagegen weniger optimistisch. Wohl bestanden vielfältige Ideen und Visionen für die Verwendung der Verkaufsdaten: So versprach die computerisierte Kasse mit einem auf «breiter Basis arbeitenden Verkaufsdatenerfassungssystem» einen «permanenten Überblick über die Geschehnisse an der Verkaufsfront».[132] «Zeitgerecht disponierte Nachbestellungen» sollten den Kunden «immer mit frischer Ware gefüllte Gestelle»

---

127 Archiv MGB, 264. Verwaltungsdelegations-sitzung MGB, 31. Juli 1970, Beilage: Stellung-nahme der Migros zum Vorschlag der Firma Zellweger über das weitere Vorgehen der Entwicklung ZAVA, S. 2.

128 Gugerli, *«Nicht überblickbare Möglichkeiten»*.

129 Archiv MGB, 264. Verwaltungsdelegations-sitzung MGB, 31. Juli 1970, Beilage: Zusammenfassung der Referate der Informationsta-

gung der ZAVA vom 3. Juli 1970 in Feldbach, S. 4.

130 Archiv MGB, 264. Verwaltungsdelegations-sitzung MGB, 31. Juli 1970, S. 2.

131 PA MG, Marketingsitzung, 17. Juni 1971, S. 7.

132 Archiv GMZ, Bericht «Möglichkeiten und Problematik der Verwendung von Verkaufs-daten», September 1971, S. 5.

vorfinden lassen.[133] Die automatische Kasse stellte eine bessere Zukunft in Aussicht, in der «überlastete und nervöse Kassiererinnen der Vergangenheit angehören werden.»

Doch die konkrete Übersetzung dieser Versprechen in die betriebliche Realität erwies sich als schwierig: «Umfang und Komplexität des aufgezeigten Fragenbereichs [ist] enorm», hielt der APOSS-Projektleiter in einem der zahlreichen Berichte über die mögliche Verwendung von Verkaufsdaten fest und fuhr fort: «Dies ist nicht zuletzt durch die [...] ausgeprägte Interdependenz der verschiedenen Verwendungsbereiche gegeben.»[134] Schließlich sollten die an den APOSS-Kassen erhobenen Verkaufsdaten nicht nur für die Warenverteilung, sondern vor allem im Bereich des Marketings entscheidungsrelevante Informationen bereitstellen.

Der APOSS-Projektleiter nannte zwei mögliche Bereiche zur Verwendung der Verkaufsdaten in der Migros:[135] Für die Warenverteilung ging es darum, dass «aktuelle Verkaufsdaten für die Lagerbewirtschaftung zur Verfügung stehen».[136] So sollten «optimale Bestellungen, welche dem zukünftigen Bedarf möglichst nahe kommen», eine «maximale Servicebereitschaft», also die ständige Verfügbarkeit der Waren in den Verkaufsläden, garantieren.[137] Gleichzeitig sollte eine auf «aktuellen Verkaufsdaten basierende Lagerbewirtschaftung» sowohl auf Ebene der Filialen, der regionalen Betriebszentralen, der Produktionsbetriebe und den vom MGB betriebenen Zentrallagern eine Reduktion der Lagerbestände von 20 bis 30 Prozent ermöglichen.[138]

Im Marketing sollten die Verkaufsdaten vorrangig zur Sortimentsbewirtschaftung und -überwachung eingesetzt werden. Verkaufsdaten wurden verheißungsvoll als «DAS Mittel für starke Transparenz in der Umsatzentwicklung» bezeichnet:[139] Aufgrund der Verkaufsdatenerfassung könne «die Verkaufsentwicklung jedes Artikels hinsichtlich Absatz und Umsatz permanent verfolgt» und daraus die entsprechende Verkaufsstrategie abgeleitet werden.[140] Zugleich sollte so auch eine «Promotionskontrolle» möglich werden, indem die Verkaufsdaten

133 Archiv MGB, Rechenschaftsbericht MGB 1972, S. 25.

134 Archiv GMZ, Bericht «Möglichkeiten und Problematik der Verwendung von Verkaufsdaten», September 1971, S. 23.

135 Archiv GMZ, Bericht «Möglichkeiten und Problematik der Verwendung von Verkaufsdaten», September 1971. PA MG, Handschriftliche Notizen zur Sortimentskonferenz, 3. Februar 1971; Marketingsitzung, 17. Juni 1971. Siehe dazu auch: PA MG, Referat an der CIES-Fachtagung in München über «Automation im Laden», 19. Mai 1971.

136 Archiv GMZ, Marketingsitzung, 17. Juni 1971, S. 5.

137 Archiv GMZ, Bericht «Möglichkeiten und Problematik der Verwendung von Verkaufsdaten», September 1971, S. 6.

138 PA MG, Referat an der CIES-Fachtagung in München über «Automation im Laden», 19. Mai 1971, S. 8.

139 Archiv GMZ, Bericht «Möglichkeiten und Problematik der Verwendung von Verkaufsdaten», September 1971, S. 13. Hervorhebung im Original.

140 Archiv GMZ, Bericht «Möglichkeiten und Problematik der Verwendung von Verkaufsdaten», September 1971, S. 13.

aufzeigten, ob die Werbemittel in der Migros – im Jahr 1971 waren das rund
46 Mio. Franken – «optimal» und «sinnvoll» eingesetzt wurden.[141] Die bekannten
Versprechen auf betriebliche Transparenz und Kontrolle sowie die nachfrageorientierte Ausrichtung des Unternehmens dank dem Einsatz von rechnergestützter
Technik wurden hier also ein weiteres Mal wiederholt. Die Verknüpfung der
beiden Verwendungsbereiche von Verkaufsdaten, Warenverteilung und Marketing sollte durch die elektronische Datenverarbeitung gewährleistet werden. Die
Computertechnik sollte also auch hier abteilungs-, ja sogar departementsüber-
greifend wirken und als durchgreifende Querschnittsfunktion unterschiedlichste
betriebliche Funktionen koordinieren.

Der Integration der Verkaufsdaten in die bestehenden Pläne eines rechnergestützten Informationssystems wurde im MGB Ende der 1960er Jahre immer
mehr Bedeutung zugeschrieben. Im November 1969 verfasste die EDV-Abteilung des MGB zu diesem Thema einen Bericht.[142] Dieser Zeitpunkt war kein
Zufall: Während Frank Rentschs Ruf nach einer rechnergestützten Warenwirtschaft auf der Konferenz im Januar 1966 noch scheinbar ungehört verhallte, hatten sich die Verhältnisse im Herbst 1969 entscheidend geändert: Das Bindeglied
zwischen der Verkaufsfront und den «Diensten hinter der Front» war nun nicht
mehr anders als elektronisch denkbar. Allein schon aufgrund der großen Daten-
volumen, argumentierte die EDV-Abteilung des MGB im erwähnten Bericht, sei
ein Warenbewirtschaftungssystem ohne EDV-Anlage gar «nicht realisierbar».[143]
Für den angestrebten Ausbau des *non food* Sortiments wurde ein «Weiterausbau
der Datenverarbeitung» als grundlegende Bedingung angesehen.[144]

Konsequenterweise wurde das im Sommer 1968 von der Verwaltungsdelegation beschlossene, zentrale rechnergestützte Informationssystem, das bisher lediglich für den Bereich des Rechnungswesens geplant war, im Herbst 1969 auf
den Bereich der Warenverteilung ausgedehnt.[145] Entsprechend der im Winter
1968 beschlossenen Zentralisierung der elektronischen Datenverarbeitung beim
MGB sah dieses sogenannte «EDV-Grobkonzept für den Warenverkehr» vom
Herbst 1969 «die völlige Integration der Datenverarbeitung von der Bestellung

---

141 Archiv GMZ, Bericht «Möglichkeiten und
    Problematik der Verwendung von Verkaufs-
    daten», September 1971, S. 15ff.; 2007 betrug
    das Werbebudget der Migros brutto 308 Mio.
    Franken, was sie zum größten Werbeauftrag-
    geber der Schweiz machte. 2008 kündigte das
    Unternehmen eine grundsätzliche Neustruk-
    turierung ihrer Werbeausgaben an. Keller,
    Migros will Werbefranken effizienter einsetzen.
142 PA MG, Bericht «Eingliederung eines Sys-
    tems zur Erfassung der Verkaufsdaten in das
    Konzept der Datenverarbeitung», November
    1969, S. 3.

143 PA MG, Bericht «Eingliederung eines Sys-
    tems zur Erfassung der Verkaufsdaten in das
    Konzept der Datenverarbeitung», November
    1969, S. 3.
144 Archiv MGB, 210. Verwaltungsdelegations-
    sitzung MGB, 1. Juni 1967, Beilage: Bericht
    «Non Food Geschäft», S. 13.
145 Archiv MGB, 297. Verwaltungsdelegations-
    sitzung MGB, 15. September 1972, Beilage:
    Beschlüsse der Verwaltungsdelegation vom
    29. September 1969, S. 1.

bis zur Fakturierung [...] für das gesamte Sortiment» vor.[146] Einmal mehr war die Rede von einem umfassenden rechnergestützten Warenwirtschaftssystem. Wie beim APOSS-Projekt wurde nun im Zusammenhang mit dem rechnergestützten Warenverteilungssystem vom Ziel gesprochen, «die Überwachung und Steuerung des Warenflusses in der Migros-Gemeinschaft» zu ermöglichen.[147] Die Verkaufsdaten sollten dabei als «Basisinformation» für die «nachgelagerten Systeme» wie Filialbelieferung, Lagerbewirtschaftung, Einkauf, Produktion, Transport und Rechnungswesen dienen.[148]

Die Kassen wurden dabei zum «Fiebermesser» des unmittelbaren Geschehens in den Verkaufsläden:[149] Neben ihrer ursprünglichen Funktion als Datenerfassungsgerät wurde die elektronisch aufgerüstete Kasse nun Teil der kybernetischen Feedbackschlaufe, die Veränderungen des Kundenverhaltens registrierte und dem Unternehmen zurückmeldete. So sollten «die Verkaufsdaten nicht nur über die Vorgänge in den Filialen Aufschluss geben, sondern im Endausbau als völlig neue Informationsquelle, als wichtiges Planungs-, Führungs- und Entscheidungsinstrument ausgenützt werden.»[150] Der Funktionsbereich der Kasse wurde entscheidend vergrößert: Sie hielt nicht mehr allein Transaktionen fest und verwahrte sicher das eingenommene Geld; sie wurde nun zur Beobachterin der Kunden und zur Informantin der Unternehmensleitung.

Immer wieder war vom Endziel eines «automatischen Warennachschubs» die Rede, bei dem es notwendig sei, dass «Informations- und Warenfluss vollständig integriert sind».[151] Diese Idee eines Einzelhandelsunternehmens, das auf abstrakter Ebene aus optimal zu regulierenden Flüssen von Informationen und Waren besteht, entsprach zeitgenössischen kybernetischen Vorstellungen. Als Basis und verbindendes Element dieser beiden Flüsse diente einerseits die rechnergestützte Datenverarbeitung und andererseits die ebenfalls rechnergestützte Kasse. Die Zukunftsvision des MGB zu Beginn der 1970er Jahre ließ sich folgendermaßen zusammenfassen: «Aufbau eines integrierten *management information systems* für die ganze Migros-Gemeinschaft basierend auf Verkaufsdaten.»[152]

Der MGB hatte also die seit Beginn der 1960er Jahre zirkulierende Vision eines Management Information Systems den eigenen Bedürfnissen und Vorstel-

146 Archiv MGB, 245. Verwaltungsdelegationssitzung MGB, 29. September 1969, S. 2f.
147 Archiv MGB, Rechenschaftsbericht MGB 1970, S. 47.
148 PA MG, Pflichtenheft Check-out-System mit automatischer Verkaufsdatenerfassung, Februar 1970, S. 19. Archiv GMZ, Bericht «Betriebswirtschaftliche und technische Probleme der Verkaufsdatenerfassung», 30. Juni 1970.
149 PA MG, Bericht «Eingliederung eines Systems zur Erfassung der Verkaufsdaten in das Konzept der Datenverarbeitung», November 1969,

S. 4ff.; Pflichtenheft Check-out-System mit automatischer Verkaufsdatenerfassung, Februar 1970, S. 19; Broschüre «APOSS-System. Orientierung», April 1973, S. 7.
150 PA MG, Handschriftliche Notizen zur Sortimentskonferenz, 3. Februar 1971, S. 3.
151 PA MG, Referat an der CIES-Fachtagung in München über «Automation im Laden», 19. Mai 1971, S. 9.
152 PA MG, Handschriftliche Notizen zur Sortimentskonferenz, 3. Februar 1971, S. 3.

lungen angepasst. Die APOSS-Kasse stellte den ersten Schritt zur Umsetzung dieser Pläne auf betrieblicher Ebene dar: An der lesenden Kasse sollte der Informationsfluss in Gang gesetzt werden, der den Kundenbedürfnissen entsprechend den Warenfluss regulierte. Die lesende Kasse wurde so zum Seismografen des unmittelbaren Verkaufsgeschehens in den Filialen und zum Scharnier zwischen Waren- und Informationsfluss.

Die enge Verknüpfung der an den Kassen zu erfassenden Verkaufsdaten mit den verschiedenen nachgelagerten Systemen zu einem das ganze Unternehmen umfassenden Informationssystem bedingte, dass beide Projekte – sowohl die APOSS-Kasse als auch die rechnergestützte Warenwirtschaft – «eng miteinander koordiniert» wurden.[153] Die hohe Komplexität dieses Unterfangens versuchte der Projektleiter des MGB durch systematisches Vorgehen in den Griff zu bekommen. Trotz des zeitgenössischen Planungsoptimismus musste der APOSS-Projektleiter jedoch eingestehen, dass sich die Abklärung der Kosten-Nutzen-Frage insbesondere im Bereich der Verkaufsdaten-Verwendung «ungleich schwieriger und aufwendiger» als bei bisherigen Projekten gestaltete und «einen enormen Zeit- und Personalaufwand erforder[te]».[154] Es war dieser große Aufwand, der den MGB im Sommer 1970 daran zweifeln ließ, ob es ihm gelingen würde, in organisatorischer und personeller Hinsicht mit dem technischen Fortschritt Schritt zu halten.[155]

Die großen Aufwendungen begründeten sich darin, dass der MGB auf dem Gebiet der Verkaufsdatenverwendung Neuland betrat. Kein Einzelhandelsunternehmen hatte sich je zuvor eingehender mit diesem Thema befasst. Nicht einmal die fortschrittlichsten amerikanischen Einzelhändler strebten zu Beginn der 1970er Jahre eine Erfassung von Verkaufsdaten an; für sie stand lediglich die Beschleunigung des Kassenvorgangs im Vordergrund.[156] Allfällige *soft savings*, wie sie sich der MGB beispielsweise aus Auswertungen der Verkaufsdaten in Bezug auf spezifischere Marketingaktivitäten oder auf den wirksameren Einsatz der Werbemittel erhoffte, waren in den USA explizit kein Ziel.

Trotz all dieser Unwägbarkeiten, Unsicherheiten und weiterhin offenen Fragen war man beim MGB zu Beginn der 1970er Jahre entschlossen, die verwirrend vielfältigen Möglichkeiten der verkaufsdatenerfassenden Kasse zu bündeln und für die Bedürfnisse der Migros nutzbar zu machen. Der Projektleiter fasste

153 Archiv GMZ, Bericht «Betriebswirtschaftliche und technische Probleme der Verkaufsdatenerfassung», 30. Juni 1970, S. 2.
154 Archiv GMZ, Bericht «Möglichkeiten und Problematik der Verwendung von Verkaufsdaten», September 1971, S. 19f.
155 Archiv MGB, 264. Verwaltungsdelegationssitzung MGB, 31. Juli 1970, Beilage: Stellung-

nahme der Migros zum Vorschlag der Firma Zellweger über das weitere Vorgehen der Entwicklung ZAVA, S. 2.
156 Archiv GMZ, USA-Reise 10.-24. Oktober 1972, November 1972, S. 7. Siehe dazu auch: Brown, *Revolution at the Checkout Counter*, S. 35, Fußnote 14.

die Stimmungslage beim MGB kurz vor dem Feldtest mit der APOSS-Kasse in folgende Metapher: «Wir haben ein schönes neues Auto bekommen. Aber noch fehlt die Straße, auf der gefahren werden soll und der Fahrer kann sich noch nicht ans Steuer setzen, weil er noch nicht genügend Fahrunterricht gehabt hat und ihm die Fahrerprüfung noch fehlt. Bauen wir also Straßen und lernen wir autofahren!»[157]

«Weltpremiere» einer sensationellen Schweizer Entwicklung[158]

Bis das schöne neue Auto ausgefahren werden konnte, musste auch Zellweger noch einige Fahrstunden absolvieren: Während im MGB darum gerungen wurde, vor lauter Möglichkeiten die praktische Verwendung der Verkaufsdaten nicht aus den Augen zu verlieren, machten bei der Firma Zellweger unvorhergesehene «größere Probleme» mit dem Drucker, der die Etiketten mit dem «Œil Migros» herstellt, umfangreiche Labortests notwendig.[159] Durch einen Brand in den Räu-

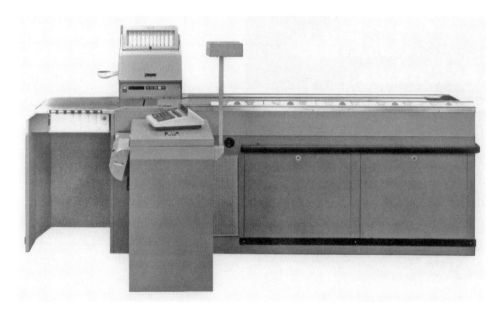

Abbildung 9 Die erste lesende Kasse der Welt: «APOSS» von Zellweger Uster AG, 1973

157 Archiv GMZ, 18. CIES-Fachtagung, Referat des APOSS-Projektleiters des MGB über «Elektronik im Supermarkt – das APOSS-Projekt der Migros», 3. März 1972, S. 10.

158 PA MG, *«Weltpremiere» einer sensationellen Schweizer Entwicklung.*

159 Archiv MGB, 299. Verwaltungsdelegationssitzung MGB, 13. Oktober 1972, Beilage: Bericht «APOSS-Feldtest Greifensee: Zusammenfassung», S. 1. PA MG, Bericht «APOSS-Labortests. Zusammenfassung der Resultate», 20. Juni 1972.

men der Zellweger entstanden größere zeitliche Verzögerungen.[160] Schließlich musste der Feldtest um ein Jahr, auf den Sommer 1972, verschoben werden.[161]

Im Sommer 1972 waren endlich alle Pannen behoben, und das schöne, neue Auto in Form einer automatischen Kasse rollte unter den staunenden Blicken der Öffentlichkeit zum ersten Mal aus dem Forschungslabor der Zellweger: Am 20. Juni 1972 öffneten sich die Türen der GMZ-Filiale in Greifensee bei Zürich, und der MGB und Zellweger präsentierten der Fachwelt die «erste automatische Kassenanlage der Welt».[162] Der Stolz und wahrscheinlich auch die Erleichterung der beiden schweizerischen Projektparteien, die amerikanische Konkurrenz um «Nasenlänge» geschlagen zu haben, war groß:[163] Nur knapp zwei Wochen später begann ein anderer Feldtest beim amerikanischen Einzelhandelsunternehmen

Abbildung 10 Werbung von Zellweger Uster AG für «APOSS», 1972

160 Archiv ZAG, 122. Verwaltungsratssitzung Zellweger Uster AG, 7. April 1971, S. 6. Archiv GMZ, Marketingsitzung, 17. Juni 1971, S. 9.
161 Archiv ZAG, 144. Sitzung des Ausschusses des Verwaltungsrates Zellweger Uster AG, 30. Juni 1971, S. 10.

162 Archiv MGB, Rechenschaftsbericht MGB 1972, S. 24. Siehe auch: Brown, *Revolution at the Checkout Counter*, S. 64.
163 Winter, *Eine Nasenlänge vor der Konkurrenz*; Brown, *Revolution at the Checkout Counter*, S. 68ff.

Kroger in Zusammenarbeit mit dem ebenfalls amerikanischen Computerhersteller RCA.[164]

In Anlehnung an das scheinbar unlösbare Dilemma der Kassenbeschleunigung bei gleichzeitiger Verkaufsdatenerfassung pries Zellweger das APOSS-System in einem Inserat in einer Fachzeitschrift als «beinahe das Ei des Kolumbus»
an: «[B]ahnbrechend» sei das «Kassentischsystem mit vollautomatischer Preis-
und Datenregistrierung».[165] Die Aufmerksamkeit, die der Feldtest in der internationalen Fachwelt und in den Publikumsmedien erhielt, war groß. Sowohl in
den einschlägigen Fachzeitschriften wie auch in englisch-, französisch- und
deutschsprachigen Zeitungen erschienen Artikel über die «selbsttippende Kasse»
im zürcherischen Greifensee.[166] Deutlichen Widerhall rief dieser Feldtest auch
bei Einzelhändlern aus aller Welt hervor; es fanden sich zahlreiche Besucher in
Greifensee ein, um die APOSS-Anlage zu besichtigen. Der Projektleiter des
MGB wie auch Vertreter von Zellweger hielten an Kongressen in der ganzen
Welt Referate über die lesende Kasse und das System zur Erfassung von Verkaufsdaten.[167]

Erfüllte Erwartungen

Der zehnwöchige Feldtest wurde mit dem Ziel durchgeführt, das APOSS-System «unter den Bedingungen der Praxis» zu erproben.[168] Neben der technischen
Funktionstüchtigkeit sollte der Feldtest auch Grundlagen zu «Berechnungen
über die Wirtschaftlichkeit» des Systems liefern.[169] Zudem erhoffte sich der MGB
Aufschluss über die Reaktionen der Kunden sowie der Kassiererinnen gegenüber
der neuen Kassenanlage.[170] Schließlich durften weder die Kunden durch die neue

164 Brown, *Revolution at the Checkout Counter*, S. 71f;
     Nelson, *Punched Cards to Bar Codes*, S. 58ff.
165 *Zellweger APOSS – Beinahe das Ei des Kolum-
     bus.*
166 *Selbsttippende Kassen.* Für die Fachpresse im
     deutschsprachigen Raum siehe *Selbstbedienung
     und Supermarkt* und *Dynamik im Handel*: Hun-
     ziker, *Elektronik im Supermarkt*; *APOSS im
     Feldtest*; *APOSS in der Praxis.* Für die eng-
     lischsprachige Fachpresse siehe beispielsweise:
     Morris und Whittaker, *Swiss to Test Unit*;
     Stoneburn, *First Full EDP Checkout Scales Up
     to All Expections.* Das gewaltige Medienecho
     war dokumentiert in: PA MG, Ordner Di-
     verse Unterlagen APOSS. In der Sendung
     «Menschen-Technik-Wissenschaft» vom
     18. Januar 1973 des Schweizer Fernsehens
     wurde das APOSS-System vorgestellt. PA
     MG, Drehbuch zur TV-Sendung, 16. No-
     vember 1972.

167 Siehe unter anderem: PA MG, 18. CIES-
     Fachtagung, Referat des APOSS-Projektlei-
     ters des MGB über «Elektronik im Super-
     markt – das APOSS-Projekt der Migros»,
     3. März 1972; Referat «The Electronic Check-
     out – A European Reality» an der Foodland
     Clover Farm Convention, 26. Oktober 1972;
     Referat «Méthodes et Systèmes de Pointe de la
     Distribution», Comité Bélge de la Distribu-
     tion, Dezember 1972.
168 Archiv MGB, 299. Verwaltungsdelegations-
     sitzung MGB, 13. Oktober 1972, Beilage: Be-
     richt «APOSS-Feldtest Greifensee: Zusam-
     menfassung», Oktober 1972, S. 1.
169 Archiv MGB, 292. Verwaltungsdelegations-
     sitzung MGB, 9. Juni 1972, S. 3.
170 Archiv GMZ, Marketingsitzung, 17. Juni
     1971, S. 7. PA MG, Referat an der CIES-
     Fachtagung in München über «Automation
     im Laden», 19. Mai 1971, S. 2 und 7.

Kassentechnik abgeschreckt werden noch die Anforderungen an die Kassiererinnen höher sein als bisher. Zellweger hatte ein großes Interesse daran, dass der Feldtest für die Migros erfolgreich verlief, um die eigene Position in der Verhandlung mit potenziellen Partnern und Kunden zu stärken, und war darum bestrebt, alles zu tun, «um dem Kunden das höchstmögliche Rendement zu sichern», wie im Protokoll des Verwaltungsrates der Zellweger zu lesen war.[171]

Die Erwartungen beider Projektpartner durch den Feldtest hinsichtlich der Funktionsfähigkeit und der Praktikabilität des APOSS-Systems Aufschluss zu erhalten, wurden im positiven Sinne erfüllt: Der Feldtest sei «weitgehend erfolgreich» verlaufen, hielt der Schlussbericht des Projektleiters des MGB fest. Der Praxistest habe keine «eigentlichen Überraschungen» gebracht; die ausgiebigen Labortests hätten sich ausgezahlt.[172] Zellweger vermeldete sogar, dass die Funktionstüchtigkeit von Hard- und Software die Erwartungen übertroffen habe.[173] Der Projektleiter des MGB lobte die Firma Zellweger: «[Man darf] der Zellweger für die ausgezeichnete Funktionstüchtigkeit der APOSS-Anlage gratulieren.»[174] Die Genauigkeit der Preiserfassung durch das lesende Auge der APOSS-Kasse überraschte den MGB positiv. Die Anzahl der Falschregistrierungen beim automatischen Ablesen des «Œil Migros», also beim *scannen*, betrug bei einem Gesamttotal von 924.837 registrierten Artikeln lediglich 13. Dieses Resultat entsprach einer Fehlerquote von 0,014 Prozent aller Registrierungen, was als «außerordentlich gut» bezeichnet wurde und die Erwartungen «mehr als erfüllt» – betrug doch für gewöhnlich die Fehlerquote circa 2 bis 2,5 Prozent.[175] Auch die «Sehtüchtigkeit» der APOSS-Kassen mit einer Erstlesungsquote von 0,5 Prozent wurde als gut beurteilt.[176]

Die scharfsichtigste Kasse wird jedoch nutzlos, wenn die Kassiererinnen, die sie täglich bedienen, sie nicht akzeptieren oder wenn die Kunden der neuen Kasse nicht vertrauen. Darum lautete die entscheidende Frage: Wie reagierten die Kassiererinnen und die Kunden auf die neuartige Kasse? Sowohl die Kassiererinnen wie auch die Kunden der Filiale Greifensee wurden während des Feldtests befragt; einmal zu Beginn und einmal gegen Ende des Versuchsbetriebes. Bei den Kassiererinnen erfreute sich die APOSS-Kasse – nach einer gewissen

171 Archiv ZAG, 152. Sitzung des Ausschusses des Verwaltungsrates Zellweger Uster AG, 7. Juni 1972, S. 3; 125. Verwaltungsratssitzung Zellweger Uster AG, 24. Mai 1972, S. 4.

172 Archiv MGB, 299. Verwaltungsdelegationssitzung MGB, 13. Oktober 1972, Beilage: Bericht «APOSS-Feldtest Greifensee: Zusammenfassung», Oktober 1972, S. 1f.

173 Archiv GMZ, Dokumentation der Zellweger zu APOSS, April 1973, S. 19.

174 PA MG, Bericht «APOSS-Feldtest Greifensee: Resultate», November 1972, S. 7.

175 Archiv MGB, 299. Verwaltungsdelegationssitzung MGB, 13. Oktober 1972, Beilage: Bericht «APOSS-Feldtest Greifensee: Zusammenfassung», Oktober 1972, S. 2. PA MG, Bericht «APOSS-Feldtest Greifensee: Resultate», November 1972, S. 13.

176 Lediglich durchschnittlich 0,7% der Artikel mussten nach dem dritten vergeblichen *scanning*-Versuch von Hand registriert werden. PA MG, Bericht «APOSS-Feldtest Greifensee: Resultate», November 1972, S. 11.

Einarbeitungszeit – großer Beliebtheit. Sie empfanden die Arbeit als «etliches weniger anstrengend und ermüdend, wenn auch auf die Dauer etwas eintöniger».[177] Bei der Mehrheit der befragten Kassiererinnen herrschte die Meinung vor, «das Anlernen sei leichter als bei ‹normalen› Kassen»; Befürchtungen von Seiten des MGB, die Anforderungen an die Kassiererinnen könnten mit dem Einsatz der automatischen, rechnergestützten Kasse steigen, hatten sich also nicht bewahrheitet.[178]

Wie reagierten die Kunden? So begeistert die Presse «die Weltpremiere einer sensationellen Schweizer Entwicklung» feierte und so notwendig der automatische *checkout* den Vertretern des Einzelhandels auch erschien, für die Kunden im Testladen in Greifensee waren doch einige Hilfestellungen bezüglich des Umgangs mit der neuesten Kassentechnik notwendig.[179] Schließlich war man für das Gelingen des Feldtests auf die Mitarbeit der Kunden angewiesen.

Abbildung 11 Kundenhinweise zum Umgang mit dem «APOSS-System», 1972.

Auf Fotografien in Fachartikeln über den APOSS-Feldtest wiesen Schilder darauf hin, dass die Artikel immer mit dem Migros-Auge nach unten aufs Förderband zu legen und nach dem letzten Artikel der Trennstab «Nächster Kunde» hinzulegen waren.[180] Aufgrund dieser Mitarbeit der Kunden musste die Kassiererin nicht erst nach dem «Œil Migros» auf dem Artikel suchen, sondern konnte ihn sofort am lesenden Auge der APOSS-Kasse vorbeiführen: So wurde der Kassierablauf weiter beschleunigt. Einige Verwirrung schient bei den Kunden das «Œil Migros» auf den Verpackungen auszulösen. Ein Schild mit dem Hinweis

177 Archiv MGB, 299. Verwaltungsdelegationssitzung MGB, 13. Oktober 1972, Beilage: Bericht «APOSS-Feldtest Greifensee: Zusammenfassung», Oktober 1972, S. 5.

178 PA MG, Bericht «APOSS-Feldtest Greifensee: Resultate», November 1972, S. 14.

179 *«Weltpremiere» einer sensationellen Schweizer Entwicklung.*

180 *APOSS in der Praxis*, S. 52. Auch Kroger investierte in *consumer education* im Zusammenhang mit Tests von neuen Kassensystemen, siehe dazu: Brown, *Revolution at the Checkout Counter*, S. 81.

«Die Zahlen unter dem Migros-Auge sind keine Preisangaben!» sollte Miss-
verständnisse verhindern.[181]

Die Kundenumfragen zeigten, dass das APOSS-System sich bei den Kunden – nachdem es sich als «zuverlässig und sicher» erwiesen hatte – praktisch un-
eingeschränkter Akzeptanz erfreute.[182] Befragte Kunden gaben an, schneller
abgefertigt worden zu sein und zeigten sich erfreut über die höhere Registrier-
genauigkeit. Darüber hinaus bemerkten sie aber die technische Aufrüstung der
Kasse und die damit verbundene ausführlichere Dokumentation ihrer Einkäufe
auf der Quittung kaum. Eine Beeinflussung des Kundenverhaltens aufgrund der
APOSS-Kasse ließ sich gemäß dem Schlussbericht denn auch nicht feststellen.
Der Projektleiter erklärte sich dieses geringe Interesse der Kunden an der neuen
Kassenanlage so: «Das Ausbleiben eines entscheidenden Eindrucks auf die Kundschaft […] stellte gesamthaft betrachtet, keine Überraschung dar, handelte es sich
bei den Interviewten doch vorwiegend um jüngere Hausfrauen mit ihren dau-
menlutschenden oder nach Süßigkeiten schreienden Babies – ein zwar sympati-
sches Publikum, das aber doch eher wenig Beziehung zu einem hochentwickelten elektronischen System [hat].» Die Beobachtung, dass die Kunden die
neuartige Kasse kaum bemerkten, sich also daran auch nicht störten, wertete der
MGB positiv. Die APOSS-Kasse schien sich also nicht nur punkto Registrier-
genauigkeit, sondern auch in der Praxis bewährt zu haben.

Die Ernüchterung

War es APOSS, diesem «hochentwickelten elektronischen System», tatsächlich
gelungen, die beiden Hauptziele – die Steigerung der Kassenproduktivität und
die akkurate Erfassung von Verkaufsdaten – zu erfüllen?[183] Die Antwort auf
diese Frage fällt zwiespältig aus.

In Bezug auf die Steigerung der Kassenproduktivität wurden die Erwartungen des MGB nämlich enttäuscht: Der von den Kunden in den Umfragen zu
Protokoll gegebene beschleunigte Registriervorgang beruhte auf einer Täu-
schung, «der auch viele Migros-Mitarbeiter erlagen, bevor sie die Messzahlen
kannten», wie in einem Fachartikel zu lesen ist.[184] «Offensichtlich», so wurde im
Schlussbericht des MGB gemutmaßt, «vermittelte APOSS visuell den Eindruck
einer Beschleunigung.»[185] Bedauernd stellte der Projektleiter des MGB nach Ab-

---

181 *APOSS im Feldtest*, S. 46.
182 Für den folgenden Abschnitt: PA MG, Bericht
    «APOSS-Feldtest Greifensee: Resultate», No-
    vember 1972, S. 15f.
183 PA MG, Bericht «APOSS-Feldtest Greifen-
    see: Resultate», November 1972, S. 15.

184 *APOSS in der Praxis*, S. 60.
185 PA MG, Bericht «APOSS-Feldtest Greifen-
    see: Resultate», November 1972, S. 16.

schluss des Feldtests fest, dass die Beschleunigung des Registriervorgangs mittels APOSS lediglich 0,3 Sekunden betrug.

Wie ist dieses Resultat zu bewerten? Vorstudien des MGB hatten gezeigt, dass eine Kassiererin zum Eintippen eines Artikels auf einer herkömmlichen Kasse durchschnittlich 1,37 Sekunden benötigte.[186] Im Labortest registrierte der Scanner der APOSS-Kasse einen Artikel in durchschnittlich 1,02 Sekunden – unter der gewichtigen Einschränkung, dass sämtliche Artikel mit dem «Œil Migros» versehen waren und keine Preise und Artikelnummern von Hand eingetippt werden mussten. Beim Feldtest waren 91 Prozent der Artikel mit dem «Œil Migros» ausgezeichnet.[187] Bei der Auswertung des Feldtests zeigte sich, dass zwischen der durchschnittlichen Registrierzeit pro Artikel mit den herkömmlichen Kassen und den APOSS-Kassen keinerlei Unterschied bestand.[188] Einzig die Vorbereitungszeit pro Kunde verringerte sich mit den APOSS-Kassen von 5,19 Sekunden auf 2,25 Sekunden. Diese doch beachtliche Beschleunigung war nach Meinung des Projektleiters des MGB jedoch nicht direkt auf die APOSS-Kassen zurückzuführen, sondern «weitgehend […] auf die ausgezeichnete Mitarbeit der Kunden», die der erwähnten Anweisung folgend die Artikel einzeln und mit dem «Œil Migros» nach unten auf das Förderband legten.[189] Es ist also nicht die technische Aufrüstung der Kasse, die eine Beschleunigung herbeigeführt hatte, sondern die weitere Einbindung der Kunden zur Gewährleistung eines reibungslosen Kaufaktes im Laden. Das Ziel einer Steigerung der Kassenproduktivität schien also verfehlt.

Was lässt sich über die zweite Zielsetzung des Projekts, die automatische Erfassung von Verkaufsdaten, sagen? Auch wenn die APOSS-Kassen nicht ganz so schnell lesen konnten wie erhofft, so verfügten sie doch über die Gabe der Erinnerung: Sie erinnerten sich an alle verkauften Artikel, die vor ihrem Auge vorbeigezogen waren. Der Projektleiter des MGB wies im Schlussbericht denn auch darauf hin, dass mit den APOSS-Kassen «in etwa derselben Zeit […] wesentlich mehr Informationen erfasst und verarbeitet werden als bei der ausschließlichen Preiserfassung, wie sie heute praktiziert wird».[190] Die neue Kasse leistete also im Vergleich zu den herkömmlichen Kassen Mehrarbeit und zwar zufriedenstellende: Die Erfassung der Verkaufsdaten durch die APOSS-Kasse funktionierte

186 Archiv GMZ, 33. Marketing-Konferenz, 22. Juni 1972, S. 25.
187 PA MG, Bericht «APOSS-Feldtest Greifensee: Resultate», November 1972, S. 3.
188 Archiv MGB, 299. Verwaltungsdelegationssitzung MGB, 13. Oktober 1972, Beilage: Bericht «APOSS-Feldtest Greifensee: Zusammenfassung», Oktober 1972, S. 2f. PA MG, Bericht «APOSS-Feldtest Greifensee: Resultate», November 1972, S. 3.

189 Archiv MGB, 299. Verwaltungsdelegationssitzung MGB, 13. Oktober 1972, Beilage: Bericht «APOSS-Feldtest Greifensee: Zusammenfassung», Oktober 1972, S. 3f.
190 Archiv MGB, 299. Verwaltungsdelegationssitzung MGB, 13. Oktober 1972, Beilage: Bericht «APOSS-Feldtest Greifensee: Zusammenfassung», Oktober 1972, S. 4.
191 PA MG, Bericht «APOSS-Feldtest Greifensee: Resultate», November 1972, S. 17ff.

während des Feldtests reibungslos. Die erfassten Verkaufsdaten wurden über Telefonleitungen an die EDV-Zentrale des MGB weitergeleitet und dort auf Magnetbändern gespeichert, bevor verschiedene Auswertungen erstellt wurden.[191]
Das zweite Ziel des APOSS-Projektes schien also erreicht.

Die abschließende Beurteilung des Feldtests durch den Projektleiter des MGB
klang denn auch positiv: «Insgesamt war der APOSS-Feldtest ein sehr erfolgreiches und lohnendes Experiment.»[192] Umso überraschender kam für die Geschäftsleitung der Zellweger der Beschluss der Verwaltungsdelegation im Oktober 1972, die im *gentlemen's agreement* vorgesehene Kaufoption nicht auszuüben
und das APOSS-System bei der Migros nicht einzuführen.[193]

Warum traf die Verwaltungsdelegation diese Entscheidung? Warum scheiterte das APOSS-Projekt? Auf den ersten Blick scheint die Antwort auf der Hand
zu liegen: Die Resultate des Feldtests zeigten nach Ansicht des MGB klar, «dass
mit dem APOSS-System für die Migros keine oder nur eine unwesentliche Beschleunigung der Kundenabfertigungszeiten möglich ist».[194] Hoffnungen auf
Kosteneinsparungen durch den Abbau von Kassiererinnen und die Reduktion
von Kassen hatten diese Ergebnisse zunichte gemacht. Auch wenn der Projektleiter des MGB mehrmals betonte, dass der Feldtest insofern nur von beschränkter Aussagekraft war, als er sich lediglich auf einen einzigen Laden erstreckt hatte,
zeigte der APOSS-Test in den Augen des MGB zu deutlich, «[…] dass mit diesem
teuren System keine oder höchstens [eine] sehr beschränkte Produktivitätssteigerung am *checkout* möglich ist».[195] Vor diesem Hintergrund scheint die Entscheidung der Verwaltungsdelegation, APOSS nicht auf breiter Front einzuführen,
plausibel: Das APOSS-System erbrachte nicht die erhoffte Produktivitätssteigerung an der Kasse und erfüllte damit eines der beiden Ziele des Projektes nicht.
Zudem war das System teuer.

Auf den zweiten Blick wird aber deutlich, dass die Sachlage keineswegs so
eindeutig war. Es sind sogar Zweifel angebracht, ob es berechtigt ist, im Zusammenhang mit dem APOSS-Projekt von Scheitern zu sprechen.[196] Zumal die Ver

192 PA MG, Bericht «APOSS-Feldtest Greifensee: Resultate», November 1972, S. 19.
193 Archiv MGB, 299. Verwaltungsdelegationssitzung MGB, 13. Oktober 1972, S. 5. Archiv
ZAG, 147. Sitzung des Ausschusses des Verwaltungsrates Zellweger Uster AG, 29. September 1971, S. 9; Budgetbesprechung Verwaltungsrat Zellweger Uster AG, 29. November
1972, S. 13ff.
194 Archiv MGB, 299. Verwaltungsdelegationssitzung MGB, 13. Oktober 1972, Beilage: Bericht «APOSS-Feldtest Greifensee: Zusammenfassung», Oktober 1972, S. 4.
195 PA MG, Handschriftliche Notizen zur Sorti

mentskonferenz, 3. Februar 1971, S. 4. Archiv
MGB, 299. Verwaltungsdelegationssitzung
MGB, 13. Oktober 1972, Beilage: Bericht
«APOSS-Feldtest Greifensee: Zusammenfassung», Oktober 1972, S. 4.
196 Einen guten Überblick über die umfangreiche Literatur in der Technik- und Unternehmensgeschichte zur Frage von *failure* bieten
Lipartito, *Picturephone and the Information Age*
und Fridenson, *Business Failure and the Agenda
of Business History*. Für eine originelle Herangehensweise an eine vermeintlich gescheiterte
Technik siehe: Latour, *Aramis*.

waltungsdelegation die Zusammenarbeit mit Zellweger nicht vollständig aufgab; sie sollte lediglich nicht mehr «in Exklusivität» fortgesetzt werden.[197] Es ist nicht allein diese vielleicht rein rhetorische Formulierung, die mich an der Begründung der Verwaltungsdelegation – das APOSS-Projekt werde wegen der verfehlten Produktivitätssteigerung und der hohen Kosten massiv zurückgefahren – zweifeln lässt. *Zum einen* war die erreichte Beschleunigung des Kassenablaufs nicht so gering, wie sie in den Schlussberichten des MGB eingeschätzt wurde: Immerhin wurde die geforderte Beschleunigung der Abfertigungszeit an der Kasse um einen Drittel erreicht.[198] Dies war ein beachtliches Resultat, wenn man berücksichtigt, dass selbst der Projektleiter des MGB immer wieder darauf hinwies, wie effizient der Kassenablauf bei der Migros bereits gestaltet war.[199] Aus diesem Grund betonte der MGB immer wieder, dass «[w]ährend im einen oder andern Unternehmen vielleicht bereits die am *point of sale* erzielbaren Einsparungen einen wirtschaftlichen Einsatz von Scanner-Systemen rechtfertigen, [...] bei der Migros der Verkaufsdatenverwendung entscheidende Bedeutung [zukommt]».[200] Zumindest die Erfassung von Verkaufsdaten schien doch funktioniert zu haben. Warum also entschloss sich die Verwaltungsdelegation, das APOSS-Projekt nicht mehr wie bisher prioritär weiterzuverfolgen?

Zum anderem werden die hohen Kosten des APOSS-Systems als Argument ins Feld geführt: Die Investitionen für einen mittleren Verkaufsladen mit zehn Kassen würden zwischen 905.000 Franken und 1.079.00 Franken betragen, was bei einem Bestand von 440 Läden im Jahr 1972 einen unbestreitbar beachtlichen Betrag von mindestens einer halben Milliarde Franken ergibt.[201] Diese hohen Kosten sind insofern wenig überraschend, als sich die meisten neuen Technologien durch anfänglich hohe Kosten auszeichnen: Das prominenteste Beispiel ist sicherlich die Computertechnik, die sich trotz horrender Preise bei anfänglich geringer Funktionalität – wie sie ja auch diese Studie dokumentiert – langfristig flächendeckend durchsetzte.[202] Die Vermutung liegt also nahe, dass es neben der angeblich nicht erreichten Kassenbeschleunigung und den hohen Kosten noch andere Gründe gab, die ebenso wichtig, wenn nicht gar entscheidend zum Beschluss der Verwaltungsdelegation beigetragen haben.

197 Archiv MGB, 299. Verwaltungsdelegationssitzung MGB, 13. Oktober 1972, S. 5.
198 PA MG, Referat an der CIES-Fachtagung in
München über «Automation im Laden»,
19. Mai 1971, S. 8.
199 PA MG, Bericht «APOSS-Feldtest Greifensee: Resultate», November 1972, S. 11.

200 PA MG, Bericht «APOSS-Feldtest Greifensee: Resultate», November 1972, S. 19.
201 Archiv GMZ, 33. Marketing-Konferenz,
22. Juni 1972, S. 23. Archiv MGB, Rechenschaftsbericht MGB 1972, S. 1.
202 Lipartito, *Picturephone and the Information Age*,
S. 59.

Fehlende Anschlussfähigkeit

Im Zusammenhang mit der Frage nach dem Scheitern von Technologien wird in der einschlägigen Literatur immer wieder auf die entscheidende Bedeutung des Kontextes hingewiesen.[203] Auch ich untersuche im Folgenden das APOSS-Projekt im Hinblick auf dessen Anschlussfähigkeit an den soziotechnischen Kontext.

Innerbetriebliches Desinteresse

Schon während der Entwicklungs- und Vorbereitungsarbeiten zum APOSS-Feldtest erwies sich die konkrete Übersetzung der Vision einer rechnergestützten Warenwirtschaft in den betrieblichen Kontext als schwierig: Es waren gerade die Verkaufsdaten, die sich dabei als Knackpunkt erwiesen. Das Problem bestand nicht darin, dass die APOSS-Kassen die Erfassung der Verkaufsdaten nicht hätten leisten können. Im Gegenteil: Vom technischen Standpunkt aus hatte sich die von Zellweger entwickelte Erfassungsmethode für Verkaufsdaten während des Feldtests als vollauf funktionsfähig erwiesen. Es waren die Menschen, die sich als widerständig herausstellten. Dies verweist auf den engen Zusammenhang von technischem und sozialem Wandel. Die Verbreitung einer neuen Technik geht untrennbar einher mit sozialem Wandel: Indem sich die Anwender auf die Offerten einer neuen Technik einlassen (oder auch nicht), passen sie diese ihren Bedürfnissen und Vorstellungen entsprechend an und verändern so zugleich die Technik. Diese Prozesse soziotechnischen Wandels gehen nicht ohne Widerstände, Irrwege und Schieflagen vonstatten.[204]

Erwartungen, Vorstellungen und Visionen spielen eine wichtige Rolle dabei, dass neue Techniken überhaupt die Aufmerksamkeit von potentiellen Anwendern erregen; dies habe ich im zweiten Teil dieser Studie ausgeführt.[205] So waren es entsprechend veränderte Vorstellungen, die im Laufe der 1960er Jahre zu einer diskursiven Umdeutung der Computertechnik in Bezug auf deren potentiellen Einsatz- und Wirkungsbereiche führten. Diese Umdeutung der Computertechnik ließ sich jedoch nicht ohne weiteres in konkrete betriebliche Kontexte umsetzen. Ebenso war die von Pierre Arnold geforderte nachfrageorientierte Ausrichtung der Migros nicht in wenigen Jahren zu erreichen: Der Umbau des Unternehmens, die organisatorischen Strukturen sowie die Verankerung einer marketingorientierten Haltung im Denken und Handeln der Mitarbeitenden be-

---

203 Graeme, *Rewriting the «Book of Blots»*.
204 Dommann, *Durchsicht, Einsicht, Vorsicht* und Gugerli, *Redeströme* zeigen exemplarisch für die Röntgentechnik bzw. die Elektrifizierung der Schweiz Prozesse soziotechnischen Wandels auf.

205 Swanson und Ramiller, *The Organizing Vision in Information Systems Innovation* reden in diesem Zusammenhang von *organizing visions*, die einen wichtigen Stellenwert bei der betrieblichen Adaption von rechnergestützten Innovationen haben.

nötigten Zeit. Schließlich ging es beim Aufbau einer rechnergestützten Warenwirtschaft, um die Nachfrageorientierung der Migros sicherzustellen, um eine Veränderung der Unternehmenskultur, die sich über Jahrzehnte in die Unternehmensstruktur, in die Vorstellungen, Wahrnehmungen, Handlungsstrategien und Routinen der Mitarbeitenden eingeschrieben hatte.[206]

In diesem Zusammenhang ist interessant, dass der Widerstand gegen das APOSS-System nicht – wie man zunächst vermuten könnte – von den Kassiererinnen oder Kunden ausging, die unmittelbar von den Veränderungen der Kassentechnik betroffen waren. Es waren vielmehr die Mitarbeitenden in den den Verkaufsräumen nachgelagerten Bereichen, die Probleme machten. Es war kein offener Widerstand, der den APOSS-Kassen entgegenschlug, sondern schlicht Nichtbeachtung: gerade die Form des Widerstands, vor der die Verwaltungsdelegation schon an der Konferenz 1966 implizit gewarnt hatte.[207]

Diese Nichtbeachtung manifestierte sich folgendermaßen: Während des Feldtests wurden – wie erwähnt – die an den APOSS-Kassen erhobenen Verkaufsdaten an das Rechenzentrum des MGB übermittelt, wo Auswertungen in Form von Statistiken vorgenommen und an potenziell interessierte Abteilungen abgegeben wurden. Kurz nach Ende des Feldtests vermerkte der Projektleiter des MGB in Bezug auf diese «sehr interessanten Resultate», dass «spontane Reaktionen» der Adressaten dieser Auswertungen bisher ausgeblieben waren.[208] Auch zu einem späteren Zeitpunkt trafen keine Reaktionen bei der Projektleitung ein. Dieser Umstand ließ den Projektleiter enttäuscht feststellen, dass «nichts darauf hindeutet, dass ein dringendes Bedürfnis nach umfassenden Verkaufsinformationen bestünde».[209] Gerade die Mitarbeitenden aus Abteilungen und Unternehmensbereichen wie Verkauf, Verkaufsförderung sowie Warenverteilung, von denen die Verantwortlichen des APOSS-Projekts die größte Beachtung für die Verkaufsdaten erwartet hatten, interessierten sich nicht für die Möglichkeiten, die diese Daten ihnen eröffneten. Für sie war der potenzielle Mehrwert der Verkaufsdaten nicht klar: «Wenn man heute die Möglichkeit von besseren Informationen mit Einkäufern, Disponenten, Filialleitern bespricht, so kann man erstaunt feststellen, dass sie oft mit den bescheidenen Mit-

---

206 Exemplarisch für diese langwierigen Prozesse stand der Widerstand der *non food* Abteilung gegen die Einrichtung eines gemeinsamen Computers für die Verwaltung des *non food* und des *food* Sortiments, den ich im zweiten Teil dieser Studie beschreibe. Siehe dazu auch: Lipartito, *Culture and the Practice of Business History*, S. 21ff.

207 Zur Nichtbeachtung von technischen Offerten siehe: Kline, *Restisting Consumer Technology in Rural America*; Bauer, *Resistance to new technology*.

208 PA MG, Bericht «APOSS-Feldtest Greifensee: Resultate», November 1972, S. 17; Archiv MGB, 299. Verwaltungsdelegationssitzung MGB, 13. Oktober 1972, Beilage: Bericht «APOSS-Feldtest Greifensee: Zusammenfassung», Oktober 1972, S. 5.

209 Archiv GMZ, Sitzung der Geschäftsleiter, 6. Februar 1973, Beilage: Dokumentation z.h. der Geschäftsleiter der Migros-Genossenschaften für die Sitzung vom 2. März 1973 über Warenfluss- und EDV-Probleme, S. 9.

teln, die heute zur Verfügung stehen, zufrieden sind», musste der Projektleiter konstatieren.[210]

Wie lässt sich dieses Desinteresse erklären? Wieso überschätzten die Verantwortlichen für das APOSS-Projekt die innerbetriebliche Nachfrage nach Verkaufsdaten? Letztere Frage lässt sich so beantworten: Da die Kassenproduktivität bei der Migros schon vergleichsweise hoch war, wurden die Verkaufsdaten zum Hauptargument für eine automatische Kasse. Die Verantwortlichen des APOSS-Projekts mussten gezwungenermaßen von einer großen innerbetrieblichen Nachfrage nach Verkaufsdaten ausgehen, ansonsten hätte das Projekt keinerlei Legitimation, und das Ziel des MGB, ein die gesamte Migros umfassendes rechnergestütztes Informationssystem aufzubauen, wäre gefährdet.

Den Projektverantwortlichen war im Vorfeld des Feldtests durchaus bewusst, dass «[d]ie ganze Belegschaft, auf allen Stufen, die mit solchen Systemen direkt oder indirekt zu tun haben wird, [...] vor der Einführung intensiv mit den Möglichkeiten des Systems vertraut gemacht werden [muss]».[211] Nicht nur die Kassiererinnen und Kunden benötigten Hinweise, wie die APOSS-Kasse zu bedienen war, auch die Mitarbeitenden mussten im Umgang mit den von der APOSS-Kasse gesammelten Verkaufsdaten geschult werden. So wies der Projektleiter schon vor dem Feldtest auf die Gefahr hin, dass die Verkaufsdaten keine Beachtung finden könnten, da die Mitarbeitenden auf den bekannten und althergebrachten Routinen beharrten.[212] Ebenfalls wies der Projektleiter im Vorfeld des Feldtests immer wieder darauf hin, dass die APOSS-Kasse ein langfristiges, zukunftsgerichtetes Projekt war, das Mut zur Veränderung und Glaube an die Möglichkeit zur Veränderung erforderte. Im Februar 1971 schloss der Projektleiter ein Referat vor der Sortimentskonferenz mit den Worten: «Wenn Ihnen das eine oder andere – oder vielleicht gar alles – was ich in kurzen Zügen über das [APOSS-]Projekt ausgeführt habe, als ‹Zukunftsmusik› erscheint, so ist das durchaus verständlich. Trotzdem: Vergessen Sie nie den Engländer, der vor 10 Jahren eine Wette abschloß, dass bis 1969 die erste Landung auf dem Mond realisiert sei. Aus damaliger Sicht schien das eine Utopie zu sein, die Chancen standen 1: vielleicht 100.000. Immerhin, der Mann wurde durch seine damalige Wette zum Millionär. [...] Ich möchte keinesfalls so vermessen sein, das [APOSS-]Pro-

---

210 PA MG, Referat an der CIES-Fachtagung in München über «Automation im Laden», 19. Mai 1971, S. 7.

211 PA MG, Referat an der CIES-Fachtagung in München über «Automation im Laden», 19. Mai 1971, S. 7.

212 Archiv GMZ, Bericht «Möglichkeiten und Problematik der Verwendung von Verkaufsdaten», September 1971, S. 21. Eine ähnliche Beobachtung in Bezug auf eine neue Me-

thode zur Preissetzung namens *merchandise management accounting* macht Heim, *Merchandise Management Accounting* im amerikanischen Einzelhandel; Zur Frage der Unternehmenskultur siehe auch: Welskopp, *Unternehmenskulturen im internationalen Vergleich*; Brinkmann, «Unternehmenskultur», Lipartito, *Culture and the Practice of Business History*, S. 21ff; Köckeritz, *EDV-gestützte Warenwirtschaft in Großbetrieben des Einzelhandels*.

jekt mit Mondflügen zu vergleichen. Um was es geht, ist sich mit einem Projekt etwas zu befreunden, das in die Zukunft gerichtet ist, auch wenn es vielleicht erst in 5 oder 10 Jahren realisiert werden kann.»[213]

Wie der Abbruch des APOSS-Projekts zeigt, hatten die Appelle des Projektsleiters nichts gefruchtet; die Mitarbeitenden ließen sich von den Offerten und Versprechungen der lesenden Kasse nicht überzeugen. So ist es bezeichnend, dass sich in den Protokollen der GMZ, in deren Filiale der Feldtest vorbereitet und durchgeführt wurde, keinerlei Hinweise auf das APOSS-Projekt finden. Es zeigt sich, dass die Vision eines umfassenden verkaufsdatenbasierten Informationssystems zu Beginn der 1970er Jahre in der Migros nicht von allen im gleichem Maße geteilt wurde. So musste der Projektleiter des MGB in einem Bericht zum Feldtest eingestehen, «dass unsere ursprüngliche Auffassung in Bezug auf den potentiellen Nutzen der [Verkaufsdaten-]Verwendung doch allzu optimistisch war».[214] Die «vor- und nachgelagerten Systeme» wie Filialbelieferung, Lagerbewirtschaftung, Einkauf und Produktion interessierten sich schlicht nicht für die Verkaufsdaten.[215] Die statistischen Auswertungen wurden aufgrund des fehlenden Interesses zu nutzlosen Beispielen für «die weitgespannten Möglichkeiten von Verkaufsdaten» degradiert, die «für einen eventuellen späteren Gebrauch» auf Magnetbänder gespeichert und auf unbestimmte Zeit eingelagert wurden.[216]

Gerade weil den Verkaufsdaten im Kontext der Migros eine so große Legitimationskraft zukam, war es für das APOSS-Projekt verheerend, dass es dessen Befürworter nicht schafften, die praktische Bedeutung und Verwendbarkeit der Verkaufsdaten verständlich zu machen und als attraktiv zu präsentieren: Es gelang dem MGB nicht, unternehmensinternes Interesse zu wecken.

Offiziell wollte man beim MGB aber nicht eingestehen, dass der Schritt auf das als so vielversprechend gepriesene Neuland misslungen war: Als offizielles Argument für den Abbruch des APOSS-Projekts wurde die ausbleibende Steigerung der Kassenproduktivität angeführt und nicht das innerbetriebliche Desinteresse an den Verkaufsdaten offengelegt. Während die ungenügende Produktivität auf zumindest vordergründig objektiven Messresultaten basierte und überdies einem in der betriebswirtschaftlichen Logik anerkannten Argument

213 PA MG, Handschriftliche Notizen zur Sortimentskonferenz, 3. Februar 1971, S. 5; Zur Bedeutung von Visionen für den Erfolg von rechnergestützten Informationssystemen siehe: Swanson und Ramiller, *The Organizing Vision in Information Systems Innovation*.
214 Archiv GMZ, Sitzung der Geschäftsleiter, 6. Februar 1973, Beilage: Dokumentation z.h. der Geschäftsleiter der Migros-Genossenschaften für die Sitzung vom 2. März 1973 über Warenfluss- und EDV-Probleme, S. 6.

215 Archiv GMZ, Bericht «Betriebswirtschaftliche und technische Probleme der Verkaufsdatenerfassung», 30. Juni 1970, S. 1.
216 PA MG, Bericht «APOSS-Feldtest Greifensee: Resultate», November 1972, S. 17. Archiv MGB, 299. Verwaltungsdelegationssitzung MGB, 13. Oktober 1972, Beilage: Bericht «APOSS-Feldtest Greifensee: Zusammenfassung», Oktober 1972, S. 5.

entsprach, entzog sich der Aspekt des fehlenden innerbetrieblichen Interesses
dieser betriebswirtschaftlichen Rationalität und war somit für ein Unternehmen
nicht öffentlich kommunizierbar.

Systemische Ungleichzeitigkeiten

Doch war ist nicht nur das fehlende Interesse an den Verkaufsdaten, das zur un-
vorteilhaften Beurteilung des APOSS-Systems durch die Verwaltungsdelegation
beitrug: Innerbetriebliche Ungleichzeitigkeiten ließen die APOSS-Kassen geradezu ins Leere laufen. Wie ich schon ausgeführt habe, war die APOSS-Kasse als
Teil eines umfassenden Informationssystems gedacht, das sowohl die Informa-
tions- wie auch die Warenflüsse innerhalb der Migros steuern und kontrollieren
sollte.[217] Doch das anschließende rechnergestützte System zur Warenverteilung
war zum entscheidenden Zeitpunkt nicht betriebsbereit: Es befand sich im Sommer 1972, also zur Zeit des Feldtests, ein Jahr im Rückstand zum ursprünglich
vorgesehenen Zeitplan.[218] Der Anschluss der APOSS-Kasse an die rückwärtigen
Systeme konnte folglich nicht hergestellt werden. Dieser Umstand, gekoppelt mit
dem hohen Stellenwert, der Verkaufsdaten zugeschrieben wird, führte dazu, dass
die APOSS-Kasse statt zum Tor einer nachfrageorientierteren Unternehmensführung zur Sackgasse wurde. Die Erfassung von Verkaufsdaten durch APOSS-
Kassen machte in den Augen der Verwaltungsdelegation nur Sinn, wenn diese
Daten in anschließenden Systemen weiterverwendet werden konnten. War dies
nicht möglich, wurde die APOSS-Kasse zur kostspieligen Spielerei.

Diese Ausführungen zeigen es: Das Konzept einer integrierten, verkaufsdatenbasierten Warenwirtschaft war komplex – zu komplex, wie sich in der betrieblichen Praxis herausstellte. Die Interdependenz der vorgesehenen Verwendungsbereiche der Verkaufsdaten war zu ausgeprägt, als dass die technischen,
organisatorischen und sozialen Anschlüsse in der nötigen Frist hätten hergestellt
werden können.[219] Diese hohe Komplexität war bereits in der diskursiven Umdeutung der rechnergestützten Technik zu einem integrierten, das ganze Unter-

---

217 PA MG, Pflichtenheft Check-out-System mit
automatischer Verkaufsdatenerfassung, Februar 1970, S. 19. Archiv GMZ, Bericht «Betriebswirtschaftliche und technische Probleme der Verkaufsdatenerfassung», 30. Juni
1970.

218 Als Gründe für Verzögerung wurden in den
Quellen angeführt: *Erstens* war die Rede von
«zusätzliche[n], im Widerspruch zum organisatorischen Konzept stehende[n] Wünsche[n]
einzelner Betriebe und Genossenschaften».
Zweitens war von «interne[n] Verzögerungen
in der technischen Realisierung […] durch

die Datenverarbeitungsabteilung MGB» die
Rede; die Computertechnik erwies sich also
auch hier als anspruchsvoll bei der Einpassung
in den betrieblichen Kontext. Archiv MGB,
295. Verwaltungsdelegationssitzung MGB,
23. August 1972, S. 10, Beilage: Brief von
Walter Urech und Dr. Frank Rentsch an die
Geschäftsleiter der Genossenschaften und
Produktionsbetriebe sowie die Kader des
MGB, 21. August 1972, S. 1.

219 Archiv GMZ, Bericht «Möglichkeiten und
Problematik der Verwendung von Verkaufsdaten», September 1971, S. 23.

nehmen umfassenden Management Information System angelegt: Die Vorstellung eines umfassenden Informationssystems hatte die Komplexität des Projekts auf technischer, organisatorischer und sozialer Ebene dermaßen erhöht, dass sie schließlich zu dessen Stolperstein wurde. Dieses Schicksal teilt das verkaufsdatenbasierte rechnergestützte Informationssystem des MGB mit anderen zeitgenössischen Management Information Systemen, die ebenfalls an der betrieblichen Realität scheiterten und zahnlose Papiertiger blieben.[220]

Als *erster Punkt* lässt sich also festhalten, dass das APOSS-System nicht primär an der technischen Funktionalität oder den hohen Kosten, sondern hauptsächlich an der mehrfach fehlenden innerbetrieblichen Anschlussfähigkeit scheiterte: Es gelang den Verantwortlichen zu Beginn der 1970er Jahre nicht, den soziotechnischen Anschluss des APOSS-Systems innerhalb der Migros erfolgreich herzustellen.

Überbetriebliche Koordination

Neben diesen innerbetrieblichen Anschlussschwierigkeiten war das APOSS-System mit Problemlagen überbetrieblicher Koordination konfrontiert. Die automatische Erfassung der Verkaufsdaten durch die APOSS-Kasse basierte, wie beschrieben, auf dem Ablesen eines maschinenlesbaren Codes, in dem die Artikelnummer und der Preis verschlüsselt waren. Der Code und der Scanner zum Ablesen desselben sind komplementäre Techniken. Komplementäre Techniken zeichnen sich typischerweise durch Netzwerkexternalitäten aus. Das bedeutet, dass *erstens* die eine Technik ohne die andere nicht funktionsfähig ist, und dass *zweitens* der Nutzen der Technik mit der Anzahl der Anwender steigt.[221]

Im Hinblick auf das APOSS-System bedeutet das Argument der Netzwerkexternalitäten, dass die Effektivität der automatischen Kasse davon abhing, wie groß der Anteil der mit dem «Œil Migros» ausgezeichneten Artikel war: Je höher dieser Anteil war, desto fließender und schneller konnte die APOSS-Kasse die Artikel registrieren.[222]

220 Zu den gescheiterten betrieblichen Umsetzungen von Management Information Systemen siehe: Haigh, *Inventing Information Systems* sowie die Aufsätze eines prominenten zeitgenössischen Kritikers: Dearden, *MIS is a mirage*; Dearden, *Can Management Information be automated?*. Einblick in ein weiteres Beispiel eines ebenfalls gescheiterten rechnergestützten Informationssystems im amerikanischen Einzelhandel gibt dieser Artikel in der Zeitschrift *Datamation*: *TRADAR: Death of a Retailer's Dream*.

221 Oft wird dieses Phänomen am Beispiel des Telefons illustriert: Der Nutzen eines Telefons steigt mit der Anzahl der Telefonbesitzer: Denn nur diejenigen Personen können potenziell angerufen werden, die ein Telefon besitzen. Wenn nur eine Person ein Telefon besitzt, kann sie weder angerufen werden noch kann sie jemanden anrufen. Zu Netzwerkexternalitäten siehe: Katz und Shapiro, *Network Externalities, Competition, and Compatibility*. Für Netzwerkexternalitäten im Zusammenhang mit der Artikelauszeichnung im Einzelhandel siehe: Brown, *Revolution at the Checkout Counter*, S. 28ff.

222 Gleichzeitig besteht beim umfassenden, verkaufsdatenbasierten Informationssystem auch

In dieser Hinsicht verfügte die Migros als ausgeprägt vertikal integriertes Unternehmen über einen Vorteil: Das Sortiment der Migros bestand aus einem verhältnismäßig hohen Anteil an eigenproduzierten Artikel. Dieser Umstand machte die Migros für die Zellweger zu einem interessanten Projektpartner: Die Auszeichnung der Artikel mit dem «Œil Migros» konnte somit mehrheitlich innerbetrieblich organisiert werden.[223] Dennoch war der personelle und finanzielle Aufwand sehr groß: Durchschnittlich waren 20 Personen während des zehntägigen Tests damit beschäftigt, die Artikel mit den entsprechenden Etiketten auszuzeichnen. Obwohl so über 15.000 sogenannte «Mannstunden» dafür aufgewendet wurden, betrug der durchschnittliche Auszeichnungsgrad während des Feldtests lediglich 91 Prozent des Sortiments des doch eher kleinen Versuchsladens.[224] Eine 100-prozentige Auszeichnung des gesamten Verkaufssortiments wäre auch in der Migros nur durch den Einbezug zahlreicher Fremdlieferanten und mit hohen Kosten zu erreichen: Berechnungen des MGB zeigten, dass die jährlichen Kosten für die Auszeichnung des gesamten Migros-Sortiments rund 58 Mio. Franken betragen hätten.[225]

Abgesehen vom großen finanziellen und organisatorischen Aufwand bestätigte der Feldtest die Vermutung, dass die Auszeichnung der Artikel sinnvollerweise «in der Produktion, allenfalls noch in der [Verteil-] Zentrale, [...] keinesfalls aber in der Filiale» erfolgen sollte.[226] Da die Produzenten, die meist verschiedene Einzelhandelsunternehmen belieferten, aus finanziellen und organisatorischen Gründen nicht gewillt waren, für jedes dieser Unternehmen einen

insofern eine innerbetriebliche Netzwerkexternalität als der Nutzen eines Systems der Verkaufsdatenerfassung umso geringer ist, je geringer die Anzahl der Filialen mit Verkaufsdatenerfassung und der erfasste Teil des Sortiments ist. Erst im Endausbau wird die vollständige Nutzung der Verkaufsdatenauswertung möglich sein, wenn gesamtschweizerisch repräsentative Zahlen erhoben werden können. Archiv GMZ, Bericht «Betriebswirtschaftliche und technische Probleme der Verkaufsdatenerfassung», 30. Juni 1970, S. 4ff. PA MG, Handschriftliche Notizen zur Sortimentskonferenz, 3. Februar 1971, S. 4.

223 PA MG, Flugblatt «Wer möchte dabei sein (und Geld verdienen), wenn Migros und Zellweger das neue, sensationelle Kassentischsystem in Greifensee testen?», undatiert [Frühjahr 1972]. Mit diesem Flugblatt warben Migros und Zellweger bei ihren Mitarbeitenden darum, bei der Auszeichnung der Artikel mit dem Oeil Migros mitzuhelfen. In der Betriebszentrale der GMZ sowie in der Filiale Greifensee wurde das «Œil Migros» mit dem

entsprechenden Artikelcode von Spezialdruckern auf APOSS-Etiketten gedruckt, die dann auf die jeweiligen Artikel geklebt wurden. Archiv ZAG, 136. Sitzung des Ausschusses des Verwaltungsrates Zellweger Uster AG, 5. November 1970, S. 4.

224 Während des Feldtestes wurden bestimmte Warengruppen nicht mit dem «Œil Migros» ausgezeichnet: Blumen, gewisse Früchte und Gemüse, in Bedienung verkaufte Fleischwaren, teilweise Tiefkühlprodukte sowie technische Geräte. PA MG, Bericht «APOSS-Feldtest Greifensee: Resultate», November 1972, S. 3f.

225 Archiv GMZ, 33. Marketing-Konferenz, 22. Juni 1972, S. 21f; PA MG, Bericht «Die Warenauszeichnung mit dem Oeil Migros (APOSS-System)», Februar 1972.

226 Archiv GMZ, 18. CIES-Fachtagung, Referat des APOSS-Projektleiters des MGB über «Elektronik im Supermarkt – das APOSS-Projekt der Migros», 3. März 1972, S. 5. PA MG, Bericht «APOSS-Feldtest Greifensee: Resultate», November 1972, S. 18.

anderen Code auf den Artikeln anzubringen, wurde klar, dass «[e]ine Warenauszeichnung beim Produzenten [...] fast zwingend einen einheitlichen, für alle
Verwender gleichen Datenträger voraus[setzt]».[227] Der Code zur Warenauszeichnung musste standardisiert werden. Dies setzte jedoch eine überbetriebliche Verständigung und Koordination voraus. Darauf war die Zusammenarbeit zwischen
Zellweger und MGB jedoch nicht angelegt: Bei der Entwicklung eines Kassensystems mit automatischer Ablesung stand eine unternehmensspezifische Lösung
im Vordergrund. Obwohl die Firma Zellweger im Rahmen ihrer Diversifikati-
onsbestrebungen die Entwicklung eines automatischen Kassensystems für den
weltweiten Markt anstrebte, stellten «die Bedürfnisse der Migros» für das
APOSS-Projekt der alleinige Bezugsrahmen dar.[228]

Diese Fokussierung auf die Migros drückte sich unter anderem in der Bezeichnung «Œil Migros» aus: Auch der im «Migros-Auge» verschlüsselte Code
war proprietär: Nur die von Zellweger entwickelten Kassen konnten ihn ablesen.
Als ebenfalls unternehmensspezifisch und nicht übertragbar beurteilte der MGB
die im Zusammenhang mit dem APOSS-Projekt gemachten Erfahrungen:
Immer wieder betonte er, dass jedes Unternehmen für sich die neuartigen, elektronischen Kassensysteme erproben müsse; die Ergebnisse und Erkenntnisse des
MGB seien nicht auf andere Unternehmen übertragbar.[229] Dies zeigt, wie fern
die Idee einer unternehmensübergreifenden Zusammenarbeit in Bezug auf ein
rechnergestütztes Kassensystem zu Beginn der 1970er Jahre in der Schweiz war:
Jedes Unternehmen suchte seinen eigenen Weg, um mit den Herausforderungen
und Angeboten der technischen Entwicklungen umzugehen.

Im größten Einzelhandelsmarkt der Welt, in den USA, war dies anders: Zwar
präsentierten sich die Problemlagen und entsprechende Lösungsvorschläge weitgehend gleich wie in der Schweiz, doch entschieden sich die Akteure für eine
betriebs- und branchenübergreifende Kooperation. Im Folgenden zeige ich, wie
diese überbetriebliche Kooperation in den USA zur Standardisierung eines
Codes zur Artikelauszeichnung führte und welche Auswirkungen diese Entwicklung auf das APOSS-Projekt hatte.[230]

227 Archiv GMZ, 18. CIES-Fachtagung, Referat
des APOSS-Projektleiters des MGB über
«Elektronik im Supermarkt – das APOSS-
Projekt der Migros», 3. März 1972, S. 5.

228 Archiv ZAG, Budgetbesprechung Verwaltungsrat Zellweger Uster AG, 29. November
1972, S. 15.

229 Archiv GMZ, 18. CIES-Fachtagung, Referat
des APOSS-Projektleiters des MGB über
«Elektronik im Supermarkt – das APOSS-
Projekt der Migros», 3. März 1972, S. 10. PA
MG, Bericht «APOSS-Feldtest Greifensee:
Resultate», November 1972, S. 19.

230 Zur Entstehung eines standardisierten Codes
zur Artikelauszeichnung im amerikanischen
Einzelhandel siehe: Brown, *Revolution at the
Checkout Counter*; Morton, *Packaging History*;
Haberman, *Twentyfive Years behind the Bars*;
Cortada, *The Digital Hand. How Computers
changed the Work of American Manufacturing,
Transportation, and Retail Industries*; Nelson,
Punched Cards to Bar Codes; Hicks, *The Univer-
sal Product Code*.

Ein universeller Code ...

Im September 1969 trafen sich Vertreter der beiden amerikanischen Verbände *Grocery Manufacturers of America (GMA)* und *National Association of Food Chains (NAFC)*, um über einen «inter-industry product code», einen branchenübergreifenden Produktcode, zu diskutieren.[231] Die GMA vertrat wichtige Herstellerfirmen von Markenartikeln, während in der NAFC die bedeutendsten Supermarktketten zusammengeschlossen waren, die diese Artikel verkauften. Diese beiden Verbände repräsentierten Ende der 1960er Jahre die wichtigsten Akteure im amerikanischen Einzelhandel. Unabhängig voneinander waren sie im zweiten Drittel der 1960er Jahre zu dem Schluss gekommen, dass die Produktivität beider Wirtschaftszweige durch eine branchenübergreifende Standardisierung eines maschinenlesbaren Codes erheblich erhöht werden könnte.[232] Betreffend der Ausgestaltung dieses Codes bestand jedoch Uneinigkeit.[233] Wie der Zeitzeuge und Rechtsberater Stephen A. Brown in seinen Erinnerungen schreibt, beschlossen die Verbandsvertreter in einem letzten Einigungsversuch im Frühjahr 1970, eine Kommission, das sogenannte *ad hoc committee on a uniform grocery product identification code (ad hoc committee)*, aus einigen wenigen Unternehmensleitern aus beiden Verbänden zusammenzustellen. Dies geschah aufgrund der Überlegung, dass nur diese Manager der höchsten Führungsebenen die Kompetenzen hätten, die unweigerlich notwendigen Kompromisse zugunsten eines standardisierten Codes einzugehen.[234] Als unabhängige Koordinationsinstanz begleitete die Unternehmensberatungsfirma McKinsey die Arbeit des *ad hoc committees*.[235]

231 Brown, *Revolution at the Checkout Counter*, S. xiii. Diese Bemühungen um einen standardisierten Code zur maschinenlesbaren Auszeichnung von Gegenständen waren zu diesem Zeitpunkt nicht singulär. Ab Ende der 1950er Jahre waren bei verschiedenen Eisenbahngesellschaften Bemühungen im Gange, die Eisenbahnwaggons zur effizienteren Verwaltung und Disposition mit einer maschinenlesbaren Identifizierung zu kennzeichnen. Im Zuge der verstärkten Anstrengungen einer internationalen Zusammenarbeit dieser Unternehmen wurde Mitte der 1960er Jahre eine einheitliche Kennzeichnung für Güterwagen erarbeitet. Siehe dazu: Barber, *21 Ways to Pick Data Off Moving Objects*; Rezac, *Das Programm der Kybernetikstudien der UIC*; Schmidt, *Die Rolle der automatischen Identifizierung der Güterwagen*.

232 So ging die Computerherstellerfirma RCA 1967 mit dem Einzelhandelsunternehmen Kroger eine Partnerschaft in dieser Angelegenheit ein. Brown, *Revolution at the Checkout Counter*, xiv, Fußnote 1. Zu anderen Aufrufen zur Standardisierung von überbetrieblicher Kommunikation siehe unter anderem: Flint, *Die Bewältigung des wachsenden Informationsvolumens*.

233 Für die jeweiligen Standpunkte der beiden Interessensgruppen siehe: Brown, *Revolution at the Checkout Counter*, S. xiv; Morton, *Packaging History*, S. 105.

234 Für die Mitglieder dieses *ad hoc committees* siehe: Brown, *Revolution at the Checkout Counter*, S. xvi und S. 39ff.

235 Die Unternehmensberatungsfirma McKinsey befasste sich zuvor im Auftrag der NAFC mit der Frage eines Artikelcodes: Morton, *Packaging History*, S. 104; Brown, *Revolution at the Checkout Counter*, S. 44ff. Ebenfalls Aufgabe von McKinsey war es, Kontakte zu potenziellen Herstellern von entsprechenden Kassensystemen herzustellen. Brown, *Revolution at the Checkout Counter*, S. 48.

Diese Strategie der *top level* Konsultationen erwies sich als erfolgreich: Nach unzähligen Gesprächen sicherten die Unternehmensleiter der führenden Einzelhandels- und Nahrungsmittelfirmen einander ihre grundsätzliche Unterstützung bei der Schaffung eines branchenübergreifenden Codes zu.[236] Basierend auf diesen Zusicherungen führte das *ad hoc committee* seine Verhandlungen weiter und gab im Mai 1971 am für die Einzelhandelsbranche wichtigen Kongress des *Super Market Institute (SMI)* seine Empfehlung für einen zehnstelligen, numerischen Code, genannt *universal product code (UPC)*, bekannt.[237] Mit dieser Empfehlung wurde die Struktur des Codes festgelegt, der die Artikel bezeichnen sollte. Wie das Symbol aussehen sollte, das diesen Code maschinenlesbar verschlüsselt, war bei dieser Bekanntgabe nicht entschieden.

In der Schweiz blieben diese Entwicklungen im amerikanischen Einzelhandel nicht unbemerkt, MGB und vor allem der APOSS-Projektleiter beurteilten sie jedoch sehr skeptisch.[238] Die Skepsis rührte wohl auch daher, dass eine solche Kooperation zwischen Einzelhandel und Nahrungsmittelproduzenten in der Schweiz zu diesem Zeitpunkt unvorstellbar schien.

Im Gegensatz zum MGB war Zellweger optimistisch. Schließlich profitierte das Unternehmen unmittelbar davon: Verschiedene amerikanische Unternehmen wie IBM, NCR und Litton Industries nahmen mit Zellweger Verhandlungen über eine Lizenzierung des APOSS-Systems auf. Das APOSS-System galt als «allen Konkurrenten ein gutes Stück voraus».[239] Zellwegers Direktionspräsident stellte im Herbst 1971 befriedigt fest: «Aus Anfragen unserer Konkurrenten [...] entnehmen wir, dass das APOSS-System, als DAS System anerkannt wird und diese Unternehmen nicht über eigene, so weit fortgeschrittene Entwicklungen verfügen.»[240] Zellweger hatte im Herbst 1971 also anerkanntermaßen «das modernste und ausgereifteste System».[241] Von der Schaffung eines standardisierten Artikelcodes im größten Markt für elektronische Kassensysteme konnte Zellweger entsprechend profitieren – zumal das von der Firma entwickelte «Œil Migros» als mögliches Symbol für den UPC zur Diskussion stand.[242] Trotz des

236 Morton, *Packaging History*, S. 105.
237 Brown, *Revolution at the Checkout Counter*, S. 47ff.
238 PA MG, Referat an der CIES-Fachtagung in München über «Automation im Laden», 19. Mai 1971, S. 6. Archiv GMZ, Marketingsitzung, 17. Juni 1971, S. 9.
239 Zum amerikanischen Technologie- und Mischkonzern Litton Industries gehörte unter anderem der Registrierkassenhersteller Sweda. Zur Geschichte von Litton Industries siehe: http://www.northropgrumman.com/heritage/index.html, letzter Zugriff 7. Juli 2008; http://www.littoncorp.com/litton-industries.asp, letzter Zugriff 20. März 2009;

Archiv ZAG, 143. Sitzung des Ausschusses des Verwaltungsrates Zellweger Uster AG, 26. April 1971, S. 4; 123. Verwaltungsratssitzung Zellweger Uster AG, 9. September 1971, S. 7.
240 Archiv ZAG, 123. Verwaltungsratssitzung Zellweger Uster AG, 9. September 1971, S. 7. Hervorhebung im Original.
241 Archiv ZAG, 126. Verwaltungsratssitzung Zellweger Uster AG, 21. September 1972, S. 4.
242 Archiv ZAG, 143. Sitzung des Ausschusses des Verwaltungsrates Zellweger Uster AG, 26. April 1971, S. 4; 123. Verwaltungsratssitzung Zellweger AG Uster, 9. September 1971, S. 7.

Beschlusses des MGB, das APOSS-System nicht einzuführen, konnte Zellweger
vom Feldtest und dem mehrheitlich positiven Echo in der Fachwelt profitieren:
Das Unternehmen hatte sich also bis zum Herbst 1972 in eine aussichtsreiche Position für die erwartete zukünftige Nachfrage an automatischen Kassensystemen
gebracht.

Die überbetriebliche Koordination ist eine Möglichkeit, um Techniken, die
sich durch Netzwerkexternalitäten auszeichnen, zur Verbreitung zu verhelfen.[243]
Dennoch braucht es Unternehmen, die gewillt sind, das Risiko auf sich zu nehmen, eine noch nicht vollständig ausgereifte und etablierte Technik, die sich
möglicherweise als Sackgasse herausstellt, einzusetzen. Zellweger und der MGB
übernahmen mit der Durchführung des Feldtests eine solche Pionierrolle: Sie
entschieden sich dafür, obwohl das *ad hoc committee* im Frühling 1971 bekannt
gab, in den nächsten zwei Jahren ein maschinenlesbares Symbol für den *universal
product code* erarbeiten zu wollen. Warum erschien den Verantwortlichen bei
Zellweger und MGB angesichts der angekündigten Konkurrenz aus den USA
die Weiterführung des APOSS-Projektes zu diesem Zeitpunkt als sinnvoll? *Erstens* arbeitete der MGB mit «dem zur Zeit führenden Fabrikanten auf dem Gebiet der Ablesetechnik» zusammen, der sich — wie schon erwähnt — berechtigte
Hoffnungen machte, den Wettbewerb um das UPC-Symbol für sich zu entscheiden.[244] Zudem hatte Zellweger einen weiteren starken Partner gefunden: Seit
Ende 1972 arbeitete Zellweger mit dem amerikanischen Technologiekonzern
Litton Industries und dessen im Registrierkassenmarkt tätigen Tochterunternehmen Sweda zusammen. Sweda war laut den Protokollen der Zellweger hinter
NCR die Nummer zwei im weltweiten Kassenmarkt: Somit schien Zellweger
über potente Partner in Bezug auf die Propagierung des «Œil Migros» als Symbol
für den UPC sowie die nachfolgende Produktion und Vermarktung des APOSS-
Systems zu verfügen.[245] Falls die Entscheidung des *ad hoc committees* in Bezug auf
das UPC-Symbol auf den Vorschlag von Zellweger und Litton fallen würde, be-

243 Lipartito, *Picturephone and the Information Age*,
    S. 72ff; Katz und Shapiro, *Systems Competition
    and Networks Effects*.
244 Archiv GMZ, Marketingsitzung, 17. Juni
    1971, S. 1. Bei verschiedenen Gelegenheiten
    betonte der APOSS-Projektleiter des MGB,
    dass «das von ZAG [Zellweger] entwickelte
    System heute potentiell das am meisten fort-
    geschrittene von allen darstellt». PA MG,
    Handschriftliche Notizen zur Sortimentskon-
    ferenz, 3. Februar 1971, S. 2.
245 Zu den Verhandlungen Zellwegers mit Litton
    Industries siehe: Archiv ZAG, 143. Sitzung
    des Ausschusses des Verwaltungsrates Zellwe-
    ger Uster AG, 26. April 1971, S. 4; 145. Sit-

zung des Ausschusses des Verwaltungsrates
Zellweger Uster AG, 9. September 1971,
S. 12; 123. Verwaltungsratssitzung Zellweger
Uster AG, 9. September 1971, S. 7; 149. Sitzung des Ausschusses des Verwaltungsrates
der Zellweger Uster AG, 24. Februar 1972,
S. 1; 151. Sitzung des Ausschusses des Verwaltungsrates Zellweger Uster AG, 24. Mai 1972,
S. 2; 152. Sitzung des Ausschusses des Verwaltungsrates Zellweger Uster AG, 7. Juni 1972,
S. 3f.; 153. Sitzung des Ausschusses des Verwaltungsrates Zellweger Uster AG, 21. September 1972, S. 4; 127. Verwaltungsratssitzung Zellweger AG Uster, 15. Dezember
1972, S. 5.

deutete dies sowohl für die Migros wie auch für Zellweger einen entscheidenden Vorsprung gegenüber der Konkurrenz. Damit ist ein *weiterer* Grund für die Durchführung des Feldtests benannt: Nicht nur die Migros, sondern auch Zellweger hatte großes Interesse an der Durchführung des Feldtests, um so die Produktführerschaft im Praxistest unter Beweis zu stellen und die eigene Verhandlungsposition weiter zu stärken.[246] *Drittens* würden für beide Partner «[...] bei einem Abbruch des Experiments im jetzigen Zeitpunkt keine schlüssigen Resultate für den Entscheid über das weitere Vorgehen zur Verfügung» stehen, wie die Verwaltungsdelegation festhielt. Denn erst «[n]ach Abschluss des Feldtestes werden die technischen Fragen im wesentlichen beantwortet sein, so dass die Berechnungen über die Wirtschaftlichkeit erfolgen können».[247] So sprachen 1971 auch nach Bekanntgabe des UPC-Codes und der wegen technischer Schwierigkeiten notwendigen Verschiebung des Feldtests auf den Sommer 1972 sowohl beim MGB als auch bei Zellweger viele Gründe für die Weiterverfolgung des APOSS-Projektes.

... und ein ebensolches Symbol

Während also der MGB und Zellweger im zweiten *gentlemen's agreement* die Durchführung eines Feldtests beschlossen, einigten sich im Frühjahr 1971 die Vertreter der amerikanischen Einzelhandels- und der Nahrungsmittelunternehmen darauf, dass *erstens* ein standardisierter Code, der *universal product code (UPC)*, geschaffen werden und *zweitens*, dass dieser zehnstellig und numerisch sein sollte. Gleichzeitig wurde ein *subcommittee* für die Auswahl eines maschinenlesbaren Symbols für den UPC gegründet und Richtlinien für das zukünftige Symbol wurden festgelegt.[248] In informellen Gesprächen forderte das *subcommittee* einschlägige Unternehmen explizit auf, bis zum Frühjahr 1973 Vorschläge für ein UPC-Symbol vorzulegen. So sollte ein Wettbewerb mit möglichst hoher Beteiligung sichergestellt werden. Denn ein offener und fairer Selektionsprozess erachteten alle Beteiligte als entscheidend für die spätere Akzeptanz des Symbols.[249]

Gleichzeitig führten das *ad hoc committee,* das *subcommittee* sowie McKinsey zahlreiche Studien durch, um die verschiedenen Aspekte und Auswirkungen der Automatisierung des Kassenvorgangs, des sogenannten *scannings,* zu untersuchen. Anders als beim MGB standen in den USA bei der Beurteilung der Vorschläge zur Automatisierung des Kassenvorgangs ausschließlich die *hard savings,* die öko-

246 Archiv ZAG, 125. Verwaltungsratssitzung Zellweger Uster AG, 24. Mai 1972, S. 4; 123. Verwaltungsratssitzung Zellweger AG Uster, 9. September 1971, S. 7.

247 Archiv MGB, 292. Verwaltungsdelegationssitzung MGB, 9. Juni 1972, S. 3.

248 Brown, *Revolution at the Checkout Counter,* S. 53ff.

249 Brown, *Revolution at the Checkout Counter,* S. 74ff., siehe auch Fußnote 8.

nomisch messbaren Einsparungen im Zentrum des Interesses: Diese sollten hauptsächlich durch erhöhte Kassenproduktivität erreicht werden. Gemäß der einschlägigen Literatur waren es die Vertreter von McKinsey, die diese Fokussierung auf finanzielle Einsparungen mit der betriebswirtschaftlich einleuchtenden Begründung durchsetzten, nur diese könnten quantifiziert werden und wären somit entscheidend für die Einführung des Codes. *Soft savings*, wozu unter anderem die marketingrelevanten Auswertungen von Verkaufsdaten zählten, wurden als «zu spekulativ» bezeichnet, als dass sie in der Kosten-Nutzen-Rechnung berücksichtigt werden könnten.[250] Dies hatte zur Folge, dass im amerikanischen Einzelhandel im Gegensatz zur Migros die Mitarbeitenden der rückwärtigen Unternehmensbereiche nicht von der Nützlichkeit der Verkaufsdaten überzeugt werden müssen: Allein die betriebswirtschaftliche Kostenrechnung war ausschlaggebend. Aufgrund des umständlichen und entsprechend teuren Kassenvorgangs in den USA wurde allgemein erwartet, dass diese Kostenrechnung zugunsten des *scanning* ausfallen würde.

Abgesehen vom Feldtest in Greifensee fanden ab Sommer 1972 in einzelnen Supermärkten Versuche mit Scanner-Kassen und potenziellen Symbolen statt; so beispielsweise der erwähnte Test in einem Laden von Kroger mit Geräten von RCA, wenige Wochen nach dem APOSS-Versuch.[251] Für die Befürworter des UPC waren diese Tests unter Praxisbedingungen sehr bedeutsam, demonstrierten sie doch die technische und organisatorische Machbarkeit eines automatischen Kassensystems und legitimierten so ihre Bemühungen.[252] Zudem führten die verschiedenen UPC-Gremien Gespräche mit Herstellern von Verpackungsmaterialien, Waagen sowie verschiedenen bundesstaatlichen Kommissionen. All diese breit angelegte Überzeugungs- und Legitimationsarbeit diente dazu, schon vor der Bekanntgabe des UPC-Symbols, ein gegenüber dem Vorhaben positiv eingestelltes Umfeld zu schaffen.[253] In der einschlägigen Literatur wird

---

250 Brown, *Revolution at the Checkout Counter*, S. 45f., siehe auch Fußnote 5.
251 Brown, *Revolution at the Checkout Counter*, S. 56 und S. 71ff. Neben dem Test von Kroger und RCA in Ohio hatten auch Texas Instruments, Sweda/Litton, TRW, NCR, Scanner Inc. sowie Pitney-Bowes-Alpex Tests angekündigt. Auch Zellweger plante weitere Feldtests in Großbritannien mit *Sainsbury's* und in den USA mit *Stop and Shop*. Aus der Literatur und den mir verfügbaren Quellen geht nicht eindeutig hervor, welche Tests tatsächlich stattgefunden haben. Archiv ZAG, 137. Sitzung des Ausschusses des Verwaltungsrates Zellweger Uster AG, 3. Dezember 1970, S. 6f.; Archiv ZAG, 144. Sitzung des Ausschusses des Verwaltungsrates Zellweger Uster AG, 30. Juni 1971, S. 10.

252 Zur Schaffung von Legitimation siehe auch: Latour, *Science in Action*.
253 Wichtig war ein für alle Unternehmen offenes Selektionsverfahren, dies vor allem auch im Zusammenhang mit der *anti-trust*-Gesetzgebung in den USA, siehe dazu: Brown, *Revolution at the Checkout Counter*, S. 66ff.; Morton, *Packaging History*, S. 106; Bei diesen multilateralen Konsultationen wurden einzig die Konsumenten außen vor gelassen, was zu einem späteren Zeitpunkt zu Konflikten (u. a. über die Preisanschrift in den Läden) führte. Brown, *Revolution at the Checkout Counter*, S. 124ff. PA MG, Broschüre «Universal Product Code Prospectus», undatiert.

betont, dass dieser Aushandlungs- und Überzeugungsprozess ohne staatliche
Eingriffe erfolgte, was als Beweis für die Pionierarbeit der beteiligten Personen
gedeutet wird.[254] Der Rechtshistoriker Miloš Vec zeigt hingegen in seiner Studie
zu technischen Normierungsprozessen während der Industriellen Revolution
überzeugend, dass gerade Standardisierungsprozesse im Schnittbereich zwischen
Technik, Ökonomie und Recht oftmals ohne staatliche Beteiligung und Einflussnahme ablaufen, um eine flexible Anpassung an technische Entwicklungen
zu ermöglichen.[255] Auch die Artikelauszeichnung und -nummerierung ist diesem Feld zuzurechnen. Unter diesem Blickwinkel überrascht darum nicht, dass
die Akteure keinerlei Interesse hatten, durch die Beteiligung von staatlichen oder
staatsnahen Institutionen das Verfahren noch umständlicher zu machen und die
Gefahr des Scheiterns weiter zu erhöhen. Das Eingreifen staatlicher Institutionen
in den multilateralen Standardisierungsprozess wurde durch permanente infor-
melle Information verhindert.[256]

Die multilateralen Gespräche und die Feldtests zeigten Wirkung: Die Entstehung eines standardisierten Artikelcodes im größten Einzelhandelsmarkt der
Welt nahmen immer mehr Akteure als immer wahrscheinlicher wahr. Alle Aufmerksamkeit war auf die für das Frühjahr 1973 angekündigte Bekanntgabe des
subcommittee zum UPC-Symbol gerichtet.

Vor diesem Hintergrund wird klar, warum die Verwaltungsdelegation nach
Abschluss des Feldtests im Sommer 1972 das APOSS-Projekt nicht weiter vorantrieb. Es war eingetreten, was sich der MGB schon lange erhofft hatte: Immer
mehr Unternehmen beschäftigten sich mit der Entwicklung von automatischen,
rechnergestützten Kassenanlagen.[257] Die Produktführerschaft Zellwegers erschien zumindest nicht mehr unumstritten, zeigte doch eine Reise des APOSS-
Projektleiters in die USA im Herbst 1972, wie vielfältig die neuen technischen
Offerten waren.[258]

254 Brown, *Revolution at the Checkout Counter*,
    S. 60; Morton, *Packaging History*, S. 101f.
255 Vec, *Recht und Normierung in der Industriellen
    Revolution*. Der Informatiker Herbert Kubicek
    betont ebenfalls die Rolle nichtstaatlicher
    Akteure wie Verbänden beim Aushandlungs-
    prozess überbetrieblicher Standards und Nor-
    men. Siehe dazu: Kubicek, van Gerpen und
    Seeger, *Informatisierung von Waren- und Kredit-
    wirtschaft als Verhandlungsprozess*; Kubicek und
    Seeger, *The Negotiation of Data Standards* sowie
    Kubicek, *Organisatorische Voraussetzungen des
    branchenübergreifenden elektronischen Datenaus-
    tausches*. Zur zeitgenössischen Augestaltung
    von Normungsprozessen in den USA siehe:
    Lukes, *Die überbetriebliche Normung in den
    USA*.

256 Brown, *Revolution at the Checkout Counter*,
    S. 60 und S. 203ff. Wie langwierig und für die
    betroffenen Branchen unproduktiv ein von
    staatlichen Gremien und der *American Natio-
    nal Standards Institute (ANSI)* initiierter Pro-
    zess verlaufen kann, zeigt Levinson, *The Box*,
    S. 127ff. am Beispiel der Standardisierung von
    Containern in den USA.
257 Archiv ZAG, Herbstinformationssitzung des
    Verwaltungsrates Zellweger Uster AG,
    21. September 1972, S. 5.
258 Archiv GMZ, Bericht «USA-Reise vom 10.
    bis 24. Oktober 1972». Archiv ZAG, Budget-
    besprechung Verwaltungsrat Zellweger Uster
    AG, 29. November 1972, S. 13ff.

Seit dem Sommer 1971 hatte sich die Situation folglich so grundlegend verändert, dass es den Verantwortlichen im MGB nach Abschluss des Feldtests 1972
nicht mehr sinnvoll erschien, das APOSS-Projekt weiterzuverfolgen: Dieser Beschluss des MGB hatte folglich mit «dem [Feld-]Test als solches wenig bis gar
nichts zu tun», wie im Verwaltungsratsprotokoll der Zellweger zu lesen ist.[259]
Die im Feldtest bestätigten «prohibitiven Warenauszeichnungskosten» ließen nun
jedoch ein proprietäres System wie das APOSS-System nicht mehr wirtschaftlich
und zukunftsträchtig erscheinen.[260] Die Gefahr, dass sich die APOSS-Kasse und
das «Œil Migros» als *orphan technologies* herausstellen und die Migros in eine sogenannte *lock-in*-Situation führen könnten, erschien der Verwaltungsdelegation zu
groß. Dies hätte zur Folge haben können, dass die Migros aufgrund einer sich im
Nachhinein als ungünstig herausstellenden Entscheidung gefangen gewesen
wäre in einer inkompatiblen Technik:[261] Um sich die eigene Anschlussfähigkeit
zu erhalten und zudem vom erwarteten Preisnachlass aufgrund der Konkurrenz-
situation auf dem Markt für automatische Kassen profitieren zu können, beschloss die Verwaltungsdelegation Ende 1972, die Vorzugsofferte von Zellweger
abzulehnen und den Beschluss des *subcommittees* betreffend des UPC-Symbols im
Frühling 1973 abzuwarten.

So logisch diese Entscheidung der Verwaltungsdelegation schien, für Zellweger kam sie überraschend. Der Verwaltungsrat der Zellweger zeigte sich enttäuscht über «die Wendung um 180 Grad» des MGB: «Die Migros sagt heute im
Unterschied zu früher [...], dass sie bei der Applikation von APOSS keinen Son-
derfall darstelle und dementsprechend nicht in der Lage sei, für sich allein das
APOSS-Zeichen einzuführen.»[262] Angesichts der Anstrengungen in den USA
um eine Standardisierung eines Artikelcodes und -symbols war auch der MGB
im Winter 1972 nicht länger an einer unternehmensspezifischen Lösung interessiert: Es stand nun eine unternehmensübergreifende Technik im Zentrum.

259 Archiv ZAG, Budgetbesprechung Verwal-
    tungsrat Zellweger Uster AG, 29. November
    1972, S. 15; 155. Sitzung des Ausschusses des
    Verwaltungsrates Zellweger Uster AG,
    29. November 1972, S. 11.
260 PA MG, Referat des APOSS-Projektleiters
    zum Traktandum APOSS an der Geschäftslei-
    terkonferenz über Warenfluss- und EDV-
    Probleme, 2. März 1973, S. 3.
261 Sogenannten *orphan technologie* fehlen An-
    schlussmöglichkeiten, wie sie beispielsweise
    in einem Standardisierungsprozess hergestellt
    werden. Das bekannteste Beispiel einer *lock-
    in*-Situation ist die QWERTY-Tastatur von
    Schreibmaschinen und Computern im engli-
    schen Sprachraum, die sich trotz suboptimaler

Anordnung der Buchstaben als Standard halten konnte. Siehe dazu den klassischen Aufsatz von David, *Understanding the Economics of
QWERTY* sowie Lipartito, *Picturephone and
the Information Age*, S. 73. Archiv GMZ, 33.
Marketingsitzung, 22. Juni 1972, S. 21; Dokumentation betreffend APOSS zuhanden
der Geschäftsleiter für die Sitzung vom
2. März 1973, S. 4.
262 Archiv ZAG, Budgetbesprechung Verwal-
    tungsrat Zellweger Uster AG, 29. November
    1972, S. 13ff; 155. Sitzung des Ausschusses des
    Verwaltungsrates Zellweger Uster AG,
    29. November 1972, S. 11; 127. Verwaltungs-
    ratssitzung der Zellweger Uster AG, 15. De-
    zember 1972, S. 5f.

Trotz des erfolgreichen Abschlusses eines Zusammenarbeitsvertrags mit Litton/ Sweda stellte der Verwaltungsrat der Zellweger Ende 1972 fest: «Das Projekt hat sich nicht in der gewollten Richtung entwickelt.»[263] Doch schien nicht alles verloren: Im Februar 1973 wurden Gerüchte bekannt, dass zwei Zeichen für den UPC «in der engeren Wahl stehen», darunter auch das halbrunde Symbol Zellwegers.[264]

Technische Umbrüche

Am Stichtag Ende März 1973 waren es sieben Unternehmen, die beim *subcommittee* einen Vorschlag für ein UPC-Symbol einreichten: Charecogn, IBM, Litton/ Sweda mit Zellweger, Scanner Inc., Singer, Pitney Bowes sowie RCA.[265] Auffallend an dieser Liste ist *erstens* das Fehlen des führenden Kassenherstellers NCR sowie *zweitens* die Dominanz von Unternehmen, die als Hersteller von Büro- und Rechenmaschinen und nicht von Registrierkassen bekannt waren. Zu erklären sind diese Beobachtungen folgendermaßen: Traditionelle Kassenhersteller wie der Branchenprimus NCR, der den weltweiten Markt für Registrierkassen seit den 1910er Jahren beherrschte, setzten bis Ende der 1960er Jahre mehrheitlich auf die herkömmlichen elektromechanischen Registrierkassen.[266] Zwar hatte der Weltmarktführer NCR schon 1938 erste Forschungsaktivitäten im Bereich der Elektronik aufgenommen, die 1954 mit der Akquisition der Firma *Computer Research Corporation* verstärkt und im Unternehmen in einer eigenen Division zusammengefasst wurden; das Hauptaugenmerk richtete NCR jedoch weiterhin auf die Entwicklung von elektromechanischen Registrierkassen.[267] Auch andere Kassenhersteller versuchten mittels sogenannter Peripheriegeräte den Sprung ins elektronische Zeitalter zu schaffen, ohne dabei die Registrierkasse selbst zu digitalisieren.[268] Zu Beginn der 1970er Jahre gerieten diese Firmen zunehmend

263 Archiv ZAG, 155. Sitzung des Ausschusses des Verwaltungsrates Zellweger Uster AG, 29. November 1972, S. 4.

264 Archiv ZAG, 157. Sitzung des Ausschusses des Verwaltungsrates Zellweger Uster AG, 22. Februar 1973, S. 8.

265 Bei einer ersten Informationsveranstaltung des *subcommittee* im November 1971 hatten sich ca. 20 Unternehmen als Interessenten gemeldet, darunter auch Zellweger. Archiv ZAG, Budgetbesprechung Verwaltungsrat Zellweger Uster AG, 29. November 1972, S. 13. Brown, *Revolution at the Checkout Counter*, S. 74ff. sowie Fußnote 8. Zum Entscheidungsprozess siehe: Brown, *Revolution at the Checkout Counter*, S. 57ff.; Morton, *Packaging History*, S. 107ff.

266 Power, *Retail Terminals*; Cortada, *The Digital Hand. How Computers changed the Work of*

American Manufacturing, Transportation, and Retail Industries, S. 294ff.; Ceruzzi, *A History of Modern Computing*, S. 66ff. Zur Geschichte von NCR siehe unter anderem: National Cash Register Company NCR, *Celebrating the Future, 1884–1984*; Cortada, *Cash Register and the National Cash Register Company*; Friedman, *Birth of a Salesman*.

267 Rosenbloom, *Leadership, Capabilities, and Technological Change*, S. 1085; Ceruzzi, *A History of Modern Computing*, S. 66ff.; Cortada, *Cash Register and the National Cash Register Company*, S. 78; NCR, *NCR, 1923–1951*, S. 45f.; NCR, *NCR, 1952–1984* sowie der zeitgenössische Kommentar des *chairman* von NCR: *As the Industry Sees It*.

268 Schulte und Weitkamp, *Von der Hebelkasse zum elektronischen Buchungssystem*, S. 122.

unter Druck, als branchenfremde, im Bereich der Elektronik jedoch erfahrene
Unternehmen beginnen, elektronische Kassengeräte herzustellen und erfolgreich
zu verkaufen. Diese neu in den Registrierkassenmarkt eintretenden Unternehmen stammten meist aus der Büromaschinen- und Computerindustrie.[269] Die
Vielfalt der Anbieter sowie die Konkurrenz im Registrierkassenmarkt wurden
immer größer.[270]

Der Anschluss der traditionellen Registrierkassenhersteller an die Entwicklungen im Bereich der elektronischen Datenverarbeitungstechnik gelang nur
mühsam und schwerfällig.[271] So begann NCR 1972, als in der Schweiz und den
USA die ersten Feldtests mit automatischen Kassensystemen durchgeführt wurden, eben erst mit dem Verkauf einer neu entwickelten Kasse. Diese Kasse war
zwar elektronisch, konnte jedoch Preise nicht automatisch ablesen. NCR hatte
darum kein Interesse daran, diese Kasse schon bald durch rechnergestützte Kassensysteme mit Scannern zu ersetzen, bevor nicht deren Entwicklungskosten
durch entsprechende Verkäufe gedeckt waren.[272] Dies war der Grund, warum
NCR die Arbeit des *ad hoc committees* und *subcommittees* nicht offiziell unterstützte. Vielmehr ließ das Unternehmen öffentlich verlauten, die Zeit für einen
Schritt hin zur standardisierten Artikelbezeichnung sei noch nicht gekommen.[273]
Hinter den Kulissen bemühte sich NCR jedoch intensiv darum, für die Zeit
nach der Bekanntgabe des UPC-Symbols gerüstet zu sein und seine Marktführerschaft zurückzuerobern. Auch die Protokolle der Firma Zellweger zeugen von diesen Aktivitäten: Ab Frühjahr 1971 bemühte sich nämlich NCR um
Lizenzverhandlungen mit Zellweger.[274]

269 1972 rangierten auf den beiden ersten Plätzen
    im Märkt für elektronische Kassen zwei Un-
    ternehmen, die ihren Ursprung nicht in die-
    sem Geschäft hatten: Friden und Pitney-
    Bowes. Zu den elektronischen Kassen, die zu
    Beginn der 1970er Jahre auf den Markt ka-
    men, siehe unter anderem folgende Artikel in
    Fachzeitschriften des Einzelhandels: Ziegel-
    mayer, *Elektronische Kassenterminals*; *AGROS
    mit integrierter Datenerfassung Olivetti TC 600*;
    *Automatisch registrieren mit Sweda System 700
    Datapen*; *Elektronisches Kassensystem* sowie
    Rosenbloom, *Leadership, Capabilities, and
    Technological Change*, S. 1096.
270 Archiv GMZ, Bericht «USA-Reise 10.–24. Ok-
    tober 1972», November 1972, S. 24.
271 Der deutsche Kassenhersteller Anker aus Bie-
    lefeld musste 1976 gar Konkurs anmelden –
    im hundertsten Jahr seines Bestehens. Später
    wurde unter neuem Namen die Produktion
    von Kassen und anderen Geräten wieder auf-
    genommen. Roeckner, *Der Konkurs*, S. 33.
    Auch NCR kämpfte mit Schwierigkeiten:
    The rebuilding job at National Cash Register

    NCR; Rosenbloom, *Leadership, Capabilities,
    and Technological Change*.
272 Brown, *Revolution at the Checkout Counter*,
    S. 69f.; Rosenbloom, *Leadership, Capabilities,
    and Technological Change*, S. 1093ff.
273 Brown, *Revolution at the Checkout Counter*,
    S. 69ff.
274 Im November 1971 war in den Protokollen
    der Zellweger sogar die Rede davon, dass
    NCR beabsichtige, die «entsprechende
    RCA-Abteilung» zu übernehmen. Archiv
    ZAG, 143. Sitzung des Ausschusses des Ver-
    waltungsrates Zellweger Uster AG, 26. April
    1971, S. 4; 145. Sitzung des Ausschusses des
    Verwaltungsrates Zellweger Uster AG, 9. Sep-
    tember 1971, S. 12; 146. Sitzung des Aus-
    schusses des Verwaltungsrates Zellweger
    Uster AG, 3. November 1971, S. 4. Statt der
    üblichen Zahlung der *lump sum* überlegte sich
    Zellweger, NCR zu verpflichten, sich aktiv
    für die Einführung des *universal product codes*
    einzusetzen. Archiv ZAG, 144. Sitzung des
    Ausschusses des Verwaltungsrates Zellweger
    Uster AG, 30. Juni 1971, S. 10ff.

Das APOSS-Projekt illustrierte exemplarisch diese Verschiebungen im Markt für Registrierkassen: Mit Zellweger wurde ein Unternehmen, das bisher nicht im Registrierkassenmarkt tätig gewesen ist, zum – wenn auch temporären – Branchenführer. Als geradezu exemplarisch für das Eindringen von Firmen aus dem Bereich der elektronischen Datenverarbeitung in den Registrierkassenmarkt stand auch der wohl bekannteste Computerhersteller IBM.[275] Im Gegensatz zu NCR gelang dem ursprünglichen Büromaschinenhersteller IBM die Umstellung von elektromechanischen zu elektronischen Geräten rascher und erfolgreicher; schon zu Beginn der 1960er Jahre dominierte IBM den Markt für elektronische Rechenmaschinen.[276] Offiziell war zu Beginn der 1970er Jahre weder IBM noch einer der anderen bekannten zeitgenössischen Computerhersteller wie Burroughs, Honeywell oder RCA in der Entwicklung von Kassensystemen aktiv.

Gerüchtehalber war jedoch bekannt, dass IBM plante, in diesen vielversprechenden Markt einzusteigen.[277] Seit der Lancierung des Großrechners System/360 Mitte der 1960er Jahre setzte IBM auf die Entwicklung und den Verkauf von rechnergestützten Systemen, die sogenannte Produktfamilien bildeten und sich durch Kompatibilität auszeichneten. Zu diesem Zeitpunkt war das eine bahnbrechende Neuerung in der elektronischen Datenverarbeitung.[278] Diese sich als erfolgreich erweisende Systemstrategie stand ab Mitte der 1960er Jahre im starken Kontrast zu derjenigen der traditionellen Kassenhersteller, die die Kassen weiterhin als isoliertes, elektromechanisches Artefakt betrachteten. Die Kassenhersteller sahen in rechnergestützten Kassensystemen, die als Teil der angestrebten Management Information Systeme gedacht waren, keinen vielversprechen-

275 Zwischen NCR und IBM besteht insofern eine spezielle Beziehung, als Thomas J. Watson Senior, der als Generaldirektor und Präsident von IBM das Unternehmen bis Mitte des 20. Jahrhunderts zu einem prosperierenden Hersteller zunächst elektromechanischer und später elektronischer Büro- und Rechenmaschinen machte, seine Laufbahn bei NCR begann. Er durchlief die dortige Verkaufs- und Führungsschule. Den hohen Stellenwert, den IBM der Kundenberatung und -betreuung beimaß, wird in der Literatur oftmals Watsons Ausbildung bei NCR zugeschrieben, die als beste ihrer Zeit galt. Die aktive Unterstützung der Unternehmen, die IBM-Rechenmaschinen kauften oder mieteten, bei der Implementation durch IBM-Fachleute erwies sich dabei als erfolgreich für die Verbreitung dieser Rechenmaschinen: So gelangte Wissen über die Möglichkeiten der Rechenmaschinen in die Unternehmen. Attewell, *Technology Diffusion and Organizational Learing*, S. 11f.

Siehe dazu auch: Friedman, *Birth of a Salesman*; Pugh, *Building IBM*; Usselman, *IBM and its Imitators*; National Cash Register Company NCR, *Celebrating the Future, 1884–1984*.

276 Ceruzzi, *A History of Modern Computing*, S. 67ff. Zur Geschichte von IBM siehe unter anderem: Pugh, *Building IBM*; Usselman, *IBM and its Imitators*; Cortada, *Before the Computer*.

277 Archiv GMZ, Bericht «USA-Reise 10.–24. Oktober 1972», November 1972, S. 24. Power, *Retail Terminals*, S. 25 und 31.

278 Die Bezeichnung 360 spielte auf die 360 Grad eines Kreises an und sollte darauf hinweisen, dass die Computer dieser Produktfamilie für das ganze Spektrum von Applikationen eingesetzt werden können. Zum System/360 und der zeitgenössischen Kompatibilität von Rechenmaschinen siehe: Pugh, *Building IBM*, S. 263ff.; Ceruzzi, *A History of Modern Computing*, S. 143ff.; Jaquier, *Normierung von Protokollen für die Datenkommunikation*.

den Markt.[279] Im Gegensatz dazu erkannte IBM gerade in diesem Bereich die Möglichkeit, einen neuen Markt für das Kerngeschäft mit rechnergestützten Systemen zu erschließen. Aus diesem Grund hatte IBM großes Interesse an der Entwicklung eines standardisierten maschinenlesbaren Codes für den Einzelhandel.[280] So unterstützte auch IBM das *subcommittee* aktiv.[281]

Ich habe erläutert, warum sich welche Unternehmen am Wettbewerb um das UPC-Symbol beteiligten. Nun stellt sich die Frage, welche Vorschläge für ein UPC-Symbol dem *subcommitte* unterbreitet wurden. Diese lassen sich in zwei Gruppen einteilen: Einerseits wurden Symbole mit horizontalen oder vertikalen Streifen und andererseits halbkreis- oder kreisförmige Anordnungen der Streifen vorgeschlagen.[282] Neben dem halbrunden «Œil Migros», das von Zellweger und Litton/Sweda eingereicht wurde, war auch das von RCA vorgeschlagene Symbol rund.

Am 1. April 1973 gab das *subcommittee* seinen Beschluss bekannt:[283] Dem Vorschlag von Zellweger und Litton/Sweda wurde eine hohe Funktionalität attestiert. Dennoch entschied sich das *subcommittee* für den von IBM eingereichten Vorschlag: Ein rechteckiges Symbol mit vertikalen Streifen. Als ausschlaggebend für diese Entscheidung bezeichnete der Zeitzeuge Stephen A. Brown die mit einem rechteckigen Symbol einfacher und kostengünstiger zu erreichende sehr gute Druckqualität, die entscheidend war für eine hohe Ablesesicherheit des Symbols.[284]

Das definitive UPC-Symbol entsprach nur in den Grundzügen dem Vorschlag von IBM; das *subcommittee* nahm noch verschiedene Änderungen vor.[285]

---

279 Power, *Retail Terminals.*

280 Morton, *Packaging History*, S. 107, siehe auch Fußnote 21.

281 So entwickelte IBM ein Computerprogramm namens PIDAS (Pictorial Information Dissector and Analyzer), das die Druckanforderungen der vorgeschlagenen Symbole überprüft. An die Ablesesicherheit des zukünftigen Symbols und somit auch an dessen Druckfähigkeit und -qualität wurden besonders hohe Anforderungen gestellt. PIDAS analysierte die Druckanforderungen und -fähigkeiten anhand der Analyse des Buchstabens t, der sich auf allen Verpackungen der im amerikanischen Einzelhandel verkauften Artikeln in der Aufschrift *net weight* findet. IBM entwickelte PIDAS nicht uneigennützig, denn das Unternehmen wollte das *subcommitte* davon überzeugen, dass die vorgeschlagenen UPC-Symbole nicht durch Feldtests, sondern durch Labortests und mathematische Analysen auf ihre Praxistauglichkeit überprüft werden sollten. Einen Grund für dieses Vorgehen sieht Stephen A. Brown darin, dass zu dieser Zeit

IBM der *anti-trust*-Gesetzgebung unterstand und darum keine neuen Produkte ankündigen durfte, die es nicht tatsächlich verkaufte. In der Vergangenheit hatte IBM mehrmals Konkurrenzunternehmen geschädigt, indem es Produkte und Entwicklungen angekündigt hatte, die die Konkurrenten von der Weiterverfolgung ähnlicher Projekte abgebracht hatte. Das *subcommittee* entschloss sich, das PIDAS-Programm zwar zu testen, ließ sich aber nicht von Feldtests abhalten. Brown, *Revolution at the Checkout Counter*, S. 70ff. Im Auswahlverfahren wurden die Symbole am renommierten Battelle Institute in Ohio unter Laborbedingungen geprüft. Brown, *Revolution at the Checkout Counter*, S. 58 und S. 73.

282 Abbildungen der vorgeschlagenen Symbole finden sich hier: *A Standard Labeling Code for Food*, S. 71; Morton, *Packaging History*, S. 108.

283 *A Standard Labeling Code for Food.*

284 IBMs Bemühungen in diesem Bereich der Ablesesicherheit hatten sich also ausbezahlt.

285 Brown, *Revolution at the Checkout Counter*, S. 80 und S. 88f.; Gemäß Nelson, *Punched Cards to*

Schließlich wies das UPC-Symbol folgende Charakteristika auf: Es war zweige-
teilt, denn die erste Hälfte enthielt die Herstelleridentifikation und die zweite
die Produktidentifikation. Im Symbol war kein Preis verschlüsselt, sondern lediglich die Artikelnummer. Der Preis war unter dieser Nummer in einer Datenbank abgespeichert. So war die Änderung der Preise einfach: Es musste lediglich
der Eintrag in der Datenbank geändert werden – und schon sahen alle Kassen
beim Ablesen des Symbols, dass sich der Preis des entsprechenden Artikels geändert hat.[286] Dem Symbol waren zudem eine Prüfziffer und eine Systemnummer
beigefügt.

Wer lernt schneller lesen?

Der Vorschlag von IBM für das UPC-Symbol bestand aus einer mathematischen
Beschreibung. So stellte sich unmittelbar nach Bekanntgabe des Beschlusses des
subcommittees die Frage: Welche Kassen lernen am schnellsten das UPC-Symbol
zu lesen? Einige Unternehmen ließen sich gar nicht erst auf diesen Wettlauf ein:
So zog sich nach der Bekanntgabe der Entscheidung mit RCA derjenige Computerhersteller, der sich als einer der Ersten in den USA mit der Entwicklung von
automatischen Kassensystemen beschäftigt hatte, gänzlich aus dem Computergeschäft zurück.[287] Auch die zuvor im Bereich der elektronischen Kassen so erfolgreichen Firmen wie Friden und Pitney Bowes gaben das Geschäft mit elektronischen Kassenanlagen auf.[288] Überraschenderweise waren es die Kassen des zu
Beginn der 1970er Jahre arg angeschlagenen Branchenprimus NCR, die am

Bar Codes, S. 42ff. war es der schon erwähnte
Norman J. Woodland, der dem *subcomittee* seinen Vorschlag für ein UPC-Symbol unterbreitet. Woodland arbeitete ab 1951 bei IBM
in Projekten unter anderem zur *optical character
recognition* und zu Scannern. Er versuchte auch
der IBM, sein Patent für den *bull's eye code*,
einen maschinenlesbaren Code zu verkaufen.
Da das Unternehmen ein in seinen Augen
zu schlechtes Angebot machte, behielt er vorerst das Patent. 1962 verkaufte es Norman
J. Woodland an das Unternehmen Philco. Diese
verkauften das Patent weiter an die RCA, wo
es zur Basis der Versuche des Unternehmens
im Zusammenhang mit der Entwicklung des
UPC wurde. Später veräußerte RCA das
Patent an die Sperry Univac, die es wiederum
an das Unternehmen Unisys verkaufte. Das
definitive UPC-Symbol war eine modifizierte
Form Symbols von Norman J. Woodland. Für
seine Verdienste wurde er mit zahlreichen
Ehrungen bedacht. Siehe dazu auch: Brown,
Revolution at the Checkout Counter, S. 90ff.

286 Dies entsprach dem *price-look-up*-Verfahren,
das auch das APOSS-System aufwies.
287 Schon vor dem Beschluss des *subcommittee* über
das UPC-Symbol hatte RCA angekündigt,
dass sich das Unternehmen bei einer Nichtbe-
rücksichtigung aus dem Markt zurückziehen
werde. RCA versuchte mit diesem Vorgehen
das *subcommittee* unter Druck zu setzen, hatte
dieses doch ein großes Interesse daran, dass
möglichst viele Anbieter von Kassensystemen
im Markt bleiben, um einen effektiven Wettbewerb zu garantieren. Brown, *Revolution at
the Checkout Counter*, S. 76f. und S. 82; Morton,
Packaging History, S. 108; Nelson, *Punched Cards
to Bar Codes*, S. 57ff.
288 Archiv ZAG, Budgetbesprechung Verwaltungsrat Zellweger Uster AG, 28. November
1973, S. 2. Siehe dazu auch: Ziegelmayer, *Elektronische Kassenterminals*; Rosenbloom, *Leadership, Capabilities, and Technological Change*,
S. 1099.

raschesten das UPC-Symbol lesen lernen: Die Geräte im ersten scannenden Verkaufsladen der USA, der am 26. Juni 1974 seine Türen öffnete, stellte NCR.[289]
NCR konnte vom Rückzug der Konkurrenten aus dem Markt für elektronische
Registrierkassen sowie den im Verborgenen getroffenen Vorbereitungen profitieren und sich erneut die Produktführerschaft – dieses Mal im Bereich der elektronischen Kassensysteme – zurückerobern.[290] IBM gelang es erst in den 1980er
Jahren, NCR die Marktführerschaft für elektronische Registrierkassensysteme
in den USA abzujagen.[291]

Auch in der Schweiz hatte die Entscheidung des *subcommittees* gegen das Symbol von Zellweger und Litton/Sweda Konsequenzen. Dieser Beschluss sowie der
Verlust der Migros als ersten Kunden für das APOSS-System veränderten die
Situation für Zellweger grundlegend: Litton/Sweda bestand darauf, den Zusammenarbeitsvertrag neu auszuhandeln.[292] Wegen des Erdölpreisschocks verlor
der US-Dollar 1973 massiv an Wert und die mit Litton/Sweda ausgehandelten
Transfersummen für Patente und Lizenzen fielen geringer als erwartet aus. Trotz
dieser finanziellen Verluste musste Zellweger aufgrund der bestehenden Verträge
nochmals in das Projekt investieren: Die APOSS-Geräte mussten so umgerüstet
werden, dass sie das UPC-Symbol lesen und verarbeiten konnten. Dies gelang
den Ingenieuren bei Zellweger in wenigen Monaten.[293]

Doch die Entscheidung des Verwaltungsrats, sich nicht weiter in diesem
Bereich zu engagieren, stand fest: Zellweger verkaufte die Patente und konzentrierte sich fortan auf andere Geschäftsfelder.[294] Zellwegers Ziel, sich den vielversprechenden Markt für elektronische Kassensysteme mit seinen Wachstums-
aussichten zu erschließen, war mit der Aufgabe des APOSS-Projektes gescheitert.
Die im Zusammenhang des Projektes gewonnenen Erkenntnisse konnte das Unternehmen aber in anderen Anwendungszusammenhängen kommerziell erfolgreich einsetzen.[295]

289 Brown, *Revolution at the Checkout Counter*,
   S. 70, Fußnote 6 und S. 103.
290 Rosenbloom, *Leadership, Capabilities, and
   Technological Change*, S. 1099ff.
291 Cortada, *The Digital Hand. How Computers
   changed the Work of American Manufacturing,
   Transportation, and Retail Industries*, S. 281.
292 Archiv ZAG, Produktkonferenz PHA Datatronic, 8. Juni 1973, S. 3ff.
293 Archiv ZAG, Produktkonferenz PHA Datatronic, 8. Juni 1973, S. 10; Produktkonferenz
   PHA Datatronic, 26. September 1973, S. 10.
294 Schriftliche Korrespondenz mit dem APOSS-
   Projektleiter von Zellweger vom 7. und
   8. März 2009 sowie das Memorandum vom
   15. September 2005, S. 2. Archiv ZAG, 161.
   Sitzung des Ausschusses des Verwaltungsrates

Zellweger Uster AG, 22. August 1973, S. 8;
   Produktkonferenz PHA Datatronic, 26. September 1973, S. 1ff.
295 So arbeitete Zellweger beim Projekt der PTT
   zur Digitalisierung der Telegrammvermitt-
   lung (ATECO) mit. Ein anderes Beispiel war
   die Entwicklung von Sortieranlagen für Ge-
   päckstücke an Bahnhöfen und Flughäfen.
   Eine eigene Produktelinie wurde für die Sor-
   tierung und Verrechnung von Fotoarbeiten
   entwickelt. Zudem gründeten Mitarbeitende
   der Zellweger basierend auf technischen Er-
   kenntnissen aus dem APOSS-Projekt eigene
   Unternehmen. Schriftliche Korrespondenz
   mit dem APOSS-Projektleiter von Zellweger
   vom 7. und 8. März 2009.

Herstellung von Kompatibilität

Mit der Schaffung eines standardisierten Codes und Symbols zur Artikelauszeichnung waren die überbetrieblichen Bemühungen um die Automatisierung des Kassenvorgangs nicht abgeschlossen: Obwohl die Bekanntgabe des UPC-Symbols in den USA allgemein als Durchbruch historischen Ausmaßes gefeiert wurde, war im Frühjahr 1976 keineswegs klar, ob die Nahrungsmittelhersteller dieses Symbol auf die Verpackungen ihrer Produkte drucken werden. Schließlich konnten sie nicht ohne Weiteres davon ausgehen, dass die Einzelhandelsunternehmen ihrerseits in entsprechende Kassensysteme investieren werden. Diese wiederum machten ihre Investitionsentscheidungen von der Zusicherung der Nahrungsmittelhersteller abhängig, einen großen Teil der Artikel mit dem UPC auszuzeichnen. So stellte sich nach der Einigung auf einen Code und ein Symbol einmal mehr die Frage, wie die der Scanning-Technik inhärenten Netzwerkexternalitäten überwunden werden können.[296]

Neben der Kooperation stellte der Eingriff des Staates eine weitere Möglichkeit zur Überwindung von Netzwerkexternalitäten dar. Während die multilateralen Aushandlungsprozesse für den UPC mit Bedacht unter Ausschluss des Staates stattfanden, war die Initialisierung der Verbreitung – zumindest teilweise – staatlicher Regulierung zu verdanken. Eine im März 1973 von der *Food and Drug Administration* erlassene neue Reglementierung zur Deklaration von Lebensmitteln hatte für die Verbreitung des UPC in den USA die günstige Folge, dass die Beschriftungen der meisten Verpackungen diesen neuen Bestimmungen angepasst und darum neu gestaltet werden mussten. Diese Vorschrift ermöglichte den Nahrungsmittelherstellern, die Anbringung des UPC-Symbols auf den Verpackungen gleichzeitig mit der gesetzlich notwendigen Anpassung der Etiketten durchzuführen. So fielen nur einmal Kosten an.[297] In der Folge fand sich in den USA ab Mitte der 1970er Jahre das UPC-Symbol auf immer mehr Artikeln.

Das UPC-Symbol auf den Verpackungen blieb – wenn auch zunächst zögerlich – nicht die einzige Veränderung in den amerikanischen Supermärkten: In einer zunehmenden Zahl von Verkaufsläden wurden die Preise nicht mehr von Hand eingetippt, sondern von Scanner-Kassen abgelesen.[298] Die erwarteten *hard*

296 Dunlop, *The Diffusion of UCC*; Brown, *Revolution at the Checkout Counter*, S.27ff.; Levin, Levin und Meisel, *A Dynamic Analysis of the Adoption of a New Technology*.

297 Brown, *Revolution at the Checkout Counter*, S.62 und S.86.

298 Zur Verbreitung von UPC-Auszeichnungen und Verkaufsläden mit Scanner-Kassen in den USA siehe: Henksmeier, *Scanning in den USA*; *Maschinenlesbare Warenauszeichnung. Praxis im* *Einzelhandel der USA*; Thiele, *Scanning in amerikanischen Supermärkten*; Bucklin, *Technological Change and Store Operations*; Archiv SACV, Mitteilung SACV Nr. 4, März 1979, S.2ff.; Bulletin SACV Nr. 5, Oktober 1979, S.5. Dunlop, *The Diffusion of UCC*; Brown, *Revolution at the Checkout Counter*, S.4ff, S.111ff. Für die Bekleidungsindustrie siehe: Abernathy, Dunlop, Hammond und Weil, *A Stitch in Time*.

savings durch die Steigerung der Kassenproduktivität stellten sich nämlich tatsächlich ein. Doch die enthusiastischen Berichte aus den USA konnten nicht darüber hinwegtäuschen, dass die Anzahl der Scanning-Systeme bei den Einzelhandelsunternehmen nur langsam ansteigt.[299] Erst ab Beginn der 1980er Jahre konnte von einer rascher voranschreitenden Verbreitung des *Scannings* im amerikanischen Einzelhandel die Rede sein.[300]

Außerbetriebliche Anschlüsse

In Europa nahmen die einschlägigen Branchen nicht erst mit der Bekanntgabe der Einigung auf den zehnstelligen *universal product code* im Frühjahr 1971 Kenntnis von den Bemühungen in den USA. Die Unternehmensleiter der führenden europäischen Einzelhandelsfirmen nahmen regelmäßig an Veranstaltungen und Konferenzen des *Super Market Institute (SMI)* sowie verschiedener amerikanischer Verbände teil. Sie waren also über die dortigen Anstrengungen um eine Standardisierung der Artikelauszeichnung informiert.[301]

In einem Fachartikel im Frühjahr 1972 schrieb ein leitender Mitarbeiter des MGB, dass «es zu begrüßen wäre, wenn man sich auch in Europa baldmöglichst den Anstrengungen der amerikanischen Unternehmer für die Einführung eines einheitlichen Datenträgers anschließen würde».[302] Es war jedoch nicht ein Vertreter des MGB, sondern Albert Heijn, der Geschäftsführer des größten niederländischen Einzelhandelsunternehmen Royal Ahold, der sich maßgeblich dafür einsetzte, dass in Europa ein analoger Standardisierungsprozess in Gang kam.[303] Doch auch Frank Rentsch, der ab Sommer 1972 als Chef des Departements für Warenfluss für das APOSS-Projekt verantwortlich war, setzte sich für die Erarbeitung eines standardisierten Codes ein. Im Dezember 1973 schlug er der Verwaltungsdelegation vor, «gemeinsam mit Fachorganisationen der Selbstbedienung aus anderen europäischen Ländern und mit Teilnehmern aus Handel und Industrie eine Tagung durchzuführen, um ähnlich wie in den USA ein einheit-

---

299 1976 titelt das amerikanische Magazin *Business Week* gar «*The Scanner that failed*». Siehe dazu: Wilson, *How a Low-Tech Industry Pulled Off the UPC Standard*, S. 8; Brown, *Revolution at the Checkout Counter*, S. 19 und Fußnote 17.

300 Archiv GS1, Bulletin SACV Nr. 6, März 1980, S. 5; Referat des Präsidenten des SACV an der Generalversammlung des SACV, 4. Mai 1981, S. 3ff.

301 Brown, *Revolution at the Checkout Counter*, S. 196.

302 Hunziker, *Elektronik im Supermarkt*, S. 34.

303 Zur Schaffung des europäischen Artikelcodes (EAN) aus amerikanischer Perspektive siehe: Wilson, *How a Low-Tech Industry Pulled Off the UPC Standard*, S. 10; Dunlop, *The Diffusion of*

UCC, S. 19f.; Brown, *Revolution at the Checkout Counter*, S. 195ff. Für eine britische bzw. deutsche Sichtweise siehe: Jones, *The Spread of Article Numbering and Retail Scanning in Europe*; Kubicek und Seeger, *The Negotiation of Data Standards*; Kubicek, *Organisatorische Voraussetzungen des branchenübergreifenden elektronischen Datenaustausches*, S. 152ff. sowie folgende zeitgenössische Artikel: *Probleme der maschinenlesbaren Waren- und Preisauszeichnung*; *Aspekte der Europäischen Artikelnummerierung*; Sittig, *Vertikales Marketing*; *Einigung über Europäisches Artikel-Nummerierungs-System*; Hagen, *Stand und Perspektiven der Europäischen Artikelnummerierung*.

liches Artikel-Nummerierungs-System zu finden, das die Basis für ein überall lesbares Symbol ist».[304] Die Verwaltungsdelegation war einverstanden, dass Rentsch bei «der Ausarbeitung des einheitlichen Artikel-Nummerierungs-Systems» mitwirkte.

Ein halbes Jahr später berichtete er der Verwaltungsdelegation, dass «im Rahmen des *Comité International des Entreprises à Succursales (CIES)* europäische und schweizerische Bestrebungen zu einer einheitlichen Artikelnummerierung im Gange sind als Basis für ein kompatibles Preisauszeichnungssystem mit Symbolen zwecks automatischer Lesung an den Kassen».[305] So sei kürzlich an einer Sitzung des CIES eine entsprechende Arbeitsgruppe eingesetzt worden. Die beteiligten Unternehmen hätten dabei – ähnlich wie in den USA – in Form einer Absichtserklärung zugesagt, die Bemühungen zur Schaffung eines nationalen Artikelcodes zu unterstützen. Rentsch beantragte bei der Verwaltungsdelegation, die Migros solle ebenfalls in dieser Arbeitsgruppe mitarbeiten. Er argumentierte, dass die Kosten, die aus dieser Zusammenarbeit entstünden, gering seien. Der Migros brächten sie aber den Vorteil, dass sie versuchen könne, «den zu entwickelnden nationalen Artikel-Code so zu beeinflussen, dass [das bei der Migros] neu eingeführte Artikelnummerierungssystem möglichst nicht oder nur geringfügig angepasst werden müsste».[306] Die Mitglieder der Verwaltungsdelegation stimmten dem Antrag zu; er war zukünftig als Vertreter der Migros in die europäische Artikelcodekommission delegiert, die ähnlich dem amerikanischen *ad hoc committee* mit der Erarbeitung von Richtlinien für eine standardisierte europäische Artikelnummerierung betraut war.[307]

In Bezug auf eine europäische Standardisierung der Artikelnummerierung verfolgte der MGB ein zweifaches Interesse: Es ging der Verwaltungsdelegation nicht allein darum, eine entsprechende Standardisierung in Europa und der Schweiz sicherzustellen. Ihr vordringliches Anliegen war, diese entsprechend ihren unternehmensspezifischen Interessen und Bedürfnissen zu beeinflussen.

304 Archiv MGB, 320. Verwaltungsdelegationssitzung MGB, 7. Dezember 1973, S. 10.
305 Archiv MGB, 334. Verwaltungsdelegationssitzung MGB, 30. August 1974, S. 4. Das *Comité International d'Entreprises à Succursales (CIES)* wurde am 24. Juni 1953 anlässlich eines Kongresses des internationalen Einzelhandelsverbandes AIDA in Belgien gegründet, um für die Lebensmitteleinzelhandelsketten eine eigene Körperschaft zu schaffen. Der MGB trat der CIES 1965 bei, dem Jahr, in dem die Mitgliedschaft erstmals Genossenschaften offenstand. Das CIES veranstaltete Kongresse, Studienreisen sowie Schulungen, an denen auch immer wieder Führungskräfte der Migros teilnahmen. Mitte der 1970er Jahre war der damalige Verwaltungsdelegationspräsident des MGB, Rudolf Suter, Präsident des CIES. Siehe dazu: Archiv MGB, 179. Verwaltungsdelegationssitzung MGB, 30. Juni 1965, S. 3; 204. Verwaltungsdelegationssitzung, 2. Dezember 1966, S. 6; 358. Verwaltungsdelegationssitzung MGB, 5. Dezember 1975, S. 4; 391. Verwaltungsdelegationssitzung MGB, 22. November 1976, S. 4; 491. Verwaltungsdelegationssitzung MGB, 2. April 1979, S. 4 sowie www.ciesnet.com, letzter Zugriff 22. April 2008.
306 Archiv MGB, 347. Verwaltungsdelegationssitzung MGB, 8. April 1975, S. 2.
307 Archiv MGB, 365. Verwaltungsdelegationssitzung MGB, 24. März 1976, S. 4.

Denn nur so war eine standardisierte Artikelnummerierung innerbetrieblich anschlussfähig.

Konkret standen diese Bemühungen in Konkurrenz mit der Migros-internen Nummerierung: Wegen des Aufbaus eines rechnergestützten Informationssystems für die Warenverteilung in der Migros war eine solche Nummerierung «sämtlicher Artikel sowie Lieferanten und Abnehmer» notwendig.[308] Da sich dieses Projekt im Sommer 1972 aber wie erwähnt ein Jahr im Rückstand zum ursprünglich vorgesehenen Zeitplan befand, verzögerte sich die Einführung dieser Migros-internen Artikelnummerierung.[309] Erst zum Januar 1974 konnte die bisherige Artikelnummerierung durch eine neue, ebenfalls interne Nummerierung ersetzt werden.[310] Diese Migros-interne Artikelnummerierung bestand aus einer sogenannten sprechenden Zahl: Die Zahl war für das menschliche Auge les- und interpretierbar, da das ihr zugrunde liegende Klassifikationsystem auf in Nummern gefassten Warengruppen beruhte. Diese Nummerierung hatte kein maschinenlesbares Symbol.[311]

Trotz der Verzögerung bei der Implementation der Migros-internen Artikelnummerierung schritten die europäischen Bemühungen um eine Standardisierung der Artikelnummern in den Augen des MGB zu langsam voran. Auch waren die Resultate zu unberechenbar, als dass der MGB den Ausgang dieses Aushandlungsprozesses hätte abwarten wollen. Schließlich hatte ja gerade eben die überraschende Wahl des von IBM eingereichten Symbols in den USA gezeigt, wie unberechenbar solche Standardisierungsprozesse sein können. Darum verfolgte der MGB eine Doppelstrategie: In erster Linie setzte er auf eine betriebsinterne Artikelnummierung, während er gleichzeitig versuchte, die Aushandlungen um eine europäische beziehungsweise schweizerische Artikelnummerierung in seinem Sinne zu beeinflussen. So ergab sich die paradoxe Situation, dass sich die Verwaltungsdelegation einerseits entschloss, das APOSS-Projekt unter anderem wegen dessen fehlender überbetrieblicher Anschlussfähigkeit abzubrechen, und gleichzeitig ein Artikelnummerierungssystem einführte, das seinerseits die Gefahr barg, in Zukunft überbetrieblich nicht anschlussfähig zu sein. Dieses Vorgehen zeitigte Konsequenzen für das Engagement der Migros bei der Aushandlung einer europäischen Artikelnummerierung – jedoch nicht unbedingt wie erwartet.

308 Archiv MGB, Rechenschaftsbericht MGB 1972, S. 50.
309 Archiv MGB, 295. Verwaltungsdelegationssitzung MGB, 23. August 1972, S. 10, Beilage: Brief von Walter Urech und Dr. Frank Rentsch an die Geschäftsleiter der Genossenschaften und Produktionsbetriebe sowie das Kader des MGB, 21. August 1972, S. 1; 295. Verwaltungsdelegationssitzung MGB, 23. August 1972, Beilage: Brief von Walter Urech und Dr. Frank Rentsch an Geschäftsleiter der Genossenschaften und Produktionsbetriebe sowie Kader MGB vom 21. August 1972 betreffend EDV-Projekt Warenverteilung, S. 1.
310 Archiv MGB, Rechenschaftsbericht MGB 1973, S. 39.
311 Interview mit dem verantwortlichen Mitarbeitenden des MGB, 23. November 2003.

Formeller Rückzug

Bis zum Frühling 1975 hatten sich die Arbeiten im Zusammenhang mit einem nationalen Strichcode in der Schweiz konkretisiert und Rentsch konnte der Verwaltungsdelegation Folgendes berichten: Wie in anderen europäischen Ländern hatte sich auch in der Schweiz ein Komitee aus Vertretern des Einzelhandels und der Konsumgüterindustrie gebildet mit dem Ziel, «bis in etwa zwei Jahren einen Entwurf für einen schweizerischen nationalen Artikel-Code zu schaffen, der mit den bestehenden ausländischen kompatibel ist».[312] Die Frage nach einer Anpassung der Migros-internen Artikelnummerierung an diesen einheitlichen Code werde sich dementsprechend «erst in etwa zwei bis drei Jahren» stellen, schätzte Rentsch. Dabei sei zu erwarten, dass dieser Wechsel von der gegenwärtigen Migros-internen Artikelnummerierung auf das neue System «wesentlich» einfacher werde als «seinerzeit die Einführung des jetzigen Codes».[313] Überdies verpflichte die Mitarbeit in diesem Komitee «nicht zu einer späteren Übernahme des neuen Codes», beruhigte Rentsch allfällige Befürchtungen.

Schon durch die Schaffung einer betriebsinternen Artikelnummerierung machte sich die Migros von den Bemühungen um eine Standardisierung auf internationaler und nationaler Ebene unabhängig. Noch einen Schritt weiter ging das Unternehmen, als im Dezember 1975, lediglich ein halbes Jahr nach dem Bericht Frank Rentschs über die Gründungsabsicht eines nationalen Standardisierungskomitees, beschlossen wurde, «das jetzige System der Artikelnummerierung des MGB mindestens bis 1980» beizubehalten.[314] Konsequenterweise reduzierte der MGB infolge dieser Entscheidung sein Engagement für die Etablierung eines schweizerischen Artikelnummerierungssystems: Es kam sogar so weit, dass der MGB bei der Gründung der Schweizerischen Artikel-Code Vereinigung (SACV), dem nationalen Gremium für die Festlegung der Artikelnummerierung in der Schweiz, am 25. November 1976 nicht vertreten war.[315]

Neben dem Beschluss der Migros, ihr System der Artikelnummerierung beizubehalten, hatte diese Absenz zwei weitere Ursachen: *Erstens* verließ Frank Rentsch im Frühjahr 1976 nach Meinungsverschiedenheiten den MGB.[316] Mit

312 Archiv MGB, 334. Verwaltungsdelegations-sitzung MGB, 30. August 1974, S. 5.
313 Archiv MGB, 347. Verwaltungsdelegations-sitzung MGB, 8. April 1975, S. 2.
314 Archiv MGB, Sitzung von Vertretern des Departements Marketing, Warenfluss, Finanzen, den Genossenschaften sowie der Produktionsbetriebe zum zukünftigen EDV-Konzept des MGB, 17. Dezember 1975, S. 3.
315 Aufgrund der mir vorliegenden Quellen kann ich nicht restlos ausschließen, ob die Migros nicht doch informell an diesem Anlass vertre-

ten ist. Archiv SACV, Mitteilung SACV Nr. 1, undatiert, S. 1.
316 Frank Rentsch verließ im Frühjahr 1976 den MGB und wurde Direktionspräsident bei einem anderen Schweizer Einzelhandelsunternehmen, der Usego. Archiv MGB, 363. Verwaltungsdelegationssitzung MGB, 10. Februar 1976, S. 4; 367. Verwaltungdelegationssitzung MGB, 28. April 1976, S. 1. Migros-Genossenschafts-Bund, *Chronik der Migros*, S. 45; Arnold, *Federführend*, S. 25.

diesem Abgang schied ein vehementer Fürsprecher der nationalen und internationalen Artikelnummerierung aus der Verwaltungsdelegation aus. Im Gegensatz zu Rentsch war sein Nachfolger der Auffassung, der MGB könne «aus den Tätigkeiten dieses Komitees für die Migros kaum Nutzen ziehen» und solle darum «höchstens als Beobachter mitmachen».[317] Laut Protokoll schloss sich die Verwaltungsdelegation dieser Auffassung an. *Zweitens* wollte die SACV ihre Mitglieder statuarisch darauf verpflichten, den noch auszuarbeitenden Artikelcode einzuführen und andere, betriebsinterne Lösungen zu dessen Gunsten aufzugeben.[318] Diese Absicht lief den Bestrebungen des MGB, die eigene betriebsinterne Nummerierung, wenn nicht zum nationalen Standard zu machen, so doch so lange wie möglich beizubehalten, diametral entgegen. So war bei der Gründungsversammlung des SACV das größte Einzelhandelsunternehmen der Schweiz nicht anwesend. Lediglich in Arbeitsgruppen des SACV waren Mitarbeitende der Migros vertreten.[319]

Wenige Monate nach der Gründung des SACV schrieb dessen Präsident, der Geschäftsführer des zweitgrößten Schweizer Einzelhandelsunternehmens Coop, einen Brief an Pierre Arnold, den neuen Präsidenten der Verwaltungsdelegation: «Während in den Arbeitsgruppen Ihre Mitarbeiter mit uns zusammenarbeiten, ist der Sitz im Vorstand von seiten der Migros immer noch nicht besetzt. […] Im Hinblick auf die in nächster Zeit zu fassenden Beschlüsse grundsätzlicher Natur, wären wir sehr froh, wenn auch der größte Warenverteiler in unserem Vorstand vertreten wäre. Damit lassen sich Beschlüsse diskutieren, die sich nachher auf eine breite Basis abstützen lassen.»[320] Da die SACV überdies ihre Statuten dahingehend änderte, dass für die Mitglieder keinerlei Verpflichtung mehr bestand, die zu erarbeitende Artikelnummerierung anzuwenden, folgte der MGB dieser expliziten Einladung und trat der SACV bei.[321]

Der MGB hatte seine Ziele also erreicht: Die Migros war im Vorstand des schweizerischen Gremiums für die Ausarbeitung eines nationalen Artikelcodes vertreten und hatte gleichzeitig die Gewissheit, dass bis auf weiteres die unternehmensinterne Artikelnummerierung beibehalten werden kann. Es wurde eine MGB-interne Arbeitsgruppe zum Thema Artikelcode geschaffen, welche «die

---

317 Archiv MGB, 387. Verwaltungsdelegationssitzung MGB, 25. Oktober 1976, S. 7. Siehe dazu auch: Archiv MGB, 365. Verwaltungsdelegationssitzung MGB, 24. März 1976, S. 4.

318 Archiv MGB, 407. Verwaltungsdelegationssitzung MGB, 4. April 1977, S. 4; 413. Verwaltungsdelegationssitzung MGB, 31. Mai 1977, Beilage: Antrag an die Verwaltungsdelegation betreffend Artikel-Code-Vereinigung, S. 1.

319 Archiv MGB, 413. Verwaltungsdelegationssitzung MGB, 31. Mai 1977, Beilage: Antrag an die Verwaltungsdelegation betreffend Artikel-Code-Vereinigung, S. 3.

320 Archiv MGB, 407. Verwaltungsdelegationssitzung MGB, 4. April 1977, Beilage: Brief des Präsidenten des SACV an Pierre Arnold, 28. März 1977, S. 1ff.

321 Als Vertreter des MGB wird ein Mitarbeiter des Departementes Marketing in den Vorstand des SACV delegiert. Archiv MGB, 407. Verwaltungsdelegationssitzung MGB, 4. April 1977, S. 4f.; 413. Verwaltungsdelegationssitzung MGB, 31. Mai 1977, S. 4.

weiteren Entwicklungen auf dem Gebiet der Artikelcodifizierung» verfolgen und gegebenenfalls der Verwaltungsdelegation Maßnahmen vorschlagen sollte.[322] Nachdem diese Ziele erreicht waren, signalisierte der MGB erneut Interesse an den nationalen und internationalen Bemühungen um eine standardisierte Artikelnummerierung.

Auch auf europäischer Ebene wurden Fortschritte erzielt: Nur wenige Monate nach der Gründung der Artikelcode-Vereinigung in der Schweiz wurde in Brüssel in enger Zusammenarbeit mit CIES, den Gremien des UPC und der Unternehmensberatungsfirma McKinsey am 3. Februar 1977 die *Association Européenne de Numération des Articles (EAN)* geschaffen.[323] Während die nationalen Nummerierungssysteme von den jeweiligen nationalen *coding authorities* wie der SACV in der Schweiz geregelt wurden, legte die EAN-Vereinigung in Brüssel die Richtlinien für die verschiedenen nationalen EAN-Nummernsysteme in den anfänglich zwölf europäischen Mitgliedsländern fest.[324] Das Symbol für den EAN-Code war demjenigen des UPC ähnlich. Dennoch konnten die amerikanischen Kassen während mehrerer Jahre den EAN-Code nicht lesen. Nur langsam und aufgrund des ständigen Drucks der europäischen Nahrungsmittelhersteller, die sich gegen die daraus entstehende Diskriminierung wehren, lernten die amerikanischen Kassen den europäischen Code lesen.[325]

Die ersten Scanner-Kassen in Europa, die den EAN-Code lesen konnten, fanden sich ab 1977 in den Verkaufsläden des niederländischen Einzelhandelsunternehmens Ahold.[326] Am schnellsten schritt die Auszeichnung der Produkte mit

322 Archiv MGB, 413. Verwaltungsdelegationssitzung MGB, 31. Mai 1977, Beilage: Antrag an die Verwaltungsdelegation betreffend Artikel-Code-Vereinigung, S. 2.

323 Archiv SACV, Mitteilung SACV Nr. 1, undatiert, S. 1.

324 Zur Struktur des Europäischen Nummerierungssystems siehe: *Aspekte der Europäischen Artikelnummerierung*; *Einigung über Europäisches Artikel-Nummerierungs-System*; Grund für diese im Vergleich zu den USA föderalistische Organisation war, dass sich zu Beginn der 1970er Jahre in Europa schon verschiedene nationale Nummerierungssysteme zu etablieren begonnen hatten: Die bundeseinheitliche Artikelnummerierung (ban) in der Bundesrepublik Deutschland, die von der Centrale für Coorganisation verwaltet wurde, oder auch die Artikelnummerierung des Groupement d'Etudes de Normalisation et de la Codification (gencod) in Frankreich: Hagen, *Stand und Perspektiven der Europäischen Artikelnummerierung*, S. 5ff., Archiv GS1, Mitteilung Nr. 2, April 1978, S. 1ff. Diese föderalistische Struktur der EAN ließ den einzelnen Mit-

gliedsländern einen gewissen Spielraum bei der Gestaltung des jeweiligen nationalen Nummerierungssystems. Ab 1978 stand die EAN Association allen Ländern offen, die sich nicht schon dem amerikanischen UPC-System angeschlossen hatten. Bis 1984 waren 21 Länder inklusive der Tschechoslawakei und Japan der EAN Assocation beigetreten. Siehe dazu: *Aspekte der Europäischen Artikelnummerierung*; Jones, *The Spread of Article Numbering and Retail Scanning in Europe*, S. 275; Brown, *Revolution at the Checkout Counter*, S. 197f.

325 Erst in den frühen 1980er Jahren lernten die amerikanischen Scanner-Kassen den EAN-Code, der aus mehr Ziffern als der UPC besteht, lesen. Diese langsame Anpassung zeigt, wie klein der Anteil von Produkten mit EAN-Auszeichnung in den amerikanischen Supermarktregalen zu dieser Zeit war. Archiv GS1, Mitteilung Nr. 4, März 1979, S. 7; Bulletin Nr. 5, Oktober 1979 S. 3; Bulletin SACV Nr. 6, März 1980, S. 4 und S. 6. Brown, *Revolution at the Checkout Counter*, S. 196ff.

326 Siehe dazu die Artikel in Fachzeitschriften: *Albert Heijn testet Scanning*; *Albert Heijn testet*

dem EAN-Symbol jedoch in Deutschland voran, wo sich bald die meisten Scanning-Systeme in Europa fanden.[327] In der Schweiz ging die Auszeichnung der
Produkte mit dem EAN-Symbol wie auch die Installation von Scanning-Kassen
nur langsam voran: Erst ab 1980 kamen die ersten mit dem Schweizer EAN-
Symbol ausgezeichneten Artikel auf den Markt.[328] Bis der erste Verkaufsladen
mit Scannerkassen seine Türen öffnete, dauerte es nochmals zwei Jahre.[329] Diese
nur langsame Verbreitung von EAN-ausgezeichneten Artikeln und lesenden
Kassen in der Schweiz zeigte sich auch bei der Migros: Es dauerte über zehn
Jahre, bis das Sortiment der Migros mit dem EAN-Symobl ausgezeichnet war.
Erst in den 1990er Jahre war die Einführung von Scanning-Kassen auf breiter
Front in der Migros abgeschlossen.[330]

Innerbetriebliche Kompatibilität und Neuausrichtung

Warum sich der MGB nach dem Abbruch des APOSS-Projektes zurückhielt bei
der Schaffung eines schweizerischen Artikelcodes, habe ich aufgezeigt. Die
Migros blieb auf sich selbst bezogen: Die Migros-Gemeinschaft stellte den hand-
lungsrelevanten Bezugsrahmen dar, insbesondere für die Verwaltungsdelegation
und den MGB. Umso dringender stellte sich im Folgenden die Frage, wie der
MGB auf die fehlende innerbetriebliche Anschlussfähigkeit seiner Vision einer
automatischen Kasse als Teil eines rechnergestützten Warenwirtschaftssystems
reagierte, die sich am APOSS-Projekt so eklatant manifestiert hatte.

Der Mangel an Anschlussfähigkeit zeigte sich am fehlenden Interesse: Ich
habe schon dargestellt, wie die Projektverantwortlichen nach Abschluss des Feldtests feststellen mussten, dass gerade diejenigen Abteilungen des MGB, von denen sie am meisten Beachtung für das APOSS-System erwartet hatten, sich nicht

*Scanning. Warenwirtschafts- und Informationssys-
tem* sowie Jones, *The Spread of Article Numbering and Retail Scanning in Europe*, S. 275.

327 Archiv SACV, Mitteilung SACV Nr. 3, November 1978, S. 1; Bulletin SACV Nr. 5, Oktober 1979, S. 4; Hildebrandt, *BRD: Scanner-
kassen setzen sich durch.*

328 Archiv SACV, Mitteilung SACV Nr. 4, März
1979, S. 8 Bulletin SACV Nr. 6, März 1980,
S. 2. Siehe dazu unter anderem auch: *EAN
und Scanning – Start 1982!*; Stampa, *EAN –
Scanning: Es geht vorwärts*; *Durchbruch beim
Scanning?*; Stampa, *Wo steht die EAN-Scanning-Anwendung?*; Stampa, *Die Schweiz immer
noch in den Startlöchern.*

329 Pikanterweise war das erste scannende Einzelhandelsunternehmen nicht Mitglied bei
der SACV. Es war das Perry-Center in Of-
tringen, das 1982 in Zusammenarbeit mit

NCR mit Scanning begann. Archiv Coop,
Sitzung des Technischen Beratungsteams der
Schweizerischen Artikelcode-Vereinigung
(SACV), 24. Juni 1982, S. 7. Stampa, *EAN –
Scanning: Es geht vorwärts.*

330 Archiv MGB, Jahresbericht MGB 1981, 16;
Jahresbericht MGB 1982, S. 16; Jahresbericht
MGB 1983, S. 16; Jahresbericht MGB 1984,
S. 16; Jahresbericht MGB 1985, S. 16; Jahres-
bericht MGB 1986, S. 18; Jahresbericht MGB
1987, S. 18; Jahresbericht MGB 1989, S, 20;
Jahresbericht MGB 1990, S. 24; Jahresbericht
MGB 1995, S. 28. *Für jedes Geschäft die Kasse
nach Maß*; Stampa, *Wo steht die EAN-Scanning-
Anwendung?*; *Eile mit Weile beim Scanning*;
Stampa, *Die Schweiz immer noch in den
Startlöchern*; *Migros S. Antonio mit neuem Kas-
sensystem*; *Marktbearbeitung mit geschäftlichem
Aspekt*; Reinhold, *Scanning in der Schweiz.*

dafür interessierten. Auch von Seiten der Genossenschaften erfuhr das APOSS-System kaum Aufmerksamkeit: In den Gremienprotokollen der GMZ fand es keinerlei Erwähnung, obwohl in einem ihrer Verkaufsläden der Feldtest durchgeführt wurde.

Lässt sich dieses Desinteresse dadurch erklären, dass die Genossenschaften in der Projektorganisation von APOSS nicht integriert waren? Auf den ersten Blick kann diese Frage verneint werden: In der ZAVA-Kommission, die das Pflichtenheft für das automatische Kassensystem ausgearbeitet hatte, waren drei Genossenschaften vertreten. Auch der Verkaufsleiter der GMZ hatte in dieser Kommission Einsitz: Umso schwerer muss das Desinteresse der GMZ gegenüber der APOSS-Kasse gewichtet werden.[331]

Bei genauerer Betrachtung wird deutlich, dass trotz dieser genossenschaftlichen Vertretung in der ZAVA-Kommission das APOSS-Projekt praktisch im «Alleingang» vom MGB durchgeführt wurde.[332] Angesichts «der engen Zusammenarbeit mit der Zellweger» verteidigte der MGB dieses Vorgehen im Nachhinein als «sinnvoll». Es hatte jedoch Konsequenzen: Aufgrund der ausbleibenden Reaktionen ist davon auszugehen, dass den Bedürfnissen und Erwartungen der Genossenschaften im Zusammenhang mit automatischen Kassensystemen zu wenig Beachtung geschenkt worden war. Dieser Umstand stellte sich für die APOSS-Kassen als verhängnisvoll heraus. Denn in der Migros waren es die Genossenschaften, die für den Verkauf und somit für die Filialen zuständig waren: In erster Linie waren es also die Genossenschaften und ihre Filialen, die täglich mit den automatischen Kassensystemen in Berührung kamen – und gerade sie ließen die APOSS-Kassen ins Leere laufen.

In der Verwaltungsdelegation schien sich niemand dieses Ungleichgewichts bewusst zu sein oder sich daran zu stören: Schließlich wollte sich der MGB gerade in Abgrenzung von den Genossenschaften die Kontrolle über die zukunftsträchtigen Computersysteme sichern. So stellte der APOSS-Projektleiter des MGB der Verwaltungsdelegation erst kurz vor Beginn des Feldtests den Antrag, eine gemeinsame Arbeitsgruppe aus Vertretern des MGB und der Genossenschaften für die weiterführende Beschäftigung mit Fragen rund um automatische Kassensysteme und der Verwendung von Verkaufsdaten zu schaffen.[333] Doch erst als nach Abschluss des Feldtests die Auswertungen der Verkaufsda-

331 Archiv GMZ, Bericht «Einige Überlegungen und Vorschläge zur Zukunft des APOSS-Projektes», 16. November 1972, S. 4.
332 PA MG, Referat des APOSS-Projektleiters zum Traktandum APOSS an der Geschäftsleiterkonferenz über Warenfluss- und EDV-Probleme, 2. März 1973, S. 6.
333 Archiv GMZ, 33. Marketingkonferenz,

22. Juni 1972, S. 53. PA MG, Programm für die Arbeitsgruppe des MGB und der Genossenschaften zur Untersuchung der Verwendung von Verkaufsdaten und des Einsatzes von Datenerfassungsgeräten in der Migros, August 1972; Bericht «Einige Überlegungen und Vorschläge zur Zukunft des APOSS-Projektes», S. 4.

ten bei den Genossenschaften nicht mehr als ein «höfliches Interesse» fand und
die Verantwortung für das APOSS-Projekt von Pierre Arnold, Leiter des Marke-
ting-Departementes, auf Frank Rentsch, Chef des Departements Warenfluss,
überging, änderte sich die Haltung der Verwaltungsdelegation.[334] In einem Brief
forderte Rentsch die Genossenschaftsleiter auf, für eine gemeinsame Arbeitsgruppe «geeignete Mitarbeiter zur Verfügung zu stellen».[335] Auch der APOSS-
Projektleiter des MGB wies im Nachgang zum Feldtest darauf hin, dass der
Einbezug der Genossenschaften für die Fortführung des APOSS-Projekts wichtig sei. So schrieb er in einem Memo: «Heute ist es […] notwendig, dass die
Genossenschaften, die ja mit den zukünftigen Kassensystemen ‹leben› müssen,
vermehrt den zukünftigen Gang des APOSS-Projektes beeinflussen sollen. […]
In Abkehr vom bisherigen Vorgehen soll also demgemäss der ‹APOSS-Ball› we-
nigstens teilweise den Genossenschaften zugespielt werden.»[336] Doch die Genossenschaften nahmen diesen Ball nicht beim ersten Zuspiel auf: Frank Rentschs
Aufforderung, Mitarbeitende in eine gemeinsame Arbeitsgruppe zu delegieren,
«fällt nicht auf fruchtbaren Boden», wie er es in einem zweiten Brief an die Genossenschaftsleiter vom Dezember 1972 formulierte:[237] Es ging nur eine einzige
Anmeldung ein. Erst ein zweiter Aufruf verhallte nicht mehr ungehört und im
März 1973 fand die erste Sitzung dieser Arbeitsgruppe statt.[238]

Das Zustandekommen dieser Arbeitsgruppe aus Vertretern des MGB und der
Genossenschaften war ebenso wenig allein der Hartnäckigkeit Frank Rentschs
und des APOSS-Projektleiters zu verdanken, wie die im Feldtest offenbar ge-
wordene fehlende Anschlussfähigkeit des APOSS-Systems sich allein durch den
verstärkten Einbezug der Genossenschaften herstellen ließ. Dazu war mehr nötig
als die Einsetzung einer gemeinsamen Arbeitsgruppe: Nicht nur die Organisation, auch die Zielsetzungen des APOSS-Projektes wurden nun überdacht.
Denn das Ziel eines verkaufsdatenbasierten Informationssystems hatte sich für
eine Umsetzung in der betrieblichen Realität als zu komplex erwiesen. Es ging
zudem an den Bedürfnissen und Erwartungen der Genossenschaften vorbei.

334 PA MG, Bericht «Einige Überlegungen und
    Vorschläge zur Zukunft des APOSS-Projek-
    tes», S. 4. Archiv MGB, 292. Verwaltungsde-
    legationssitzung MGB, 9. Juni 1972, S. 3.
335 PA MG, Referat des APOSS-Projektleiters
    zum Traktandum APOSS an der Geschäftslei-
    terkonferenz über Warenfluss- und EDV-
    Probleme, 2. März 1973, S. 2. Archiv MGB,
    292. Verwaltungsdelegationssitzung MGB,
    9. Juni 1972, S. 3; 299. Verwaltungsdelegati-
    onssitzung MGB, 13. Oktober 1972, Beilage:
    Brief von Dr. Frank Rentsch an die Ge-
    schäftsleiter der Genossenschaften, 15. De-
    zember 1972, S. 1.

336 PA MG, Bericht «Einige Überlegungen und
    Vorschläge zur Zukunft des APOSS-Projek-
    tes», 16. November 1972, S. 4.
337 Archiv MGB, 299. Verwaltungsdelegations-
    sitzung MGB, 13. Oktober 1972, Beilage:
    Brief von Dr. Frank Rentsch an die Ge-
    schäftsleiter der Genossenschaften, 15. De-
    zember 1972, S. 1.
338 Die mir zur Verfügung stehen Quellen geben
    keinen Aufschluss über den Inhalt dieser Sit-
    zung. PA MG, 1. Sitzung der APOSS-Ar-
    beitsgruppe, 9. März 1973.

Eine Revision der Zielsetzungen schien also unumgänglich, um die innerbe-
trieblichen Anschlüsse herzustellen. Diese Erkenntnis formulierte der APOSS-
Projektleiter in einem Referat vor den Genossenschaftsleitern im März 1973:
«Nicht zuletzt sind auch die ursprünglichen Ziele und Grundvorstellungen des
Projektes tangiert worden [von den Ergebnissen des Feldtests, KG]. Dies gilt insbesondere bezüglich den vor einigen Jahren aufgestellten Forderungen, dass die
zukünftigen Kassensysteme in der Migros unbedingt eine Beschleunigung des
Kassenablaufs und eine Verkaufsdatenerfassung auf breiter Basis gewährleisten
müssen – Vorstellungen, an welchen meines Erachtens nicht mehr festgehalten
werden kann. [...] in dieser Hinsicht [ist] eine flexiblere Formulierung der Zielsetzungen des Projektes notwendig.»[339] Diese Bereitschaft zur grundlegenden
Revision der Zielsetzungen trug mit dazu bei, dass die Genossenschaften in der
oben erwähnten Arbeitsgruppe mitzuarbeiten gewillt waren.[340]

Die vom Projektleiter angesprochene Flexibilisierung der Zielsetzungen bedeutete für die Verantwortlichen im MGB in erster Line, die Komplexität eines
verkaufsdatenbasierten Informationssystems zu reduzieren. Dies sowie die Anpassung der Zielsetzungen erfolgte auf zwei Ebenen: *Erstens* wurde auf der konzepti-
onellen Ebene den Verkaufsdaten nicht mehr der gleiche zentrale Stellenwert zugeschrieben wie zuvor. *Zweitens* rückte auf materiell-technischer Ebene erneut
die Kasse als autonomer Apparat statt als automatisiertes Kassensystem mit weitreichenden Verbindungen ins Unternehmen in den Fokus – mit dem Unterschied,
dass die Kasse nun nicht elektromechanisch, sondern elektronisch funktionierte.

Veränderte Relevanz der Verkaufsdaten

Wie kam es, dass den Verkaufsdaten im Konzept des geplanten rechnergestützten
Informationssystems ab Frühjahr 1973 nicht mehr ein zentraler Stellenwert zugeschrieben wurde? Die dargestellte ausbleibende Resonanz von Seiten der Genossenschaften und Abteilungen des MGB auf die im Feldtest generierten Verkaufsdaten hatte sicherlich einen wichtigen Einfluss auf diese veränderte
Einschätzung. Von ebenso großer Bedeutung war die bereits erwähnte neue
Projektverantwortlichkeit: Im Sommer 1972, kurz vor Beginn des Feldtests,
übergab Pierre Arnold, Leiter des Marketing-Departements, die Verantwortung
für das APOSS-Projekt an Frank Rentsch, Chef des Departements Warenfluss.[341]

339 PA MG, Referat des APOSS-Projektleiters
   zum Traktandum APOSS an der Geschäftsleiterkonferenz über Warenfluss- und EDV-
   Probleme, 2. März 1973, S. 4.
340 Archiv MGB, 299. Verwaltungsdelegationssitzung MGB, 13. Oktober 1972, Beilage:
   Brief von Dr. Frank Rentsch an die Ge-

schäftsleiter der Genossenschaften, 15. Dezember 1972, S. 2.
341 Archiv MGB, 292. Verwaltungsdelegationssitzung MGB, 9. Juni 1972, S. 3; 302. Verwaltungsdelegationssitzung MGB, 1. Dezember
1972, S. 12.

Es mag auf den ersten Blick erstaunen, dass dieser Wechsel zu einer veränderten Einschätzung der Relevanz von Verkaufsdaten führte, stimmten doch die Interessen von Arnold und Rentsch überein. Arnold strebte eine marketingorientierte Betriebsführung an, während es Rentsch um eine effiziente Neugestaltung des Bestellwesens ging. Beide Anliegen bedingten den verstärkten Einsatz rechnergestützter Datenverarbeitung in der Migros. Das Projekt einer automatischen Kasse zur Erfassung von Verkaufsdaten, die als Grundlage einer nachfragegesteuerten Warenwirtschaft diente, scheint beide Zielsetzungen ideal zu vereinen.

Vom Beginn des Projekts bis zum Sommer 1972 war Pierre Arnold für das APOSS-System zuständig. Entsprechend seinem Bestreben, die Migros zu einem nachfrageorientierten Unternehmen umzubauen, betonte er stets die Relevanz der Verkaufsdaten für das Marketing. Als das APOSS-Projekt in den Zuständigkeitsbereich von Frank Rentsch wechselte, ließ dieser eine Umfrage bei verschiedenen Mitarbeitenden aus dem MGB, den Genossenschaften und den Filialen durchführen, um «die Notwendigkeit eingehender Untersuchungen zur Verkaufsdaten-Verwendung» zu eruieren.[342] Die Resultate dieser Umfrage zeugten keineswegs von der bisher unhinterfragten Annahme, die Verkaufsdaten seien unverzichtbar. Die Umfrage zeigte vielmehr, dass die Relevanz von Verkaufsdaten für das Marketing und die Warenwirtschaft unterschiedlich beurteilt wurde: Die Befragten sahen kaum Verwendungsmöglichkeiten für Verkaufsdaten im Marketing. Einzig im Bereich der Warenwirtschaft, insbesondere dem Bestellwesen, sollte man die Verwendung von Verkaufsdaten eingehender prüfen.[343]

Neben den ausbleibenden Reaktionen auf die generierten Verkaufsdaten nach dem Feldtest führte mitunter auch dieses deutliche Verdikt dazu, dass die APOSS-Verantwortlichen im MGB ihre gehegten Erwartungen grundlegend revidierten. Der APOSS-Projektleiter reflektierte in einem Referat vor den Genossenschaftsleitern im Frühjahr 1973 selbstkritisch: «Der Nutzen aus der Verwendung der erfassten Verkaufsdaten [muss] bedeutend geringer veranschlagt werden als wir noch vor nicht allzu langer Zeit erhofft haben. Ich möchte an dieser Stelle nicht verhehlen, dass wir in dieser Hinsicht Optimisten gewesen sind und dass dieser Optimismus in Sachen ‹Bedarf an Verkaufsinformationen› nicht gerechtfertigt war.»[344] Der Projektleiter fuhr fort: Eine «realistische Einschätzung der heutigen Gegebenheit in der Migros» führe «zwangsläufig» dazu, dass die

342 Archiv GMZ, 33. Marketingkonferenz, 22. Juni 1972, S. 42.

343 Archiv GMZ, 33. Marketingkonferenz, 22. Juni 1972, S. 42; Bericht «Einige Überlegungen und Vorschläge zur Zukunft des APOSS-Projektes», 16. November 1972, S. 4.

344 PA MG, Referat des APOSS-Projektleiters zum Traktandum APOSS an der Geschäftsleiterkonferenz über Warenfluss- und EDV-Probleme, 2. März 1973, S. 2.

vormalige Zielsetzung der Erfassung von Verkaufsdaten, nämlich die Verwendung dieser Daten im Marketing und in der Warenwirtschaft, «liquidiert» werden müsse.[345]

Da Verkaufsdaten nicht mehr zentral innerhalb eines rechnergestützten Informationssystems verstanden wurden, wurde dessen Komplexität entscheidend reduziert. Die mit der Idee eines automatischen Kassensystems verknüpften Ziele der Verkaufdatenerfassung bei gleichzeitiger Steigerung der Kassenproduktivität wurden entkoppelt. Infolgedessen weitete sich der Raum der denkbaren Möglichkeiten, nachdem sich die Vorstellungen während des APOSS-Projekts auf ein Kassensystem mit automatischer Erfassung der Verkaufsdaten beschränkt geblieben waren. Gleichzeitig konzentrierte sich die Aufmerksamkeit auf Aspekte, die in erster Linie für die Warenwirtschaft und weniger für das Marketing von Bedeutung waren.[346]

Diese Verschiebung der Prioritäten schlug sich im Reisebericht des APOSS-Projektleiters nieder: Im Herbst 1972 reiste er in die USA, um an einer Sitzung von Einzelhändlern teilzunehmen, die im Bereich automatischer Kassensysteme führend waren, sowie verschiedene Hersteller- und Anwenderunternehmen von «modernen *checkout*- und Bestellsystemen» zu besuchen.[347] Sein Reisebericht dokumentierte die Vielfalt an Entwicklungen in diesem Bereich.[348] Unter anderem besichtigte der Projektleiter ein Bestellsystem, das auf der Erfassung der Warenabgänge am Regal beruhte. Solche Systeme würden «fast überall» in den USA als «Grundlage für das Bestellwesen» verwendet und auch in Europa zunehmend Fuß fassen, ist im Reisebericht zu lesen.[349] Der Bericht zeigt, dass sich das rechnergestützte Bestellwesen nicht länger ausschließlich auf die Verfügbarkeit von Verkaufsdaten stützte. Zwar hatten auch diese Visionen automatischer Bestellwesen die Verfügbarkeit aktueller Daten darüber, welche Artikel verkauft worden waren, zur Bedingung. Doch wurden diese Informationen nicht mittels lesender Kassen und Verkaufsdaten generiert, sondern durch die Erfassung des «effektiven

345 Archiv GMZ, Dokumentation z.h. der Geschäftsleiter der Migros Genossenschaften für die Sitzung vom 2. März 1973 über Warenfluss- und EDV-Probleme, S. 10.

346 Archiv GMZ, Bericht «Einige Überlegungen und Vorschläge zur Zukunft des APOSS-Projektes», 16. November 1972, S. 2.

347 Der MGB war wie auch Zellweger Mitglied in der internationalen *automatic check-out study group*, die sich ab Frühjahr 1972 regelmäßig zum Thema automatische Kassensysteme austauschte. Neben einem amerikanischen, belgischen und einem britischen Einzelhandelsunternehmen war auch Royal Ahold Mitglied dieser Gruppe. PA MG, 1. Sitzung der APOSS-Arbeitsgruppe, 9. März 1973. Archiv

GMZ, Programm für die Arbeitsgruppe des MGB und der Genossenschaften zur Untersuchung der Verwendung von Verkaufsdaten und des Einsatzes von Datenerfassungsgeräten in der Migros, August 1972; Bericht «USA-Reise vom 10.-24. Oktober 1972», November 1972.

348 Archiv GMZ, Bericht «USA-Reise 10.-24. Oktober 1972», November 1972. PA MG, Bericht «Kurzbeschreibung der verschiedenen Typen von elektronischen Kassen- und Check-out-Systemen sowie der Geräte zur Datenerfassung am Gestell», Februar 1973.

349 Archiv GMZ, Bericht «USA-Reise 10.-24. Oktober 1972», November 1972, S. 7ff.

Warenausgangs am Gestell».[350] Diese Erfassungsmethode war ausschließlich auf das Bestellwesen ausgerichtet; eine Verwendung der solchermaßen gewonnenen Informationen im Marketingbereich war explizit nicht vorgesehen. Aus diesem Grund wurden lediglich Bestelleinheiten erfasst, am einfachsten direkt am Regal. Die kostenintensive und aufwändige maschinenlesbare Auszeichnung der Artikel wurde damit hinfällig.

Wenn auch dieses eben geschilderte Bestellsystem in der Migros keinen Zuspruch fand, rückte in der Migros fortan die Bereitstellung von Daten für die Warenverteilung in den Vordergrund. Die Erhebung von Daten für das Marketing trat in den Hintergrund.[351] Nachdem der Versuch des MGB, mittels der Erfassung von Verkaufsdaten an der Kasse eine rechnergestützte Warenwirtschaft aufzubauen, vorerst gescheitert war, waren die Bemühungen der Genossenschaften in dieser Hinsicht erfolgreicher. So vermeldete die GMZ 1974 die Einführung eines rechnergestützten Bestellsystems zwischen den Filialen und der Betriebszentrale: «Die Warenbestellung wird in einen Kleincomputer, ein sogenanntes ‹Terminal› eingetippt, der über die Telefonleitung mit dem Rechenzentrum verbunden werden kann. Dreimal täglich stellt der Zentralcomputer automatisch die Verbindung mit dem Filialcomputer her, übernimmt die eingetippten Bestellungen, prüft, speichert und verarbeitet diese.»[352] Aufgrund dieses schnellen und häufigen Informationsaustauschs zwischen der Filiale und der Betriebszentrale – 30 Minuten statt wie bisher tagelang dauert nun die Bestellübermittlung – verkürzte sich die Bestellfrist auf 20 bis 48 Stunden. «Die Bestellung gewinnt an Aktualität!», triumphierte der Rechenschaftsbericht der GMZ.[353] Dieses rechnergestützte Bestellsystem demonstrierte exemplarisch, dass für ein effizientes, rechnergestütztes Bestellwesen kein aufwändiges, voraussetzungsrei-

350 In Bezug auf die Verwendung solchermaßen generierter Daten für das Bestellwesen hat die Methode der Erfassung am Regal gegenüber den an den Kassen erfassten Verkaufsdaten zudem den Vorteil, dass sie nicht um den Schwund korrigiert werden müssen. PA MG, Programm für die Arbeitsgruppe des MGB und der Genossenschaften zur Untersuchung der Verwendung von Verkaufsdaten und des Einsatzes von Datenerfassungsgeräten in der Migros, August 1972, S. 11 und S. 23.

351 Es ist zu vermuten, dass diese Prioritätsverschiebung zu Diskussionen zwischen Pierre Arnold und Frank Rentsch geführt hatte. In den mir zur Verfügung stehenden Quellen der Migros finden sich dazu jedoch keine Hinweise. Darüber, ob mitunter auch Meinungsverschiedenheiten in dieser Angelegenheiten zur Kündigung von Frank Rentsch im Frühjahr 1976 geführt hatten, kann ich nur

spekulieren. In einem Sitzungsprotokoll des Verwaltungsrats der Zellweger findet sich jedoch folgender Satz: «Es scheint sich ein Machtkampf zwischen Herrn Arnold und Dr. Rentsch abzuspielen.» Archiv ZAG, 155. Sitzung des Ausschusses des Verwaltungsrates Zellweger Uster AG, 29. November 1972, S. 11.

352 Archiv MGB, Rechenschaftsbericht GMZ 1975, S. 8. Zu diesem rechnergestützten Bestellsystem siehe: Archiv MGB, Rechenschaftsbericht MGB 1974, S. 29; Rechenschaftsbericht GMZ 1974, S. 6; Rechenschaftsbericht MGB 1975, S. 29; Rechenschaftsbericht GMZ 1975, S. 8; Rechenschaftsbericht GMZ 1979, S. 9.

353 Archiv MGB, Rechenschaftsbericht GMZ 1974, S. 6; Rechenschaftsbericht GMZ 1975, S. 8.

ches und vom MGB konzipiertes Kassensystem notwendig war. Der Versuch des MGB, mittels einer verkaufsdatenbasierten Warenwirtschaft direkt auf die Filialen zuzugreifen, war – zumindest vorerst – gescheitert.

Elektronische Kassen statt automatischer Kassensysteme

Die Erfassung von Verkaufsdaten war also nicht länger zentral für das geplante rechnergestützte Informationssystem des MGB, dessen Zielsetzungen noch auf einer anderen Ebene angepasst wurden. Beobachtungen des Projektleiters in den USA trugen möglicherweise dazu bei: Er hielt in seinem Reisebericht fest, dass im amerikanischen Einzelhandel eine «Politik der kleinen Schritte» betrieben würde.[354] Es herrsche verbreitet die Meinung, «[d]ass nun als erstes die elektronischen Registrierkassen ihren Weg in die Supermärkte finden werden, während mit Scanner-Systemen erst in einigen Jahren zu rechnen sei», heißt es im Reisebericht. Von den amerikanischen Einzelhandelsunternehmen werde «[d]er Einsatz von elektronischen Registrierkassen oft als ‹intermediate step› bezeichnet, als Übergangslösung bis zur Einführung von Scanner-Systemen».[355] Dennoch war in den USA unbestritten: «Die Aera der mechanischen Registrierkasse geht zu Ende. [...] von den größeren Unternehmungen werden keine neuen Geräte mehr gekauft.»[356]

Diese in den amerikanischen Supermärkten eingesetzten elektronischen Registrierkassen zeichneten sich vielfach durch eine Ausbauoption aus: Zu einem späteren Zeitpunkt konnten Scanner zum Ablesen des UPC an diese Kassen angeschlossen werden; sie stellten also tatsächlich eine Art Zwischenlösung in Bezug auf Kassensysteme mit automatischer Preislesung dar.[357]

Im MGB schloss man sich der Einschätzung des Projektleiters bezüglich der Verbreitung der elektronischen Registrierkassen an: Der zuständige Departementschef Frank Rentsch schrieb im erwähnten Brief an die Genossenschaftsleiter: «So scheint uns, dass das vollautomatische Kassensystem für den Einsatz in unmittelbarer Zukunft in den Hintergrund tritt, dass aber die heutigen Kassen schon sehr rasch durch elektronische Kassen abgelöst werden könnten.»[358] Nachdem der APOSS-Feldtest gezeigt hatte, dass «auch das raffinierteste und teuerste

354 Archiv GMZ, Bericht «USA-Reise 10.–24. Oktober 1972», November 1972, S. 20.

355 Archiv GMZ, Bericht «USA-Reise 10.–24. Oktober 1972», November 1972, S. 22.

356 Archiv GMZ, Bericht «USA-Reise 10.–24. Oktober 1972», November 1972, S. 22. Siehe dazu auch: Rosenbloom, *Leadership, Capabilities, and Technological Change*, S. 1099.

357 Archiv GMZ, Bericht «USA-Reise 10.–24. Oktober 1972», November 1972, S. 8. PA

MG, Bericht «Kurzbeschreibung der verschiedenen Typen von elektronischen Kassen- und Check-out-Systemen sowie der Geräte zur Datenerfassung am Gestell», Februar 1973.

358 Archiv MGB, 299. Verwaltungsdelegationssitzung MGB, 13. Oktober 1972, Beilage: Brief von Dr. Frank Rentsch an die Geschäftsleiter der Genossenschaften, 15. Dezember 1972, S. 2.

‹automatische› System nicht in der Lage [ist], eine wesentliche Verkürzung der
Kundenabfertigungszeiten zu erreichen», betrachtete die Migros eine Steigerung
der Kassenproduktivität und die damit verbundene Verkürzung der Warteschlangen an den Kassen nicht länger als vordringlich.[359]

Diese Meinungsänderung wurde bestärkt durch eine weitere Umfrage unter
knapp hundert Filialleitern der Migros. Diese ebenfalls im Sommer 1972 durch-
geführte Umfrage zeigte, dass die Filialleiter die Kassen zwar während fast 25
Prozent der Ladenöffnungszeit als «überlastet» beurteilen – es bildeten sich also
Warteschlangen. Doch wurde dieser Umstand nur von 5 Prozent der befragten
Filialleiter zu langsamen Kassen zugeschrieben.[360] Hier zeigte sich ein weiteres
Mal die unterschiedliche Wahrnehmung der Problemlage und ihrer möglichen
Lösungen innerhalb der Migros: Über 50 Prozent der befragten Filialleiter gaben an, dass eine zu geringe Anzahl Kassenboxen – dorthin leitet die Kassiererin
die Artikel nach dem Registrieren weiter und dort packen die Kunden sie ein –,
die Ursache dieser Warteschlangen seien.[361] So setzte der MGB *einerseits* auf
«konventionelle Methoden», wie intensivere Schulung der Kassiererinnen im
Blindtippen, größere und mehr Kassenboxen sowie «Optimierung des Personal-
einsatzes in Spitzenzeiten», um eine Beschleunigung der «Kundenabfertigung»
zu erreichen.[362] *Andererseits* erfolgten entsprechend der Einsicht, dass «[d]ie zukünftigen Kassengeräte […] auf den Bedarf der VERWENDER zugeschnitten»
sein sollten, umfangreiche Tests mit verschiedenen elektronischen Kassen.[363]

Diese Tests verliefen erfolgreich. Als am 13. Februar 1975 das zu dieser Zeit
größte Einkaufszentrum der Schweiz, das Glattzentrum bei Zürich, seine Türen
öffnete, gab die GMZ stolz bekannt, dass der dortige MMM-Verkaufsladen mit
einem elektronischen Kassensystem von NCR ausgerüstet war – der bisher größten derartigen Installation in Europa.[364] Ganz hatte die Migros ihre Pionierrolle
in Sachen elektronischer Kassen also nicht verloren. Auch wenn die Preise von
Hand eingetippt und nicht automatisch abgelesen wurden, so verfügten die Kassen im Glattzentrum doch über die zu einem späteren Zeitpunkt ausübbare Option, die Preise per Scanner einzulesen.[365] Doch dies setzte eine einheitliche Ar-

---

359 Archiv GMZ, 33. Marketingkonferenz,
     22. Juni 1972, S. 56.
360 Archiv GMZ, 33. Marketingkonferenz,
     22. Juni 1972, S. 2ff.
361 Archiv GMZ, 33. Marketingkonferenz,
     22. Juni 1972, S. 4.
362 Archiv GMZ, 33. Marketingkonferenz,
     22. Juni 1972, S. 60.
363 PA MG, Referat des APOSS-Projektleiters
     zum Traktandum APOSS an der Ge-
     schäftsleiterkonferenz über Warenfluss-
     und EDV-Probleme, 2. März 1973, S. 6.
     Hervorhebung im Original; Archiv MGB,

320. Verwaltungsdelegationssitzung MGB,
     7. Dezember 1973, S. 10; 334. Verwaltungs-
     delegationssitzung MGB, 30. August 1974,
     S. 4.
364 Es scheint bezeichnend, dass sich im dem
     Einkaufszentrum angegliederten markan-
     ten Hochhaus NCR einmietet. Archiv
     MGB, Rechenschaftsbericht GMZ 1975,
     S. 5. *Elektronische Kassensysteme im Einkauf-
     szentrum Glatt*; Einkaufszentrum Glatt, *30
     Jahre Glatt*, S. 21.
365 *Elektronische Kassensysteme im Einkaufszen-
     trum Glatt*, S. 31.

tikelauszeichnung voraus – eine Bedingung, die auch 1975 in der Migros nicht erfüllt war.

Die Kassen im Einkaufszentrum Glatt standen exemplarisch für die Situation im Schweizer Detailhandel Mitte der 1970er Jahre: Die Registrierkassen funktionierten nun zunehmend nicht mehr elektromechanisch, sondern elektronisch. Dennoch war die Kasse zu dieser Zeit längst nicht der Ende der 1960er Jahre imaginierte «Fiebermesser», welcher der Unternehmensleitung artikelgenau über die Geschehnisse an der Verkaufsfront Auskunft gab. Vielmehr wurden die Kassen nach dem APOSS-Feldtest auch in der Migros wieder zu autonomen Apparaten, die zwar als System bezeichnet wurden, jedoch ohne nennenswerte Verbindungen zu anderen Unternehmensbereichen in den Verkaufsläden standen. Bis die Registrierkassen in der Migros ihre zu Beginn der 1970er Jahre erlernten Fähigkeiten des Lesens und sich Erinnerns auf breiter Front anwenden konnten, vergingen nochmals zehn Jahre, während derer die Bemühungen um die soziotechnischen Anschlüsse weitergingen.

Fazit: Umbau

Im dritten Teil dieser Studie geht es um die betriebliche Umsetzung der zuvor dargestellten Vorstellungen marketingorientierter Warenbewirtschaftung und rechnergestützter Unternehmensführung. Diese Vorstellungen kristallisierten sich in der Vision eines die ganze Migros umfassenden rechnergestützten Informationssystems. Letzteres sollte das Rechnungswesen wie auch die Warenwirtschaft und das Marketing umfassen: Der MGB hatte also das Konzept der Management Information Systeme seinen eigenen Bedürfnissen und Vorstellungen entsprechend adaptiert.

Ich konzentriere mich in erster Linie auf das geplante rechnergestützte Warenwirtschaftssystem: Grundlage dieses Systems sollten an der Kasse aufgezeichnete Verkaufsdaten sein. Die Kasse, die bisher vordringlich als problematisches Nadelöhr im reibungslosen Kundenfluss wahrgenommen wurde, wurde nun zum idealen Ort der Erfassung von Verkaufsdaten umgedeutet: Alle Kunden mussten gezwungenermaßen mit ihren Einkäufen die Kasse passieren. Da überdies bei einer Erfassung an der Kasse ausschließlich die effektiv getätigten Verkäufe ermittelt wurden, zeichneten sich die hier registrierten Verkaufsdaten durch eine hohe Qualität und Aktualität aus. Die Verkaufsdaten sollten als sogenannte Basisinformation für das Marketing und die Warenwirtschaft dienen und die betrieblichen Abläufe hinter den Verkaufsregalen möglichst eng mit den Geschehnissen der Verkaufsfront synchronisieren. Ausgehend von der Kasse sollte so ein Informationsfluss in Gang gesetzt werden, der den Kundenbedürfnissen entsprechend den Warenfluss regulierte. In dieser Konzeption eines verkaufsdatenbasierten Informationssystems erweiterte die Kasse ihren Funktionsbereich entscheidend: Sie hielt nicht mehr länger nur Transaktionen fest und verwahrte das eingenommene Geld sicher; sie wurde zum Seismografen des unmittelbaren Verkaufsgeschehens in den Filialen und somit zur wichtigen Informantin der Unternehmensleitung.

Die an den Kassen erhobenen Verkaufsdaten waren das Kernstück des vom MGB ausgearbeiteten Konzepts eines rechnergestützten Warenwirtschaftssystems. Die entsprechende Kasse entwickelte ein bisher auf dem Gebiet der Registrierkassen unerfahrenes Schweizer Unternehmen, Zellweger Uster AG, in enger Zusammenarbeit mit dem MGB. Zellweger hoffte durch die Kooperation mit der Migros ein neues Geschäftsfeld zu erschließen. Neben der automatischen Erfassung von Verkaufsdaten erhoffte sich der MGB eine Beschleunigung des Kassenvorgangs, um Warteschlangen zu verkürzen.

Die Zusammenarbeit zwischen MGB und Zellweger war fruchtbar. Die von Zellweger entwickelte elektronische Kasse lernte rasch lesen: Das Auge der Kasse, ein Laser, erfasste automatisch die in einem maschinenlesbaren Symbol, dem «Œil Migros», verschlüsselte Artikelnummer. Unter dieser Artikelnummer war in einer Datenbank der entsprechende Preis des Artikels abgelegt. Überdies konnte diese Kasse sich erinnern: Alle registrierten Artikel wurden als Verkaufsdaten gespeichert. *Automatic point of sale system (APOSS)* hiess diese sogenannte Scanning-Kasse, die als weltweit erste ihrer Art im Sommer 1972 während mehrerer Wochen im betrieblichen Alltag einer Verkaufsfiliale der GMZ getestet wurde.

Während dieses Feldtests erwies sich die APOSS-Kasse als technisch einwandfrei. Dennoch verzichtete der MGB zur Enttäuschung von Zellweger wegen einer nur ungenügenden Beschleunigung des Kassenablaufs und zu hohen Kosten auf eine unternehmensweite Einführung von APOSS. Auf den ersten Blick erscheint diese Argumentation als betriebswirtschaftlich logisch und nachvollziehbar. Meine Analyse zeigt aber, dass sich die APOSS-Kasse nicht primär wegen ihrer mangelhaften technischen Leistungsfähigkeit oder der hohen Kosten, sondern wegen mangelnden inner- und außerbetrieblichen Kompatibilitäten in der Migros nicht durchzusetzen vermochte.

Ich zeige *erstens*, dass es den Verantwortlichen im MGB nicht gelang, den soziotechnischen Anschluss des APOSS-Systems innerhalb der Migros herzustellen. Die konkrete Übersetzung der Vision einer rechnergestützten Warenwirtschaft in den betrieblichen Kontext erwies sich als äußerst schwierig und voraussetzungsreich. Außer den Mitgliedern der Verwaltungsdelegation und den am APOSS-Projekt Beteiligten zeigten die Mitarbeitenden der Migros keinerlei Interesse für die an den APOSS-Kassen gewonnenen Verkaufsdaten: Der potenzielle Mehrwert der Verkaufsdaten für ihre Tätigkeiten und Aufgaben war für sie nicht einsichtig und lag zudem – gerade im Falle der Genossenschaften – nicht in ihrem Interesse.

Denn mit dem Aufbau eines auf die Bedürfnisse des MGB ausgerichteten, zentralen Warenwirtschaftssystems beabsichtigte der MGB, die für den Verkauf zuständigen Genossenschaften zu umgehen. Er wollte sich die für den nachfrageorientierten Einkauf und die Bewirtschaftung notwendigen Informationen direkt in den Verkaufsläden beschaffen. Das bisher relevante Erfahrungswissen der Filialleiter sollte so nach dem Willen der Unternehmensführung durch vorgeblich objektive Verkaufsdaten ersetzt und von der Peripherie der Verlaufsläden in die Unternehmenszentrale des MGB überführt werden. Auf diese Weise beabsichtigte der MGB seine Stellung innerhalb der Migros zu stärken.

Dieser Konflikt verweist exemplarisch auf den engen Zusammenhang von technischem und sozialem Wandel. Die Verbreitung einer neuen Technik geht untrennbar einher mit sozialem Wandel: So war es ja gerade das Bestreben des MGB mit dem Aufbau eines rechnergestützten Informationssystems, die betrieblichen Abläufe, Handlungsstrategien und alltäglichen Routinen im Unternehmen zu verändern. Anders formuliert: Der MGB beabsichtigte, mittels rechnergestützter Technik die Organisation und Handlungskultur des Unternehmens zu verändern. Durch die Nichtbeachtung des Kernstücks dieses rechnergestützten Systems, der APOSS-Kasse und den durch sie generierten Verkaufsdaten, wehrten sich die Mitarbeitenden gegen diese Absichten des MGB.

Doch nicht nur in sozialer Hinsicht gelang dem APOSS-System der innerbetriebliche Anschluss nicht: Das an die APOSS-Kassen anschließende rechnergestützte System zur Warenverteilung war zum entscheidenden Zeitpunkt im Sommer 1972 nicht betriebsbereit, sondern befand sich ein Jahr im Rückstand zum ursprünglich vorgesehenen Zeitplan. Das Projekt eines umfassenden rechnergestützten Informationssystems scheiterte also auch an der ihm inhärenten Komplexität: Das Konzept einer verkaufsdatenbasierten Warenwirtschaft erwies sich als zu komplex, als dass die technischen, organisatorischen und sozialen Anschlüsse in der betrieblichen Praxis innerhalb der nötigen Frist hätten hergestellt werden können.

Ich zeige *zweitens* außerbetriebliche Anschlussprobleme des APOSS-Systems auf: Zur gleichen Zeit, als der MGB zusammen mit Zellweger an der Entwicklung der APOSS-Kasse arbeitete, einigten sich die wichtigsten Verbände des amerikanischen Einzelhandels und der Nahrungsmittelindustrie auf einen standardisierten Code für die Bezeichnung von Artikeln: den *universal product code (UPC)*. Den Wettbewerb um den entsprechenden maschinenlesbaren Code entschied im Frühjahr 1973 der von IBM eingereichte Vorschlag für sich. Das halbrunde Symbol des «Œil Migros», der von Zellweger und dem amerikanische Partnerunternehmen Litton/Sweda eingereichte Vorschlag, ging damit leer aus. Diese Entwicklungen im US-Einzelhandelsmarkt, der als der Referenzmarkt schlechthin galt, trugen dazu bei, dass der MGB nach dem Feldtest beschloss, nicht auf das proprietäre System von Zellweger zu setzen.

Angesichts der Entwicklungen im amerikanischen Einzelhandelsmarkt revidierte der MGB seine Zielsetzungen in Bezug auf das geplante Warenwirtschaftssystem: Nicht mehr die Erfassung von Verkaufsdaten stand im Zentrum; fortan wurde die Bereitstellung von Daten für die Warenwirtschaft, insbesondere für das Bestellwesen, priorisiert. Entsprechend verloren die Verkaufsdaten, die nach Ansicht von Pierre Arnold gerade auch für das Marketing wichtig waren, in der Einschätzung der Verwaltungsdelegation an Relevanz. Da die Daten für das Bestellwesen nicht unbedingt an der Kasse erhoben werden mussten, begegnete der MGB den Bemühungen um eine Standardisierung der Artikelbezeichnung in Europa und in der Schweiz – insbesondere nachdem Frank Rentsch den MGB verlassen hatte – zurückhaltend. Statt auf automatische Kassensysteme setzte der MGB auf elektronische Kassen und eine unternehmensinterne Artikelbezeichnung. Der Versuch des MGB, mittels einer verkaufsdatenbasierten Warenwirtschaft direkt auf die Filialen und das dortige Geschehen zuzugreifen, war – zumindest vorerst – gescheitert.

V. Schluss

Die vorliegende Studie beschäftigt sich aus unternehmens- und technikhistorischer Perspektive mit der Einführung von Computertechnik im Schweizer Einzelhandel. Am Beispiel des Schweizer Einzelhandelsunternehmens Migros analysiere ich, wie technische Offerten in unternehmerische Logiken und soziale Kontexte eingepasst werden. Ich untersuche also nicht die Genese einer Technik, sondern wie Technik als ein Mittel zur Veränderung kommunikativer Gegebenheiten und Wahrscheinlichkeiten eingesetzt wird. Im Zentrum steht dabei die Kasse, die als Scharnier zwischen Produktion und Konsum in der heutigen Konsumgesellschaft eine zentrale Stellung einnimmt. Der Untersuchungszeitraum erstreckt sich vom Ende des Zweiten Weltkrieges bis in die Mitte der 1970er Jahre.

Umsatz

Die Studie setzt Mitte der 1920er Jahre mit der Gründung des Schweizer Einzelhandelsunternehmens Migros ein und schlägt dann einen weiten Bogen in die Nachkriegszeit. In dieser Zeitspanne veränderte die Migros ihre rechtliche und organisatorische Form: Gegründet als Aktiengesellschaft, wandelte der Firmenpatron Gottlieb Duttweiler 1941 das Unternehmen in eine Genossenschaft mit ausgeprägt föderalistischen Strukturen um. Aus der Unternehmenszentrale in Zürich ging der Migros-Genossenschafts-Bund (MGB) hervor, der faktisch die bestimmende Organisation innerhalb der Migros blieb. Als eigentliche Konzernleitung agierte die fünfköpfige Verwaltungsdelegation. Auch die Tochtergesellschaften wurden in Genossenschaften umgewandelt, die für den Verkauf in einer bestimmten geografischen Region verantwortlich waren. Trotz basisdemokratischer Elemente in der Organisationsstruktur war der jeweilige Handlungsspielraum zwischen dem MGB und der Verwaltungsdelegation auf der einen Seite und den regionalen Genossenschaften auf der anderen stets umkämpft.

Nach einer kurzen Darstellung der Unternehmensgeschichte zeige ich, wie die Jahrzehnte des wirtschaftlichen Aufschwungs nach dem Zweiten Weltkrieg für die Migros geprägt waren von unternehmerischem Wachstum. Die Einführung der Selbstbedienung als organisatorische Maßnahme der Rationalisierung des Verkaufs löste zunächst das Problem einer effizienten Warenverteilung im Laden und erlaubte es dem Unternehmen, seine Geschäftstätigkeit massiv auszudehnen. Gleichsam im Gleichschritt mit dem wirtschaftlichen Aufschwung in der Schweiz stieg der Umsatz der Migros. Trotz dieses unternehmerischen Wachstums zeichnete sich Ende der «langen 1950er Jahre» immer deutlicher ab, dass die Selbstbedienung neue Problemlagen schuf: Der Erfolg der Selbstbedienung bedrohte den Kern des bisher so erfolgreichen Geschäftsmodells der Migros: die rationelle Organisation der einzelhändlerischen Vermittlungstätigkeit. Diese ermöglichte dem Unternehmen mit einer günstigen Kostenstruktur hohe Umsätze zu erwirtschaften, die trotz geringer Marge eine substanzielle absolute Rendite abwarfen.

Anhand zweier Beispiele zeige ich, warum die Einführung der Selbstbedienung bei der Migros nicht nur Umsatzwachstum bewirkte, sondern auch innerbetriebliche Konflikte schuf. Konkret arbeite ich folgende Problemlagen heraus: das Sortimentswachstum und die Warteschlangen an der Kasse.

Erstens: Die Selbstbedienung als Rationalisierung des Verkaufsvorgangs ermöglichte der Migros, eine größere Anzahl von Artikeln in ihren Läden anzubieten. So wurden ab 1951 in den Läden nicht nur Lebensmittel zum Verkauf angeboten, sondern auch sogenannte Gebrauchsartikel oder *non food* Artikel. In der Folge nahmen in den beiden Nachkriegsjahrzehnten nicht nur die Artikelanzahl, sondern auch Regalmeter und Verkaufsflächen stark zu. Insbesondere das immer größer und heterogener werdende Sortiment stellte neue Anforderungen an die Fähigkeit des Unternehmens, Masse und Diversität effizient zu verwalten. Die genaue Kenntnis über den Verkaufserfolg eines Artikels war für ein Unternehmen wie die Migros, das nach dem Discountprinzip «großer Umsatz, kleine Marge» arbeitete, entscheidend: Nur Artikel, die einen Umsatz generieren, der über dessen Einkaufs-, Lagerhaltungs- und Transportkosten lag, trugen zum finanziellen Gewinn des Unternehmens bei. Andernfalls verursachten sie lediglich Kosten.

Die präzise und rasche Eruierung von verkaufsstarken Artikeln wurde folglich angesichts der steigenden Sortimentsgröße immer dringender und anspruchsvoller: Der MGB bemühte sich, administrative Strukturen zu schaffen, um in zentralistischer Absicht die betriebliche Übersicht zu erhalten. Die Genossenschaften ihrerseits waren bestrebt, ihre Kompetenzen über die Sortimentsgestaltung nicht an den MGB zu verlieren.

Die negativen Konsequenzen der Selbstbedienung demonstriere ich – *zweitens* – an den Kassen: Wegen des großen Kundenaufkommens infolge der Selbstbedienung bildeten sich an den Kassen Warteschlangen. Die Migros versuchte, mit der Ausdehnung des Prinzips der Selbstbedienung auf die Kassen dieses Problem zu bewältigen: Ab 1967 registrierten Kunden in einer Stadtzürcher Verkaufsfiliale ihre Einkäufe an sogenannten «Selbsttipp»-Kassen selbst. Nach wenigen Jahren musste dieser Versuch jedoch abgebrochen werden: Zu viele Kunden hatten eigenmächtig die «totale Selbstbedienung» eingeführt. Es zeigt sich, dass die

Warteschlangen an den Kassen nicht durch organisatorische Maßnahmen zum Verschwinden gebracht werden konnten. Auch mittels technischer Aufrüstung der Kassen gelang es der Migros nicht, dieses Ziel zu erreichen.

Was ich im Zusammenhang mit den Bemühungen des MGB um die Etablierung einer administrativen Kontrolle des Sortiments zeige, mache ich auch im Kontext des «Selbsttipp»-Versuchs deutlich: Die Machtverhältnisse zwischen MGB und den Genossenschaften waren keineswegs eindeutig. Beide Beispiele dokumentieren, wie spärlich und diskontinuierlich der Informationsfluss zwischen den Genossenschaften und dem MGB war, und wie in der betrieblichen Realität der Zugriff des MGB auf die Genossenschaften beschränkt war. Die Migros war Mitte der 1960er Jahre keineswegs ein Unternehmen, das über eine konsolidierte Organisationsstruktur verfügte.

Umdeutungen

Im *zweiten* Teil der Studie zeige ich, wie die Migros auf die veränderten Anforderungen reagierte und die innerbetriebliche Organisation anzupassen versuchte. Dabei stellte sich die Computertechnik als attraktive Offerte heraus. Im Vordergrund stand dabei die effiziente, rationale Verarbeitung der massenweise anfallenden Bestellungen. Denn die Selbstbedienung hatte nicht nur eine Vergrößerung des Sortiments zur Folge, sondern auch eine Beschleunigung des Warenumschlags. Das Bestellwesen war die Schnittstelle zwischen der Verkaufsfront und den Lagerhallen, den Betriebszentralen und Verwaltungsabteilungen, die den Nachschub sicherstellen, und musste darum den Anforderungen dieses beschleunigten Warenumschlags genügen. So waren es denn auch die für den Verkauf zuständigen regionalen Genossenschaften, die zu Beginn der 1950er Jahre Rechenmaschinen zur Beschleunigung der Bestellverarbeitung einsetzten. Der Einsatz dieser elektromechanischen und später elektronischen Rechenmaschinen folgte den bewährten Prinzipien der Rationalisierung durch den Einsatz von Technik: Bisher manuell ausgeführte Arbeitsabläufe wurden mehr oder weniger unverändert auf die Rechenmaschinen übertragen und somit beschleunigt. Diese ersten Computer in der Migros dienten so der Kompatibilisierung der rückwärtigen Abteilungen mit dem beschleunigten Warenumschlag an der Verkaufsfront.

Die Attraktivität der elektronischen Rechenmaschinen bestand jedoch nicht allein in der Beschleunigung von betrieblichen Abläufen: Ende der 1950er Jahre setzte eine Umdeutung der leistungsfähiger werdenden Rechenmaschinen ein. Das Argument der betrieblichen Beschleunigung verlor an Gewicht, während angesichts der hochkonjunkturellen Wirtschaftslage die Einsparung von Arbeitskräften durch den Einsatz von Computertechnik an Bedeutung gewann. Computer sollten zur Automation der Verarbeitung von Daten beitragen, indem sie immer größere Anteile der von Menschen ausgeführten Arbeit übernahmen.

Die breit geführten Debatten um die Automatisierung führte auch im Einzelhandel zu einer neuen Zielvorgabe der unternehmerischen Rationalisierungsanstrengungen: Es ging nicht mehr allein um die Beschleunigung der betrieblichen Abläufe, sondern um die Bewältigung eines wachsenden Umsatzes unter konstantem Mitteleinsatz. Möglich machen sollte diese Produktivitätssteigerung technischer Fortschritt im Allgemeinen und die elektronische Datenverarbeitungstechnik im Besonderen. Die elektronische Datenverarbeitung wurde dabei als adäquate Lösung für die Herausforderungen des Einzelhandels, insbesondere die Verwaltung der rasch wachsenden und wechselnden Sortimente, also zur im ersten Teil dieser Studie problematisierten Verwaltung von Masse und Diversität, propagiert. Eine Allianz von Computerherstellern und Unternehmensberatern versprach den Einzelhändlern, dass sich mittels Computer Kontrolle, Transparenz und Übersichtlichkeit herstellen ließe, was letztlich eine bessere, weil auf objektiven Daten basierende Unternehmensführung ermöglichte. Dadurch, dass der Computer der Unternehmensführung einen rascheren Überblick über die aktuellen Geschäftsentwicklungen sowie durch Simulationen sogar einen Blick in die Zukunft erlaubte, würden deren Entscheidungsspielräume entscheidend erweitert: Nicht nur das innerbetriebliche Wachstum, auch die zunehmende außerbetriebliche Komplexität würde so beherrschbar.

In der ersten Hälfte der 1960er Jahre wurden den Computern also neue Fähigkeiten und Anwendungsbereiche zugeschrieben und mit ihnen zugleich Versprechen auf die Zukunft formuliert: ein sogenanntes Management Information System sollte das gesamte Unternehmen in einem umfassenden Computersystem abgebilden. Sämtliche Daten über die unternehmerischen Tätigkeiten sollten elektronisch erfasst und zu Informationen verarbeitet werden, die der Unternehmensleitung einen umfassenden betrieblichen Überblick gewähren sollten. Nicht mehr lediglich als effiziente Verarbeiter von generischen Daten, sondern als Instrumente zur Entscheidungsfindung der Unternehmensführung sollten nun also die elektronischen Rechenmaschinen dienen.

Diese Umdeutungen fanden zunächst in den USA statt und wurden von den Managern des MGB aufmerksam verfolgt. In der Folge war der MGB bemüht, sich den Computer als zukunftsträchtige Technik anzueignen. Er machte die Deutungsmacht und die materielle Verfügung darüber den Genossenschaften streitig. Am Beispiel einer Migros-internen Konferenz zum Einsatz von Computertechnik in der Migros 1966 zeige ich, wie im Unternehmen unterschiedliche Interessenlagen aufeinanderprallten. Frank Rentsch, zu diesem Zeitpunkt Geschäftsleiter einer Genossenschaft, wandte die Idee der Management Information Systeme auf die Problemlagen der Migros an und entwarf die Vision einer rechnergestützten Warenwirtschaft: Die Steuerung und Kontrolle der gesamten

Warenwirtschaft, also auch das Bestellwesen und die Sortimentsbewirtschaftung, sollte in einem einzigen Computersystem erfolgen. Frank Rentsch entwarf
die kybernetisch inspirierte Vision eines Warenwirtschaftssystem, das aus steten,
staulosen Flüssen von Waren und Informationen bestand.

Andere Kadermitarbeitende waren nicht im gleichen Maße von den Fähigkeiten der kostspieligen, elektronischen Rechenkolosse überzeugt. Doch die diskursive Umdeutung der Computer zu Instrumenten der Unternehmensführung
erwies sich als zu wirkungsmächtig, um durch diese kritischen Stimmen ernsthaft ins Wanken zu geraten – zumal sich diese Versprechen mit den Absichten
des MGB deckten: Der MGB wollte sich die Deutungshoheit und den Zugriff
auf diese zukunfsträchtige Technik sichern. Er bediente sich der rechnergestützten Technik, um seine Position als koordinierende Instanz innerhalb der Migros
zu stärken und zu zementieren. Meine Analyse zeigt, wie die Verwaltungsdelegation unter dem Schlagwort der Integration die Zentralisierung sämtlicher
elektronischer Ressourcen beim MGB betrieb. Diese Anstrengungen erwiesen
sich insofern als erfolgreich, als ab 1970 der Aufbau des Rechenzentrums beim
MGB begann. Dieses Rechenzentrum sollte als Grundlage für ein das gesamte
Unternehmen umfassendes, rechnergestütztes Informationssystem dienen.

Ich weise zudem nach, dass es kein Zufall war, dass diese neuen Vorstellungen
über die Anwendung der Computertechnik zeitlich mit dem Tod des jahrzehn-
telang bestimmenden Firmengründers Gottlieb Duttweiler zusammenfielen:
Denn die Umdeutung der elektronischen Datenverarbeitung zu einem Instrument der Unternehmensführung ermöglichte dem MGB eine Reorganisation
des Unternehmens. Mit der Umdeutung der rechnergestützten Technik ging der
Aufstieg eines neuen Typus von Migros-Managern sowie einer neuen Betriebsführung einher. Als Vertreter dieses Typus stelle ich Pierre Arnold, Mitglied der
Verwaltungsdelegation, vor. Aufgrund seiner Diagnose eines veränderten sozioökonomischen Umfelds verlangte er eine strategische Neuausrichtung des Unternehmens sowie eine Anpassung der Betriebsführungsmethoden. Unter den
Schlagworten von Marketing und Management forderte er eine konsequente
Modernisierung der Migros: Die Tätigkeiten des Unternehmens sollten fortan
vollständig auf die Bedürfnisse der Kunden ausgerichtet werden. Diese zeitgenössischen Management- und Marketinglehren einer nachfragegesteuerten Unternehmensführung verbanden sich in der Migros mit Vorstellungen über die
adäquate Anwendung von Computertechnik zu einem wirkungsmächtigen Mittel des betrieblichen Umbaus.

Umbau

Im *dritten* Teil dieser Studie stelle ich die betriebliche Umsetzung der vorange-
hend analysierten Vorstellungen von marketingorientierter Warenbewirtschaftung und rechnergestützter Unternehmensführung dar. Diese Vorstellungen
kristallisierten sich in der Vision eines die ganze Migros umfassenden, rechnergestützten Informationssystems. Dieses ab 1968 geplante Informationssystem
sollte das Rechnungswesen sowie die Warenwirtschaft und das Marketing umfassen und auf dem beim MGB installierten Rechenzentrum basieren: Der MGB
adaptierte also die Vision eines Management Information Systems entsprechend
seinen Bedürfnissen und Vorstellungen.

Ich konzentriere mich in erster Linie auf das geplante rechnergestützte Warenwirtschaftssystem. Das Ziel dieses Systems war ein automatischer, nachfragegesteuerter Warennachschub. Als Grundlage dafür dienten Verkaufsdaten: Diese
sollten an den Kassen in den Verkaufsfilialen generiert werden und für exakt der
Nachfrage entsprechende Bestellungen sorgen. Auf diese Weise sollte eine Senkung der Lagerbestände möglich werden, was zu tieferen Betriebskosten führen
sollte. Aufgrund des Bedürfnisses nach Verkaufsdaten wurde die Kasse, die bisher vordringlich als problematisches Nadelöhr im reibungslosen Kundenfluss
wahrgenommen wurde, zum idealen Ort der Erfassung dieser Daten: Da alle
Kunden mit ihren Einkäufen die Kasse passieren mussten, zeichneten sich die
hier registrierten Daten durch eine hohe Aktualität und Aussagekraft in Bezug
auf das Nachfrageverhalten aus. Diese Verkaufsdaten sollten als sogenannte
Basisinformation für Marketing und Warenwirtschaft dienen und so die betrieblichen Abläufe hinter den Verkaufsregalen möglichst eng mit den Geschehnissen
an der Verkaufsfront synchronisieren: Ausgehend von der Kasse wurde ein Informationsfluss in Gang gesetzt – so die Vorstellungen –, der den Kundenbedürfnissen entsprechend den Warenfluss regulierte. In dieser Konzeption eines
verkaufsdatenbasierten Informationssystems erweiterte die Kasse ihren Funktionsbereich entscheidend: Sie hielt nicht mehr länger lediglich die Transaktionen
von Waren gegen Geld fest und verwahrte das eingenommene Geld sicher; sie
wurde zum Seismografen des unmittelbaren Verkaufsgeschehens in den Filialen
und somit zur wichtigen Informantin der Unternehmensleitung.

Die an den Kassen erhobenen Verkaufsdaten waren das Kernstück des vom
MGB ausgearbeiteten Konzepts eines rechnergestützten Warenwirtschaftssys-
tems. Die entsprechende Kasse entwickelte ein bisher auf dem Gebiet der Kassen
unerfahrenes Schweizer Unternehmen, Zellweger Uster AG, in enger Zusam-
menarbeit mit dem MGB. Zellweger erhoffte sich durch die Kooperation mit der
Migros ein neues Geschäftsfeld zu erschließen. *Automatic point of sale system
(APOSS)* nannten der MGB und Zellweger dieses Projekt einer elektronischen
Kasse. Diese APOSS-Kasse konnte lesen: Das Auge der Kasse, ein Laser, erfasste

automatisch die in einem maschinenlesbaren Symbol, dem «Œil Migros», verschlüsselte Artikelnummer. Unter dieser Artikelnummer war in einer Datenbank der entsprechende Preis des Artikels abgelegt. Vor allem aber konnte sich diese Kasse erinnern: Alle registrierten Artikel wurden als Verkaufsdaten gespeichert. Neben der Erfassung von Verkaufsdaten durch das APOSS-System hoffte der MGB auch eine Beschleunigung des Kassenvorgangs zu erreichen, um so die Warteschlangen an den Kassen zu verkürzen.

Im Sommer 1972 wurde das APOSS-System als weltweit erstes seiner Art während mehrerer Wochen im betrieblichen Alltag eines Verkaufsladens der Migros getestet. Während dieses Feldtests erwies sich die APOSS-Kasse als technisch einwandfrei. Dennoch verzichtete der MGB zur Enttäuschung von Zellweger mit den Argumenten einer nur ungenügenden Beschleunigung des Kassenablaufs und zu hohen Kosten auf eine unternehmensweite Einführung von APOSS. Auf den ersten Blick erscheint diese Argumentation als betriebswirtschaftlich logisch und nachvollziehbar. Meine Analyse zeigt aber, dass sich die APOSS-Kasse nicht primär wegen ihrer mangelhaften technischen Leistungsfähigkeit oder der hohen Kosten, sondern wegen mangelnden inner- und außerbetrieblichen Kompatibilitäten in der Migros nicht durchzusetzen vermochte.

Ich zeige *erstens*, dass es den Verantwortlichen im MGB nicht gelang, den soziotechnischen Anschluss des APOSS-Systems innerhalb der Migros herzustellen. Die Übersetzung der Vision einer rechnergestützten Warenwirtschaft in den betrieblichen Kontext erwies sich als äußerst schwierig und voraussetzungsreich. Außer den Mitgliedern der Verwaltungsdelegation und den am APOSS-Projekt Beteiligten zeigten die Mitarbeitenden der Migros keinerlei Interesse für die an den APOSS-Kassen gewonnenen Verkaufsdaten: Der potenzielle Mehrwert der Verkaufsdaten für ihre Aufgaben und Tätigkeiten war für sie nicht einsichtig und lag zudem – insbesondere im Falle der Genossenschaften – nicht in ihrem Interesse: Ich lege dar, wie der MGB durch den Aufbau eines auf seine Bedürfnisse ausgerichteten, zentralen Warenwirtschaftssystems beabsichtigte, die für den Verkauf zuständigen Genossenschaften zu umgehen und sich die für eine nachfrageorientierte Sortimentsbewirtschaftung notwendigen Informationen direkt in den Verkaufsläden zu beschaffen. Das bisher relevante Erfahrungswissen der Filialleiter sollte so nach dem Willen der Unternehmensführung durch objektive Verkaufsdaten ersetzt und von der Peripherie der Verlaufsläden in die Unternehmenszentrale des MGB überführt werden.

Ich zeichne zudem nach, wie dieser Konflikt exemplarisch auf den engen Zusammenhang von technischem und sozialem Wandel verweist: Die Verbreitung einer neuen Technik geht untrennbar einher mit sozialem Wandel. So war es ja gerade das Bestreben des MGB, mit dem Aufbau eines rechnergestützten Informationssystems die betrieblichen Abläufe, Handlungsstrategien und alltäglichen Routinen im Unternehmen nach seinen Vorstellungen zu verändern. Der MGB intendierte also die Veränderung der unternehmerischen Organisation und Handlungsmaximen mittels rechnergestützter Technik. Durch die Nichtbeachtung des Kernstücks dieses rechnergestützten Systems, der APOSS-Kasse und den durch sie generierten Verkaufsdaten, wehrten sich die Mitarbeitenden gegen diese Absichten des MGB.

Im Weiteren zeige ich, dass das Projekt eines umfassenden rechnergestützten Informationssystems auch an der der Vision inhärenten Komplexität scheiterte: So erwies sich das Konzept einer verkaufsdatenbasierten Warenwirtschaft als zu voraussetzungsreich, als dass die technischen, organisatorischen und sozialen Anschlüsse in der betrieblichen Praxis innerhalb der nötigen Frist hätten hergestellt werden können.

Zweitens zeige ich außerbetriebliche Anschlussprobleme des APOSS-Systems auf: Zur gleichen Zeit, als der MGB zusammen mit Zellweger an der Entwicklung der APOSS-Kasse arbeitete, einigten sich die wichtigsten Verbände des amerikanischen Einzelhandels und der US-Nahrungsmittelindustrie auf einen standardisierten Code für die Bezeichnung von Artikeln: den *universal product code (UPC)*. Diese Entwicklungen im US-Einzelhandelsmarkt, der als der Referenzmarkt schlechthin galt, trugen mit dazu bei, dass der MGB nach dem Feldtest beschloss, nicht länger auf das proprietäre Kassensystem von Zellweger zu setzen. Vielmehr revidierte der MGB angesichts der Entwicklungen im amerikanischen Einzelhandelsmarkt seine Zielsetzungen in Bezug auf das geplante Warenwirtschaftssystem: Fortan wurde die ausschließliche Bereitstellung von Daten für das Bestellwesen priorisiert. Entsprechend verloren die Verkaufsdaten in der Einschätzung der Verwaltungsdelegation an Relevanz. Da die Daten für das Bestellwesen nicht unbedingt an der Kasse erhoben werden mussten, begegnete der MGB den Bemühungen um eine Standardisierung der Artikelbezeichnung in Europa und in der Schweiz zurückhaltend. Statt auf automatische Systeme mit lesenden Kassen setzte der MGB ab Mitte der 1970er Jahre auf einzelne elektronische Kassen und eine unternehmensinterne Artikelbezeichnung.

Der Versuch des MGB, mittels einer verkaufsdatenbasierten Warenwirtschaft direkt auf die Filialen durchzugreifen, war also Mitte der 1970er Jahre gescheitert. Der Umbau des Unternehmens mittels rechnergestützter Technik ging auch nach Abbruch des APOSS-Projekts weiter. Die Tätigkeit der Migros als Einzelhandelsunternehmen blieb sich jedoch gleich: An der effizienten Koordination von Angebot und Nachfrage, von Produktion und Konsum, änderte auch die Einführung von Computern im Einzelhandel nichts.

VI. Anhang

Abbildungsnachweis

Abbildung 1, Seite 46
Sortimentsentwicklung bei der GMZ, 1947–1959.
Quelle: Eigene Darstellung nach Daten von Baumann, *Die Selbstbedienung.*
Entwicklung und heutiger Stand in den Migros-Genossenschaften.

Abbildung 2, Seite 54
Regalanordnung in einem Selbstbedienungsladen der Migros.
Quelle: Baumann, *Die Selbstbedienung. Entwicklung und heutiger Stand in den*
Migros-Genossenschaften.

Abbildung 3, Seite 55
Warteschlangen an der Kasse, Verkaufsladen Kreuzplatz, Zürich.
Quelle: Audiovisuelles Archiv MGB.

Abbildung 4, Seite 60
Werbung von NCR, 1965.
Quelle: *Gesparte Zentimeter sind gewonnenes Geld*, NCR Werbung.

Abbildung 5, Seite 62
Kassiererinnen-Schulung, 1972.
Quelle: Archiv MGB, Rechenschaftsbericht MGB 1972.

Abbildung 6, Seite 68
«Selbsttipp-Kasse», Verkaufsladen Wollishofen, 1965.
Quelle: *Neues Kassier-System im Migros-Markt Wollishofen.*

Abbildung 7, Seite 162
Das lageunabhängig ablesbare «Œil Migros».
Quelle: PA MG.

Abbildung 8, Seite 163
Schema des «automatic point of sale system (APOSS)», 1973.
Quelle: Archiv GMZ, Broschüre «APOSS-System. Orientierung».

Abbildung 9, Seite 177
Die erste lesende Kasse der Welt: «APOSS» von Zellweger Uster AG, 1973
Quelle: PA MG.

Abbildung 10, Seite 178
Werbung von Zellweger Uster AG für «APOSS», 1972
Quelle: Zellweger «APOSS» – Beinahe das Ei des Kolumbus.

Abbildung 11, Seite 181
Kundenhinweise zum Umgang mit dem «APOSS-System», 1972
Quelle: *«APOSS» in der Praxis.*

Quellen- und Literaturverzeichnis

Archivalische Quellen

Archiv Coop
Unterlagen zur Schweizerischen
Artikelcode-Vereinigung (SACV).

*Archiv Migros-Genossenschafts-Bund
(Archiv MGB)*
Rechenschaftsberichte MGB, 1941–1980.
Rechenschaftsberichte GMZ, 1944–1980.
Protokolle der Sitzungen der Verwaltung GMZ,
1941–1980.
Protokolle der Geschäftsleiter, Nr. 1–83,
1945–1980.
Protokolle der Geschäftsleitung MGB,
1945–1957.
Protokolle der Verwaltungsdelegation,
Nr. 1–564, 1957–1980.
Handablage von Gottlieb Duttweiler
(Signatur G).

*Archiv Migros Genossenschaft Zürich
(Archiv GMZ)*
Protokolle der Sitzungen der Verwaltung GMZ,
1952–1969.
Unterlagen zum APOSS-Projekt.

*Archiv Schweizerische Artikelcode Vereinigung
(Archiv SACV)*
Mitteilungen und Bulletins der SACV, Nr. 1–6,
1976–1980.

Archiv Zellweger AG Uster (Archiv ZAG)
Protokolle des Verwaltungsrates, Nr. 111–127,
1967–1972.
Protokolle des Ausschusses des Verwaltungsrates,
Nr. 135–161, 1970–1973.
Unterlagen zum APOSS-Projekt.

*Privatarchiv Dr. Matthias Geiger, Projektleiter
APOSS MGB (PA MG)*
Unterlagen zum APOSS-Projekt.

Schweizerisches Wirtschaftsarchiv Basel (SWA)
VoH III 15.

Sozialarchiv (Soz Arch)
Bestand VHTL.

Korrespondenz
Schriftliche Korrespondenz mit Jürg Abt, 7. und
8. März 2009.

Mündliche Quellen

Interview mit Robert Schubenel,
  ehemaliger Managing Director EAN Schweiz
  (heute GS1), 10. November 2003.
Willi Rossi, ehemaliger Mitarbeiter MGB,
  23. November 2003.
Interview mit Joachim Heldt, Mitarbeiter
  EAN Schweiz (heute GS1),
  17. November 2004.
Interview mit Dr. Matthias Geier,
  damaliger Projektleiter APOSS MGB,
  26. Mai 2005 und 7. Juli 2005.
Interview mit Jürg Abt, damaliger Projektleiter
  APOSS Zellweger, 7. Juli 2005.
Interview mit Emanuel Morf,
  damaliger Mitarbeiter NCR und
  M-Informatic (heute Wilux POS AG),
  5. und 6. April 2006.
Weitere Interviews und Gespräche
  mit Mitarbeitenden von MGB, GMZ
  und Coop.

Gedruckte Quellen und Literatur

1948
Ein Selbstbedienungsladen. In: NZZ (9. März 1948,
  Nr. 742).
*Selbstbedienung. Die Filiale mit dem größten
  Umsatz macht damit einen Versuch.* In:
  Brückenbauer (9. April 1948, Nr. 37): 4–5.
Die Migros-Kunden sagen ja zur Selbstbedienung.
  In: Brückenbauer (17. Dezember 1948,
  Nr. 20): 3.

1949
Selbstbedienung ist Männergeschmack. In:
  Brückenbauer (8. April 1949, Nr. 36): 3.

1959
*Selbstbedienung in Europa. Ein Interview mit dem
  Geschäftsführer des Instituts für Selbstbedienung,
  Köln, Dr. Karl Heinz Henksmeier.* In: Der
  Verbraucher (9): 632–634.

1961
*Automation Speeds Recovery, Boosts Productivity,
  Pares Jobs.* In: Time Magazine (12).

1962
*Panel Diskussion I. Die Sortimentspolitik unter
  besonderer Berücksichtigung des Lebensmittelhandels.* In: Sortiment am Kreuzweg? Eine
  Schicksalsfrage des Handels. 10. internationale

Studientagung, Zürich, 24. bis 27. Juli 1961.
S. F. Ashelman, F. Effer, H. Groß, W. Kaeslin,
E. Pirmez und R. Seyffert. Düsseldorf 24:
75–84.

1963

Das Sortiment wächst unaufhaltsam. In: Selbstbedienung & Supermarkt (11): 7–12.
*Die Selbstbedienung im Schweizer Lebensmittel-
handel.* Schweizerische Handelszeitung.

1964

SB-Lagerabrechnung mit Lochkarten. In:
Selbstbedienung & Supermarkt (1): 38–40.

1965

Gesparte Zentimeter sind gewonnenes Geld. In:
Selbstbedienung & Supermarkt (2): 2.
Bewährt sich Englands erster Lochkarten-Laden?
In: Selbstbedienung & Supermarkt (9): 90.
Der erste Lochkarten-Laden. In: Selbstbedie-
nung & Supermarkt (4): 62.
Kassenschlangen. In: Selbstbedienung &
Supermarkt (6): 63.
Lochkarten-Laden in Paris. In: Selbstbedie-
nung & Supermarkt (5): 58.
*Neues Kassier-System im Migros-Markt Wollis-
hofen.* In: Selbstbedienung & Supermarkt (12):
5–7.
*Sortimentskontrolle an Kassenstellen des Lebens-
mittelhandels.* In: Selbstbedienung & Super-
markt (12): 36–40.
Tendenzen im amerikanischen Handel. In:
Selbstbedienung & Supermarkt (10): 57–59.
Vertrauen gegen Vertrauen. In: Selbstbedienung &
Supermarkt (6): 62.

1966

*Bist du schon da? Werbung für NCR-Rückgeld-
automatik.* In: Selbstbedienung & Supermarkt
(3): 9.
*Im Vorbeifahren. Werbung für NCR-Rückgeld-
automatik.* In: Selbstbedienung & Supermarkt
(6): 9.
Lochkarten-Laden. In: Selbstbedienung &
Supermarkt (3): 69.
Mini-Diebe killten nobles Experiment.
‹Vollselbstbedienung› auch bei uns unmöglich.
Blick: 2.
*SLIM (store labor and inventory management).
Richtige Regaleinteilung erspart Arbeitsstunden.*
In: Selbstbedienung & Supermarkt (3):
34–42.
*‹Vertrauen gegen Vertrauen› – unmöglich in der
Schweiz? Migros Experiment forderte zuviel
Ehrlichkeit von Kunden.* National Zeitung.
578.

1967

Datenerfassung im Einzelhandel. In: Selbst-
bedienung & Supermarkt (1): 20–22.
Jetzt mit Kontrolle. Blick.
*Kassieren im SB-Laden. Empfehlungen des
ISB-Arbeitskreises für Einrichtung und Organi-
sation.* In: Selbstbedienung & Supermarkt (1):
4–8.
*Kunden tippen weiterhin selber. Eine Stellungnahme
des Migros-Genossenschafts-Bundes.* In:
Selbstbedienung & Supermarkt (1): 9.

1968

*Kürzere Wartezeiten an der Kasse. Auszug aus einer
Untersuchung des Zentralverbandes Deutscher
Konsumgenossenschaften über den Arbeitsablauf
an der Kassenstelle.* In: Selbstbedienung &
Supermarkt (4): 53–57.

1970

Kassen-System mit elektronischer Datenerfassung.
In: Selbstbedienung & Supermarkt (11): 50–51.

1971

*AGROS mit integrierter Datenerfassung Olivetti
TC 600.* In: Selbstbedienung & Supermarkt
(4): 48–51.
*Automatisch registrieren mit Sweda System 700
Datapen.* In: Selbstbedienung & Supermarkt
(4): 56–59.
Elektronisches Kassensystem. In: Selbstbedie-
nung & Supermarkt (4): 60–63.
TRADAR: Death of a Retailer's Dream. In:
Datamation (6): 34–37.

1972

APOSS im Feldtest. In: Selbstbedienung &
Supermarkt (8): 46.
APOSS in der Praxis. In: Selbstbedienung &
Supermarkt (10): 52–60.
As the Industry Sees It. In: Communications of
the ACM 15 (7): 506–517.
Selbsttippende Kassen. Neue Zürcher Zeitung.
Zürich.
*«Weltpremiere» einer sensationellen Schweizer
Entwicklung.* St. Galler Tagblatt. St. Gallen.
*Zellweger APOSS – Beinahe das Ei des Kolum-
bus.* In: Selbstbedienung & Supermarkt (2): 7.

1973

The rebuilding job at National Cash Register NCR.
Business Week: 82–86.
A Standard Labeling Code for Food. In: Business
Week (April 7): 71–73.

1975

*Elektronische Kassensysteme im Einkaufszentrum
Glatt.* In: Selbstbedienung & Supermarkt (7):
21–36.

*Probleme der maschinenlesbaren Waren- und
Preisauszeichnung. Bemühungen um ein
einheitliches Symbol.* In: Selbstbedienung –
Dynamik im Handel (3): 34–38.

1976
Aspekte der Europäischen Artikelnummerierung.
In: Selbstbedienung – Dynamik im Handel
(1): 8–13.
*Einigung über Europäisches Artikel-Nummerierungs-
System.* In: Selbstbedienung – Dynamik im
Handel (10): 36.
Kassenterminals: Handel geblendet. In: Absatz-
wirtschaft (8): 22–28.
*Maschinenlesbare Warenauszeichnung. Praxis im
Einzelhandel der USA.* In: Selbstbedienung –
Dynamik im Handel (9): 18–20.

1977
Albert Heijn testet Scanning. In: Selbstbedie-
nung – Dynamik im Handel (6): 40–45.
*Albert Heijn testet Scanning. Warenwirtschafts- und
Informationssystem.* In: Selbstbedienung –
Dynamik im Handel (7): 34–35.

1981
EAN und Scanning – Start 1982! In: Handel
heute (12): 2–5.

1983
Durchbruch beim Scanning? In: Handel heute (6):
28–29.
Für jedes Geschäft die Kasse nach Maß. In: Handel
heute (11): 6–13.

1985
*Eile mit Weile beim Scanning: Zögernde Verwendung
elektronischer Kassensysteme im Handel.* NZZ.
Zürich. Nr. 222: 5.

1986
*Migros S. Antonio mit neuem Kassensystem. Rustico-
Ruinen zwischen Scannern und Rolltreppen.*
NZZ. Zürich: 34.

1988
*Marktbearbeitung mit gesellschaftlichem Aspekt.
Interview mit Erich Guggelmann, Migros.*
In: Dynamik im Handel. Sonderausgabe 50
Jahre Selbstbedienung (10):
48–58.

2005
Verlieren 15.000 ihren Job an der Kasse?
Blick. Zürich.

2007
Kunden scannen selber. Tagesanzeiger.
Zürich: 48.

Abelshauser, Werner (1987). *Die langen Fünfziger
Jahre. Wirtschaft und Gesellschaft der Bundes-
republik Deutschland 1949–1966.* Düsseldorf.
Abernathy, Frederick H., John T. Dunlop,
Janice H. Hammond und David Weil (1999).
*A Stitch in Time: Lean Retailing and the
Transformation of Manufacturing: Lessons from
the Apparel and Textile Industries.* New York,
Oxford.
Abt, Jürg (1973). *Datenerfassung im Supermarkt.
Referat am Institut für technische Physik der ETH
Zürich.* In: Schweizerische Technische
Zeitschrift 49 (6. Dezember 1973): 989–996.
Agar, Jon (2003). *The Government Machine.
A Revolutionary History of the Computer.*
Cambridge.
Albrecht, Helmuth (2001). *Die Innovation des
Lasers in Deutschland – Forschungen an der TU
Berlin und der Universität Jena im Vergleich.*
In: Innovationskulturen und Fortschritts-
erwartungen im geteilten Deutschland.
Johannes Abele, Gerhard Barkleit und Thomas
Hänseroth. Köln: 263–276.
Applebaum, William (1967). *Wissenschaft und
Handel der Brückenschlag zwischen Theorie und
Praxis, [4. bis 7. Juli 1966, in Rüschlikon-Zürich].*
Bern.
Arnold, Pierre (1984). *Federführend. Eine persön-
liche Sozialbilanz.* Zürich.
Ashelman, S. F., F. Effer, H. Groß, W. Kaeslin,
E. Pirmez und R. Seyffert (1962). *Sortiment
am Kreuzweg? Eine Schicksalsfrage des Handels
10. internationale Studientagung, Zürich, 24. bis
27. Juli 1961.* Düsseldorf.
Attewell, Paul (1992). *Technology Diffusion and
Organizational Learing: The Case of Business
Computing.* In: Organization Science 3 (1):
1–19.
Austrian, Geoffrey D. (1982). *Herman Hollerith
– Forgotten Giant of Information Processing.* New
York.

Barber, Robert J. (1963). *21 Ways to Pick Data
Off Moving Objects.* In: Control Engineer-
ing (10): 82–86.
Basten, Rolf, Hans J. Gassmann, Walter
Güttinger, Walter Hautle, Heinz Weinhold
und Felix Wulkan (1962). *Organisation und
Automation im Handel.* Bern.
Bauer, Martin, Ed. (1995). *Resistance to new
technology. Nuclear power, information technology
and biotechnology.* Cambridge.
Baumann, Werner (1960). *Die Selbstbedienung.
Entwicklung und heutiger Stand in den Migros-
Genossenschaften.* Zürich.
Baumann, Werner (1977). *Wachstum und
Diversifikation in der Migros.* In: Unternehmens-

wachstum im kühleren Wirtschaftsklima. Bern: 273–292.

Baumberger, Beno (2003). *«Das Geschäft kommt zu den Kunden». Rationalisierung des Lebensmitteldetailhandels in der Wirtschaftsmetropole Zürich.* In: Der Migros-Kosmos. Zur Geschichte eines außergewöhnlichen Schweizer Unternehmens. Katja Girshik, Albrecht Ritschl und Thomas Welskopp. Baden: 40–57.

Beer, Stafford (1959). *Cybernetics and Management.* London.

Bell, Daniel (1973). *The Coming of Post-Industrial Society. A Venture in Social Forecasting.* New York.

Beniger, James R., Ed. (1986). *The Control Revolution. Technological and Economic Origins of the Information Society.* Cambridge MA.

Berghoff, Hartmut (2007). *Marketing im 20. Jahrhundert. Absatzinstrument – Managementphilosophie – universelle Sozialtechnik.* In: Marketinggeschichte. Die Genese einer modernen Sozialtechnik. Hartmut Berghoff. Frankfurt a. M.: 11–58.

Berghoff, Hartmut, Ed. (2007). *Marketinggeschichte. Die Genese einer modernen Sozialtechnik.* Frankfurt a. M.

Berghoff, Hartmut und Jakob Vogel (2004). *Wirtschaftsgeschichte als Kulturgeschichte. Dimensionen eines Perspektivenwechsels.* Frankfurt a. M.

Berichte der Studienreisen im Rahmen der Auslandhilfe der USA (1957). *Der Lebensmittelhandel in den USA (unter besonderer Berücksichtigung moderner Verkaufsmethoden).* Frankfurt a. M.

Berkeley, Edmund Callis (1949). *Giant Brains or Machines that Think.* New York.

Berkeley, Edmund Callis (1966). *Die Computer-Revolution. Elektronengehirne – Automation und Gesellschaft.* Frankfurt a. M.

Bertolotti, Mario (1983). *Masers and Lasers. An Historical Approach.* Bristol.

Bertolotti, Mario (2005). *The History of the Laser.* Bristol.

Bijker, W. E., Th. P. Hughes und T. J. Pinch (1987). *The Social Construction of Technological Systems.* Cambridge MA, London.

Bittel, Lester R. (1964). *Management by Exception. Systematizing and Simplifying the Managerial Job.* New York.

Bix, Amy Sue (2000). *Inventing Ourselves out of Jobs? America's Debate over Technological Unemployment, 1929–1981.* Baltimore, London.

Blattner, A. (1957). *Studienreise nach den Vereinigten Staaten.* In: Lebensmittelhandel (7): 173–175.

Böckli, Hans Rudolf (1958). *Neue Aspekte der Selbstbedienung. Vorträge und Diskussionsprotokolle der 7. Internationalen Studientagung in Rüschlikon.* Rüschlikon.

Bombach, Gottfried (1964). *Unser Markt von 1970. 12. internationale Studientagung, Rüschlikon, 2. bis 5. September 1963.* Düsseldof.

Bonhage, Barbara (2006). *Die Einführung der bargeldlosen Lohn- und Gehaltszahlung. Der schweizerische Zahlungsverkehr zwischen öffentlicher und privater Dienstleistung.* In: Dienstleistungen. Expansion und Transformation des «dritten Sektors», Jahrestagung 2005 der Schweizerischen Gesellschaft für Wirtschafts- und Sozialgeschichte (SGWSG). Hans-Jörg Gilomen, Margrit Müller und Laurent Tissot. Zürich.

Bonhage, Barbara und Katja Girschik (2005). *Die Selbstbedienungsgesellschaft. Banken und Einzelhandel in Zeiten rechnergestützter Kommunikation.* In: Akkumulation (21): 1–11.

Booth, Alan (2007). *The Management of Technical Change. Automation in the UK and USA since 1950.* Hampshire.

Börner, Christina (2003). *Die Great Atlantic & Pacific Tea Company. Eine amerikanische Migros?* In: Der Migros-Kosmos. Zur Geschichte eines außergewöhnlichen Schweizer Unternehmens. Katja Girschik, Albrecht Ritschl und Thomas Welskopp. Baden: 58–67.

Böttcher, Karl W. (1955). *Das Fließband reicht bis in den Laden.* In: Frankfurter Hefte Vol. 10 (Heft 11): 774–781.

Bowker, Geoffrey (1994). *Information Mythology and Infrastructure in International Information Management.* In: Information Acumen. The Understanding and Use of Knowledge in Modern Business. Lisa Bud-Fierman. London: 231–247.

Bowker, Geoffrey C. (1996). *The History of Information Infrastructures: The Case of the International Classification of Diseases.* In: Information Processing & Management 32 (1): 49–61.

Bowker, Geoffrey C. und Susan Leigh Star (1999). *Sorting Things Out. Classification and its Consequences.* Cambridge, Mass.

Bowlby, Rachel (2001). *Carried Away. The Invention of Modern Shopping.* New York.

Brändli, Sibylle (1996). *«Wives in the Avacados, Babies in the Tomatos». Eine Migros-Delegation auf Reisen in den amerikanischen Supermärkten.* In: Traverse. Zeitschrift für Geschichte (1): 104–116.

Brändli, Sibylle (2000). *Der Supermarkt im Kopf. Konsumkultur und Wohlstand in der Schweiz nach 1945.* Wien.

Brauns, Jörg (2004). *«... eine stets zu erneuernde Welt». Zur Einführung des Supermarktes in Deutschland.* In: 1950. Lorenz Engell, Bernhard Siegert und Joseph Vogl. Weimar: 117–127.

Brian Jones, D. G. und Eric H. Shaw (2002). *A History of Marketing Thought.* In: Handbook of Marketing. Barton Weitz. London: 39–65.

Briesen, Detlef (2001). *Warenhaus, Massenkonsum und Sozialmoral zur Geschichte der Konsumkritik im 20. Jahrhundert.* Frankfurt a. M.

Brinkmann, Ulrich (2002). *«Unternehmenskultur». Aufstieg und Niedergang eines Konzepts.* In: Kultur und ihre Wissenschaft. Beiträge zu einem reflexiven Verhältnis. Urte Helduser und Thomas Schwietring. Konstanz: 203–230.

Brown, Stephen A. (1997). *Revolution at the Checkout Counter.* Cambridge, Mass.

Brüschweiler, H. (1965). *Die Automation an der Verkaufsfront unter besonderer Berücksichtigung der Warengruppenkontrolle.* In: Personalknappheit und Automation im Handel. 13. internationale Studientagung, Rüschlikon, 6. bis 9. Juli 1964. H. Brüschweiler. Düsseldorf, Band 29/30: 133–144.

Brüschweiler, H., Ed. (1965). *Personalknappheit und Automation im Handel. 13. internationale Studientagung, Rüschlikon, 6. bis 9. Juli 1964.* Schriftenreihe der Stiftung «Im Grüene». Düsseldorf.

Bubik, Roland (1996). *Geschichte der Marketing-Theorie. Historische Einführung in die Marketing-Lehre.* Frankfurt a. M.

Bucklin, Louis P. (1980). *Technological Change and Store Operations: The Supermarket Case.* In: Journal of Retailing 56 (1): 3–15.

Bud-Fierman, Lisa (1994). *Information Acumen. The Understanding and Use of Knowledge in Modern Business.* London.

Bürgi, Eugen (1949). *Das Waren-Sortiment im Detailhandel, mit besonderer Berücksichtigung des Lebensmitteldetailhandels.* Bern.

Bürgi, Eugen (1962). *Wege zum optimalen Sortiment. Eine klare Anleitung zur richtigen Sortimentsgestaltung für alle Branchen im Detailhandel.* Zürich.

Bürgi, Michael und Bruno J. Strasser (im Erscheinen). *Pharma in Transition. New Approaches to Drug Development at F. Hoffmann-La Roche & Co.* In: Perspectives on 20th-century Pharmaceuticals. Viviane Quirke.

Campbell-Kelly, Martin (1989). *ICL. A Business and Technical History.* Oxford.

Campbell-Kelly, Martin (1994). *The Railway Clearing House and Victorian data processing.*

In: Information Acumen. The Understanding and Use of Knowledge in Modern Business. Lisa Bud-Frierman. London: 51–74.

Campbell-Kelly, Martin (2003). *From Airline Reservations to Sonic the Hedgehog. A History of the Software Industry.* Cambridge, Mass.

Campbell-Kelly, Martin und William Aspray (2004). *Computer. A History of the Information Machine.* Boulder, Col.

Campbell-Kelly, Martin und Daniel D. Garcia-Swartz (2009). *Persistence and Change at the Top of the IT Sector.* In: International Journal of the Economics of Business 16(1): 113–138.

Ceruzzi, Paul (1997). *Crossing the Divide: Architectual Issues and the Emergence of the Stored Program Computer, 1935–1955.* In: IEEE Annals of the History of Computing 19 (1): 5–12.

Ceruzzi, Paul (1998). *A History of Modern Computing.* Cambridge MA.

Chandler, Alfred D. (1977). *The Visible Hand. The Managerial Revolution in American Business.* Cambridge, London.

Chandler, Alfred D. (1990). *Scale and Scope. The Dynamics of Industrial Capitalism.* Cambridge, London.

Chandler, Alfred D. Jr. (2005). *Inventing the Electronic Century: The Epic Story of the Consumer Electronics and Computer Industries.* Cambridge.

Chandler, Alfred D. Jr. und James W. Cortada (2000). *A Nation Transformed by Information. How Information has Shaped the United States from colonial Times to the Present.* Oxford.

Church, Roy und Andrew Godley (2003). *The Emergence of Modern Marketing.* In: Business History 45(1).

Coleman, John S. (1956). *Computers as Tools in Management.* In: Management Science 2 (2): 107–113.

Cortada, James W. (1993). *Cash Register and the National Cash Register Company.* In: Before the Computer. IBM, NCR, Burroughs, and Remington Rand and the Industry They Created, 1865–1956. James William Cortada. Princeton: 64–78.

Cortada, James W. (1993). *The Computer in the United States. From Laboratory to Market, 1930 to 1960.* New York.

Cortada, James William (1993). *Before the Computer. IBM, NCR, Burroughs, and Remington Rand and the Industry they Created, 1865–1956.* Princeton.

Cortada, James William (1996). *Information Technology as Business History. Issues in the History and Management of Computers.* Westport.

Cortada, James W. (2004). *The Digital Hand. How Computers changed the Work of American Manufacturing, Transportation, and Retail Industries.* Oxford.

Cortada, James W. (2006). *The Digital Hand. How Computers Changed the Work of American Financial, Telecommunications, Media, and Entertainment Industries.* Oxford.

David, Paul A. (1986). *Understandig the Economics of QWERTY. The Necessity of History.* In: Economic History and the Modern Economist. William N. Parker. Oxford: 30–49.

De Grazia, Victoria (2005). *Irresistible Empire. America's Advance through Twentieth-Century Europe.* Cambridge, Mass.

De Wit, Dirk (1994). *The Shaping of Automation. A Historical Analysis of the Interaction between Technology and Organization, 1950–1985.* Hilversum.

De Wit, Onno (2000). *The Emergence of a New Regime: Business Management and Office Mechanisation in the Dutch financial Sector in the 1920s.* In: Business History 42 (2): 87–118.

Dearden, John (1964). *Can Management Information be automated?* In: Harvard Business Review (Nr. 2): 128135.

Dearden, John (1972). *MIS is a mirage.* In: Harvard Business Review (Jan–Feb): 90–99.

Desrosières, Alain (1994). *Official Statistics and Business: History, Classifications, Uses.* In: Information Acumen. The Understanding and Use of Knowledge in Modern Business. Lisa Bud-Frierman. London: 168–186.

Desrosières, Alain (1994). *The Politics of large Numbers. A History of statistical Reasoning.* Cambridge.

Deutsch, Tracey (2004). *Making Change at the Grocery Store: Government, Grocers, and the Problem of Women's Autonomy in the Creation of Chicago's Supermarkets, 1920–1950.* In: Enterprise & Society 5(4): 607–616.

Diebold, John (1952). *Automation – The Advent of the Automation Factory.* Princeton.

Ditt, Karl (2003). *Rationalisierung im Einzelhandel: Die Einführung und Entwicklung der Selbstbedienung in der Bundesrepublik Deutschland 1949–2000.* In: Der lange Weg in den Überfluss. Anfänge und Entwicklung der Konsumgesellschaft seit der Vormoderne. Michael Prinz. Paderborn: 315–356.

Dommann, Monika (2003). *Durchsicht, Einsicht, Vorsicht. Eine Geschichte der Röntgenstrahlen, 1896–1963.* Zürich.

Dommann, Monika (2008). *Dokumentieren. Die Arbeit am institutionellen Gedächtnis in Wissenschaft, Wirtschaft und Verwaltung 1895–1945.* In: Jahrbuch für Europäische Verwaltungsgeschichte 20. Technikentwicklung zwischen Wirtschaft und Verwaltung in Großbritannien und Deutschland (19./20. Jh.). Baden-Baden: 277–299.

Dommann, Monika (2009). *«Be wise – palletize»: Die Transformationen eines Transportbrettes zwischen den USA und Europa im Zeitalter der Logistik.* In: Traverse. Zeitschrift für Geschichte 16(3): 21–36.

Dommann, Monika (2010). *Die Quadratur des Materialflusses: Zur Palettisierung der Schweiz in den 1950er Jahren.* In: Geschichte des Verkehrs. Laurent Tissot, Christoph Maria Merki, Christian Pfister, Hans-Ulrich Schiedt und Rainer Schwinges. Zürich: 377–390.

Dommann, Monika (2010). *Die Quadratur des Materialflusses: Zur Palettisierung der Schweiz in den 1950er Jahren.* In: Geschichte des Verkehrs. Laurent Tissot, Christoph Maria Merki, Christian Pfister, Hans-Ulrich Schiedt und Rainer Schwinges. Zürich.

Downey, Greg (2006). *Constructing «Computer-Compatible» Stenographers. The Transition to Real-Time Transcription in Courtroom Reporting.* In: Technology and Culture. The International Quarterly of the Society for the History of Technology 47(1): 1–26.

Drucker, Peter F. (1954). *The Practice of Management.* New York.

Drucker, Peter Ferdinand (1967). *Management – Impulse durch Marketing. Übersetzung des Vortrages vom 9. Oktober 1967 auf Einladung der Schweizerischen Gesellschaft für Marktforschung, Zürich.* Düsseldorf.

Duerler, Beat M. (1990). *Logistik als Teil der Unternehmungsstrategie. Die Entwicklung der betriebswirtschaftlichen Logistik in der Schweiz.* Bern.

Dunlop, John T. (2001). *The Diffusion of UCC.* In: Twentyfive Years behind the Bars. The Proceedings of the Twentyfifth Anniversary of the UPC at the Smithsonian Institution, September 30, 1999. Alan L. Haberman. Cambridge, Mass.: 12–24.

Duttweiler, Gottlieb (1940. 2. Auflage 1969). *1925–1941: 15 Jahre Brückenbau der Migros von Produzent zu Konsument. Gründung der Genossenschaft als Tatgemeinschaft eidgenössischer Art.* Zürich.

Ein Selbstbedienungsladen (9. März 1948). In: NZZ(Nr. 742).

Einkaufszentrum Glatt (2005). *30 Jahre Glatt – Ein Portrait: Einkaufszentrum Glatt, 1975–2005.* Zürich.

Eklöh, H. (1958). *Der Siegeszug der Selbstbedienung.* In: Neue Aspekte der Selbstbedienung. Vorträge und Diskussionsprotokolle der 7. Internationalen Studientagung in Rüschlikon. Stiftung «Im Grüene». Rüschlikon: 9–18.

Ewing, David W., Ed. (1958). *Long-range planning for management.* New York.

Ewing, John S. und James Murphy (1965). *Impact of Automation on United States Retail Food Distribution.* In: Journal of Retailing (9): 38–47.

Farrell, James J. (2003). *One Nation under Goods. Malls and the Seductions of American Shopping.* Washington.

Faust, Michael und Reinhard Bahnmüller (1996). *Der Computer als rationalisierter Mythos. Vom Nutzen institutioneller Organisationstheorie für die Analyse industrieller Rationalisierung.* In: Soziale Welt (2): 129–148.

Ferry, Georgina (2003). *A Computer called LEO. Lyons Tea Shops and the World's first Office Computer.* London.

Fitzgerald, Robert (1995). *Rowntree and the Marketing Revolution, 1862–1969.* Cambridge.

Flint, W. (1968). *Die Bewältigung des wachsenden Informationsvolumens.* In: Die Europäische Unternehmung und die Amerikanische Herausforderung Internationales Symposium AIDA, Genf, 13.–14. Mai 1968; Berichte und Diskussionen. Genf: 157–182.

Flury, Roger (2003). *Die Migros-Verteilungsgesellschaft m.b.H. Berlin 1932/33. Das Scheitern eines Expansionsversuchs.* In: Der Migros-Kosmos. Zur Geschichte eines außergewöhnlichen Schweizer Unternehmens. Katja Girschik, Albrecht Ritschl und Thomas Welskopp. Baden: 68–85.

Fourastié, Jean (1950). *Le grand espoir du XXe siècle: Progrès technique, progrès économique, progrès social.* Paris.

Fourastié, Jean (1954). *Die große Hoffnung des Zwanzigsten Jahrhunderts.* Köln.

Fourastié, Jean (1965). *Wandlungen der Beschäftigtenstruktur in Europa.* In: Personalknappheit und Automation im Handel. 13. internationale Studientagung, Rüschlikon, 6. bis 9. Juli 1964. H. Brüschweiler. Düsseldorf, Band 29/30: 13–22.

Fridenson, Patrick (2004). *Business Failure and the Agenda of Business History.* In: Enterprise & Society 5 (4): 562–582.

Friedman, Walter A. (2004). *Birth of a Salesman. The Transformation of Selling in America.* Cambridge, Mass.

Fujimura, Joan H. (1992). *Crafting Science: Standardized Packages, Boundary Objects, and «Translation».* In: Science as Practice and Culture. Andrew Pickering. Chicago: 168–211.

Galison, Peter Louis (2001). *Die Ontologie des Feindes. Norbert Wiener und die Vision der Kybernetik.* In: Ansichten der Wissenschaftsgeschichte. Michael Hagner. Frankfurt a. M.: 433–485.

Gartz, Joachim (2005). *Die Apple-Story. Aufstieg, Niedergang und «Wieder-Auferstehung» des Unternehmens rund um Steve Jobs.* Kilchberg ZH.

Gasser, Elsa F. (1955). *Are Swiss Supers the most beautiful in the World? Europe's Mrs. Consumers takes to Self-service.* In: NAGRUS Bulletin (4): 41–47.

Gasser, Elsa F. (1966). *Was kommt nach der Selbstbedienung? Eine kleine Vorschau in die Zukunft.* In: Selbstbedienung & Supermarkt (2): 24–30.

Gericke, Conrad G. (2003). *«Den Menschen auch lebendig erhalten». Entwicklung und Management des Migros-Kulturengagements 1941–2001.* In: Der Migros-Kosmos. Zur Geschichte eines außergewöhnlichen Schweizer Unternehmens. Katja Girschik, Albrecht Ritschl und Thomas Welskopp. Baden: 271–283.

Gerovitch, Slava (2002). *From Newspeak to Cyberspeak. A History of Soviet Cybernetics.* Cambridge, Mass.

Gerteis, Martel (1964). *Automation. Chancen und Folgen für Mensch, Wirtschaft und Politik.* Zürich.

Girschik, Katja (2003). *Eiskalter Erfolg. Die Eigenproduktion von Eiscreme bei der Migros 1949–1980.* In: Der Migros-Kosmos. Zur Geschichte eines außergewöhnlichen Schweizer Unternehmens. Katja Girschik, Albrecht Ritschl und Thomas Welskopp. Baden: 144–158.

Girschik, Katja (2006). *Machine Readable Codes. The Swiss Retailer Migros and the Quest for Flow Velocity since the mid 1960s.* In: Entreprise et Histoire 44(Septembre): 55–65.

Girschik, Katja (2009). *«Produkte umschlagen, nicht lagern!» Rechnergestützte Logistik und betrieblicher Umbau beim Schweizer Einzelhandelsunternehmen Migros, 1965–1975.* In: Traverse. Zeitschrift für Geschichte(3): 53–65.

Girschik, Katja, Albrecht Ritschl und Thomas Welskopp (2003). *Der Migros-Kosmos. Zur Geschichte eines außergewöhnlichen Schweizer Unternehmens.* Baden.

Godel, Rainer (1978). *Rationalisierung im Einzelhandel. Die Veränderungen der Arbeitssituation im Warenverkauf durch die technisch-organisatorische Umstellungsmaßnahme Selbstbedienung.* Frankfurt a. M.

Godin, Bonoit (2008). *The Information Economy: The History of a Concept through its Measurement, 1949–2005.* In: History and Technology 24 (3): 255–287.

Goodman, Edith Harwith (1963). *The Effects of Computers on Corporate Management, Part I.* In: Dataprocessing for Management (1): 11–29.

Goodman, Edith Harwith (1963). *The Effects of Computers on Corporate Management, Part II.* In: Dataprocessing for Management (2): 19–25.

Graeme, Gooday (1998). *Rewriting the «Book of Blots»: Critical Reflections on Histories of Technological «Failure».* In: History and Technology 14: 265–291.

Grieder, Peter, Hans E. Mahler, Friedrich Priess und Heinz Weinhold (1960). *Produktivitätssteigerung im Handel.* Bern.

Groner, Bruno (1982). *Sortimentsentwicklung der Selbstbedienungsgeschäfte, 1957–1982.* In: Dynamik im Handel (3): 30–59.

Grün, Oskar und Jean-Claude Brunner (2002). *Der Kunde als Dienstleister. Von der Selbstbedienung zur Co-Produktion.* Wiesbaden.

Gsell, Peter (1966). *Filial-Überwachung mit Hilfe elektronischer Datenverarbeitung.* In: Selbstbedienung & Supermarkt(6): 32–38.

Gugerli, David (1996). *Redeströme: Zur Elektrifizierung der Schweiz 1880–1914.* Zürich.

Gugerli, David (1998). *«Translationen» der elektrischen Übertragung. Ein Beitrag zur Revision der Geschichte technischer Innovationen.* In: Wissenschafts- und Technikforschung in der Schweiz. Sondierungen einer neuen Disziplin. Bettina Heintz und Bernhard Nievergelt. Zürich: 195–211.

Gugerli, David (2001). *«Nicht überblickbare Möglichkeiten». Kommunikationstechnischer Wandel als kollektiver Lernprozess, 1960–1985.* Zürich.

Gugerli, David (2002). *Die Entwicklung der digitalen Telefonie, 1960–1985: Die Kosten soziotechnischer Flexibilisierungen.* In: Telemagie: 150 Jahre Telekommunikation in der Schweiz. Kurt Stadelmann, Thomas Hengartner und Museum für Kommunikation (Bern). Zürich: 154–167.

Gugerli, David (2007). *Die Welt als Datenbank. Zur Relation von Softwareentwicklung, Abfragetechnik und Deutungsautonomie.* In: Nach Feierabend. Zürcher Jahrbuch für Wissensgeschichte 3: 11–36.

Gugerli, David, Patrick Kupper und Daniel Speich (2005). *Die Zukunftsmaschine. Konjunkturen der Eidgenössischen Technischen Hochschule Zürich 1855–2005.* Zürich.

Gysin, Philipp und Thomas Poppenwimmer (1994). *Die Geburt der Selbstbedienung in der Schweiz oder die Rationalisierung des Verkaufs.* In: Perlon, Petticoats und Pestizide. Mensch–Umwelt–Beziehung in der Region Basel der 50er Jahre. Arne Andersen. Basel: 154–157.

Haberman, Alan L., Ed. (2001). *Twentyfive Years behind the Bars. The Proceedings of the Twentyfifth Annversary of the UPC at the Smithsonian Institution, September 30, 1999.* Cambridge, Mass.

Hackenschuh, Claus-Jürgen (1969). *«Management by Exception» in kybernetischer Sicht, unter besonderer Berücksichtigung der Vorgabe geeigneter Standards.* Karlsruhe.

Hagen, Karlheinz (1978). *Stand und Perspektiven der Europäischen Artikelnummerierung.* In: Chancen im Handel Erfolg: Ideen haben und Ideen durchsetzen. Sammelband der Referate der Internationalen Handelstagung; Rüschlikon/Zürich, 1978. Gottlieb-Duttweiler-Institut für Wirtschaftliche und Soziale Studien (Rüschlikon). Rüschlikon/Zürich: Hagen 1– Hagen 14.

Haigh, Thomas (2001). *The Chromium-Plated Tabulator: Institutionalizing an Electronic Revolution, 1954–1958.* In: IEEE Annals of the History of Computing 23(October–December): 75–140.

Haigh, Thomas (2001). *Inventing Information Systems: The Systems Men and the Computer, 1950–1968.* In: Business History Review 75: 15–61.

Haigh, Thomas (2003). *How the Computer Became Information Technology: Constructing Information in Corporate America, 1950–2000.* Unpublished manuscript.

Harvey, Samuel B. (1966). *Computers in Retailing. The Technical Problems.* In: Datamation (8): 25–27.

Häsler, Alfred A. (1985). *Das Abenteuer Migros. Die 60 Jahre junge Idee.* Zürich.

Hausammann, Luzius (2008). *Der Beginn der Informatisierung im Kanton Zürich. Von der Lochkartenanlage im Straßenverkehrsamt zur kantonalen EDV-Stelle, 1957–1970.* Unveröffentliche Lizentiatsarbeit. Universität Zürich.

Heide, Lars (2008). *Punched Cards for Professional European Offices: Revisiting the Dynamics of Information Technology Diffusion from the United*

States to Europe, 1889–1918. In: History and Technology 24 (4): 307–320.

Heim, Peggy (1963). *Merchandise Management Accounting: A Retailing Experiment in Marginal Calculation*. In: The Quarterly Journal of Economics 77 (4): 671–675.

Heintz, Bettina (1990). *Das Fließband im Kopf. Computer und Rationalisierung*. In: Schweiz im Wandel. Studien zur neueren Gesellschafts-geschichte. Festschrift zum 60. Geburtstag von Rudolf Braun. Sebastian Brändli, David Gugerli, Rudolf Jaun und Ulrich Pfister. Basel: 117–147.

Heintz, Bettina (1993). *Die Herrschaft der Regel. Zur Grundlagengeschichte des Computers.* Frankfurt/New York.

Heister, Michael (1991). *Gottlieb Duttweiler als Handels- und Genossenschaftspionier. Vom eigennutzorientierten Großhändler zum gemein-wohlorientierten Genossenschafter.* Berlin.

Heister, Michael (1991). *Gottlieb Duttweiler als Handels- und Genossenschaftspionier. Vom eigennutzorientierten Großhändler zum gemein-wohlorientierten Genossenschafter.*

Hellmann, Kai-Uwe und Dominik Schrage (2005). *Das Management der Kunden. Studien zur Soziologie des Shopping.* Wiesbaden.

Henger, Gregor (2008). *Informatik in der Schweiz. Eine Erfolgsgeschichte verpasster Chancen.* Zürich.

Henksmeier, Karl Heinz (1966). *SB-Filialen mit hoher Kassenleistung schlagen ihre Lager 40,9 mal um.* In: Selbstbedienung & Supermarkt (6): 26–30.

Henksmeier, Karl Heinz (1976). *Scanning in den USA. Eindrücke und Feststellungen von einer ISB-Studienreise.* In: Selbstbedienung – Dynamik im Handel (6): 10–14.

Henksmeier, Karl Heinz und Friedrich Hoff-mann (1963). *Arbeitsorganisation im SB-Laden.* Köln.

Hertz, David B. (1965). *Elektronik in der Unter-nehmensführung.* In: Personalknappheit und Automation im Handel. 13. internationale Studientagung, Rüschlikon, 6. bis 9. Juli 1964. H. Brüschweiler. Düsseldorf. Band 29/30: 171–190.

Hertzfeld, Andy und Steve Capps (2005). *Revolution in the Valley. The Insanely Great Story of How the Mac was Made.* Beijing.

Hessler, Martina (2001). *«Mrs. Modern Woman». Zur Sozial- und Kulturgeschichte der Haus-haltstechnisierung.* Frankfurt/New York.

Hicks, Lawrence E. (1975). *The Universal Product Code.* In: Data Processing.

Hildebrandt, Heinz (1981). *BRD: Scanner-kassen setzen sich durch.* In: Handel Heute (2): 13.

Historisches Museum Bielefeld (2001). *Aus Bielefeld in die Welt – 125 Jahre Anker-Werke.* Bielefeld.

Huber, Albert (1945). *Die Anwendung des Lochkartenverfahrens im Warenhaus.* Bern.

Humphrey, Kim (1998). *Shelf Life. Supermarkets and the Changing Cultures of Consumption.* Cambridge.

Hunziker, Eugen H. (1972). *Elektronik im Supermarkt.* In: Selbstbedienung & Super-markt (3): 30–34.

Hunziker Keller, Claudia (2003). *Mäzenin, Stifterin oder Sponsorin? Die Migros und ihre Förderungstätigkeit im Bereich «Bildende Kunst».* In: Der Migros-Kosmos. Zur Geschichte eines außergewöhnlichen Schweizer Unterneh-mens. Katja Girschik, Albrecht Ritschl und Thomas Welskopp. Baden: 240–257.

Hurd, Cuthbert C. (1955). *Computing in Management Science.* In: Management Science 1 (2): 103–114.

Hürlimann, Gisela (2007). *Die Eisenbahn der Zu-kunft. Automatisierung, Schnellverkehr und Moder-nisierung bei den SBB, 1955–2005.* Zürich.

Hürlimann, Gisela und Philippe Ischer (2004). *Zwischen unternehmerischer Dynamik und institutioneller Kontinuität. Das Aufkommen und die Implementierung von Marketing in den 1970er und 1980er Jahren bei zwei öffentlichen Unter-nehmen der Schweiz.* In: Marketing. Historische Aspekte der Wettbewerbs- und Absatzpolitik. Christian Kleinschmidt und Florian Triebel. Essen: 159–182.

Hürlimann, Gisela, Frédéric Joye-Cagnard und Daniela Zetti (2009). *Gesteuerte Gesellschaft.* Traverse. Zeitschrift für Geschichte.

Jaquier, Jean-Jacques (1986). *Normierung von Protokollen für die Datenkommunikation: Das Referenzmodell von ISO für die Zusammen-schaltung von offenen Kommunikationssystemen.* In: Technische Mitteilungen PTT (4): 183–214.

Jaun, Rudolf (1986). *Management und Arbeiter-schaft. Verwissenschaftlichung. Amerikanisierung und Rationalisierung der Arbeitsverhältnisse in der Schweiz, 1873–1959.* Zürich.

Jenni, Manuel (1978). *Gottlieb Duttweiler und die schweizerische Wirtschaft. Die Entwicklung der Persönlichkeit und des Werks bis zum Eintritt in den Nationalrat (1935).* Bern.

Johnson, Stephen B. (1997). *Three Approaches to Big Technology: Operations Research, Systems Engineering, and Project Management.* In: Technology and Culture. The International Quarterly of the Society for the History of Technology Vol. 38(4): 891–919.

Johnson, Stephen B. (2000). *From Concurrency to Phased Planning: An Episode in the History of Systems Management.* In: Systems, Experts, and Computers : the Systems Approach in Management and Engineering, World War II and After. Agatha C. Hughes und Thomas Parke Hughes. Cambridge, Mass.: 93–112.

Johnson, Thomas H. (1991). *Managing by Remote Control. Recent Management Accounting Practice in Historical Perspective.* In: Inside the Business Enterprise. Historical Perspectives on the Use of Information. Peter Temin. Chicago, University of Chicago Press: 41–69.

Jones, Peter (1985). *The Spread of Article Numbering and Retail Scanning in Europe.* In: Service Industries Journal 5 (3): 273–279.

Kacker, Madhav (1988). *International Flow of Retailing Know-How: Bridging the Technology Gap in Distribution.* In: Journal of Retailing 64(1): 41–67.

Kaeslin, Walter (1962). *Elektronische Verfahren für die Sortimentskontrolle.* In: Sortiment am Kreuzweg? Eine Schicksalsfrage des Handels. 10. internationale Studientagung, Zürich, 24. bis 27. Juli 1961. S. F. Ashelman, F. Effer, H. Groß, W. Kaeslin, E. Pirmez und R. Seyffert. Düsseldorf. 24: 61–71.

Kappels, Heribert (1965). *Sortimentsgliederungsschema und Warenkontenplan.* In: Selbstbedienung & Supermarkt (11): 22–29.

Katz, Michael, L. und Carl Shapiro (1985). *Network Externalities, Competition, and Compatibility.* In: American Economic Review 75 (3): 424–440.

Katz, Michael L. und Carl Shapiro (1994). *Systems Competition and Networks Effects.* In: Journal of Economic Perspectives 8: 93–115.

Keller, Barbara (2001). *Von Speziererinnen, Wegglibuben und Metzgern. Lebensmittelhandwerk und -handel in Basel 1850–1914.* Zürich.

Keller, Peter (2008). *Migros will Werbefranken effizienter einsetzen.* NZZ am Sonntag. Zürich.

Kellerhals, Werner (1990). *Coop in der Schweiz. Materialien zur Entwicklung der Coop Schweiz und der Coop-Genossenschaften seit dem Ende des Zweiten Weltkrieges.* Basel.

Kirby, Maurice W. (2003). *Operational Research in War and Peace. The British Experience from the 1930s to 1970.* London.

Kleinewefers, Henner, Regula Pfister und Werner Gruber (1993). *Die schweizerische Volkswirtschaft. Eine problemorientierte Einführung in die Volkswirtschaftslehre.* Frauenfeld.

Kline, Ronald (2003). *Restisting Consumer Technology in Rural America. The Telephone and Electrification.* In: How Users matter. The Co-Construction of Users and Technologies. Nelly Oudshoorn und Trevor Pinch. Cambridge, Mass.: 51–66.

Kline, Ronald R. (2006). *Cybernetics, Management Science, and Technology Policy: The Emergence of «Information Technology» as a Keyword, 1948–1985.* In: Technology and Culture. The International Quarterly of the Society for the History of Technology 47(3): 513–535.

Köckeritz, Werner (1991). *EDV-gestützte Warenwirtschaft in Großbetrieben des Einzelhandels. Organisatorische Betrachtungsansätze einer ganzheitlichen Querschnittsfunktion.* Bern.

Koellreuter, Isabel (2005). *«Ist Verkaufen eigentlich ein Beruf?» Der Weg zur Berufsausbildung für Verkäuferinnen in der Schweiz.* In: Traverse. Zeitschrift für Geschichte (3): 95–109.

König, Mario, Hannes Siegrist und Rudolf Vetterli (1985). *Warten und Aufrücken. Die Angestellten in der Schweiz 1870–1950.* Zürich.

Krajewski, Markus (2002). *Zettelwirtschaft. Die Geburt der Kartei aus dem Geiste der Bibliothek.* Berlin.

Kretzinger, Boris (2005). *Commodore – Aufstieg und Fall eines Computerriesen. Ein kurzer Streifzug durch die Firmengeschichte mit Daten, Fakten und den Gründen, warum der Computerpionier am Ende scheiterte.* Morschen.

Krieter, J. (1966). *Elektronische Datenverarbeitung im Lebensmittelhandel.* In: Selbstbedienung & Supermarkt(4): 111–114.

Kristensson, Folke (1965). *Vorwort.* In: Personalknappheit und Automation im Handel. 13. internationale Studientagung, Rüschlikon, 6. bis 9. Juli 1964. H. Brüschweiler. Düsseldorf, Band 29/30: 7–10.

Krulis-Randa, Jan S. (1977). *Marketing-Logistik. Eine systemtheoretische Konzeption der betrieblichen Warenverteilung und Warenbeschaffung.* Bern.

Krulis-Randa, Jan S. (1981). *Die Entstehung der Marketing-Idee. Ein Beitrag zur Dogmengeschichte der Betriebswirtschaftslehre.* In: Geschichte der Gegenwart. Festgabe für Max Silberschmidt. Jan S. Krulis-Randa, Robert Schneebeli und Hans-Jörg Siegenthaler. Zürich: 95–117.

Kubicek, Herbert (1993). *Organisatorische Voraussetzungen des branchenübergreifenden elektronischen Datenaustausches – Neue Aufgaben für Wirtschaftsverbände?* In: Perspektive Techniksteuerung interdisziplinäre Sichtweisen eines Schlüsselproblems entwickelter Industriegesellschaften. Herbert Kubicek und Peter Seeger. Berlin: 143–168.

Kubicek, Herbert und Peter Seeger (1992). *The Negotiation of Data Standards: A Comparative*

Analysis of EAN- and EFT/POS-Systems. In: New Technology at the Outset. Social Forces in the Shaping of Technological Innovations. Ute Hoffmann, Meinolf Dierkes und Wissenschaftszentrum Berlin für Sozialforschung Abteilung Organisation und Technikgenese. Frankfurt a. M.: 351–374.

Kubicek, Herbert, Herbert van Gerpen und Peter Seeger (1989). *Informatisierung von Waren- und Kreditwirtschaft als Verhandlungsprozess. Exemplarische Analysen der Bedeutung und Aushandlung branchenübergreifender Standardisierung von Daten für die zwischenbetriebliche Vernetzung.* In: Technik in Alltag und Arbeit. Beiträge der Tagung des Verbunds Sozialwissenschaftliche Technikforschung (Bonn, 29./30. 5. 1989). Burkart Lutz. Berlin: 167–185.

Kunz, Peter (1961). *Gamma 30. Referat von Dr. Peter Kunz gehalten an den Bull-Informationstagungen November 1961.* Zürich.

Kupper, Patrick (2003). *Atomenergie und gespaltene Gesellschaft: Die Geschichte des gescheiterten Projekts Kernkraftwerk Kaiseraugst.* Zürich.

Kurka, Joachim (1982). *Unternehmensführung im Wandel der Gesellschaft.* Berlin: XI, 298.

Kwo, T. T. (1965). *The Potential for Office Automation in Department Stores.* In: Management Science 11 (10): b271–b281.

Lacour, Maria (1988). *Marktbearbeitung mit gesellschaftlichem Aspekt. Interview mit Erich Gugelmann (Migros).* In: Dynamik im Handel. Sonderausgabe 50 Jahre Selbstbedienung (10): 48–58.

Lambertz, Winfried (1988). *Selbstbedienung forcierte Wachstum der Sortimente.* In: Dynamik im Handel. Sonderausgabe 50 Jahre Selbstbedienung (10): 126–136.

Langtry, Ethel (1961). *Electronic Data Processing and its Potential for Retailing.* In: Computers and Automation (8): 20–23.

Latour, Bruno (1987). *Science in Action. How to Follow Scientists and Engineers Through Society.* Cambridge, Mass.

Latour, Bruno (1996). *Aramis, or the Love of Technology.* Cambridge, Mass., London.

Leavitt, Hal J. und Thomas L. Whisler (1958). *Management in the 1980's.* In: Harvard Business Review 36(6).

LeClerc, Bruno (1990). *From Gamma 2 to Gamm E. T.: The Birth of Electronic Computing at Bull.* In: Annals of the History of Computing 12 (1): 5–22.

Leimbach, Timo (2007). *Vom Programmierbüro zum globalen Softwareproduzenten. Die Erfolgsfaktoren der SAP von der Gründung bis zum*

R/3–Boom, 1972 bis 1996. In: Zeitschrift für Unternehmensgeschichte 52(1): 33–56.

Lescent-Giles, Isabelle (2003). *Change in French and British Food Retailing since the 1950s.* Agriculture and Food, Barcelona.

Levin, Sharon G., Stanford L. Levin und John B. Meisel (1987). *A Dynamic Analysis of the Adoption of a New Technology: The Case of Optical Scanners.* In: Review of Economics and Statistics 69 (1): 12–17.

Levinson, Marc (2006). *The Box. How the Shipping Container Made the World Smaller and the World Economy Bigger.* Princeton.

Liffen, John (2000). *The Development of Cash Handling Systems for Shops and Department Stores.* In: Transactions of the Newcomen Society 71 (1): 79–101.

Light, Jennifer S. (1999). *When Computers Were Women.* In: Technology and Culture. The International Quarterly of the Society for the History of Technology 40(3): 455–483.

Linke, Angelika und Jakob Tanner (2006). *Attraktion und Abwehr. Die Amerikanisierung der Alltagskultur in Europa.* Köln.

Lipartito, Kenneth (1995). *Culture and the Practice of Business History.* In: Business and Economic History 24 (2): 1–41.

Lipartito, Kenneth (2003). *Picturephone and the Information Age: The Social Meaning of Failure.* In: Technology and Culture 44(1): 50–81.

Loasby, Brian John (1988). *The Concept of Capabilities.* In: Economic Organization, Capabilities and Coordination. Essays in Honour of G. B. Richardson. Nicolai J. Foss und Brian John Loasby. London: 163–182.

Longstreth, Richard W. (1999). *The Drive-in, the Supermarket, and the Transformation of Commercial Space in Los Angeles, 1914–1941.* Cambridge, Mass.

Lukes, Rudolf (1971). *Die überbetriebliche Normung in den USA. Organisation – Staatlicher Einfluss – Beziehung zum Verbraucherschutz.* Berlin.

Lüönd, Karl (2000). *Gottlieb Duttweiler, 1888–1962. Eine Idee mit Zukunft.* Meilen.

Lüthy, H. R. (1965). *Automation in der Lagerbewirtschaftung.* In: Personalknappheit und Automation im Handel. 13. internationale Studientagung, Rüschlikon, 6. bis 9. Juli 1964. H. Brüschweiler. Düsseldorf, Band 29/30: 156–162.

Lutz, Burkart (1989). *Der kurze Traum immerwährender Prosperität: Eine Neuinterpretation der industriell-kapitalistischen Entwicklung im Europa des 20. Jahrhunderts.* Frankfurt a. M./New York.

Mahler, Hans H. (1965). *Personalknappheit im Handel: ein Zwang zur Neuorientierung?* In: Personalknappheit und Automation im Handel. 13. internationale Studientagung, Rüschlikon, 6. bis 9. Juli 1964. H. Brüschweiler. Düsseldorf, Band 29/30: 51–63.

Margolis, Stephen E. und S. J. Liebowitz (1998). *Path Dependence.* The New Palgrave's Dictionary of Economics.

McKenney, James L., Duncan C. Copeland und Richard O. Mason (1995). *Waves of Change. Business Evolution through Information Technology.* Boston, MA.

Merki, Christoph Maria (2002). *Der holprige Siegeszug des Automobils, 1895–1930. Zur Motorisierung des Straßenverkehrs in Frankreich, Deutschland und der Schweiz.* Wien.

Meynaud, Jean und Adalbert Korff (1967). *Die Migros und die Politik der Landesring der Unabhängigen.* Zürich.

Migros-Genossenschafts-Bund (2003). *Chronik der Migros. Portrait eines dynamischen Unternehmens, 1925–2002.* Zürich.

Minssen, Heiner (1994). *Der soziale Prozess betrieblichen Wandels.* In: Mikropolitik im Unternehmen. Arbeitsbeziehungen und Machtstrukturen in industriellen Großbetrieben des 20. Jahrhunderts. Karl Lauschke und Arbeitskreis für Kritische Unternehmens- und Industriegeschichte (Deutschland). Essen: 16–47.

Morris, Betty und Don Whittaker (1972). *Swiss to Test Unit: EDP Checkout to Analyze Sales.* In: Supermarket News (3): 5–5.

Morton, Alan Q. (1994). *Packaging History: The Emergence of the Uniform Product Code (UPC) in the United States, 1970–75.* In: History and Technology (11): 101–111.

Mounier-Kuhn, Pierre-E. (1994). *Product Policies in Two French Computer Firms.* In: Information Acumen. The Understanding and Use of Knowledge in Modern Business. Lisa Bud-Fierman. London: 113–135.

Muchow, Heinz (1963). *Kasse ohne Kassenstau.* In: Absatzwirtschaft(6): 422–424.

Müller-Hagedorn, Lothar und Markus Preissner (1999). *Die Enwicklung der Verkaufstechniken des Einzelhandels: Siegeszug der Selbstbedienung und Aufkommen der neuen Medien.* In: Meilensteine im deutschen Handel. Erwin Dichtl. Frankfurt a. M.: 147–179.

Müller, Margrit (1994). *Die Krise als Steuerungsversagen – Organisation als Voraussetzung und Beschränkung rationalen Verhaltens.* In: Kontinuität und Krise. Sozialer Wandel als Lernprozess. Andreas Ernst, Thomas Gerlach, Patrick Halbeisen, Bettina Heintz und Margrit Müller. Zürich.

Müller, Margrit (1998). *Fusionen und Übernahmen aus historischer Sicht.* In: Mega-Fusionen. Analysen, Kontroversen, Perspektiven. Hans Siegwart, Gregory Neugebauer und Carl Baudenbacher. Bern: 63–81.

Munz, Hans (1973). *Das Phänomen Migros. Die Geschichte der Migros-Gemeinschaft.* Zürich.

Nast, Matthias (1997). *Die stummen Verkäufer. Lebensmittelverpackungen im Zeitalter der Konsumgesellschaft. Umwelthistorische Untersuchung über die Entwicklung der Warenpackung und den Wandel der Einkaufsgewohnheiten (1950er bis 1990er Jahre).* Bern.

National Cash Register Company NCR (1984). *Celebrating the Future, 1884–1984. NCR – National Cash Register Company.* Dayton, Ohio.

NCR (1984). *1884–1922: Das Zeitalter der Registrierkasse (Celebrating the Future: 1884–1984).* Dayton.

NCR (1984). *1923–1951: Die Aera der Buchführungsmaschine (Celebrating the Future: 1884–1984).* Dayton.

NCR (1984). *1952–1984: Das Computer-Zeitalter (Celebrating the Future: 1884–1984).* Dayton.

Nef, Andreas und Tobias Wildi (2007). *Informatik an der ETH Zürich, 1948–1981. Zwischen Wissenschaft und Dienstleistung.* Preprints zur Kulturgeschichte der Technik. Nr. 21.

Nelson, Benjamin (1997). *Punched Cards to Bar Codes. A 200 Years Journey.*

Neukom, Hans (2004). *Early Use of Computers in Swiss Banks.* In: IEEE Annals of the History of Computing(July – September): 50–59.

Norberg, Arthur L. (1990). *High Technology Calculation in the Early Twentieth Century: Punched Card Machinery in Business and Government.* In: Technology and Culture 31 (10): 753–779.

Oddy, Derek J. (1995). *From Corner Shop to Supermarket: The Revolution in Food Retailing in Britain, 1932–1992.* In: Food Technology, Science and Marketing: European Diet in the Twentieth Century. Adel P. den Hartog. East Lothian: 187–199.

Orland, Barbara (1998). *Haushalt, Konsum und Alltagsleben in der Technikgeschichte.* In: Technikgeschichte 65: 273–295.

Orland, Barbara (1999). *Wie kann man den Alltagsbegriff für die Technikgeschichte nutzbar machen?* In: Ferrum (71): 4–10.

Orland, Barbara und Arbeitsgemeinschaft Hauswirtschaft e.V. und Stiftung Verbraucherinstitut (1990). *Haushaltsträume. Ein*

Jahrhundert Technisierung und Rationalisierung im Haushalt. Begleitbuch zur gleichnamigen Ausstellung. Königstein im Taunus.

Oudshoorn, Nelly und Trevor Pinch (2003). *How Users Matter. The Co-Construction of Users and Technologies.* Cambridge, Mass.

Penrose, Edith T. (1995). *The Theory of the Growth of the Firm.* Oxford.

Petzold, Hartmut (1985). *Rechnende Maschinen. Eine historische Untersuchung ihrer Herstellung und Anwendung vom Kaiserreich bis zur Bundesrepublik.* Düsseldorf.

Pfister, Christian (1996). *Das «1950er-Syndrom» – die umweltgeschichtliche Epochenschwelle zwischen Industriegesellschaft und Konsumgesellschaft.* In: Das 1950er Syndrom: Der Weg in die Konsumgesellschaft. Christian Pfister. Bern: 51–95.

Pfohl, Hans-Christian (1969). *Alles für den Nachschub.* In: Der Volkswirt(17): 49–50.

Pfohl, Hans-Christian (1972). *Marketing-Logistik. Gestaltung, Steuerung und Kontrolle des Warenflusses im modernen Markt.* Main.

Pias, Claus (2005). *Der Auftrag. Kybernetik und Revolution in Chile.* In: Politiken der Medien. Daniel Gethmann. Zürich: 131–153.

Pias, Claus (2005). *Zukünfte des Computers.* Zürich.

Pickering, Andrew (2002). *Cybernetics and the Mangle: Ashby, Beer and Pask.* In: Social Studies of Science Vol. 31 (3): 413–437.

Pinch, Trevor J. und Wiebe E Bijker (1987). *The Social Construction of Facts and Artifacts. Or how the Sociology of Science and the Sociology of Technology Might Benefit from Each Other.* In: The Social Construction of Technological Systems. New Directions in the Sociology and History of Technology. Wiebe E. Bijker, Thomas P. Hughes und Trevor J. Pinch. Cambridge: 17–50.

Pirker, Theo (1962). *Büro und Maschine. Zur Geschichte und Soziologie der Mechanisierung der Büroarbeit, der Maschinisierung des Büros und der Büroautomation.* Basel.

Power, William D. (1971). *Retail Terminals – A POS Survey.* In: Datamation (7): 22–31.

Pugh, Emerson W. (1995). *Building IBM. Shaping an Industry and its Technology.* Cambridge, Mass.

Radkau, Joachim (1989). *Technik in Deutschland. Vom 18. Jahrhundert bis zur Gegenwart.* Frankfurt a. M.

Ramseier, Hans Georg (1973). *Die Entstehung und die Entwicklung des Landesringes der Unabhängigen bis 1943.* Zürich.

Rau, Erik P. (2000). *The Adoption of Operations Research in the United States during World War II.* In: Systems, Experts, and Computers: the Systems Approach in Management and Engineering, World War II and After. Agatha C. Hughes und Thomas Parke Hughes. Cambridge, Mass: 57–92.

Rehm, Peter (1999). *Der Begriff Logistik und seine vielschichtige Bedeutung* München.

Reinhold, Roger (1995). *Scanning in der Schweiz: Die Zunge an der Waage. Einführung des EAN-Systems steht und fällt mit den Interessen von Coop und Migros* In: Schweizerische Handelszeitung, Nr. 9, 3. März 1983, 30. In: Elektronische Verkaufsdatenerfassung am Verkaufspunkt dargestellt in ausgewählten deutschen und schweizerischen Fachbeiträgen und Firmeninformationen. Josef Kapoun. Fribourg, 3.

Rentsch, Frank (1950). *Die Besonderheiten des Migros-Betriebes (gegenüber den verwandten modernen Betriebstypen) und ihre Bedeutung für seine Wirtschaftlichkeit im gegenwärtigen Stadium seiner Entwicklung.* Diplomarbeit an der Handelshochschule St. Gallen.

Rentsch, Frank (1966). *Die Arbeitsorganisation im Supermarkt.* In: Selbstbedienung & Supermarkt (7): 18–24.

Rettenmaier, Heinz (1970). *Management by Exception mit EDVA.* l.

Rezac, P. (1967). *Das Programm der Kybernetikstudien der UIC.* In: Zweites Internationales Symposium über die Anwendung der Kybernetik bei den Eisenbahnen Montreal, 1. bis 6. Oktober 1967 Denkschrift. International Union of Railways und Canadian National Railways. Paris: 52–57.

Riess, Curt (1958). *Gottlieb Duttweiler. Eine Biographie.* Zürich.

Roeckner, Katja (2001). *Der Konkurs.* In: Aus Bielefeld in die Welt – 125 Jahre Anker-Werke. Historisches Museum Bielefeld. Bielefeld: 33–38.

Rosenbloom, Richard S. (2000). *Leadership, Capabilities, and Technological Change: The Transformation of NCR in the Electronic Age.* In: Strategic Management Journal (21): 1083–1103.

Rossfeld, Roman (2004). *Unternehmensgeschichte als Marketinggeschichte. Zu einer Erweiterung traditioneller Ansätze in der Unternehmensgeschichtsschreibung.* In: Marketing. Historische Aspekte der Wettbewerbs- und Absatzpolitik. Christian Kleinschmidt und Florian Triebel. Essen: 17–39.

Rotella, Elyce J. (1981). *The Transformation of the American Office: Changes in Employment and Technology.* In: Journal Economic History 41(1): 51–57.

Sachsenberg, Klaus J. (1962). *Marketing beginnt im Betrieb.* In: Der Volkswirt 16 (Beilage zu Heft 41): 18–19.

Sanders, Donald H. (1966). *Experiences of Small Retailers with Electronic Data processing.* In: Journal of Retailing (Spring): 13–17.

Scarpellini, Emanuela (2004). *Shopping American-Style: The Arrival of the Supermarket in Postwar Italy.* In: Enterprise & Society 5 (4): 625–668.

Schelsky, Helmut (1957). *Die sozialen Folgen der Automatisierung.* Düsseldorf, Köln.

Scherrer, Martha (1919). *Das Hollerithsystem in schweizerischen Großbetrieben.* St. Gallen.

Schmidt, J. J. (1967). *Die Rolle der automatischen Identifizierung der Güterwagen in dem Gesamtsystem zur Informierung der Unternehmensführung.* In: Zweites Internationales Symposium über die Anwendung der Kybernetik bei den Eisenbahnen Montreal, 1. bis 6. Oktober 1967 Denkschrift. International Union of Railways und Canadian National Railways. Paris: 132–138.

Schröter, Harm G. (2004). *«Nicht kopieren, sondern kapieren!» Amerikanisierung als institutioneller Wandel in der europäischen Wirtschaft.* In: Die Wirtschaftsgeschichte vor den Herausforderungen durch die New Institutional Economics. Karl-Peter Ellerbrock und Clemens Wischermann. Münster: 132–153.

Schröter, Harm G. (2008). *The Americanisation of Distribution and Its Limits: The Case of the German Retail System, 1950–1975.* In: European Review of History 15(4): 445–458.

Schulte, Egon und Friedrich Weitkamp (2001). *Von der Hebelkasse zum elektronischen Buchungssystem.* In: Aus Bielefeld in die Welt – 125 Jahre Anker-Werke. Historisches Museum Bielefeld. Bielefeld: 116–130.

Schulz-Klingauf, Hans-Viktor (1960). *Selbstbedienung. Der neue Weg zum Kunden.* Düsseldorf.

Schulz-Klingauf, Hans-Viktor (1960). *Selbstbedienung. Der neue Weg zum Kunden.* Düsseldorf.

Schweizerischer Verband für Berufsberatung (1973). *Berufe der Datenverarbeitung: Datatypistin, Operateur, Programmierer, EDV-Organisator, Organisator im Aussendienst, Systemspezialist, Servicetechniker.* Zürich.

Scott, Brian W. (1965). *Long-range Planning in American Industry.* New York.

Seiler, Peter (1947). *Betriebsorganisation, Betriebsführung und Rechnungswesen im V.S.K.* Basel.

Servan-Schreiber, Jean-Jacques (1968). *Die amerikanische Herausforderung.* Hamburg.

Shaw, Gareth, Louise Curth und Andrew Alexander (2004). *Selling Self-service and the Supermarket: The Americanisation of Food Retailing in Britain, 1945–60.* In: Business History 46(4): 568–582.

Sherwood, Henry F. (1961). *Taking the Mystery Out of Electronic Data Processing.* In: Journal of Retailing 37(1961): 9–16.

Siegenthaler, Hansjörg (1987). *Die Schweiz 1914–1984.* In: Handbuch der europäischen Wirtschafts- und Sozialgeschichte. Wolfram Fischer und André Armengaud. Band 6: 482–512.

Sittig, Carl A. (1976). *Vertikales Marketing: Artikelnummerierung: Zweite Revolution in der Distribution.* In: Absatzwirtschaft 1976 (8): 28–31.

Spiekermann, Uwe (1997). *Rationalisierung als Daueraufgabe. Der deutsche Lebensmittelhandel im 20. Jahrhundert.* In: Scripta Mercaturae Vol. 31 (Nr. 1): 69–128.

Spiekermann, Uwe (1999). *Basis der Konsumgesellschaft. Entstehung und Entwicklung des modernen Kleinhandels in Deutschland 1850–1914.* München.

Spiekermann, Uwe (2001). *Rationalisierung, Leistungssteigerung und «Gesundung»: Der Handel in Deutschland zwischen den Weltkriegen.* In: Unterm Strich. Von der Winkelkrämerei zum E-Commerce. Michael Haverkamp und Hans Jürgen Teuteberg: 191–210.

Spiekermann, Uwe (2004). *Rationalitäten im Widerstreit. Die Bildung von Präferenzen am Beispiel des deutschen Lebensmittelmarkts im 20. Jahrhundert.* In: Wirtschaftsgeschichte als Kulturgeschichte. Dimensionen eines Perspektivenwechsels. Hartmut Berghoff und Jakob Vogel. Frankfurt a. M.: 195–217.

Stalder, Simon (2005). *Die Gründung der Migros Türk. Rolle und Motivation des Migros-Genossenschafts-Bundes beim Aufbau der heute größten türkischen Detailhandelskette.* Historisches Seminar der Universität Zürich. Zürich. Unveröffentlichte Lizentiatsarbeit.

Stampa, Walter (1982). *EAN – Scanning: Es geht vorwärts.* In: Handel heute (11): 45–48.

Stampa, Walter (1984). *Wo steht die EAN-Scanning-Anwendung?* In: Handel heute (9): 40–42.

Stampa, Walter (1985). *Die Schweiz immer noch in den Startlöchern.* In: Handel heute (9): 24–25.

Star, Susan Leigh und James R. Griesemer (1999 (erstmals 1989)). *Institutional Ecology, «Translation» and Boundary Objects: Amateurs and Professionals in Berkeley's Museum of Vertebrate Zoology, 1907–39.* In: The Science Studies Reader. Mario Biagioli. London, New York: 505–524.

Stehlin, Hanspeter (1955). *Der Wandel des Verkaufssystems im Detailhandel unter besonderer
Berücksichtigung der Selbstbedienung.* Basel.
Steinmetz, Willibald (1995). *Anbetung und
Dämonisierung des «Sachzwangs».* Zur Archäolo-
gie einer deutschen Redefigur. In: Obsessio-
nen. Beherrschende Gedanken im wissenschaftlichen Zeitalter. Michael Jeismann:
293–333.
Sterling, W. K. (1968). *Mängel der Verkaufsorganisation bei Selbstbedienungsläden.* In: Neue
Läden. Internationale Fachzeitschrift für
Ladenbau, Lichttechnik und Ausstellungs-
bauten (Februar – März): 39.
Stoneburn, Steve (1972). *First Full EDP Check-
out Scales Up to All Expectations.* Supermarket
News.
Strässler, Daniel (2002). *Konsumentenbedürf-
nisse und Verpackungsgestaltung. Entwicklung
der Marktforschung und ihr Einfluss auf die
Verpackungsgestaltung bei der Migros von 1925 bis
zur Gegenwart.* Zürich.
Sutter, Fred (1988). *Die Entscheidungsvorbereitung
(Markt und Logistik).* In: Entscheiden und
Durchsetzen. Prüfsteine der Führung. Walter
Hess und Hugo Philemon Tschirky. Zürich:
19–32.
Swanson, Burton E. und Neil C. Ramiller
(1997). *The Organizing Vision in Information
Systems Innovation.* In: Organization Science
8(5): 458–474.
Sweda Registrierkassen AG, Ed. (1967).
*Die Selbstbedienung im schweizerischen Lebens-
mittelhandel 1958–1967.* ohne Ort.
Sweda Registrierkassen AG, Ed. (ohne Jahr).
*Die Selbstbedienung im schweizerischen Lebens-
mittelhandel 1958–1967.* ohne Ort.
Symonds, Matthew und Larry Ellison (2003).
*Softwar. An Intimate Portrait of Larry Ellison and
Oracle.* New York.

Tanner, Jakob (1992). *Zwischen «American Way
of Life» und «Geistiger Landesverteidigung».
Gesellschaftliche Widersprüche in der Schweiz der
fünfziger Jahre.* In: Unsere Kunstdenkmäler 43:
351–363.
Tanner, Jakob (1994). *Die Schweiz in den 1950er
Jahren. Prozesse, Brüche, Widersprüche, Un-
gleichzeitigkeiten.* In: Achtung: die 50er Jahre!
Annäherungen an eine widersprüchliche Zeit.
Jean-Daniel Blanc und Christine Luchsinger.
Zürich: 19–50.
Tanner, Jakob (1996). *Drehkreuz zur Einsamkeit.
Ein Streifzug durch die Geschichte des Herrschens
und Konsumierens.* In: DU. Die Zeitschrift der
Kultur Nr. 4 (4): 52–55.
Tanner, Jakob (1999). *Fabrikmahlzeit. Ernäh-*

*rungswissenschaft, Industriearbeit und Volksernäh-
rung in der Schweiz, 1890–1950.* Zürich.
Tanner, Jakob (1999). *Lebensstandard, Kon-
sumkultur und American Way of Life seit 1945.*
In: «Goldene Jahre». Zur Geschichte der
Schweiz seit 1945. Walter Leimgruber und
Volkshochschule des Kantons Zürich. Zürich:
101–131.
Temin, Peter, Ed. (1991). *Inside the Business
Enterprise. Historical Perspectives on the Use of
Information.* Chicago.
Termeer, Günther (1952). *Migros – Rationelle
Warenvermittlung in der Schweiz. Eine Analyse.*
Frankfurt a. M.
Teusch, Ulrich (1993). *Freiheit und Sachzwang.
Untersuchungen zum Verhältnis von Technik,
Gesellschaft und Politik.* Baden-Baden.
Teuteberg, Hans Jürgen (1995). *Die Rationali-
sierung der Warenpackung durch das Eindringen der
Kunststoffe und ihre Folgen.* In: Environmental
History Newsletter(Special Issue No. 2
(1995). Der Aufbruch ins Schlaraffenland.
Stellen die Fünfziger Jahre eine Epochen-
schwelle im Mensch-Umwelt-Verhältnis dar?
Jörn Sieglerschmidt (Hrsg.): 112–148.
Thiele, W. (1977). *Scanning in amerikanischen
Supermärkten.* In: Selbstbedienung – Dynamik
im Handel (12): 14–18.
Tietz, Bruno (1993). *Der Handelsbetrieb.
Grundlagen der Unternehmenspolitik.*
München.
Tobler, Beatrice und Sandra Sunier (2001).
*Loading History. Computergeschichte(n) aus der
Schweiz.* Kommunikation und Kultur –
Mitteilungen aus dem Museum für Kom-
munikation Bern. Zürich.

Ulrich, Hans und Walter Krieg (1973).
Das St. Galler Management-Modell. Bern.
Usselman, Steven (1993). *IBM and its Imitators:
Organizational Capabilities and the Emergence of
the International Computer Industry.* In: Business
and Economic History 22 (Winter): 1–35.

Van den Ende, Jan und René Kemp (1999).
*Technological Transformations in History: How
the Computer Regime Grew Out of Existing
Computing Regimes.* In: Research Policy 28:
833–851.
Vec, Miloš (2006). *Recht und Normierung in der
Industriellen Revolution. Neue Strukturen der
Normsetzung in Völkerrecht, staatlicher Gesetz-
gebung und gesellschaftlicher Selbstnormierung.*
Frankfurt a. M.
Vigier, Georg J. (1971). *Management Informations
Systems.* In: Selbstbedienung & Supermarkt
(3): 8–15.

Von Briel, Hansrudolf (1962). *Management by Exception*. In: Die Unternehmung 16 (3): 153–161.

von Hahn, Hugo (1952). *Von der Rationalisierung zur Produktivität*. In: Industrielle Organisation 21(4): 95–98.

Vonplon, David (2002). *Der automatisierte Supermarkt. Das Aufkommen der Verkaufsautomatenläden in den sechziger Jahren. Unpublizierte Seminararbeit*. Universität Zürich.

Voswinkel, Stephan (2005). *Selbstbedienung: Die gesteuerte Kundschaft*. In: Das Management der Kunden Studien zur Soziologie des Shopping. Kai-Uwe Hellmann und Dominik Schrage. Wiesbaden: 89–109.

Walter, Emil J. (1969). *Statistische Erhebung über die Verbreitung von elektronischen Datenverarbeitungsanlagen (EDV) in der Schweiz*. In: Schweizerische Zeitschrift für Statistik und Volkswirtschaft 105(4): 515–533.

Waring, Stephen Peter (1991). *Taylorism Transformed. Scientific Management Theory since 1945*. Chapel Hill.

Weinhold-Stünzi, Heinz (1965). *Möglichkeiten und Grenzen der Automation im Handel*. In: Personalknappheit und Automation im Handel. 13. internationale Studientagung, Rüschlikon, 6. bis 9. Juli 1964. H. Brüschweiler. Düsseldorf, Band 29/30: 89–112.

Welskopp, Thomas (1996). *Der Betrieb als soziales Handlungsfeld. Neuere Forschungsansätze in der Industrie- und Arbeitergeschichte*. In: Geschichte und Gesellschaft. Zeitschrift für Historische Sozialwissenschaft 22(1): 118–142.

Welskopp, Thomas (2003). *Ein «unmöglicher Konzern»? Die Migros als Gegenstand der modernen Unternehmensgeschichte*. In: Der Migros-Kosmos. Zur Geschichte eines außergewöhnlichen Schweizer Unternehmens. Katja Girschik, Albrecht Ritschl und Thomas Welskopp. Baden: 12–37.

Welskopp, Thomas (2003). *Startrampe für die Gesellschaft des Massenkonsums. Verbreitung und Entwicklung der Selbstbedienung in Europa nach 1945*. Unveröffentlichtes Manuskript.

Welskopp, Thomas (2004). *Die Schweizer Migros: Ein Einzelhandelsriese zwischen Genossenschaft und Manager-Konzern*. In: Das Unternehmen als gesellschaftliches Reformprojekt. Strukturen und Entwicklungen von Unternehmen der «moralischen Ökonomie» nach 1945. Jan-Otmar Hesse, Tim Schanetzky und Jens Scholten. Essen: 127–146.

Welskopp, Thomas (2004). *Unternehmenskultu-* ren im internationalen Vergleich – oder integrale Unternehmensgeschichte in typisierender Absicht? In: Wirtschaftsgeschichte als Kulturgeschichte. Dimensionen eines Perspektivenwechsels. Hartmut Berghoff und Jakob Vogel. Frankfurt a. M., New York: 265–294.

Welti, Peter (1965). *Automation an der Verkaufsfront: Die Stückkontrolle*. In: Personalknappheit und Automation im Handel. 13. internationale Studientagung, Rüschlikon, 6. bis 9. Juli 1964. H. Brüschweiler. Düsseldorf, Band 29/30: 145–155.

Widmer, Sigmund (1985). *Gottlieb Duttweiler (1888–1962) Gründer der Migros*. Zürich.

Wild, Norbert (1998). *Eigenmarken – Konzepte am Beispiel der Migros*. In: Verpackung. Medium im Trend der Wünsche. Marketing-Instrument Verpackung. Wilhelm Stabernack. München: 116–127.

Wildi, Tobias (2003). *Der Traum vom eigenen Reaktor. Die schweizerische Atomtechnologieentwicklung 1945–1969*. Zürich.

Wildt, Michael (1994). *Am Beginn der «Konsumgesellschaft». Mangelerfahrung, Lebenshaltung, Wohlstandshoffnung in Westdeutschland in den fünfziger Jahren*. Hamburg.

Williams, Rosalind H. (2003). *Retooling. A Historian Confronts Technological Change*. Cambridge, Mass.

Wilson, Thomas W. (2001). *How a Low-Tech Industry Pulled Off the UPC Standard*. In: Twentyfive Years behind the Bars. The Proceedings of the Twentyfifth Anniversary of the UPC at the Smithsonian Institution, September 30, 1999. Alan L. Haberman. Cambridge, Mass. 1–11.

Winkler, Vinzenz (1991). *Coop und Migros. Genossenschaften in Konkurrenz und im Wandel der Zeit*. Chur.

Winter, Susan J. und S. Lynne Taylor (2001). *The Role of Information Technology in the Transformation of Work: A Comparison of Post-Industrial, Industrial, and Proto-Industrial Organiszation*. In: Information Technology and Organizational Transformation: History, Rhetoric, and Practice. JoAnne Yates und John Van Maanen. Thousand Oaks, CA: 7–33.

Winter, Wolfgang (1972). *Eine Nasenlänge vor der Konkurrenz*. National-Zeitung.

Witzig, Heidi (1998). *Einkaufen in der Stadt Zürich um die Jahrhundertwende*. In: Geschichte der Konsumgesellschaft. Märkte, Kultur und Identität (15.-20. Jahrhundert). Schweizerische Gesellschaft für Wirtschafts- und Sozialgeschichte. Zürich, 15: 133–146.

Wootton, Charles W. und Barbara E. Kemmerer (2007). *The Emergence of Mechanical Accounting in the U.S., 1880–1930*. In: Accounting Historians Journal 34 (1): 91–124.

Wren, Daniel (2005). *The Evolution of Management Thought*. New York.

Wupper-Tewes, Hans (1995). *Rationalisierung als Normalisierung. Betriebswissenschaft und betriebliche Leistungspolitik in der Weimarer Republik*. Münster.

Wysling, Andres (1988). *60 Jahre Produktion AG Meilen 1928–1988. Produktion, Fabrikationsanlagen, Arbeitsbedingungen*. In: Heimatbuch Meilen. Vereinigung Heimatbuch Meilen. Meilen: 7–27.

Yates, JoAnne (1989). *Control through Communication: The Rise of System in American Management*. Baltimore, Maryland.

Yates, JoAnne (1997). *Early Interactions Between the Life Insurance and Computer Industries: The Prudential's Edmund C. Berkley*. In: IEEE Annals of the History of Computing 19 (3): 60–73.

Yates, JoAnne (2005). *Structuring the Information Age. Life Insurance and Technology in the Twentieth Century*, Baltimore.

Zellekens, Hermann-J. (1971). *Die Rolle der Technik im Handel*. In: Produktivität und Rationalisierung. Chancen – Wege – Forderungen. Rationalisierungs-Kuratorium der Deutschen Wirtschaft. Frankfurt a. M.: 282–288.

Zellweger Uster AG (1975). *100 Jahre Zellweger Uster AG, 1875–1975*. Uster.

Zetti, Daniela (2006). *Personal und Computer. Automation des Postchequedienstes mit Computer, ein Projekt der PTT, 1963–1975*. Unveröffentlichte Lizentiatsarbeit der Universität Zürich. Zürich.

Zetti, Daniela (2007). *Handlungsreisen. James W. Cortadas The Digital Hand*. In: Zücher Jahrbuch für Wissensgeschichte 3: 155–160.

Zetti, Daniela (2009). *Die Erschließung der Rechenanlage. Computer im Postcheckdienst, 1964–1974*. In: Traverse. Zeitschrift für Geschichte (3): 88–102.

Ziegelmayer, W. (1971). *Elektronische Kassenterminals. System SPICE Adrema Pitney Bowes*. In: Selbstbedienung & Supermarkt (4): 45–47.

Zimmermann, Arnold (1962). *Erfahrungen mit Münzrückgeldrechnern*. In: Selbstbedienung & Supermarkt (7): 14.

Dank

Diese Arbeit wäre ohne die Unterstützung zahlreicher Menschen nicht entstanden. Ich kann im Nachhinein nicht mehr eruieren, wer wann welches Puzzleteil zu diesem Buch beigesteuert hat. Ich danke allen, die mich während dieser Zeit mit Hilfestellungen und Anregungen unterstützt haben. Besonders danken möchte ich denjenigen, die mich nachhaltig und ausdauernd unterstützt haben: Ich danke David Gugerli, der mir an der Professur für Technikgeschichte der ETH Zürich die geistige, finanzielle und institutionelle Infrastruktur für diese Dissertation zur Verfügung gestellt hat. Thomas Welskopp von der Universität Bielefeld hat meine Forschungsarbeit stets außerordentlich unterstützend und wohlwollend begleitet.

Ohne Barbara Bonhage hätte ich diese Arbeit nie angefangen und sie vor allem nicht zu Ende gebracht: Ich danke ihr für ihre konstruktive Kritik, ihre bedingungslose Unterstützung und ihre Freundschaft.

Ich bin während den Forschungsarbeiten immer wieder Menschen begegnet, die mich inspiriert haben und die mich intellektuell und emotional unterstützt haben. Stellvertretend möchte ich Beat Bächi, Peppina Beeli, Simone Berweger, Michael Bürgi, Monika Dommann, Lea Haller, Marianne Hänseler, Christina Ratmoko, Judith Schueler, Andrea Westermann und Daniela Zetti danken. Ohne die unzähligen Gespräche mit ihnen wäre diese Arbeit nicht das geworden, was sie ist.

Ich danke Franco Amatori und Andrea Colli, Istituto di Storia Economica der Università Commerciale Luigi Bocconi in Mailand, für die aufregende und lehrreiche Zeit in Mailand. Patrik Fridenson, L'École des Hautes Études en Sciences Sociales in Paris, hat die Arbeit immer wieder mit entscheidenden Hinweise vorangebracht.

Die vorliegende Arbeit wäre nicht möglich gewesen ohne die Unterstützung und interessierte Anteilnahme von Jürg Abt und Dr. Matthias Geiger, die mir ihre Unterlagen zum APOSS-Projekt vertrauensvoll zur Verfügung gestellt haben. Sie haben mir wie auch Martin Haas, Joachim Heldt, Peter Keller, Lerke Pech, Peter Röttscher, Robert Schubenel und André Schwarz verschlossene (Archiv-)Türen geöffnet und geduldig auf meine vielen Fragen geantwortet. Ihnen sei hier stellvertretend für viele gedankt.

Besonders bedanken möchte ich mich bei Verena und Felix Girschik-Nick, Thomas Girschik sowie Corsina Caviezel und Patricia Grazzi, die mir immer wieder Rückhalt gegeben haben. Thomas Lattmann schulde ich speziellen Dank für unermüdliche Ermutigung und Unterstützung.

Zürich, im Juli 2010
Katja Girschik

Schriftenreihe
zur Zeitschrift für Unternehmensgeschichte